当代河南教育发展报告

A REPORT ON THE DEVELOPMENT OF
THE CONTEMPORARY HENAN'S EDUCATION

胡大白 / 主编　　王建庄 / 执行主编

当代河南民办教育
发展报告

A REPORT ON
THE DEVELOPMENT OF THE CONTEMPORARY HENAN'S
PRIVATE EDUCATION

胡大白 / 著

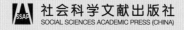
社会科学文献出版社
SOCIAL SCIENCES ACADEMIC PRESS (CHINA)

作者简介

胡大白 黄河科技学院创办人,教授,中国当代教育名家。第十届全国人大代表,享受国务院政府特殊津贴专家。第一、第二届中国民办教育协会监事会主席,第二、第三、第五届河南省民办教育协会会长。荣获第三届"中国十大女杰"、"全国三八红旗手"、"60年60人中国教育成就奖"、"中国好人"、"中国好校长"、"世界大学女校长终身荣誉奖"、"河南省劳动模范"、"河南省道德模范"、"河南省优秀共产党员"、新中国成立70周年"河南省突出贡献教育人物"等荣誉称号。中国当代民办高等教育的开创者,黄河科技学院董事长,河南民办教育研究院院长。主持全国教育科学"十一五"规划课题、中国高等教育学会"十一五"教育科学规划重点课题等哲社科研项目;出版《中国民办教育通史》《民办高校现代大学制度建设》《民办高校内涵式发展战略研究》《改革开放以来河南民办教育发展及趋势研究》等专著多部;发表《中国共产党的民办教育理论与实践探析》《关于民办高校董事会建设问题的思考》《民办高校法人治理结构初探》《我国民办高等教育的现状和前景》等论文50余篇。多次获得国家和河南省教学成果奖、河南省发展研究奖。

总　序

中华人民共和国成立 70 年来，河南教育实现了跨越式发展。一是教育优先发展的战略地位得到确立：省委省政府把教育放在经济和社会发展的基础性、先导性、全局性的位置，逐步确立了教育事业优先发展的战略地位。二是发生了"三个转变"：其一，在体制上由适应计划经济到适应市场经济转变；其二，在发展方式上由注重规模扩张到注重科学发展转变；其三，在人才培养模式上由知识本位到注重提高综合素质转变。三是实现了"六个跨越"：其一，义务教育实现了由"人民教育人民办"向"人民教育政府办"的跨越；其二，职业教育实现了由薄弱徘徊到快速发展的跨越；其三，高等教育实现了由精英教育向大众化教育的跨越，正在迈过普及化的门槛；其四，实现了由文盲、半文盲的大省向教育大省的跨越；其五，教育结构实现了由单一普通教育到现代国民教育的跨越；其六，实现了办学主体由单一政府办学到多元化办学的跨越，民办教育和中外合作办学快速发展，正在成为教育改革发展的重要力量。

河南教育经过 70 年的发展，实现了规模扩张。1949 年，全省各级各类学校在校生 144.46 万人，仅占全省总人口 4174 万人的 3.46%。到 2019 年，全省各级各类学校在校生达到 2677.10 万人，比 1949 年增加 2532.64 万人，是 1949 年的 18.53 倍，占全省总人口 10952 万人的 24.44%。学前教育毛入学率达到 89.50%，九年义务教育巩固率达到 95.45%，高中阶段毛入学率达到 91.62%，高等教育毛入学率达到 49.28%。

河南教育 70 年取得的成就离不开党的正确领导。从新中国成立到 1956 年，河南省各级政府和广大教育工作者在中国共产党的领导下，完成了对旧教育的根本改造，并在此基础上，实现了从新民主主义教育向社会主义教育的过渡。1957年党和国家教育方针的提出，为教育的发展确立了方向。"文化大革命"结束后，特别是党的十一届三中全会后，省委省政府"科教兴豫"的战略方针为教育的发展开辟了广阔的前景，增添了巨大的活力。2018年9月，习近平总书记在全国教育大会上强调指出，教育是国之大计、党之大计，教育的根本任务是立德树人，工作目标是凝聚人心、完善人格、开发人力、培育人才、造福人民。自全国教育大会召开以来，全省上下把思想和行动统一到习近平总书记关于教育的重要论述上来，围绕立德树人这一根本任务，强化举措、补齐短板、提升质量，加快推进教育现代化，建设教育强省，办好人民满意的教育，为中部崛起、中原更加出彩提供强大支撑。

70年来的社会稳定和经济繁荣提供了教育的发展动力。社会长期的安定团结有利于教育工作的开展，发展经济需要掌握先进技术的高级科技人才，而且需要大批有一定文化科学知识的熟练劳动力。同时，经济的发展也为教育的发展提供了经费保障和发展的动力。读书改变生活、教育改变命运一度成为较为流行的一种价值观，极大地刺激了教育的发展。

科学技术的发展也推动着河南教育的进步。随着以核子、电子技术为代表的新的科学技术的应用，社会生产力迅速发展。机械化、电子化、智能化设备逐步在相关产业活动中普及，不仅发达的高科技产业渴求人才，社会需要的各类经济、管理、法律等相关人才也亟须提高水平和增加供给。这不仅促进高等教育有了较大的发展，而且高等教育的内容也随着新科技的发展和需要进行了大幅度的变革。

不可回避的是，70年来的教育发展和改革并不是一帆风顺的。对短期利益的追求，导致基础教育教师流失率、学生辍学率上升。同时，教育的大发展也带来了数量和质量的矛盾。教育质量下降、教育不能适应社会经济发展的需要给很多人带来了困惑。优质高等教育资源匮乏，河南考生承受着其他省市考生不能承受的高考之重。教育向何处去，新的出路在哪里，如何评估大众化、普及化后的各级各类教育，如何找到普及与提高的平衡点，各级各类教育应如何适应科技革命的发展和挑战，远距离教育、数字化教育、终身教育、合作教育该如何开展，这些都是我们应该思考的问题。

70年的教育发展和改革为我们提供了极其丰富的经验和教训，在中华人民共和国成立 70 周年之际，总结这个时代的教育，把握教育发展的本质特征和规律，实在是当务之急。这也是我们出版《当代河南教育发展报告》的旨趣所在。

《当代河南教育发展报告》立足于当代河南的教育发展，高等教育、基础教育、学前教育、民办教育、职业教育等几个方面独立设卷，单独成册，分别对河南教育 70 年的发展进行了回溯性研究，对其中的成就、经验和教训进行了客观的总结。对与教育发展整体相关的管理体制、投资体制、教研管理等部分专设一册，既可以与其他几卷相互补充，又对相关部分做了系统和重点的论述。参与研创的人员历时三年，长期在河南省档案馆、各市区（县）档案馆和河南省图书馆以及有关高校图书馆认真查找资料，用翔实的数据和丰富的第一手资料来反映河南教育发展的轨迹。

河南教育事业虽然取得了令人瞩目的成就，但与人民群众日益增长的对优质教育的需求还有一定距离。优质高等教育资源的紧缺和希望接受优质高等教育资源考生过多的矛盾、人民群众对优质教育的需要和不平衡不充分的发展之间的矛盾依然存在。本书在全面介绍河南教育发展成就的前提下，也对当前河南教育发展存在的短板进行了初步剖析。

社会科学文献出版社出于对教育事业的热忱和支持，组织力量承担了这套丛书的出版工作，诚为一件很有远见、很有意义的工作。

由于时间仓促，加之作者水平有限，本书肯定存在不少有待提高之处，期待方家指正。

胡大白

2019 年 9 月 28 日

前　言

新中国成立 70 年来，河南的民办教育在经济社会发展的大背景下，经历了艰难坎坷、波澜壮阔的发展历程。进入新时代，河南的民办教育无论在规模、质量和声誉等方面都走在了全国前列。

从历史上看，河南的民间教育可圈可点之处很多，无论是在经济社会发展的鼎盛时期，还是在社会变革的关键节点，都有引领潮流、丰泽后世的阔大手笔。但真正位居全国前列，开教育风气之先的还不多。

1949 年 5 月 10 日河南省人民政府成立时，全省没有一所民办高校。当年上半年，全省私立中等学校 35 所，占全省中等学校总数 131 所的 26.72%；在校生 5584 人，占在校生总人数 35286 人的 15.82%。下半年统计，全省私立小学 1884 所，占全省小学总数 14282 所的 13.19%；民办幼稚园 2 处，占全省幼稚园总数 15 处的 13.33%。

70 年过去，到 2018 年，全省各级各类民办学校 20539 所，在校生 674.21 万人，教职工 54.42 万人。其中，民办幼儿园 17293 所，在园幼儿 300.46 万人；民办小学 1865 所，在校生 162.35 万人；民办普通初中 819 所，在校生 90.73 万人；民办普通高中 299 所，在校生 41.84 万人；民办中等职业学校 170 所，在校生 26.54 万人；民办普通高等学校 39 所，其中，本科院校 19 所，高职（专科）20 所，民办普通本专科在校生 51.05 万人（其中，本科 31.12 万人），占全省普通本专科在校生总数的 23.85%；另有民办其他教育机构和特殊教育学校 54 处，在读学生 1.24 万人。全省民办教育在校生数占全省各级各类教育在校生总数 2467.67 万人的 27.35%，比上一年的 23.25% 提高了 4 个百分点，占比超过了 1/4。

在这样一个内陆人口大省，在这样一个传统观念浓厚、民办教育不被推崇的氛围里，河南的民办教育一步步走在了全国前列。70 年河南民办教育发展的历史，超过了此前任何时代。

本书所说的民办学校，是在国家法律、法规、政策许可下，由国家机构以外的组织、团体或者公民个人，全部或部分利用国家财政经费以外的资金创办和运作的学校和教育机构。这里的组织、团体包括非公组织的厂矿企业和事业单位，也包括村（大队）和社区。由这些学校和教育机构按照国家法律和政府规范进行的培养人才、科学研究、服务社会、传承文化的活动，称为民办教育。

本书主要采用实证研究法，通过对当代河南 70 年间民办教育的发展历程、发展特色和现状进行梳理和分析，发现其内在的发展规律，指出发展的优势和存在的问题，提出解决问题的方法并做出初步的发展预测。

目　录

第一章　发展节点

河南当代的民办教育，大体经历了新中国成立前遗留下来的私立学校的改造和接办、公社大队厂矿企业集体办学和改革开放后具有当代形态的民办教育三个时期。

第一节　原私立学校的改造和接办
（1949~1952 年）

1949 年 1 月 10 日，淮海战役结束，河南全境解放。

1949 年 5 月 10 日，河南省人民政府在开封成立。

在这个历史转折点，旧中国河南教育的摊子虽然受到一些影响，但是基本上被保留了下来。据 1949 年的统计，当年河南全省人口 4174 万人，高等教育在校生 0.08 万人，每 10 万人中不到 2 人接受高等教育；中等专业学校在校生 0.84 万人，每万人中有 2 人接受中等专业教育；普通高中 0.39 万人，每万人中不到 1 人；普通初中 3.70 万人，每万人中有 9 人才有机会读初中；小学在校生 161.45 万人，占总人口的 3.87%。当年全省大、中、小学在校生 166.46 万人，占总人口的 3.99%，这里边主要是小学阶段教育。

这就是新中国成立初期河南教育的底子，而其中的私立学校占比更小。据 1950 年上半年的统计，河南全省共有小学 14282 所，其中私立 1884 所，仅占 13.19%。全省仅有 2 所私立幼稚园，在园儿童仅 82 人。全省中等学校 147 所，其中私立 17 所，仅占 11.56%。全省初中 847 个班，共有学生 41231 人，其中私立 64 个班，学生 3383 人，分别占 7.56% 和 8.20%；高中 121 个班，学生 4674 人，其中私立仅有 10 个班 298 人，分别占 8.26%

和 6.38%。

总体来看，新中国成立初期的河南私立教育，在小学和中等技术教育层次占比超过 10%。而在普通初中、高中教育阶段，其占比还不到 10%。除此之外，当时河南没有一所私立高等学校，在私立教育体系上，尚未建立高等层次的教育。当然此前河南曾有过私立高等学校，不过当新中国成立之时，私立高校已经不复存在。由此看来，即使在奉行私有制的民国时期，河南这块土地仍然崇尚官办公立。这种轻视民办教育的社会风气一直影响到今天。当然，其浓度已经随着时代的进步被大部稀释。

一　从"保护维持"到"完全自办"

对于私立教育，新中国决策层还是有认真考虑的。从现存文献来看，中央政府主要采取的是保护维持、逐步改造的方针。在这一方针指导下，外国人特别是以美国为主的资本主义国家的社会组织或个人在中国办的学校与中国人自办的私立学校是被区别对待的。1949 年 12 月 23 日，时任教育部党组书记、副部长钱俊瑞在第一次全国教育工作会议上的总结报告中明确指出，在目前条件下，我们对中国人办的私立学校除极坏者应予以取缔或接管外，一般应采取保持维持、加强领导、逐步改造的方针，随便命令停办或接管，是不妥当的。我们对成绩优良的私立学校应予以奖励或补助；对纯粹谋利而设的私立学校，要予以整顿或改造，使之逐渐地能够实行新民主主义教育，实行民主管理与经济公开；对经费困难而办理成绩不坏的私立学校应给以补助。

这里明显表明了中央政府的态度，没有准备马上改造接办私立学校。对中国人办的私立学校区别对待：一是成绩优良的要奖励补助，经费困难而成绩不错的也要补助；二是单纯以营利为目的的学校，要进行整顿改造，使之健康发展；三是对极坏的予以取缔或接管。总的方针是保护维持。

1950 年 1 月 6 日，教育部关于第一次全国教育工作会议的报告又明确了这个精神。报告指出，会议讨论了关于私立学校的管理及改造问题，认为目前私立学校及学生占很大比例，我们对私立学校除个别的反动特务学校应加以取缔外，一般的应采取保护维持、加强领导、逐步改进的方针，对积极改进或办有成绩的学校，政府应予以奖励。

1950 年上半年，全国除台湾外，共有高等学校 227 所，其中公立学校 128 所，约占总数的 61%；中国人创办的私立学校 65 所，约占 29%；教会设立的学校 24 所，约占 10%。按照《中国人民政治协商会议共同纲领》，新中国的高等教育应该是以理论与实际一致的教育方法，培养具有高等文化水平、掌握现代科学技术的成就、全心全意为人民服务的高等建设人才。这里面的核心是全心全意为人民服务，实际上也是后来党和国家教育方针的雏形。为实现这个目的，就要进行革命的政治教育，发展为人民服务的思想；就要配合社会主义革命和建设的需要，联系实际进行教学；就要运用科学的观点和方法进行历史、经济、政治和国际事务以及关于哲学、文学艺术的理论研究；就要努力广泛深入地普及文化科学知识，提高人民群众的文化科学水平。总之，教育要围绕社会主义革命和建设培养人。时任教育部部长马叙伦在第一次全国高等教育会议上的开幕词中明确阐述了上述观点。实际上，明确办学思想，端正教育方针是私立学校改造的重要方面。

对于私立高等学校，马叙伦重申了积极维持和逐步改造的方针。

1950 年 6 月 6 日，在中国共产党七届三中全会上，毛泽东主席讲话表示，要有步骤地谨慎地进行旧有学校教育事业和旧有社会文化事业的改造工作，争取一切爱国的知识分子为人民服务。在这个问题上，拖延时间不愿改革的思想是不对的；过于性急，企图用粗暴方法进行改革的思想也是不对的。毛泽东主席确立的方针是争取爱国知识分子为人民服务，这反映了国家最高领导层的意志。从这里看，原则是确定的，对旧有学校和教育事业要改革，但不能保守僵化，也不能急躁冒进。

1950 年 6 月 17 日，时任政务院副总理、文化教育委员会主任、中国科学院院长的郭沫若在人民政协第一届全国委员会第二次会议上所作的《关于文化教育工作的报告》中提出"统筹兼顾"的原则：为了团结一切可能的力量来发展我国高教事业，我们应该坚决执行《共同纲领》所规定的公私兼顾的原则。在文教事业上要公私兼顾，扶助私营文教事业。在扶助私营文教事业时，不仅要帮助它们克服经济上的困难，更重要的还要帮助它获得思想上的改造和进步。

当时私立高等学校的毕业生和公立大学毕业生一样由国家包分配。文献表明，1950年暑期，全国公私立大学共有毕业生17539人，全部分配给东北、华北、中南、西南、西北五个大行政区。分配时要求对毕业生的质量主要是其学习的科系与学业成绩做合理的搭配，即尽量专业对口，用其所学。同时规定，一般应要求学生服从分配，但表示愿意自谋职业者，"可听由自行处理"。

对于私营工商业及文教事业，如需要高校毕业生而自己无法找得时，"得向地方政府申请，地方政府应适当地照顾他们的需要"。

对于私立学校的教职工，政府也一视同仁。1950年7月5日政务院文化教育委员会第三次全体委员会议通过，7月25日政务院批准的《政务院关于救济失业教师与处理学生失学问题的指示》明确指出，华东、中南、西南、西北各大行政区军政委员会及所属各省市人民政府，华北各省市人民政府除尽可能维持公立学校外，应本公私兼顾原则，积极维持各地城市中现有的私立学校，并领导其进行必要的和可能的改革，减低学费，多收学生，师生互助，多想办法，自力更生，克服困难。私立学校中，办理成绩较好经多方设法而仍无法维持者，政府应予以适当的经费补助，少数办理太坏而确实无法维持和改造者，可劝导其和其他学校合并。其学生及教职员，均应予以适当的安置。

在召开了第一次全国教育工作会议和第一次全国高等教育会议之后，新中国成立之初国家对教育事业的顶层设计已经有了初步的轮廓，对私立教育也有了基本原则。在此基础上，1950年7月28日政务院批准公布了《私立高等学校管理暂行办法》，这是新中国成立后第一部关于私立学校的管理办法，在基本原则、办学准则、困难补助、办学权限、申请立案、校长任免、审核备案、校产使用、禁止事宜、停办变更等方面进行了明确规定。明确表明制定本办法的目的，是加强领导并积极扶植与改革私立学校，以应国家建设需要。这里的关键词是加强领导，积极扶植与改造，目的是使其适应国家建设需要。没有说要"取缔"或"接管"、"接办"。但是在第十二条提出，私立高等学校办理不善或违背法令时，大行政区教育部得报请中央教育部批准令其改组校董会，更换校长，改组或停办学校。也就是说，即使私立高校有违法令或办学不善，要改组或停办，也得报请教育部批准，先令其"改组校董会"，不行的话，再"更换校长"，再不行，才改组或停办学校。由此看来，这个办法，还是侧重积极扶植的。但是规定：（1）要遵照《高等学校暂行规程》和《专科学校暂行规程》办学；（2）行政权、财政权及财产所有权均应由中国人掌握；（3）必须重新立案登记；（4）校（院）长、副校（院）长由董事会任免，其他主要人员，由校（院）长任免，但必须经大行政区教育部核准并报中央教育部备案，包括教学、行政及经费情况，亦应审核备案；（5）不得以宗教课目为必修课或强迫学生参加宗教仪式与活动；（6）校产产权应全部移交学校且不得移作学校经费以外之用。这个方法，实际上已经初步确立了国家对私立教育管理的基本原则。

在划分阶级成分时，政务院规定，凡受雇于国家的、合作社的或私人的机关、企业、学校等，为其中办事人员，取得工资为生活之全部或主要来源的人，称为职员。职员为工人阶级中的一部分。凡有专门技能或专门知识的知识分子，受雇于国家的、合作社的或私人的机关、企业、学校等，从事脑力劳动，取得高额工资以为生活之全部或主要来源的人，例如工程师、教授、专家等，称为高级职员，其阶级成分与一般职员同，但私人经济机关和企业中的资方代理人不得称为职员。

对于宗教色彩浓厚的学校，中央也有明确的指示。《中共中央关于天主教、基督教问题的指示》（1950年8月19日）明确：我国的天主教、基督教一方面是宗教问题，另一方面在长时期中又被帝国主义用为对我国进行文化侵略的工具，其一部分组织又被帝国主义用为进行间谍活动的机关。两个宗教在我国都办有教堂、学校、医院及其他文化事业及救济事业机关，都受外国津贴，都有大量外国教士占据领导地位。马克思主义者是彻底的无神论者，认为宗教有害于人民的觉悟，但是马克思主义者对待群众性的宗教问题，从来是当作一种有历史必然性的社会问题和群众问题来处理的，从来是反对单纯地依靠行政命令简单急躁的办法来处理宗教问题的。

新民主主义革命的胜利，使我国基督教、天主教中的帝国主义影响受到严重的打击，在土改已经完成的地区，广大人民反对作为帝国主义侵略工具的基督教、天主教，一部分教徒也已不再信教。但帝国主义者由于政治的经济的侵略已告失败，正在力图保持他们在教会中的影响，经过教会来保持在我国的帝国主义影响和加紧进行间谍活动。

基于上述因素，对教会学校、医院及救济机关有了以下判断和要求：这些机关，在遵守《共同纲领》及政府法令条件之下，应视为私营事业，政府本公私兼顾原则，一视同仁。教会学校应遵守政府法令设政治课为必修课，同时在教会办的高等学校中亦得设宗教课为选修课。教会学校内不举行宣传宗教的或反对宗教的展览会、群众集会等。教徒学生与非教徒学生在宗教问题上不应互相攻讦，甚至有侵犯人格之行为，应当团结起来，一致反对帝国主义和特务分子。

应该说，直到这个时候，国家对私立学校包括教会学校，还是与公立学校一视同仁的。从当时的形势来看，对私立学校进行改造是必然的，接办也在预料之中，但一直强调公私兼顾，一视同仁。这里面大概有几个方面的考虑：一是当时新中国的教育底子还很薄弱，社会需求决定社会存在；二是可能还没有下定决心；三是还没有找到更好的办法。总的是条件还不成熟，也没有准备盲目接管。实际上，这也展示了新中国的包容与接纳。但是树欲静而风不止，事情还是发生了变化。

问题发端于北京私立辅仁大学。该校是天主教会于 1925 年创办的。学校的行政权和财政权一向掌握在教会所委派的外国人手里，后来虽然由中国人充任校长，事实上中国籍的校长没有实权。资料显示，北京解放以前在外国人控制下的辅仁大学，经常地效忠于帝国主义和中国国内反动派。如在八年全面抗战时期，辅大教会的外国人即与日伪合作任用日籍神父为秘书长，并秘密隐藏德国纳粹分子；抗战胜利后，又与美蒋反动集团相勾结，在校内压制进步言论，并用种种方法限制学生参加反美反蒋的爱国活动。北京解放后，在人民政府领导下，辅大师生员工的政治认识逐步提高。由于他们的共同努力，辅大有了很多进步。这些进步被天主教会方面认为于他们不利，因此他们用尽一切方法企图阻止这个进步。首先他们想用减少补助经费的方法来阻碍学校的进步和发展，于 1949 年将学校的补助费自 22 万美元减少到 16 万美元。1950 年则变本加厉，虽经陈垣校长和他们多次交涉，仍无结果。当年 7 月 2 日和 14 日教会驻校代表芮歌尼先后致函陈垣校长表示，经费问题必须在下列四个条件下才能按付。一、一个新的董事会将由教会选任。二、教会经过代表对人事聘任有否决权。三、附属中学经费自给自足。四、圣言会所在地仍由教会保留，不准任何人侵扰，并将补助费自每年 16 万美元减至 14 万美元。复于 7 月 15 日提出要求解聘五位教授作为补助本年经费的条件，并限期答复。这种行为遭到全校师生员工的反对。辅大的天主教会方面非但不知悔改，反以停止拨发经费相要挟，竟自于 8 月起停止拨发学校一切经费。辅仁大学是有 3000 余师生员工的学校，政府有责任保障他们的学习和工作不受到损失，因此，根据学校的请求，政府按期支付了该校每月需要的经费。但是天主教会方面接着又两次发表《告同学同仁书》进行挑拨，鼓动少数不明真相的工友向学校请愿并声言要打五位教授。更企图组织新校董会，撤换陈垣校长，引起学校内部极大的不安，使辅大的工作陷于极大的混乱和停顿。至此，政府已不能再容忍。时任中央人民政府教育部部长马叙伦于 9 月 25 日邀致芮歌尼来部谈话，内容如下：

芮歌尼先生：

1950 年 8 月 27 日和 9 月 19 日你给周总理的信，周总理已经交给我了，并且给我指示。我代表中央人民政府教育部答复如下：

第一，我应当先告诉你几个基本原则：

（一）在一个独立民主的国家里，不允许外国人办学校，除非是他们的侨民自己设立而为教育他们的子女的学校，这是世界通例。

（二）外国人在旧中国所办的教会学校，因为经办了多年，所以必须在它真实的遵守《中国人民政治协商会议共同纲领》及教育方针与法令的条件下，可暂时允许它继续办，但中央人民政府保有根据需要命令收回自办的权利，更绝对不允许新设这类性质学校。

（三）宗教与学校教育是两回事，必须明确分开，不许任何曲解与含混，在学校课堂内不允许进行做礼拜查经等宗教活动。

（四）教会设立的高等学校，可以设宗教的课程，但只准是选修，而且不允许任何强迫与利诱学生选修宗教课程。

（五）中央人民政府教育部最近颁布的《高等学校暂行规程》和《私立高等学校管理办法》是全国私立学校都要遵守的法令。

第二，我答复你关于辅仁大学的问题：

（一）你必须了解前条的五项原则，尤其是（一）、（三）、（五）三条。

（二）信教自由，同时不信教也是自由的，批评宗教也是自由的。因此不能把不信教与批评宗教就认为是违反《共同纲领》，也不能把不信教与批评宗教认为是反宗教的行动。

（三）在中国境内的学校，必须设革命的政治课，这是教育法令，革命的政治课是科学的，与宗教的看法容有不同之处，但不能说政治课便是反宗教的行动，进行革命的政治教育与保障宗教信仰自由，同是中华人民共和国的既定政策。

（四）教会与辅仁大学的关系只是补助经费及主持宗教选课，不能涉及学校行政及其他；否则便是违反共同纲领及教育方针与法令。

（五）辅仁大学校董会可以成立而且应该成立，但必须遵照《私立高等学校管理暂行办法》办理。

（六）辅仁大学校长陈垣，执行中央人民政府政策法令，处理校务，能称其职，其职位不应有所变更。

（七）五位教授的聘任与否，是属于学校行政权限的，他们若是教得不好，学校有权解聘，他们若是教得好，政府有责任保障他们的地位。他们若是教徒，若是不信教或批评宗教或有反宗教的言论与行动，那么教会可以执行教会的纪律，但不应该把教会的纪律扩大到学校的行政范围里去，而且也不应该干涉教授们应有的地位。

（八）辅仁大学是有几千师生员工的学校，你们从8月1日起停发补助费，我们不能让这几千师生员工失业失学，所以答应了陈校长的请求，支付每月需要的经费。我要告诉你，你们这样举动对辅仁大学是不利的，对几千师生员工是有害的，是会使中国的人民教育事业受到损害的。因此，中央人民政府在认为不能容忍的时候，即将收回自办。

（九）末了，我告诉你，辅仁大学事件应该于本月内解决，解决的方针与办法，我已告诉你了。

你们倘若不愿意这样做，政府即决心采取最适当的办法，以保障辅仁大学的工作得以顺利进行。

中央人民政府教育部部长马叙伦

1950 年 9 月 25 日

芮歌尼代表天主教会正式答复：

马部长：

　　我遵照你部的指示，谨用书面正式陈述我昨天口头的答复关于你部 9 月 25 日的信如下：

　　我于 9 月 26 日把你 25 日的书面谈话致电我们教会的最高首长，并于 9 月 28 日接到回电如下："根据 9 月 26 日来电的条件，补助费决定停止，除非条件基本上改变，教会坚持决定，即使你和全体神甫都要求重新考虑的话。卡盆勃"

教会代表芮歌尼（签名盖章）

1950 年 9 月 30 日

　　1950 年 7 月 10 日，"中国人民反对美国侵略台湾朝鲜运动委员会"成立，抗美援朝运动自此开始。10 月，中国人民志愿军赴朝作战，拉开了抗美援朝战争的序幕。10 月 10 日，教育部正式函告陈垣，教育部"将你校及所属附校即日接收，由政府自行办理，并由政务院提请中央人民政府任命你为辅仁大学校长"，"你可即日负责主持辅仁大学校务，领导师、生、员工速照新民主主义教育方针，为办好人民的辅仁大学而努力！"

　　1950 年 10 月 12 日，中央人民政府教育部报准中央人民政府政务院，将该校接收自办，并提请中央人民政府任命陈垣为校长，负责主持校务。

　　1949 年后，陈垣任中国科学院历史研究所第二所所长。历任第一、二、三届全国人民代表大会常务委员会委员。

　　1951 年 11 月，全国政协一届三次会议后，毛泽东主席在怀仁堂举行国宴时，与陈垣同席。毛泽东向别人介绍说："这是陈垣，读书很多，是我们国家的国宝。"

　　北京辅仁大学是一所创建于 1925 年的高等学府，其前身为北京公教大学附属辅仁社，1927 年经北洋政府批准更名为私立北京辅仁大学，1931 年在南京中央政府教育部正式立案。

　　实际上，对像辅仁大学一类的教会学校，早在新中国成立前，中央就有着明确的处置办法。考虑到战时稳定中间势力的需要，1948 年 2 月中共中央特别申明：除对证据确凿的犯罪分子外，对于外国人所办的经济、文化、宗教等机关，"不论其是否属于帝国主义性质，一般地还不采取排除或没收的政策"，对外国传教士"一般地应采取保护政策"，"凡遇有外国人设立的教堂，及所举办之学校、医院、育婴堂、养老院等，我军到后，均不得加以没收和破坏。并允许他们在守我解放军及民主政府法令，不作敌探和破坏活动时，可以继续进行各自的业务"。7月3日，中共中央又发出《关于争取和改造知识分子及对新区学校教育的指示》，要求各地对包括教会学校在内的各级各类学校必须"维持其存在"，在此基础上，可考虑对旧有的各类学校"逐步地加以必要的和可能的改良"。

1949年1月31日，北平和平解放。由于北平各类学校数量较多、学生人数庞大，故解放军入城后不到两周，中共中央即电示北平市委，虽然"学校教育是需要加以改革的"，但如果"准备不够，缺乏改革的充分的群众基础，则宁愿将改革的时间推迟"；对各类私立学校的处置，"由政府接办私立学校的意见，是错误的，不可采用"，目前"只要求他们实行新民主主义的教育方针，取消一些应该取消的课程面外，不要去加以干涉"。非但不加干涉，还应该"让他们继续办下去"。

中央政府在刚刚进驻北平的情况下，已经考虑到了学校教育的特殊情况，同时还无暇顾及教会学校的彻底改造问题。再加上财政上的吃紧，也一时没有能力来全面接管各级各类的公、私学校。对此，1949年4月3日，刘少奇在北平市委和北平市人民政府召集的党员干部会议上曾明确指出，各类学校是否可以继续办下去，完全"决定于有无经费"。像私立学校，只要"私人能出钱办学校者，只要不违反我们的教育方针，我们一概欢迎"，之所以如此，是因为"这样使大家都有书读，有学校住，问题就少一些"。

在辅仁大学问题上，可以看出，中央政府的态度是明确的、坚决的。实际上，即使在当时条件下，中央人民政府仍未下决心接办所有的私立学校。但辅仁大学事件，应该是一个转折点。

据1936年的调查，当时中国共有20所教会高等学校，其中有17所接受美国津贴；300余所教会中等学校，有近200所接受美国津贴；小学方面接受美国津贴的约1500所左右，约占全部教会小学的25%。

1950年12月29日政务院第六十五次政务会议通过的《政务院关于处

理接受美国津贴的文化教育救济机关及宗教团体的方针的决定》指出：

> 全国解放之初，百废待举，政府期望接受美国津贴的文化教育救济机关及宗教团体能恪守政府法令，容许他们暂时接受美国津贴。但是美帝国主义却仍然不断地企图利用这些机关和团体暗中进行其反动的宣传和活动。一年以来已经我公安机关发现多次这类事件，诸如造谣、诽谤、进行反动宣传、出版和散布反动书刊，甚至隐藏武器、勾结蒋匪特务、进行间谍活动等等，尤其在美帝侵略朝鲜、台湾以后，中国人民抗美援朝运动广泛展开之际，美帝国主义分子这种破坏活动更加活跃起来。美帝国主义者奥斯汀复在联合国安全理事会 11 月 28 日的会议上发表了诬蔑中国人民的荒谬演说。最近美国政府更宣布冻结中国在美国的财产，企图以此种办法，来增加人民政府的困难，威胁所有在接受美国津贴的文化教育救济机关及宗教团体中全部中国工作人员的生活。
>
> 为了肃清美帝国主义在我国的影响，维护中国人民文化教育宗教事业等的自主权利，以及彻底制止美帝国主义分子利用文化教育救济机关和宗教团体来进行反动活动，政府对于一切接受美国津贴的上述机关和团体亟应有适当的处理，兹特根据上述情况拟定处理方针如下：
>
> （一）政府应计划并协助人民使现有接受美国津贴的文化教育救济机关和宗教团体实行完全自办。
>
> （二）接受美国津贴之文化教育医疗机关，应分别情况或由政府予以接办改为国家事业，或由私人团体继续经营改为中国人民完全自办之事业，其改为中国人民完全自办而在经费上确有困难者，得由政府予以适当的补助。

事情正在发生变化，到 1950 年底，中央政府已经开始考虑对接受美国津贴的教育机构"实行完全自办"。意思表明，一方面，不允许教会学校再这样发展下去；另一方面，尚未下定决心全部接办。

在发布上述决定的当天，政务院通过《接受外国津贴及外资经营之文化教育救济机关及宗教团体登记条例》，明确规定：凡接受外国津贴及外资经营的高等学校、中等学校、初等学校、幼稚园、盲聋哑学校及其他教育事业，均应依照本条例向当地省（市）人民政府进行专门登记。

这里要求登记的范围，已不仅限于接受美国津贴的机构。

二 从"完全自办"到"全部接办"

政务院要求接受外国津贴的学校实现"完全自办"，指的是学校（或教育机构）本身不再依赖外国政府、教会或团体提供的经费，实现中国人"自办"。原来中国人自办的私立学校，没有接受外国津贴的，当属"完全自办"。而"全部接办"，指的是私立学校由政府全部接管举办，改为公立。

1950 年上半年，河南省有私立中等学校 17 所，其中 7 所是教会学校。到 1950 年下半年，私立中等学校减少到 14 所，教会学校减少到 5 所。

1950 年下半年，开封有 7 所私立中等学校，分别是私立静宜女子中学、私立维新中学校、私立豫中中学校、私立两河中学校、私立华阳中学校、私立嘉育中学校、私立养正中学校。7 所学校共设 58 班，在校学生 3265 人，分别占开封市中等学校总数的 43.75%、30.69%、35.42%。其中在校生规模最大的是私立维新中学校，在校生达 686 人；最少的是私立养正中学校，在校生 300 人。7 所私立学校平均在校生 466.43 人。而同期公立中等学校平均在校生为 661.33 人。公立学校平均规模要比私立学校多出 200 人。

从开封市的情况看，在中等教育阶段，私立学校的在校生规模已经超过了总数的 1/3。当然，由于当时开封的政治、经济、地域、文化等因素，私立学校在全省中占比最高，因此，不能用开封的情况来概括全省。

当时的郑州也已具备了发展的潜质，但全市仅有两所私立中等学校，分别是河南私立解放中学校和河南私立圣达中学校。两校共有在校生 805 人，占全市中等学校在校生总数 4411 人的 18.25%。无论是绝对数还是占比数，都远不及开封。

在 1950 年下半年全省 14 所私立中等学校中，有 3 所职业学校，这 3 所职业学校的 307 名在校生中，有 34 人享受了人民助学金。

1951 年上半年，河南全省有私立小学 476 所，占全省小学总数 18064 所的 2.64%；共有 1087 个教学班，占总数 47962 个班的 2.27%。这一时期，南阳专区泌阳县的私立小学教育规模较大，全县共有 48 所私立学校 87 个班，在校生达 2661 人。当时全郑州市也仅有 5 所私立小学，共 29 个教学班。郑州专区的郑县、密县、登封、新郑、巩县、成皋、荥阳 7 县，仅登封有 11 所私立小学，计 32 班，学生 326 人。其他 6 县无私立小学。

1951 年 8 月统计，河南省共有初等教会学校 22 所，其中属基督教的 19 所，分布情况为：开封市 5 所完全小学，1 所初级小学；郑州市 4 所完全小学，1 所幼稚园；许昌市 1 所初级小学；漯河市 1 所完全小学；汝南县 1 所完全小学；信阳市 3 所初级小学；镇平县 1 所初级小学；商丘市 1 所初级小学。属天主教的 3 所，其中开封市 2 所完全小学，罗山县 1 所初级小学。全省教会小学共有教徒 340 人，学生 3893 人。

数据显示，当年全省 22 所教会小学，占全省私立小学总数 476 所的 4.62%，占全省小学总数 18064 所的 0.12%。由此可见，教会小学在河南，不仅在私立学校中占比不高，同时在全省小学中的比例几近可以忽略不计。河南的私立小学，95.38% 的不属于教会。因此，实现"完全自办"工程不大。

到 1951 年上半年，原教会学校中教会色彩浓厚的大都改了校名。如原"私立静宜女子中学"改为"私立新生女子中学校"，原"私立华阳中学校"改为"私立五四中学校"，原"私立真光中学"改为"私立爱国中学校"等。逐步脱离了教会的控制，正在实现"完全自办"。

顶层设计方面，鉴于当时国际国内的实际情况，教育部决定在 1951 年将所有接受美国津贴的各级学校处理完毕。1951 年 1 月 11 日，教育部发出《关于处理接受美国津贴的教会学校及其他教育机关的指示》，确定了处理受外资津贴学校的原则、办法和接受工作中的具体政策、措施。

（1）1951 年将所有接受美国津贴的各级学校处理完毕。接受其他外国津贴的学校除个别政治上十分反动者应收归自办外，一般的履行登记（专门登记处）、加强管理。

（2）对接受美国津贴学校，按下列情况作不同的处理。甲、原来学校之经费全部或绝大部分由美国津贴，在其来源断绝后，又无改由中国人私人出资办理条件者，接收为公立学校。乙、原来学校经费之一部来自美国津贴，另一部来自其他国之津贴者，应改组其董事会（除去美国方面的董事，增添中国方面的董事）与学校行政。其行政权必属于中国校长。政府在停止美国津贴后应酌予补助。但此类学校中表现十分反动者，政府应予以接办。丙、原来学校经费之一部来自美国津贴，大部靠学费收入及由中国私人筹募者，应争取由董事会积极负责。除去一切外国籍董事，改为完全由中国人自办的私立学校。其经费有困难时，政府可予以适当补助。

（3）对人事问题按下列原则处理。甲、美籍董事一律解职。美籍人员一律不得担任学校行政职务。美籍教师除思想言行反动者应予辞退外，其余应予留任，其工作不适当者可调换其工作；其坚决不愿留任经挽留无效者，准其辞职。乙、对中国籍校长、教职员工一般原职留用，个别工作不适当者，可以调换工作，使他们安心服务。

（4）在处理过程中，一律维持学校现状，不迁校，不合并，不调整院系。

（5）接收的学校，经费及教职员工待遇照旧。

（6）高等学校中的宗教学院或神学院，暂维现状，由中央研究处理办法，另行通知。

至 1951 年末，按不同情况，对全部接收外资津贴的大中小学校，分别改为公办和中国人民自办，收回了教育主权。

1951 年 3 月 19~31 日，第一次全国中等教育会议在北京召开。时任教育部部长马叙伦在开幕词中明确提出，必须贯彻公私兼顾的原则，对私立中等学校，应该积极扶植，加强领导，有重点地补助和改进各种私立职业学校，并鼓励私人捐资办学。

在闭幕会上，马叙伦又明确指出，我们依据公私兼顾的原则，为了纠正忽视和歧视私立中等学校的错误，继续贯彻积极扶持、加强领导、逐步改造的方针和鼓励各阶层人民积极参加教育建设事业的精神，修正通过了《关于积极扶持与改进私立中等学校的决定（草案）》。

由辅仁大学事件带来的一系列反应，使得中央政府对待教会学校的态度越来越明朗，决心越来越坚定。

1950 年 12 月 29 日，政务院发布《关于处理接受美国津贴的文化教育救济机关及宗教团体的方针的决定》，计划使现有接受美国津贴的教会学校实行完全自办。

1951 年 1 月 11 日，教育部发出《关于处理接受美国津贴的教会学校及其他教育机关的指示》，确定至 1951 年末，对全部接受外国津贴的大中小学校，分别改为公办和中国人民自办。

同一天，政务院批准《接受外国津贴及外资经营之文化教育救济机关及宗教团体登记实施办法》，要求依据《政务院接受外国津贴及外资经营之文化教育救济机关及宗教团体登记条例》第二条所列举之接受外国津贴及外资经营之文化教育救济机关及宗教团体一律应遵照登记条例及本办法之规定办理专门登记。

1951 年 1 月 11 日的两份文件，分别由教育部和政务院发布，其范围已经超越了仅仅接受美国津贴的学校，而涵盖了所有接受外国津贴的学校。

从 1950 年的 9 月 25 日，到 1951 年的 1 月 11 日，政务院和教育部在不到 5 个月的时间内，采取连环措施，打出了一套组合拳，表示了中央政府的决心，宣示了教育主权，明确了接办的时间、范围和办法。由辅仁大学开始，推及所有的接受外国津贴的大中小学校。

但是对于私立教育（主要是对中国人自己办的私立学校）的态度，从先前的"保护维持"经"公私兼顾"提升到"鼓励私人办学"。1951 年 5 月 18 日在政务院第 85 次政务会议上批准的马叙伦的报告披露，开始实行教育事业中的公私兼顾政策：对私立学校一般地采取了积极维持、加强领导、逐步改造的方针，使之逐渐适合国家建设的需要，并实行在城市奖励私人兴学，在农村鼓励群众办学的政策。因而不仅大批私立学校维持下来，且大大提高了群众办学的积极性。当时全国私立高等学校有 70 余所，私立中等学校约 1500 多所，私立小学为数更多，其中不少办理较好的学校，得到了政府的辅助，并有了新的发展。

值得注意的是，在这个时间节点，民办教育的表现形式有了新的内容。国家在城市奖励私人兴学，在农村鼓励群众办学，一种既不是政府办学，又不同于以往私立学校的非完全公立学校出现了。

在向政务院所做的《关于 1950 年全国教育工作总结和 1951 年全国教育工作的方针和任务的报告》中，马叙伦谈到一年来全国教育工作中主要的缺点和偏向时检讨说，在教育事业中贯彻公私兼顾的方针做得还不够。有一个时期，在若干新解放区曾发生私立中、小学校大批停办，致使教师失业，学生失学人数增加，对社会的安定与国家的建设发生不良影响。后来经毛主席、周总理的指示，在政务院文教委员会指导下进行了失业知识分子与私立学校的调查，才加以注意并开始予以适当的解决。但各地对私立学校的领导和帮助仍是不够的。

由此看来，党和政府主要领导人对私立学校的关注度依然很高，而且基本指导思想没有变。倒是在地方，一些民办学校出现大批停办现象。在一个大的社会变革到来之时，出现社会组织的波动也是正常的，但中国共产党的本意，在新政权建立前后并无意采用一刀切的武断方式，而是要在旧的基础上变革革新，特别是对于私立教育。但在实际执行过程中，会有偏差。就河南省1949年前后中等教育的情况看，确实有大批私立学校停办。

表1-1　解放前后河南省中等教育情况

单位：所，人

		年份	总数	公立	私立	中学	师范	技术
学校数	解放前	1936	265	185	80	132	96	37
		1941	246	142	104	164	51	31
		1946	425	230	195	296	91	38
		1948	448	186	262	344	78	26
	解放后	1949（上）	131	96	35	117	9	5
		1949（下）	144	118	26	128	10	6
		1950（上）	147	130	17	128	12	7
		1950（下）	153	139	14	128	17	8
学生数	解放前	1936	44651	25303	19342	30292	11053	3306
		1941	66854	38015	28836	52202	11527	3125
		1946	132575	80428	52147	98172	27551	6852
		1948	101411	55123	46288	77569	19818	4021
	解放后	1949（上）	35286	29702	5584	31522	2744	1020
		1949（下）	47843	43361	4482	43422	2943	1478
		1950（上）	54714	50760	3954	45005	7171	1638
		1950（下）	71252	66616	4636	55296	13938	2018

资料来源：根据河南省档案馆 J0109 整理。

从表 1-1 可以看出，河南省私立中等学校到 1948 年达到 262 所，在校生达到 46288 人，到 1949 年上半年，学校数减至 35 所，学生数减至 5584 人，出现了断崖式的骤减。同时期，公立学校的规模也出现了明显的减少，但减少的幅度远远低于私立学校。

在这种情况下，教育部在 1951 年全国教育工作的方针和任务中提出，对私立中学要积极领导，加以改革，奖励私人办学，同时给予必要的帮助，解决其困难。这里的"积极""奖励""帮助"，都是很关键的。

随着国家治理体系的完善，新的生活秩序也在建立，无论是国家，集体还是个人，都面临着发展问题，这里主要是经济的发展，因此，技术教育、职业教育也就日益重要。由于公立的中等专业教育一时不能满足需求，民间的培训机构即应运而生。

1951 年 6 月 11 日，教育部召开第一次全国中等技术教育工作会议。当时国家的三大中心工作是抗美援朝、土地改革和镇压反革命。在如火如荼的革命和斗争中，新的政权已经稳定，教育工作已经被列上重要日程，而技术教育这个历来不为具有灿烂文明的主流文化重视的"术"，在这样的一个历史时期成为中央政府关注的重点。这说明，新中国的顶层设计团队已经具有了建设的思路，并为其进行人才储备。

因此，新中国成立前遗留下来的技术教育，教育部认为必须整顿。首先整顿那种业务课程繁杂、一揽子、样样都有一些样样都学不好的现象。教育部认为，过去的学校是怕学生毕业后失业，找职业要碰机会，多学几门，机会多些，现在这种现象已起了根本的变化，学生毕业绝对不会失业。我们的中等技术学校的任务一定要明确，分科必须针对着有关业务部门的实际需要，设课必须遵照着专业化的原则；同时必须改造那种理论与实际脱节、学与用分离的现象。我们的中等技术学校，必须与有关业务部门或企业单位密切结合起来，注重校内的实验实习与校外的现场实习。对于私立中等技术学校，亦必须积极扶助整顿改造。我们的技术学校太少了，必须重视一切原有的技术学校，在他们的基础上做必要与可能的发展。

关于私立技术补习学校问题，教育部的态度也比较明确，认为现在各大城市有不少私立的技术补习学校，北京一地即有 100 多所，学生 1 万多人，一般是 3 个月一期。而北京的财经学校和工业技术学校，每年只有几十人或百十人毕业，因此，私立技术补习学校对解决当前迫切需要的普通技术人员问题是一个很重要很有效的办法。它是短期训练班的一种形式，北京有些业务部门已委托他们代为培养干部。这种委托办法很好，希望加以研究并注意在各地推行。这些学校还存在很大缺点，需要教育部门和业务部门加强领导和帮助。

这个态度十分明确，认为这是"解决当前迫切需要的普通技术人员问题的一个很重要很有效的办法""办法很好"，希望"加以研究并注意在各地推行"。这样的肯定已经突破了"保护维持"的上限，是肯定而且要推广的。

1952 年 3 月 31 日，政务院《关于整顿和发展中等技术教育的指示》也明确指出，各地现有的各类私立中等技术学校和私立技术补习学校，对培养技术人才能起一定的作用，各级人民政府及所属各有关业务部门应鼓励此类学校的设置，并加强领导，使其有效地为国家建设服务。其办理有成绩而经费确实困难者，应予以适当的补助，从更高层面上对教育部的态度给予了肯定。

到 1952 年年中，政府对私立中等技术学校的发展有了新的设计，但鼓励支持的基本原则没有变。1952 年 7 月 12 日教育部发布的《中等技术学校暂行实施办法》规定，私立中等技术学校在学校董事会的同意下和条件具备的，原则由省（市）人民政府审核，经大行政区人民政府（或军政委员会）批准，得改为公立的学校。同时进一步明确，私立中等技术学校之办理有成绩而经费确有困难者，各级人民政府及其所属业务部门应予以适当的补助。此项补助费应按财政制度一并编入预算内。

这些措施，包括改为公立学校和补助费用编入预算，对于民办中等学校来讲，都是有利于发展的好消息。

同时，政府在某些领域也限制了私立学校的进入。1952 年 7 月 16 日教育部颁布试行的《师范学校暂行规程》就明确规定，私人或私人团体不得设立师范学校或任何师资训练机关。

由于社会的需要和政府的支持，各种性质的私立补习学校迅速发展起来，泥沙俱下，鱼龙混杂，这种学校在办学过程中出现了一些问题。1952 年 8 月 30 日，教育部发布《关于加强领导私立技术补习教育的指示》要求：

（一）各大、中城市人民政府教育行政部门应即认真调查并研究当地私立技术补习学校的情况，领导进行整顿与改造，根据建设的需要，确定各私立技术补习学校的方针任务和分工的办法，对那些能适应建设需要且办理有成绩者，应有计划地扶助其提高与发展。

（二）各地人民政府教育行政部门可协同有关业务部门按工作需要，委托一些健全可靠的私立补习学校代为培养某种技术人员；委托办法可采取订合同的形式，合同内容的主要原则，可由教育部门及有关业务部门共同议定，由有关业务部门与补习学校具体协议订立，双方负责执行。

（三）一切私立技术补习学校的分科、设班应以专业化为原则，每校可设置一科或性质相近的数科，每科补习时间不得少于三个月，目前有些补习学校有任意分设各种性质完全不同的科别及补习时间过短等对补习成绩不负责任的现象，应立即予以纠正。

（四）私立技术补习学校招收学生的文化程度，应按科别班次的不同，分别规定一般的标准。目前有些补习学校，存在着一个班的学生文化程度高低异常悬殊的现象，应予纠正。

（五）私立技术补习学校技术课程的内容，当地人民政府教育行政部门与有关业务部门应加以指导。各有关业务部门对于被委托的补习学校的技术课的教学计划及教学大纲，应负责审查。

（六）学习时间在三个月以上的全日制私立技术补习学校，必须增设时事政治课程。当地人民政府教育行政部门应帮助其确定时事政治教育的内容，并解决师资问题。实行委托的有关业务部门，并应指定或抽调专人负责指导补习学校学生的政治思想教育。

（七）私立技术补习学校对学生收费，应力求减低。实行委托的有关业务部门应根据具体情况给学校以适当的补助，以减轻学生的负担和学校的困难。

（八）私立技术补习学校办理有成绩者，在学校自愿和条件具备的原则下，当地人民政府教育行政部门及有关业务部门，得帮助发展为中等技术学校。

（九）各地人民政府教育行政部门应与当地各有关业务部门、教育工作者工会、工商联合会或其他团体密切联系，经常举行座谈会，商讨、检查、改进私立技术补习学校的重要事宜。

各大、中城市人民政府教育行政部门对当地的私立技术补习学校，应即进行全面的登记与备案工作，并有计划有步骤地依照指示各项切实规划实施，以求贯彻。

辅仁大学事件直接导致了政府对接受美国津贴的学校的全面处理，到1951年底，这些学校已经基本处理完毕。

1951年12月26日，教育部《关于1951年处理接受美国津贴的学校的总结报告》显示，至1950年底，全国接受外国津贴的高等学校共20所（辅仁大学当时已接办，未计入），共有学生14536人，教职员3491人，工警1943人。其中除震旦大学、震旦女子文理学院及津沽大学3校外，其他17校均为接受美国津贴者，计有学生12984人，教职员2940人（其中外籍教职员共110人，属于美籍者44人），工警1879人。其分布情况是：华北区3校，华东区9校，西南区2校，中南区3校。

全国接受外国津贴的中等学校共514所，共有学生160250人，教职员10433人，其中接受美国津贴的有255所，学生81347人，教职员工6214人。其分布情况是：华北区65所，华东区242所，中南区121所，西北区11所，西南区75所。全国接受外国津贴的初等学校，据不完全统计，共1133所，共有学生188376人，教职员工2759人，分布情况是：华北区65所，东北区13所，西北区55所，华东区574所，中南区186所，西南区240所。

根据1950年12月29日中央人民政府政务院发布的《关于处理接受美国津贴的文化教育救济机关及宗教团体的方针的决定》，教育部具体规定了处理的原则：一切接受外国津贴的学校都要进行登记；1951年将接受美帝国主义津贴的学校全部处理完毕，按学校具体情况，采取不同办法解除美籍人员的董事及学校行政的职务；对中国籍教职员工一般原职留用，待遇照旧，使他们安心工作。对高等学校中宗教学院或神学院，暂维持现状。此外，还规定了各级人民政府教育行政部门分工负责和处理的步骤：凡接受美国津贴的高等学校，由中央教育部直接领导处理，于1951年4月底以前全部处理完毕；中等学校由各大行政区人民政府（军政委员会）教育部（文教部）直接领导处理（华北区各省市的中等学校则由中央教育部会同华北事务部领导各省市处理），于1951年暑假以前全部处理完毕；初等学校（包括幼稚园）则由各省市文教厅局直接领导处理，于1951年年底以前基本上处理完毕。

截至1951年底，接受外国津贴的各级学校处理的结果如下。高等学校方面：由政府接收改为公立的计11校，共有学生6674人，教职员2072人，工警1297人。其中华北区4校，即燕京大学、津沽大学、协和医学院（改为公立后定名为中国协和医学院）、铭贤学院（部分科系改为山西农学院，部分科系与山西大学工学院及西北工学院合并）；华东区4校，即金陵大学、金陵女子文理学院（2校合并改为金陵大学）、协和大学、华南女子文理学院（2校合并改为福州大学）；中南区2校，即华中大学（改公立后逐渐调整成为师范学院）、文华图书馆学专科学校；西南区1校，即华西协合大学（改称为华西大学）。改由中国人民自己办理仍维持私立，政府予以补助的计9校，共有学生7836人，教职员1419人，工警646人。其中华东区7校，即沪江大学、东吴大学、震旦大学、震旦女子文理学院（震旦大学、震旦女子文理学院2校合并为私立震旦大学）、圣约翰大学、之江大学、齐鲁大学（齐鲁和之江两大学将由政府分别接办）；中南区1校，即岭南大学；西南区1校，即求精商学院。共拨付了处理经费62162369000元（旧币）。

中等学校方面：共处理了268校，共有学生88751人，教职员工6697人，其中由政府接收改为公立的共51校，占19.03%；由中国人民自己办理，维持私立，由政府酌予补助的共217校，占80.97%。共拨付了处理经费29749230000余元（旧币）。

初等学校方面：共处理约465校，共有学生84477人，教职员工2759人。其中由政府接收改为公立的占15%，维持私立的占85%。共拨付了处理经费7238820000余元（旧币）。

至此，753所接受美国津贴的学校已经得到阶段性处理。

到1952年下半年，全国教育的形势已经明朗，各级各类学校的基础已经奠定，发展也趋于稳定，同时，国家的财力物力也有了一定的积累。半年前全部处理接受美国津贴的学校也积累了一定的经验。

1952 年 9 月 1 日，教育部发布了《关于接办私立中小学的指示》，决定自 1952 年下半年至 1954 年，将全国私立中、小学全部由政府接办，改为公立。这是一项具有历史意义的巨大工程，反映了中央政府对新中国基础教育的整体设计和决心。

接办的程序是：先接办外资举办的学校，后接办中国人自办的学校；先接办办理成绩较坏的学校，后接办办理成绩较好的学校；先接办经费困难的学校，后接办经费还能维持的学校；大体上先接办中等学校，后接办小学。反对只从眼前的局部的利益出发，先接办规模大设备好、办理较有成绩的学校，而对某些政治情况复杂，办理很坏的学校感到麻烦，不愿提前接办；以及准备不足、急于求成、草率从事等偏向，以保证完成接办计划。

对于接办后的私立中、小学，应采取逐步整理的方针，人事的安排和调动，应抱慎重态度。组织编制的确定，教学设备的增添，应根据学校具体情况，予以逐步解决，不必马上和公立学校看齐，以免工作被动。

对于暂缓接办的学校，应继续予以扶持，加强领导，并注意创造条件，为今后接办工作铺平道路。麻痹松懈、忽视领导的偏向，必须纠正。

1952 年 10 月 17 日，中共中央批准了教育部《关于接办私立中小学问题的报告》。

截至 1952 年底，全国共有私立中等学校 1412 所，教职员工 3.4 万余人，学生 533000 余人，私立小学 8925 所，教职员工 55000 余人，学生 160 余万人。其中接受外国津贴的教会办的学校，除 1951 年已经处理者外，尚有中等学校 246 校，学生约 71000 余人，教职员工 3700 余人；小学 68 校，学生约 10.3 万余人，教职员工 3600 余人。

中央同意自 1952 年至 1953 年全部完成私立中等学校接办工作，至 1954 年全部完成接办私立小学工作。为胜利地完成接办工作，中央要求必须做好各项准备工作，预防接办中可能发生的偏向。

1952 年 11 月 15 日，教育部发布《关于接办私立中等学校和小学的计划》，安排了接办的具体步骤。

（1）1952 年下半年各地区大力进行关于私立中、小学校的调查研究工作，拟定接办的计划，并即分别着手接办私立中等学校 30% 左右（其中华北、东北两地区应将私立中学全部接办完毕），接办私立小学20%左右。其中首先应将接受外国津贴的私立中、小学全部接办完毕。

（2）1953年内，全部完成私立中等学校的接办工作，并继续接办私立小学的40%左右。

（3）1954年内，全部完成接办私立小学的工作。

在这个基础上，教育部算了一笔账。接办私立中等学校和小学的经费概算，据初步不完全的计算，全部接办全国私立中等学校和小学共需经费7074.9亿元（旧币）。自1952年起，逐年所需经费如下。

（1）1952年共需接办经费928.58亿元（旧币）（已列入1952年教育支出预算内）。

（2）1953年共需接办经费4881.69亿元（旧币）。

（3）1954年共需接办经费1264.63亿元（旧币）。

河南省在这方面的工作进展十分迅速。文献记载，1952年11月至12月间，河南省已经接办了全省所有的私立中学。其中以前接受外资津贴的教会中学5所，中国人民自办的中学4所（包括回民自办的中学2所），共9所，计107班5758人。

表1-2 1952年河南省接办私立中学情况

单位：班，人

校名	班数		学生数		教职员工数
	高中	初中	高中	初中	
新生女中	2	13	70	698	50
爱国中学	3	14	130	815	53
五四中学		11		595	36
豫中中学		8		396	29
解放中学		9		507	32
两河中学		14		734	44
维新中学		14		803	44
养正中学		8		423	27
圣达中学		11		587	34

资料来源：根据河南省档案馆 J0109 整理。

对于私立小学的接办，河南省人民政府文教厅于 1952 年 11 月 19 日拟出了初步计划：

1. 河南全省私立小学基本情况

校数 33，班数 174，教职员数 282，学生数 6823，工友数 53。

2. 私立小学办班情况

本省私立小学教会小学最多，五一年校政革新后与帝国主义割断联系，经费开支除从收学费解决一部分外，全由政府补助，其他私立小学经济情况亦是这样。据开封市一市的统计，该市私立小学学费收入仅占全部支出的百分之三十一（弱），其他百分之六十九（强），完全需要政府补助。教员待遇很低，比之公立小学尚差四分之一至三分之一左右。在校教师多不能安心工作，较好教师多不愿意到私小工作。在学校行政方面普遍实行了财政公开，民主管理，这较以前开学铺的观点是有很大不同的。

3. 接办的步骤和具体计划

根据我省私立小学情况，三年内全部接办是没有什么困难的。接办的原则是先接办办理较差、困难较大的学校，其次再接办成绩较好、困难较小的学校。计划五二年度接办汴市的建中、养正、六一、慈育、求实、和平、志成、爱国和郑市的六一、柘城的崇真小学。五三年度接办汴市的解放、华强、新兴、真理、九三，郑市的圣达、中和共六十二班。五四年度接办四育、圣达、豫中、明新、盖幼（幼儿园）、福幼（幼儿园）、大华、西北、维新等五十班。

1952 年 10 月 15 日，中南军政委员会教育部发文，指示各省对接办私立学校应注意的事项，要求河南省在 1952 年下半年将私立中学、私立小学全部接完。在中南的四省一市中，河南的私立小学是唯一要求全部接完的。由此看出，中南教育部的态度比河南省教育厅要激进得多。

实际上，早在教育部发布《关于接办私立中小学的指示》以前，河南已经开始了调研统计工作，省文教厅 1951 年 6 月 9 日以（51）教中小学一九一〇号通知，要求"限期报告私校问题"。各专市积极工作，很快摸清了底子。因为当时河南的私立学校不是很多，这个结论容易得出。如陕州行政区专员公署即于当年 6 月 15 日呈报文教厅："查我专各县确无私立中小学校，故此项报告无从填报。"淮阳专署回复："查我专中小学已经无有私立的了，特此函告。"潢川专署回复："查我专无私校，专此报告。"

分析仅有的有限文献可知，面临社会变革的大潮，不同的社会组织都在评估去留生存发展问题，多数私立学校也在尝试适应。早在 1951 年 5 月，私立静宜女中等教会学校就向人民政府提出了改名申请。其申请有一定的代表性：

河南省人民政府文教厅：

本校自反帝爱国大学习之后，全体师生员工深感旧有之校名系帝国主义分子把持操纵之旧名。现我校在基本上已与帝国主义斩断了经济思想之联系，故校名一事急待改换。经全体师生之酝酿，初步拟定下列三个校名：

（1）新青年女中

（2）反帝封女中

（3）新生女中

请审核转呈中南文教部批准以便改换为盼。

校　长　高永昌（章）

副校长　杨闻清（章）

河南私立静宜女子中学（印章）

公元一九五一年五月三十日

同期，私立郑州圣德中学申请改为"私立解放初级中学校"；私立开封真光施育中学校申请改为"私立开封爱国中学"；河南私立华阳中学先申请改为"河南私立人民中学"未获批准，又申请改为"河南私立胜利中学"或"河南私立五四中学"，最后获批"河南私立五四中学"。

实际上，教会在辅仁大学的代表、校务长芮歌尼为保留原教会大学还是做了一些努力的。早在 1948 年 12 月初，圣言会已经就辅仁大学的撤退问题召开了会议，以英千里为首的四位教授请示拟定撤退计划，设法使他们都能离开。除了存在迁校技术上的困难和无从可去这些客观原因，芮歌尼主观上不想放弃。为了适应，辅仁大学教会方面还是主动做了重要人事调整，使一些教会人员主动辞职，外籍传教士辞去了除校务长以外的几乎所有主要职务，希望以此维持辅仁天主教大学的性质。但是，改天换地带来的变化不仅仅停留在表层，深层次是人的认识改变了。先是学生。原来在教会大学环境里浸润的辅仁大学学生，愈来愈多地报考华北人民革命大学、华北大学和华北军政大学。仅 1949 年 2 月 20 日至 22 日三天内，就有 440 个学生报名，而且其中一半是女生。还出现了是否废弃旧《经济学原理》课本的争端等。学生学习新知识，了解共产党的需求不断高涨，以致学校不得不断划拨专款购置关于"新思想"的书籍。更让教会方面无法容忍的是，教师中原本一些虔诚的教徒竟然"公开叛教"。最典型的是社会学系教授魏重庆，浙江诸暨人，日本东京帝国大学研究院硕士毕业。校务委员会成立时兼任校务委员。解放前，魏重庆是虔诚的教徒，解放后"逐渐进步"，除了公开"靠近中共"外，还在教室"公开讲反对宗教言论"。据校长陈垣回忆，魏重庆"解放前为在辅仁大学得职""信了天主教"。或许是原本的信仰基础就不够，解放后，他很快转向，"觉悟提高了，认清了帝国主义分子利用宗教在进行文化侵略，毅然的脱离了宗教，坚决的站在人民立场，表明自己的态度"。不仅如此，魏教授还担任起学校《辩证唯物论与历史唯物论》的专任教员，在教室公开宣讲与天主教教义完全对立的唯物论。

数学系的刘景芳、生物系的王玢、哲学系的李世繁以及社会学系的杨荣春等人的情形也大体如此。

其实，变化最大的，是在"辅仁大学事件"起到重要作用的校长陈垣。

陈垣（1880.11.12~1971.6.21），汉族，广东新会人。字援庵，又字圆庵，出身药商家庭，中国历史学家、宗教史学家、教育家。陈垣先后创建广州光华医学专门学校、北京孤儿工读园、北京平民中学。曾任国立北京大学、北平师范大学、辅仁大学的教授、导师。1926~1952 年，任辅仁大学校长。1952~1971 年，任北京师范大学校长。1949 年以前，他还担任过京师图书馆馆长、故宫博物院图书馆馆长。陈垣曾经说自己，"从前囿于环境，所有环境以外之书不观，所得消息，都是耳食，而非目击"。为了撇清与"典型的旧式学人"胡适的关系，1949年4月29日，陈垣专门给已经南下的胡适写了一封公开信。在信中陈垣坦言，胡适所持"共产党来了，绝无自由"的观点曾在自己"脑里起了很大的作用"。北平解放前夕，陈垣一改此前"静观其变"的态度。1948年12月14日，他专门致函当时在上海访问的圣言会总会长，表明自己"对教会和祖国负有迁移辅仁大学到相对安全地方的责任"。他在信中写道，自己"完全明了关于费用支出、设备运输和寻找新地点的困难"，但是"只要当北平即刻沦陷成为毋庸置疑的事实时，最后必须撤退专任教职员和最重要的书籍以及器材设备"时，自己"会克服执行和技术上的困难"，即便是"最后无法找出一种可行的解决方法"，但至少"不是没有努力"。正因为如此，圣言会完全认可陈垣对辅仁大学的"忠诚与重要性"，愿意为他的安全担保，认为如果必要，可以让其"居住在非共产党控制的地区中"。

然而，在北平城被人民解放军包围、形势渐趋明朗的情况下，陈垣的态度开始出现变化。一个重要的标志就是陈垣拒绝蒋介石的盛情相邀，留守北平。此后蒋又敦促数次，均被陈垣谢绝，自称是"因无走之必要也"，这说明陈垣已明确做出了自己的政治选择。

从某种程度上说，陈垣的急速转变直接影响了辅仁大学的最终命运。

这些变化，不但明晰了各种势力较量的形势，最主要的是反映了人心的向背。芮歌尼和教会虽然有所知觉，但是他们最终还是错误估计了形势。

直到1950年8月10日，芮歌尼在向教会汇报时还判断，政府并不打算接办辅仁，而是寄希望于教会能够继续提供经费。芮歌尼的理由是，如果"辅仁被教会放弃由政府接办，便会影响所有其他私立学校，尤其是传教士所办的学校"，此其一；对政府来说，若要出资"维持辅大"那必然是"一笔庞大的财政负担，此其二"。

这个判断不无道理。实际上，当时中央高层还没有下定决心。1950年8月19日，毛泽东宴请自己的老师符定一时就明确表示，人民政府并不会接收辅仁。芮歌尼认为，既然政府不会接收辅仁，"校方最后总会作些让步"。芮歌尼这一次对形势的分析多少出现了一些问题，他认为政府无意接办辅仁的判断没有错，因为从大的政策背景来看，中央政府此时确实没有接管包括辅仁大学在内的私立学校的想法。然而，芮歌尼却忽略了一个前提，那就是教会必须主动撤回所要求的最低条件，并继续向辅仁提供经费。还有教育部和陈垣都坚决反对以五位教授的聘任问题进行要挟，已不可能再给其可下的台阶。

教会方面判断有误，加上教会顽固坚持自己的条件，促使政府不得不下最后的决心。根据各方面的汇报，刘少奇也对辅仁的问题做了专门批示。刘少奇认为，各种情况显示，教会是不会放弃辅仁大学的，对教会停发经费的"最后通牒""暂时不理"，"先以文教委员会名义拨给辅仁经费，但不接管"，即"以'相应不理'为宜"，除非芮歌尼直接来找陈垣，否则"决不给谈判，且不给面子"，这样便可完全掌握主动地位。"如果教会全部收回其无理要求，他们就完全失败了；如果教会坚持到底，长期不发经费时，我们则可加以接管。"

1950年9月6日，周恩来对芮歌尼8月27日来信做了批示。周恩来认为，"芮歌尼来信带示威作用，甚无道理，应由教育部邀其面谈，加以驳斥，同时告以我们对待教会设立的学校的原则"，那就是"教会设立的学校在遵守中央人民政府法令及《共同纲领》的条件下，可以继续办下去"，但教会与学校的关系"只是协助经费及主持宗教选科的关系，绝不允许其教义与教育方针发生连带关系，学校课室礼堂中不容许做礼拜、查经"等宗教活动，"学校中可以设立宗教选修科，圣言会可以保留，但学校用人行政不容许教会干涉"；在五位教授的续聘问题上，"教会可以开除认为所谓背叛教义的教徒的教籍，但绝不容许干涉这些教徒教授的地位"。周恩来的批示透露出的信息是，政府虽无意接办辅仁，但绝不容许教会对学校的行政管理有任何干涉，教会与辅仁的关系基本上就是"协助经费"而已。

至此，矛盾已无法调和。

芮歌尼和教会的严重失误在于，他们乐观地估计了自己的力量，用的是对旧中国的惯性思维，而忽略了中国共产党和中国人民接管和行使教育主权的决心和能力。

其实早在此时，关于"为谁培养人""培养什么人"的问题已经有了明确的答案。

"辅仁大学事件"直接导致了教会学校以及所有私立学校被接办。

实际上，尽管中央政府、中南军政委员会明确指示河南在 1952 年底将私立中学、私立小学全部接办完毕，河南也确实迅速落实，总体上实现了全部接管。但私立学校的产生和发展有着一定的历史原因和社会需求，因此，短时间内完全彻底接办也不可能绝对实现，即使在新中国成立之初行政高度统一、相当高效的大背景下，私立学校还有点滴存在。河南省人民政府教育厅 1954 年度《普通中学中等师范学校小学发展补充资料》显示，到 1954 年，河南全省高中和高小已经没有了私立学校的数据，中等师范学校本来就没有。但在初中和初小阶段，还有私立学校的学生数，而且当年还在招生，在校生总数还在增加。尽管数字微小，可以忽略不计，但是确实在增加。数据显示，1954 年初，全省私立初中有 463 名学生，当年没有毕业生，招生人数为 720 人，年末达到 1183 人；年初全省有私立初小学生 800 人，当年毕业 83 人，招生 200 人，增加 117 人，年末达到 917 人。从地域看，这些私立学校都在城市，城镇和乡村没有一处。

第二节　探索、试验：社队厂矿集体办学 （1953～1981 年）

这一时期河南民办教育的主要表现形式，主要是公社、大队办学。这一类学校的师资队伍，民办教师是主体；校舍、教学设备（诸如课桌、黑板之类）是大队的，有的地方是各生产队的；学生上课用的凳子多是自己从家里背来的；教师的待遇，少数公办教师是工资制，民办教师则以工分为主，国家给予很少的津贴。

严格说来，这样的教育既不是公办，也不完全是民办，不同于新中国成立之初的私立教育，又不同于改革开放后的民办教育，应该是一种民办公助的教育。

一　需求与快进（1953～1965 年）

新中国成立初期，河南省的教育底子十分薄弱。1949 年，全省大中小学在校生总数才 166.46 万人，占全省总人口的比例为 4%，即 100 人中才有 4 人正在接受学校教育。据 1950 年 6 月 15 日的统计数据，1949 年全省小学

11920 所，在校生 1227560 人；1950 年上半年全省小学 14282 所，在校生
1451961 人。在小学阶段，学校数和学生数都有较大增长。据河南省档案馆
保存的《河南省中等教育解放前后情况统计表》显示，1949 年上半年，全
省有中等学校 131 所，在校生 35286 人；到 1950 年上半年，学校数为 147
所，在校生 54714 人。这一年，中等教育学校数增长不多，但在校学生数增
长幅度较大。这里可能有统计口径不一的问题，也有统计错误的问题，但
总体来看，新中国成立半年后，全省教育的总规模有所增加。到 1952 年，
中等教育各个类别和层面都有了大的发展，中等专业学校在校生达到 3.77
万人，比 1949 年增加 2.93 万人；普通高中在校生达到 1 万人，增加 0.61
万人；增幅最大的是初中阶段，由 1949 年的 3.70 万人猛增到 12.27 万人，
增加了 8.57 万人。小学教育是基础教育的基础，新中国成立后中央和省两
级人民政府十分重视，全省小学在校生由 1949 年的 122.76 万人大跨度地发
展到 1952 年的 433.36 万人，三年间增加了 310.60 万人，每年以超过 100
万人的速度在增加。在国家治理体系新建的过程中，在国际国内形势十分
严峻的情况下，教育获得这样的成就，十分难得。

（一）"民办小学"概念的提出

经济和社会的发展，人民群众对教育的需求开始萌生，政府也迫切要
求扩大教育规模。尽管新中国成立后三年间教育实现了大发展，但在中等
教育层次，在校生人数与全省总人数之比也只是稍稍高于 1946 年的水平。
还有一个问题，就是连年战争和自然灾害产生的数量巨大的文盲和半文盲。
如果不进一步扩大教育规模，将会增加更多的青少年文盲。具有远见的政
治家会敏锐地感知这个问题的。

还有一个因素，到 1952 年底，河南全省已经基本接办了全部私立学校。
仅靠国家的财力和精力，无法更进一步实现教育的发展。这个问题，国家领
导人早已发现而且关注，在描绘全国教育蓝图的同时也在寻找解决中国教育
问题的办法。早在 1951 年 8 月 10 日，周恩来总理在政务院第 97 次政务会议
讨论《关于改革学制的决定》时的讲话就明确表示"民办小学，要加以提
倡"。查阅有限的资料发现，关于"民办"小学的提法，此前没有正式出现。

在 1952 年 10 月 17 日中共中央批转的教育部党组《关于中小学行政会

议的报告》中，专门列出了"关于群众自办小学问题"，以文件的形式明确了"民办小学"的提法。该报告指出，关于群众自办小学目前存在的主要问题是，第一，群众迫切要求送子女入学，但学校数还不足以供应需要，如要大量举办，国家财政还有困难。第二，大村、富村的小学，多是公立经费由政府统筹解决，许多贫苦小村没有小学，反而发动民办，教育经费的负担不合理，群众有怨言。第三，对群众自办小学的发展缺乏计划和领导，有放任自流现象。群众凭一时的热情办起来，但没有一定的筹措经费的办法，教师待遇低。学校办不好，不能坚持下去。第四，个别省份（如浙江）将原来的公立小学大量地交群众自办，不是出于群众自愿，许多小学垮台，造成群众不满。为纠正上述各种偏向，巩固和适当地发展民办小学，会议决定须坚持下述原则。第一，完全自愿，不得强迫。第二，群众要有正当的可靠的筹款办法，能维持一定的年限（至少 3 年），然后经过乡（村）人民代表会议的通过，县人民代表会议或县政府的批准，即可允许民办。第三，穷村、小村以公办为原则，争取大村富村小学民办，或设民办的班次。

在会议讨论中，个别地区代表存在有不愿民办和不顾财政情况全部包下来的思想，除根据中央精神说服纠正外，对具体问题做了如下决定。第一，对现在尚未全部包下来的民办小学，须视财政情况，能包就包，不能全包的应允许民办一部。第二，已经包下来的，须巩固下去，不应再交给民办，今后须鼓励和允许新的民办小学。第三，群众没有力量办学而又要办学的，得根据财力，由政府举办，如财力不够，应说服农民群众自办小学，并帮助解决一部分经费和师资的困难。

1952 年 11 月 15 日，教育部发布《关于整顿和发展民办小学的指示》指出，全国解放以后，不分新区老区，各地的公立小学都有了很大的发展；但限于地方的财政力量，还不能普遍地满足群众的需要。尤其是完成了土地改革的地区，广大劳动群众由于生活的改善和政治觉悟的提高，迫切要求在文化上翻身，迫切要求送子女入学，因而群众自愿出钱出力兴办小学的很多。根据这种情况，在上年第一次全国初等教育会议上曾明确指出，发展小学教育应采取政府统筹与发动群众办学相结合的方针。一年多来，各地民办小学又有很大的发展，广大群众在发展小学教育方面贡献了极伟大的力量。但同时，发动群众办学也产生了一些偏向，存在不少问题。今后几年内发展小学教育的方针，政府应有计划地增设公立小学，同时应允许群众在完全自愿的基础上出钱出力有条件地发展民办小学，以满足群众送子女入学的要求。根据这种情况，教育部提出如下原则。

（1）发动群众办学，必须在群众完全自愿的基础上，动员和组织群众，按照公平合理的原则，解决经常筹措经费的办法。小学办起来之后，至少要能坚持三年。任何强迫命令的方式和不合理的摊派办法都必须防止。

（2）发动群众办学，应着重在经济比较富裕和失学儿童较多的大村。贫苦小村需要办小学时，应由政府有计划地增设公立小学。

（3）发动群众办学，必须有计划有领导地进行，不能放任自流。群众提出发展计划及筹措经费的办法，必须经村（乡）人民代表会议通过，县人民政府批准，才能开办。决定开办之后，人民政府应帮助群众解决师资问题，加强领导。

根据上述原则，教育部要求，各省、市、县应对现有的民办小学普遍地加以检查，并进行整顿和必要的调整。在民办小学已经很多的省、市、县人民政府，对于那些不是由群众自愿举办，同时筹措经费确实困难无法坚持下去的民办小学，应尽可能地把它们包下来，改为公立小学。对尚能维持但经费不足、教师待遇过低的民办小学，则应在经费方面予以适当的补助。民办小学太少的省、市、县，则应注意适当地发展民办小学。对民办小学的困难漠不关心，是不对的；忽视群众办学的积极性和可能性，违反群众的志愿，限制民办小学的发展，也是不对的。

普及义务教育，是中央人民政府的发展目标，为实现这个目标，国家将逐年增设公立小学。各省、市、县每年在增设公立小学时，除着重在工矿区和贫苦村庄增设外，并应有计划地将坚持了两三年而经费确有困难的民办小学改为公立，发给经费；但同时应注意在有条件的村庄发展新的民办小学或民办小学班。民办小学的经费，除由群众自筹外，对经费不足的，人民政府应予以适当补助。此项补助费，平均按公立小学开支标准的50%计算列入国家预算，由各大行政区、省、市教育行政部门逐级掌握调剂，合理使用，保证民办小学的教师大体上能与公立小学的教师享受同等待遇，以巩固民办小学，并提高其教学质量。这样的设计，既明确了国家增设公立学校的决心，也表明了发展民办学校的态度。总的原则是扩大教育规模，实现教育普及。

民办小学的蓬勃发展，为全日制教育体系规模的扩大注入了活力。到1954年，河南全省民办小学在校生已经达到66720人，其中高小1720人，初小65000人。民办高小年初在校生1500人，毕业780人，招生1000人，年末在校1720人（全部在乡村）；民办初小年初在校生15000人（其中14800人在乡村，城市只有200人），毕业1375人，招生51375人（其中城市500人，乡村50875人），年末在校生65000人（城市700人，乡村64300人）。1954年民办小学在校生数比1953年增加了48500人，总数是上年度的393.94%。

在大规模的发展过程中，不可避免地会出现这样那样的问题。民办学校的举办者和管理者以至多数教职工，受过系统的师范教育的不多，很少有"科班出身"的，主要是凭着对新社会的热爱、对新生活的向往、对新时代的期望而迸发的热情来投入的，其中在教育教学方面有许多发明创造，是在十分简陋和困难的情况下做出的成绩。当然，这样的探索，初期是要付出学费的，只有在经过不断磨砺后，才能形成科学的经验。

（二）民办业余教育的萌芽

与此同时，在政府的鼓励下，民办业余教育的形式也出现了。据统计，1950年上半年，全省18354个行政村中，有3821个村开办了4759所冬学，参加人数达到249930人。另外，经常性的农民补习学校（民校）已达1230处，参加总人数达到50667人。

国家教育行政部门也及时引导。1951年2月28日教育部发布《关于冬学转为常年农民业余学校的指示》要求：

> 目前春节已过，季节性的冬学即将结束，正是争取把冬学转为常年农民业余学校（以下简称民校）的重要时机。各地领导上应抓紧这个时机，集中力量，进行工作，为争取完成1951年全国有5000000农民坚持常年学习的任务而奋斗。

> 各地领导机关，尤其是省县人民政府教育部门，应立即组织力量

有计划地检查冬学工作，并适时地召开专门会议，吸收有关方面代表参加，除认真总结冬学工作外，应着重冬学转民校的动员，打通干部的思想，并研究与确定冬学转民校的条件、具体要求、工作步骤与工作方法。掌握贯彻农民业余教育应以干部与积极分子为主要对象的方针，组织各有关方面采取必要措施，分别传达布置。务使农村干部和积极分子在思想上明确认识：他们如不提高自己的文化，将是国家的重大损失，应积极地改进自己的工作方法，挤出时间，参加学习。

县、区、村应发动干部与学员及群众教师总结冬学教学成绩、教学经验，举行成绩展览。通过测验、评模、奖励等办法把办学确有成绩的干部、学习确有成绩的学员及教学确有成绩的群众教师发动起来，树立起他们办好、教好、学好的信心。发动他们讨论研究如何转民校，并订出坚持常年学习的教学计划及保证计划实现的公约与制度，以便使冬学在群众充分自觉的基础上转为民校。

要求各地领导机关必须特别注意执行关于开展农民业余教育指示中"为使群众教师能安心教学坚持工作，各大行政区省市人民政府教育部门，根据各地具体情况，制定对群众教师的优待、生活补助或奖励的办法"的规定，认真地研究与帮助解决群众教师的实际困难问题，争取把群众教师的工作固定下来。经验证明，冬学能否转为民校，民校能否坚持常年教学，群众教师的积极负责、深入群众，是有决定的作用，及时解决群众教师的实际困难问题，是使他们积极负责不可缺少的措施。

将零星、分散、缺乏统一标准和统一组织的冬学转为有组织的、有统一标准的、具有一定规模的民校，是中央政府将农民业余教育可持续发展的战略决策。在这个时期，民校和冬学的非公办学校的教学人员，被称为"群众教师"。

这样的教育形式也经历了快速发展之后的多次起落。1952年12月，河南省文教厅的《城乡劳动人民业余教育总结》说明了一些情况：

河南省从解放后的一年之间，各地虽曾结合中心工作与群众的学习要求，先后开办了三百多处劳动人民业余学校，作出了不少的成绩。

但是全省有统一的方针、计划、要求与统一的布置业余教育工作，还是从去年十一月全省社教会议以后才开始的。

随着革命形势的发展，业余教育也在全省范围内从无到有，从小到大的开展着。根据各地的情况，在发展过程中，一般会经过几个阶段，首先是由政府文教部门办夜校，或组织以中小学为基点的夜班就所在地的工厂、企业、贫民区针对各种对象进行宣传，打破群众对业余学习的顾虑，并在可能的范围内解决一些由学习而带来的实际困难，以动员学生、创开业余教育的局面。但这时由于主观力量的不够，或缺乏对这一工作的经验，使迎面而来的各种困难问题，不能很好的解决，造成夜校或班的逐渐减员现象，甚至有个别垮台的。久之便引起领导上的注意，解决了教员课本等困难问题。于是使得已有的学员全部回生，同时也扩大了群众影响。人们在要求学习。机关、工厂、学校中，也就大量的办起业余学校来。但由于组织领导的不健全，和工作方法上的形式主义作风，又造成一度混乱现象，其后在政府文教部门的领导下，联系各机关、工厂、学校、群众团体组织、地方性的业余教育委员会，统一领导、整顿学校、确定教育计划与学习制度，虽然各地各校不尽相同，但都创造了一些办法。

学习组织及实施对象方面：在较大的机关、工矿、企业中，一般都组织了集中教学的职工业余学校或机关文化学校及其他性质的补习班，有计划有步骤、有制度的进行学习。在中小城市中，初级班或识字组则采取分散形式，中、高级班多附设在中小学内，一般也都树立了有组织有制度的学校规模。但在发展过程中，都走了许多弯路，如郑州市开办业校时，方式简单，作风生硬，不顾客观条件，单纯追求数字，一个月中建立五十多班，有不少是包办代替的。如在 20 几家小烟厂一百五十多个工人中，工会硬要凑成一个业校，不管学员路程的远近，都集中在一起上课。陕州由拉夫式的"不去不中"的办法，强制船工搬运工学习又不照顾其实际困难开办了四班，不久便垮了三班。

在施教对象上，除较大机关、工厂、职工学校、文化学校明确规定外，一般中小城市虽则限于工人缺少，实际上对象亦欠明确。以开封为例，6162 个学生中，一般市民失学儿童占 3135 人，计二分之一左右。郑州市施教对象，更欠审慎选择，打莲花落，做小偷的流氓无产者都吸收到业校里，造成了教学管理上的极大困难。

通过以上事实，我们获得了一些教训：（1）在学习组织形式上，由于学员工作条件、生活情况的不同，必须是多种多样的，不能也不应该过高或过早的提出正规制度要求，必须是结合正规化与不正规化相辅进行，条件不成熟的要有计划有步骤的向着制度化—正规化的方向发展。（2）吸收学员要明确对象：首先以工人为主。（3）在动员学生方式上要走群众路线，不可强迫拉夫。

……

学习内容方面：各地各种业余学校，绝大部分学习文化，初级班学习国语、算术二种，中、高级班另加自然常识、社会常识及应用文、珠算等。较大机关、厂矿、企业中配合学习政治与技术。个别工厂因对学习内容配置不适合，都会或多或少的发生了一些困难，如开封市铁路东修配厂每周一二两日学习业务（铁路管理法、技术规程等），三四两日学习政治（中国革命与中国共产党、社会发展史等），五六两日学习文化（中小学课本）。在政治学习时有百分之五十五以上的学员不能直接阅读文件，只凭听大课，开小组会解决问题。技术学习时，工友们也都感到数学基础知识不够，初、高级班分别要求学习算术及三角几何。普临电气公司工友们同样感到文化知识差，没有办法进行技术学习，同样政治学习也只能达到一定程度而不易提高。漯河市工人业校，一个时间学习职工运动史，学员都不能接受。根据以上情况我们体验到：业余学习必须以文化为主，没有足够的基础知识，是不能较好的提高政治水平及技术水平的，另外，在必要的与有利的条件下，亦不应放弃政治、技术学习。

……

结语：新的革命形势与新的革命任务，要求业余教育很好的发展起来，为了达到这一目的，必须根据以上几个具体问题，进行更合理的与更有效的解决，以求在现有学校基础上稳步由制度化走向正规化的道路。这首先要我们教育部门与工会及各有关方面，认识到业余教育的重要性，把这一工作当做一个政治任务看待。大家动手，有计划的，有步骤的，有组织的进行工作。当然这中间是有些困难的，但是这些困难是有办法克服的，比如组织领导问题，由政府教育部门负责领导，依靠工会组织联合各有关方面，建立统一领导的组织；教员问题能够聘请固定的教员给予相当于普通学校的待遇，都能得到适当的解决；在时间问题上，能够打通有关方面领导干部的思想，保证不占去规定的学习时间，并和有关各方面协商统一支配业余时间，也能得到合理的解决。总起来说，只要我们能够根据中央政务院与中南教育部的指示，具有克服困难、做好工作的信心，一切问题都可以解决的。

这样的业余教育也逐步形成了体系。根据 1951 年的统计，1950 年河南省 1599378 名冬学学员中，已有 896117 人转入常年学习。

政府推动，规模持续扩大，河南省 1951 年冬学实施方案安排，当年全省冬学任务是，争取 500 万，保证 400 万农民入学，要求干部积极分子全部入学，并成为带头分子。具体任务：许昌专区，901666；南阳专区，883277；淮阳专区，655634；信阳专区，642532；商丘专区，398106；洛阳专区，362310；潢州专区，341919；陈留专区，331937；郑州专区，324676；陕州专区，169017。要求各大专区应保证任务完成不少于上述数字的 4/5。

1951 年，全省人口 4342 万人，按照上述方案，全省 11.52% 的人都要参加冬学学习。根据 1951 年下半年的统计，全省大中小学在校生已达 450.56 万人。整体安排上，业余教育人数要超过普通教育在校生数。除去老人，除去孩子，除去在校学生，除去 1950 年 1599378 名冬学学员，除去已经具有一定学历的工作人员，1951 年的冬天，在河南省广大农村，劳动之余，几乎所有人都在挑灯上冬学。

业余教育是政府引导支持、全社会参与的学习教育活动。其组织由政府牵头，校舍与教学设备由基层或民间提供。保证正常运作的经费和师资源于不同渠道。《河南省 1953 年冬学实施方案（草案）》规定经费方面，（1）师资训练经费由省统一拨发。（2）冬学经费应按照《河南省乡镇自筹经费及管理施行办法》规定解决之，不足之数由学员自行解决。（3）群众教师原则上是义务职，生产、生活有困难时，一般可适用学员自愿帮工互助的办法解决。

师资方面，（1）在职小学教师应在不影响正常教学的原则下，辅导群众教师做好教学工作。（2）各冬学教学工作主要依靠群众教师进行，并发动所有识字的人教不识字的人。特别是已达非文盲标准的学员，积极参加冬学工作。

（三）大规模地扫除文盲运动

扫除文盲运动实际上是在提高全民族文化知识的战略方针下，由中央政府主导、各级政府领导、社会各界参与的全民性的文化知识普及运动，具有浓厚的行政色彩。但其运作方式和经费支撑，主要依靠民间。

扫除文盲的形式多样，其主要工作在农村，有扫盲班、识字班、读报班、夜校等，学习不影响农时，主要在农忙之余，方法灵活，倡导"炕头、田头、地头"。

20世纪40年代末，由于连年的战争和天灾人祸，国家经济和社会发展落后，生产力水平低下，绝大多数生活在底层的民众失去了受教育的权利，导致产生了大批的文盲和半文盲。一般来讲，常将15~50岁的不识字的青壮年定义为文盲，群众称之为"睁眼瞎"；将识字不多，达不到国家规定的脱盲标准的称为半文盲，老百姓戏言"蚂蚁尿书上，识（湿）不了几个字"。新中国成立之初，全国文盲、半文盲人数占总人口的80%以上。经过持续、大规模的扫盲工作，这个数字到1969年降至38.10%，到1990年降至15.88%。从1954年到1965年，全国扫除文盲达9571.3万人。2010年全国第六次人口普查显示，中国15岁以上的文盲人口，已从2000年的8507万人下降到5419万人。成人文盲率从8.72%下降到4.88%。

在一个经济文化十分落后的旧摊子上开始全新的社会主义改造和建设，是新中国领导人面临的严峻而艰巨的任务。

1949年12月23~30日召开的全国第一次教育工作会议，就明确提出了从"明年开始"，进行全国规模的识字教育，扫除文盲。会议指出，毛主席说过，"从百分之八十的人口中扫除文盲，是建立新中国的必要条件"。我们必须努力创设这个条件，以便工农大众易于掌握文化科学，作为斗争与建设的武器，作为巩固与发展人民民主专政的武器。在全国各个地区，应该着手准备识字教育的教材和组织群众中的师资，争取从 1951 年开始，进行全国规模的识字运动。

1953 年 11 月 24 日，国家扫除文盲工作委员会颁布《关于扫盲标准、毕业考试等暂行办法的通知》规定，扫除文盲标准，应根据干部、工人、农民等不同对象与不同要求，分别规定。识字方面大体上可分为 2000、1500、1000 常用字三种。干部和工人一般可定为认识 2000 常用字，能阅读通俗书报，能写二三百字的应用短文；农民一般可定为认识 1000 常用字，大体上能阅读最通俗的书报，能写农村中常用的便条收据等。城市劳动人民一般可定为认识 1500 常用字，阅读写作方面，可分别参照工人、农民标准。以上标准，各省、市人民政府扫除文盲工作委员会可根据具体情况灵活掌握、适当伸缩。

为了编班、编组和统计的便利起见，文盲和半文盲有区别的必要。根据一般情况，在识字方面暂以能识到 500 字以上而未达到扫盲标准者为半文盲，不识字或识字数在 500 以下者为文盲。

新中国成立 70 年来，共有两次大规模的扫除文盲运动，一次是新中国成立后到 20 世纪 60 年代中期，主要解决新中国成立前和成立初期产生的文盲；第二次是在 20 世纪 80 年代初，主要解决历次运动和教育探索中出现的新文盲。第一次规模大、起点低。由于当时受过教育的人数占总人数之比太低，因此，扫盲中许多在读的小学生都成了先生。不少农村家庭是"孩子教父母，弟妹教兄姐"。第二次扫盲实际上是在基本普及小学教育的基础上对青壮年进行的中等教育的补课。

在大规模的扫盲运动中，群众创造了不少行之有效的识字方法。据报道，1953 年 3 月，某野战军采用中国人民解放军西南军区文化教员祁建华同志所创造的速成识字法，消灭了全军的文盲。每个战士一般都认识了2000 字，多的已识到 3000 字。重庆纺织工人速成识字实验班在 21 天的脱产学习中，学员每人平均由原认识 400 多字提高到 2021 个字。天津纺织工人速成识字实验班经 23 天的脱产学习，平均每人由原认识 521 个字提高到2108 个字。将近一半的学员能够阅读《天津日报》、天津《支部生活》等书报。在业余学习的实验中，重庆纺织工会举办的第六一〇厂实验班，学员 40 余人，经过 74 小时学习，都平均由原识 400 ～ 800 余字提高到认识

2000 字左右，且一般都能阅读《工人日报》。此外，教育部、青年团中央、北京市文教局联合举办的北京东郊高碑店农民实验班中，26 个学员经过 164 小时的学习，认识了 1638 个字，能念农民识字课本四册和浅近的书报，并能初步写信、写话。教育部 1952 年 5 月 15 日发出通知，要求各地迅速展开"速成识字法"的教学实验工作。河南省也积极部署，借鉴推广。

从 1953 年的统计数据看，河南省当年参加扫盲班学习的人数，职工 49090 人，市民 61657 人，农民 3940608 人，共 4051355 人。其中经过学习脱盲人数为职工 18000 人，市民 1 万人，农民 40 万人，共 42.8 万人。扫盲通过率不高，为 10.86%。

这么大规模的群众运动，气势浩大。人多，事急，总要出一些问题。1953 年 4 月 9 日，《人民日报》发表社论《扫除文盲的工作必须整顿》，认为：

> 一年来的扫除文盲工作是有成绩的。厂矿、机关和农村里不少文盲和半文盲都认识了一定数量的字，也有不少文盲被提高到半文盲，大批扫除文盲工作干部在实际工作中受到了锻炼，而在组织领导、培养师资和教学方法等方面也取得了一些经验。但在另一方面，由于各地文教工作的领导干部对扫除文盲工作在整个国家建设工作中的适当地位和扫除文盲工作本身的长期性和复杂性认识不足，一开始便出现了轻率冒进的现象：不看实际情况，不估计主客观条件，不讲究步骤，没有周密的准备，特别是师资的准备很不够，一下子把摊子铺得太大，重量不重质，造成了严重的"掉队"、"夹生"和"回生"的现象，影响了扫除文盲工作的顺利开展。这种情况，由于中央的正确指示，在最近几个月中有了改进，但就全国范围来说，扫除文盲工作至今还没有走上正轨。
>
> 产生轻率冒进现象的基本原因，在于各级文教领导机关没有从实际出发考虑问题，布置工作。就实际的主客观条件说，目前不可能普遍开展速成识字运动。
>
> 第一，当前国家建设的重点是经济建设，包括文化工作在内的其他各项工作，都必须配合经济建设。各项工作的位子都是摆定了的，

人力、物力和财力的分配，都有一定的比例。不适当地强调扫除文盲工作，把这一工作的摊子铺得太大，就是不切实际的做法。第二，扫除文盲工作，是非常复杂精细的工作，必须掌握群众性的文化学习运动的特点和规律，从群众的生活情况、生产情况和学习条件出发，才能有效地开展工作。由于新中国劳动人民的政治觉悟、生产热情和物质生活水平的提高，他们对文化学习的要求也大大提高了，这是开展扫除文盲工作的重要条件。但他们的生活情况、生产情况、学习条件和学习要求，都是不相同的，机关人员不同于部队战士，部队战士不同于工厂工人，工厂工人又不同于乡村农民，而同一方面的不同单位，也各有不同的情况。如果忽视这种多样性，用千篇一律的方式方法来进行扫除文盲工作，也是不切实际的，容易脱离群众。第三，祁建华所创造的速成识字法，固然是扫除文盲的新式武器，但它必须与实际情况相结合，在一定条件之下，才能发挥应有的作用。如果不看学员和师资的情况如何，不问学习条件如何，一律运用同样的方式方法，也是不切实际的，不可能收到应有的效果。上述一切都由一年来的实际经验证明了。

因为过去扫除文盲工作缺乏实事求是的精神，所以在学习组织上，片面强调正规化，不采取多种多样的形式，以满足具有不同学习条件的群众的学习要求，以达到扫除文盲的目的，而单纯采用速成识字班的形式。同时，在速成识字的教学方法上，也没有联系不同的实际情况，灵活运用速成识字法，往往生搬硬套，严重影响学习效果和学员的学习信心。有的地方甚至强迫群众参加速成识字，将好事办成坏事，引起群众不满。这种情况在农村中较为严重。农村原有的通常学习组织形式，如冬学、民校、识字小组、炕头小组、识字牌、小先生制等，在不可能普遍开展速成识字运动的今天仍有其重大作用，不应忽视。

扫除文盲工作是具有广泛群众性的工作，必须坚决走群众路线。领导者的任务，就是要向群众讲清道理打通群众思想，引导群众根据各自不同的情况，运用多种多样的方式方法来解决自己的文化学习问题。群众最了解自己的实际情况，最懂得根据实际情况办事，只要依靠他们，通过他们的自觉自愿，什么困难都是可能解决的。

最近中央人民政府扫除文盲工作委员会召开了全国扫除文盲工作会议，根据文化教育工作总方针，总结了扫除文盲工作的经验教训，明确地规定了今后的方针。各地应即按照这些方针，根据当地实际情况，通过适当会议，认真检查和总结过去的工作，彻底打通干部思想。然后依照有准备、有重点、有步骤地开展扫除文盲工作的原则，实事求是地订出切合实际的工作计划，切实执行。各地必须确定适当的干部编制，建立必要的领导体系，充实领导机构，加强领导工作；根据一定标准，整顿教师队伍，就地取材，短期训练和长期培养相结合，建立有效的在职教师学习制度（如层层传授制度），不断提高教师的政治水平和业务水平；实事求是地整顿现有的学习组织。确有条件举办速成识字班的地方，应坚持下去，并加强领导，切实提高教学质量，而速成识字班的学习时间、教学进度和教学方法，也要根据学员的不同情况，从长考虑，切勿生搬硬套，强求一致。没有条件开办速成识字班的地方，应利用各种通常学习组织形式，按群众需要和自愿办事，切勿粗暴急躁，给群众以强迫命令的感觉。

改进扫除文盲工作的关键在于加强领导，保证处处按照实际情况办事，具体掌握群众文化学习运动的特点和规律，经常深入地检查工作，认真总结工作经验，树立老老实实为群众服务的优良作风。领导干部必须切实掌握重点，有计划地创造较有系统的典型经验。关于怎样解决学习和生产的矛盾问题、扫除文盲工作和中心工作相结合的问题、学习组织和生产组织相结合的问题、互助分批轮换学习的问题、分段教学问题以及用层层传授的方法来提高教学质量问题，各地已经摸索出一些经验，应该进一步加以总结、提高和系统化，并创造新的经验。推行典型经验，要非常慎重，切勿生硬搬用。

各地党委和文教领导机关必须正确认识扫除文盲工作的重大意义和有准备、有重点、有步骤地开展这一工作的必要性，用慎重、负责和积极的态度来对待这项工作。在纠正轻率冒进现象的同时，要防止消极应付稳而不进的偏向，使我们的扫除文盲工作走上正轨。

1953 年，河南全省参加学习的工农群众计 4092816 人。其中，职工占 15.40%，农民占 84.60%。安阳专区民校学员 65000 人中，青年 53930 人，占 82.97%。

《河南省 1953 年农民扫盲及业余教育总结》开门见山：

针对扫盲工作中的冒进现象，今年一开始便进行了大力的整顿工作。元月召开了第二次扫盲工作会议，提出了扫盲工作的规格要求；停止了扫盲工作在数量上的盲目发展。三月在各专市与重点县文教科长会议上提出了取消兼任教师的补贴的工作。四月第三次扫盲工作会议，提出了"服从生产，服务生产，适合群众，依靠群众"的方针，停止了速成识字法教学，转为民校学习，决定着手整顿扫盲组织，处理干部和教师。为了贯彻会议精神，并组织了两个工作组，分赴密县与林县等地，检查了转民校工作与师资处理情况，传播了经验。在第二季度整顿的基础上，七至九月份重点试验了小单元教学法，进行了重点民校的典型调查（两次有六十一个扫盲办公室主任和干事参加），整顿了教师队伍，安定了各方面的思想情绪，为第四季度开展冬学作了准备。十月，省召开了第五届文教行政会议，研究贯彻了冬学方针，分配了任务，布置了师资训练工作，目前师资训练工作即将结束，冬学正在开展，为国家在过渡时期总路线的宣传准备了阵地。

一年来的农民扫盲工作和业余教育是有很大成绩的。全省有 3501324 人参加了冬学学习，407015 人参加了速成识字班学习。610261 人坚持了常年民校学习，其中速成识字班学员 186077 人，民校初级班学员 408453 人，高级班学员 15636 人，中学班学员 95 人。据典型抽查看，有 70% 的速成班学员达到了非文盲标准。同时结合各地各期的中心工作，进行了政治生产教育，推动了工作，提高了生产。

20 世纪 50 年代的河南，和全国一样。新中国的建立，给广大人民群众带来了新的希望，人们的学习热情持续高涨，只要是政府提倡的、上级安排的，大家都积极响应，而且主动投身其中。涉及教育领域，民办学校、业余教育、扫盲运动，都是政府倡导，群众拥护，顺应时代发展需要，所以上得快，规模迅速扩张，然后出现一些问题，及时纠正，然后再发展。经过不断的发展、调适、再发展、再调适，走上良性发展之路。

1952年11月8日，济源县报告，该县第一期速成识字实验班三个学员流产。新乡专署扫除文盲办公室于1953年1月31日写出书面检查报告。

1952年12月12日，淮阳县白庄乡梁墓村速成识字班因房小窗少，空气恶劣，导致62名学员中13个学员患病。当天发现头疼4人，13日发现头疼5人，心疼3人，吐血1人。

1952年12月20~24日，国营郑州棉纺织厂纺训班工人在学习速成识字中发生48人精神失常事故。郑州市扫盲委的调查报告认为，郑州棉纺织厂夜训班的学习计划不切合实际，是违背上级指示的。急于求成，不顾工人健康，是产生事故的主要原因，并就食堂饭菜、学习时间、学员年龄等方面做了调查。

1953年2月12日，成皋县团县委干部王四勤在团县委召开的"扫盲重点乡团支部书记联席会议"上得知，成皋县速成班两名女生发生小产。省扫盲委立即发出通知，责成成皋县扫盲委立即了解处理并将处理结果上报。经调查，一个是传闻，一个是因家务纠纷和丈夫打架导致流产。成皋县扫除文盲委员会做了检查并对所有怀孕女学员进行了摸底，给予帮助，并从教学时间、教学方法上进行了调整。

1953年3月，新安县懈土乡速成班女学员邵玉荣投河自尽，宜阳县鱼泉乡速成班女学员王某等6人精神失常，引起了省扫盲工作委员会的高度重视。省扫盲工作委员会主任嵇文甫签发通知，要求会同专人民法院、妇联检查处理并将结果上报。宜阳县上报，6个女学员年龄最大的28岁，最小的17岁。由于教师们把班干部和小组长抓得特别紧，对学习公约经常检查，经常测验，学员学习压力过大，又都是在劳动之余学习，"脑子未休息过，思想调剂不开"。教学条件差，教室是三间民房，只有一个门，50多个学员在教室坐得很密，空气不流通，种种原因导致这些学员出现晕眩、手凉、说胡话、哭笑无常、昏迷不醒等症状。

宜阳县扫盲委员会及时采取措施对患病学员进行诊治，并采取措施进行改进：（1）调整每天学习时间，由每天三小时改为两小时，并"减轻教学分量"；（2）多做文体活动（唱歌、跳绳、散步、团体游戏等）；（3）分散补习，分散阅读（因教室空气不流通，在补习和阅读时到院里）；（4）教室多开窗，使空气流通；（5）暂不测验，暂不升红旗，暂不开展竞赛；（6）有病的人暂不去学，在家休息，教师每天去她们家里辅导。

新安县六区懈土乡上河村速成班学员邵玉荣 1953 年 3 月 19 日傍晚在涧河金涧山头的潭里投水自杀。邵玉荣 19 岁，劳动积极，学习积极，被选为学习模范。这样在家务和农活上可能有些不强，引起了新婚的二哥和二嫂的不满。报告说其二嫂是"富农出身"，邵家三兄弟只二哥娶了妻，故而二嫂新婚后在家养尊处优，对积极学习的邵玉荣屡次讽刺打击。3 月 18 日二哥就让她"滚出去"。3 月 19 日下午，又遭二嫂辱骂，就烧了作业本，换了上衣，投河自杀。

这个看似由于家庭矛盾导致的悲剧，其实是在社会大变革时的典型事件。政治上翻了身的农民，有了自己的土地，生活虽不富足，但已经安定。人的需求是逐步升级的。这样的时代，这样的形势，这样的农民需要学习文化，掌握文化，是发展的大趋势。多数学员和家庭处理得好，个别的冲突不断升级，就会酿成悲剧。

1953 年 3 月 26 日，大风雪，郑州市郊区老鸦陈村年仅 17 岁的速成识字班女学员陈金玉在放学回家路经一处粪堆时突然跌倒死亡。郑州市扫盲委员会呈报调查报告，省扫盲委领导指示："应由扫办负责查实，并负责前往慰问，收集群众反映再行报省。"

鉴于扫盲速成识字班多次发生涉及人身安全的事故，1953 年 4 月 15 日，河南省人民政府扫除文盲工作委员会、河南省民主妇女联合会联合发出通知，要求密切注意速成班孕妇的健康问题。要求各种速成班一般不得接收临产的孕妇入学，对入学的怀孕妇女要采取灵活的教学方法，对不宜继续学习的孕妇动员休学。严格禁止强迫孕妇转学、休学和不加说服地禁止孕妇入学，以防止另外偏向。

除了教学设施简陋、管理人员急于求成等因素外，学员的内生性原因也是导致发病的一个重要因素。如国营郑州棉纺织厂纺训班 48 人精神失常事故，有相当一部分有着个人原因。这个纺训班共有学员 500 人，全是女性，学员年龄一般在 14 岁以上，20 岁以下，学习心切，好胜心强。加上学习时间长，传授知识量大，课外活动时不活动，课间休息时不休息，勤学苦练，压力过大导致病态，以致有的学员没有走到厕所就尿到裤子里，有的学员病了说胡话还要"给我拿书，我要答题"。在当时的时代背景下，人的精神状态大多是这样的。

随着扫盲运动的深入，措施日趋完善，经验日趋丰富，政府也逐渐加以规范。1953年6月18日，河南省人民政府发出通知，要求抓紧处理多余的扫盲干部和教师。通知指出：

> 我省在开展扫除文盲工作中，由于轻率冒进，曾抽调一部分小学教师、短师班学生，并大批吸收了失学失业知识分子、转业军人等，作为各级扫除文盲机构的干部、专任教师及兼任教师。近据中央关于《扫除文盲的工作必须整顿》的指示精神，不少速成识字班已分别停办或转为民校。

> 如此，全省扫盲干部及专任教师大批多余。按中央指示，此项多余人员需于五月底以前处理完毕。又据中央关于扫除文盲工作必须依靠群众的精神，全省15000名兼任教师，每人每月八万元的生活补贴也于五月底以前取消。因之，处理多余的扫除文盲干部、专任教师及取消兼任教师的生活补贴，在我省扫除文盲工作上已成一项重大工作。两月来，各地曾在此工作上作了不少努力，已说服百分之七十的兼任教师自动停领政府补贴，但对多余的干部、专任教师，尚未处理完毕。因这些人多是原由人事部门调配的编余干部及自小学调来的在职教师和在校的短师班学生，并有少数原经劳动部门登记的失业知识分子，因而一般质量较差，水平不高，且本身又无劳动生产能力，难于安置。另一部分未能及时取消补贴的兼任教师约有一千五百名，多是民主运动中落选的乡村干部、转业回乡的军人、城市贫苦市民、小商贩及少数无家可归的单身汉。这些人自开展扫除文盲工作以来，即以政府补贴作为主要生活来源，值此春荒季节，特别是霜灾严重地区，取消其生活补贴，尚须代其寻觅生产门路。最近不少地区已发生教师联名请愿事件。党委、工会等部门也曾多次收到教师的申请信件，这说明处理多余干部、教师及取消兼任教师生活补贴的问题，已日益成为迫切而严重的问题，必须慎重妥善处理。如不能适时有效而又妥善地解决，

将产生不好的政治影响。为此，特提出以下办法，希即遵照办理：

1. 在多余的扫除文盲干部、教师中，有意且具有升学条件者，经县、市扫除文盲办公室发给服务证书，教育科、局可准其于暑假后报考师范学校或中等学校，并予以可能的照顾。

2. 多余扫除文盲干部教师中，原系政府的人事部门介绍参加扫除文盲工作的在职干部均交各地人事部门分配其他工作，或按编外干部处理。

3. 各地文教科、局可在多余扫除文盲干部师资中，选配一部分有教学能力者，充任干部、职工业余学校的专任教师或兼任教师。

4. 各地文教科、局在配备区、镇文化站干部时，可在多余扫除文盲干部、教师中选拔一部分文化水平及工作能力较好者充任。

5. 各县扫除文盲机构之干部、教师如尚有缺额者，应以专区为单位，由专署文教科在其他县之多余扫除文盲干部、教师中统一调剂；有缺额的县不得自行配备。

6. 多余扫除文盲干部、教师，若原系隶属劳动就业登记城市之失业知识分子，劳动部门应准其登记，一俟有就业机会，即当予以妥善安排。

7. 多余扫除文盲干部、教师中，少数因参加扫除文盲工作后，为争取脱离生产担任专任教师，而将私有土地房屋自动交予地方政府或亲属者，地方政府应予退还，或协助索回。其原系小商贩，现已无资金经营者，可由银行贷给小额贷款。

8. 凡采取上述办法仍有个别不能安插者，各专、市应汇总提出处理意见，报省研究解决。

贯彻以上办法时，必须统一领导，分工认真负责，作好思想动员，按本府四月三十日（53）府文委字第六一号指示精神，讲明方针政策，肯定工作成绩，打通思想然后妥善处理；不得草率粗暴，执行中的问题要随时转本府研究解决，以免发生不良后果。

这份由省人民政府主席签发的通知，实事求是，态度鲜明，既说明了问题的缘由，也表明了政府的态度；既对这些人的能力水平给予了中肯的评价，也对他们的出路做了考虑；最后提出了分流到学校、乡文化站等单位的意见，也同意有经商能力的人继续经营，可由银行提供小额贷款。对于确实不能安置者，也要肯定工作成绩，打通思想，不得草率粗暴。以此为节点，轰轰烈烈的扫盲运动由规模扩张转为平稳发展。

1955年6月2日，国务院发布《关于加强农民业余文化教育的指示》，明确了以下几个问题。

领导体制。主要领导机构是地方各级人民委员会，明确了农民业余文化教育工作是在各级政府的指导之下进行的。青年团、妇联、人民武装部、文化馆（站）、合作社等都要积极协助政府开展工作。其中最主要的是青年团和妇联。在这个基础上动员各种社会力量，协助政府开展工作。

经费来源。专职人员的开支、业余教师训练费、主要乡干部离职学习的办公杂支以及一定的奖励费由政府支出，其他的都由群众自筹。实际上主要运行经费是由群众自筹的。这样的教育，性质应该是民办。严格一点说，是民办公助。

意义重大。社会主义是不能建立在大量文盲的基础之上的，将开展业余教育上升到建设社会主义的高度，不夸张，有说服力。因此，积极地开展农民业余文化教育，克服我国农村文化落后状态，已成为当前一项重要的政治任务。

层次清晰。在三五年内，对主要乡干部中的文盲，要在全国范围内基本上扫除；在农业生产合作社发展较早和较有基础的地区，扫除大部分现有合作社社员和积极分子中的青壮年文盲及一部分非社员的青壮年文盲；在其他地区，争取一部分合作社社员、互助组组员、积极分子和其他青壮年农民中的文盲入学，并逐步扫除一部分文盲。对不同层次的人群，使用了"基本上""大部分""一部分"。

方法得当。教育要和农事季节相适应，要利用农事空闲组织农民学习，使学习在不妨碍生产的条件下进行。冬季农闲，抓紧开办冬学；冬学结束后，组织有条件的坚持常年学习。此时，要恰当地安排学习时间，放慢学习进度，减轻学习分量；夏收、夏锄、秋收等农忙季节可以放假。同时，农民学习的组织也应当根据农事忙闲和农民生活情况，因时、因地、因人制宜，分别采取集中或分散学习的形式。

　　分类指导。适应乡村干部工作忙、会议多的特点，采取单独编班、编组，包教包学，个别辅导等办法。对主要乡干部，还可以采用轮流离职学习的办法。原来的文盲在读完全部识字课本，学会阅读通俗书报，学会写简单的农村应用文达到扫盲标准后，如果有条件，还应当学会珠算。同时仍然要积极地组织他们继续学习，以巩固学习成果。在文化水平较高、教师不困难的地区，可以把已达到扫盲标准的农民中学习要求较高、学习条件较好的人组成高小班（组）。高小班的文化课，主要是语文、算术两科。语文课要求达到高小毕业程度，算术课要求达到初小毕业程度。

　　师资培养。坚持"以民教民"的原则。组织和动员识字的人，利用业余时间来教不识字的人，并使他们真正理解到这是一项义不容辞的光荣任务。对农村业余教师，要积极地采取有效办法帮助他们提高文化业务水平。各地采用的教学研究小组、短期训练班等方式来训练和提高业余教师，成效不错，可以根据具体情况，适当采用。其中教学研究小组要作为今后提高业余教师的一种重要方法。

　　这里还透露了一个信息，就是还有那些不是合作社办的农民业余学校。不是合作社办的，是谁办的？应该是农村其他社会组织办的，民办的性质更浓厚一些。对这些学校，不能放弃领导，听其自流。相反的，要加强领导，切实办好，等到合作社办学条件成熟的时候，再由合作社来办，把它办得更好。

　　1955 年 12 月 30 日，国家发布《十二年国民教育事业规划纲要（草稿）》，提出两年内扫除机关团体干部中的文盲，三年内扫除职工中的文盲，七年内基本上扫除全国 14~50 岁农民和市民中的文盲。

　　大规模的群众运动转入有规律的发展时期，使得扫盲工作持续开展下去。但是在具体运行中，仍会遇到这样那样的问题。校舍的、教师的、家庭矛盾、生产和学习的冲突等，这些都在一一化解。当时中国的生产生活水平十分低下，广大农村照明大多靠煤油。而乡下学习，多在夜晚，没有油，就没有光，没有灯光的学习是不可能的。1954 年冬天，河南各地农村都出现了煤油供应紧张的问题。安徽广德县因无煤油，全县冬学民校在 12 月底全部停顿。山东某县也因煤油供应缺乏而致 80% 的冬学民校中断了学习。因为煤油供应问题，商业部、教育部、团中央于 1955 年 9 月 28 日联合下发通知，要求做好当年冬学灯油供应准备工作。要求各省、市教育行政部门，商业厅、局，团省、市委按各地具体情况及季节性共同协商，做出临时的限量标准和供应办法，以保证做好灯油的供应工作。

河南的扫盲工作成就显著，中央人民政府向全国通报《河南郑州、许昌、新乡三市关于解决职工业余文化教育的领导关系的报告》。通报发至各大行政区，内蒙古自治区，各省（市）及十个50万人口以上的省辖市扫除文盲工作委员会。抄送中央教育部、全总宣传部、上列各地的同级工会。抄报中央文委。通报说：

> 中南扫除文盲工作委员会报来《河南省郑州、许昌、新乡三市关于解决职工业余文化教育的领导关系的报告》很好，特转发给你们参考。目前有些地方的职工业余文化教育工作中还存在着多头领导，职责不明，影响职工业余文化教育的正常开展。我们认为河南省解决这个问题的方法是好的。该省在改进的办法中所提出的明确政府与工会的职责与分工合作的原则也是正确的；应根据《职工业余文化教育工作预备会议所讨论的几个问题的通告》中改进领导关系的意见试行，总结经验，以便更好地解决职工业余文化教育工作中的组织领导问题。

中央人民政府扫除文盲工作委员会

一九五四年五月十一日

河南省郑州、新乡、许昌三市关于解决职工业余文化教育的领导关系的报告

......

一、问题存在的情况

1. 工作布置不统一，各来一套。由于政府教育部门与工会宣传部平日缺乏联系，问题缺乏研究，布置工作时往往不能一致。如郑州市召开教师的经验交流总结会议，就是"你来一次，我也要来一次"，致使会议重复，教师忙乱。新乡市工会宣传部要求教师在基层多作工会工作，而扫盲办公室则不同意，致使教师与基层工会关系不好，影响

工作的正常开展。许昌市扫盲办公室给教师布置学习有关扫盲工作的整顿巩固的文件，而在同一时间工会宣传部都又给教师布置八项任务，致使教师不知接受谁的好，深感两边为难。又如工会宣传部长在教师会议上传达宣传鼓动会议精神时说"宣传鼓动工作重要"，而扫盲办公室主任却说"扫盲工作重要"，教师则说："两位领导说的都对，我们今后试试看吧！"总结工作时，各发提纲一份，使教师无所适从。因而造成工作上的多头领导和忙乱现象。

2. 关于教师的领导管理和调配方面：在教师的领导上，双方都为了要抓住对教师的领导权，竟错误地采取不同的办法拉拢教师。如许昌市扫盲办公室主任看到有些教师佩戴市工会的证章，就以为这些教师不靠近自己，不好领导，竟不与工会商量，另制扫盲委员会证章，发给教师佩带。工会宣传部长则采取"关心"教师经济待遇的方法来达到领导抓教师的目的，在未经双方研究同意之前，就公开地向教师说："你们的待遇一定要高于小学教师，不久即要提高待遇。"这样争着抓、争着管的结果，使教师形成两派，互不团结，严重地影响了工作，从而也就放松了对教师的政治思想业务领导，致使教师不安心工作，想升学要转业。个别品质不好的教师则乘领导关系不好，两面拨弄是非，制造矛盾，加之领导思想不够冷静，由此又增添了一些不必要的争执。

3. 在经费上是互不露底，互相隐瞒，光想本单位少出点钱。省里拨的工农教育事业费和扫盲经费，扫盲办公室则不愿将真实数字让工会知道，认为职工的文化教育事业，工会得多花点钱，怕工会占了便宜。工会也同样认为如果扫盲办公室知道了文教费的详细数字，就算"大权"交给了扫盲办公室掌握，对自己不利。工会宣传部往往只伸手向政府要求补助，而不能把自己的底子亮出来。如许昌搬运工会的文教费可以供给两位教师，但自己不愿把钱拿出来，还要扫盲办公室供给。

根据以上情况，再加上个别干部在工作作风上缺乏民主协商精神，联系少，研究少，往往把个别干部的缺点错误地看作是整个机关的缺点，因此，互不尊重，互不信任。如郑州市扫盲办公室的某些干部说：

工会的干部是"恶霸",工会宣传部的一些同志则说：扫盲办公室的干部是"官僚"。互相看笑话，互相拆后台，致使在处理许多具体工作上发生不少的无原则纠纷。

二、问题产生的原因与危害性

（分析）……

1. 给党、政府和工会组织带来了不良的政治影响。如许昌市一个教师说："不知共产党领导下的组织，还有这样不可调和的矛盾！"

2. 使中央以产业工人为重点的方针未能认真地贯彻，严重地影响了工作的正常开展。如郑州、新乡二市职工扫盲工作在开展上都不如市民的扫盲工作；以新乡为例，该市职工参加学习的仅71班，2935人，而市民参加学习的则达247班9573人。这是由于双方领导忙于闹"关系"，对中央方针不能认真贯彻，不但不能结合生产，依靠群众进行业余教育工作，甚至省与中心运动、生产相争、相挤的偏向。

3. 破裂了对事业的严肃性与责任心，有人争权，无人负责。致造成郑州棉纺织厂职工在学习中发生神经失常与许昌市失业工人训练班、速成识字班发生病人事件以后，双方互推责任，不去过问的错误。

以上事实是与领导闹无原则的纠纷、争功推过分不开的。

三、解决问题的办法

根据问题存在的情况，要解决市一级的问题，首先从解决省的领导关系问题开始，从上面来的问题从上面解决。

……许昌市即是由市长，市委宣传部长、工会主席等负责同志的重视和亲自协助得到解决的。

1. 领导关系上存在的问题很多，首先收集材料，综合出几个方面的问题，除个别谈话外，还可召开座谈会，互相启发，把问题谈透。

2. 将收集的问题及时向党委汇报，促使其检查，并分别向双方交换意见，使对问题的情况，危害性及其原因加以必要的分析，促使双方认识问题的严重性以及产生的不良后果，表明态度，认真检查。

3. 经过帮助，双方将检讨材料准备成熟后，在其思想自觉的基础上，找出主要问题产生的思想根源，加以系统的分析和批判。在双方会议上公开进行检讨，由当地党委主持和作出必要的结论，指出双方领导今后努力的方向，检讨后双方干部进行讨论，以达到改进领导，提高干部思想认识水平的目的。

在解决以上问题的同时，双方可通过协商，拟制改进工作的具体办法，明确职责，规定制度，以达到领导思想统一、工作步调统一的目的。一般的是明确政府与工会的职责，分工合作。有关方针、政策、学制课程、教师的训练培养、教师的升迁调补、职工业余学校成立的审查批准、教学工作的督导检查、考试及毕业证书的颁发、教材的编审、教师学员的奖励、不足经费的补助等，主要由政府负责。有关组织动员学员入学、职工业余学校的组织成立、教学计划的制订、保证并安排学习时间、兼职教师的经常管理、经费的收支掌握等主要由工会负责。在明确职责之后，关于合作的组织形式，除按规定由工会宣传部推荐适当人选担任扫盲委员会适当职务外，并在办公室下成立职工教育组，由工会干部担任组长，不再兼任部内职务。政府与工会须建立联席会议制度，共同讨论双方有关的问题，除研究计划工作，认真检查决议执行情况外，并在思想上要相互主动地密切配合，共同作好职工教育工作。

为保证扫盲工作的经常开展，1956 年 5 月 4 日，教育部、全国扫盲协会联合下发了《关于各级扫盲协会人员编制的方案》。该方案规定：

要在今后 7 年内，基本上扫除全国人民中的文盲，是一项相当艰巨重大的政治任务。扫盲协会的重要任务就是组织识字的人教不识字的人，发动群众，扫除文盲。

（一）三个直辖市扫盲协会：上海 10 人，北京和天津各 8 人。

24 个省和自治区的扫盲协会：7 至 10 人

四川、山东、江苏、河南、河北等 5 省各 10 人。

湖南、湖北、广东、广西、辽宁、安徽、浙江等 7 省各 9 人。

山西、陕西、甘肃、吉林、黑龙江、江西、福建、云南、贵州 9 省各 8 人。

内蒙古和新疆二自治区 7 人，青海省 4 人。

（二）省辖市扫盲协会：1 至 7 人。

二百万以上人口的省辖市 7 人。

一百万以上人口的省辖市 6 人。

七十万至一百万人口的省辖市 5 人。

五十万至七十万人口的省辖市 4 人。

三十万至五十万人口的省辖市 3 人。

十万至三十万人口的省辖市 2 人。

十万以下人口的省辖市 1 人。

（三）县扫盲协会：1 至 5 人

八十万人口以上的县 5 人。

六十万至八十万人口的县 4 人。

四十万至六十万人口的县 3 人。

十万至四十万人口的县 2 人。

十万以下人口的县 1 人。

（四）相当县级以上的市辖区扫盲协会：1 至 3 人。

三十万人口以上的市辖区 3 人。

十万至三十万人口的市辖区 2 人。

十万人口以下的市辖区 1 人。

在国家和河南省政府的调整规范下，全省的扫盲工作取得了一定的经验。南阳专区 1956 年 10 月 5 日《农村扫盲工作基本总结》指出：

由于生产关系的变化，农民的社会主义觉悟有很大的提高，学习文化已基本上形成了群众的自觉要求，进入民校学习的农民大大增加。去冬参加学习的人数达 1111071 人（其中女 451429 人），其中扫盲班 1077350 人，高小班学员 32299 人，业余中学学员 1422 人。参加学习的人数约占青壮年文盲（14~50 岁）总数的 46.3%。完成了省分配我区入学任务 505000 人的 210.61%。全区 13 个县、市都普遍超额完成了任务。

入春以来，随着农业合作社的发展和巩固，扫盲运动也得到了相应的发展。三月份入学农民上升到 1474956 人（其中女 634428 人），较去冬发展 5.74%。春耕开始后，农活繁忙了，民校学员已开始减少，流动现象日益增加。据 5 月底的统计，坚持正常上课的有 943713 人。

各地大部分民校根据生产情况，在七八月份陆续开学复课，以灵活的小组形式坚持学习，入学农民 730830 人。

——主要成绩收获

甲、广泛深入地贯彻了中央农民业余教育的方针政策，在以合作化运动为前提下，新形势为动力，始终贯彻着反"右"精神，使扫盲运动步步深入广泛地开展起来，很多农民在"上山砍柴"、"进林拾粪"、"打井浇麦"、"走亲串邻"时还要进行学习。

乙、在识字程度上，据 9 月份的测验，参测学员 67755 人，识 300 至 500 字的 35641 人，占 53%；识 501 至 800 字的 14654 人，占 21%；识 801~1000 字的 7604 人，占 11%；识 1200 字左右的 9856 人，占 15%。

截至上月前，全区已有 218351 人达到扫盲标准，占常年坚持学习人数的 32.50%，完成省分配毕业任务 99.70%。

丙、服务中心，服务了生产。各地区较大部分都根据生产季节的变化，灵活了学习组织形式。春耕开始后，在水利化建设中，不少地方都变集中形式为分散小组，变工地为课堂。如南召李湾店真心庙水库，经常有千人以上做工。在工程处的统一领导下，配一专职教师抓工地学习，下以社为单位成立工地学习队，坚持了经常学习。在紧张的防洪和夏收夏耕当中，各地普遍出现了大量的学习小组，做到书不离身，进行田间工休时学习或复习巩固旧课。同时由于加强了对学员的社会主义教育，提高了群众觉悟和生产积极性。如南阳白玉庄农业社，运用妇女学员带动全社 110 个妇女在 18 天中挖清泥 8000 多车。联谊民校学员开荒地八亩多，种向日葵籽 17 斤，大麻籽 140 斤。还有不少民校经常对学员进行生产技术教育，使文化和技术密切结合起来。如方城袁庄民校教师安林东、程书文结合课文讲解整棉技术，课后并率领 12 名学员首先整了 8 亩棉花。大家学习后，即将整棉技术传授给全班 72 名学员，在 10 天内将本队 232 亩棉花全部进行了整理。目前扫盲已毕业的学员大部分都将所学得的文化知识运用到生产和实际生活中去。据方城 14 个乡的统计，由文盲变为记工员的就有1383人。南阳县大岩乡毕业的124名学员，担任民师的6人，记工员、统计员30人，社队干部10人。

——存在问题

甲、由于我们对农业合作化高潮带来的新形势领会的有片面性，缺乏对客观条件的分析，要求过高过急，出现了层层盲目的加大任务和缩短扫盲年限，想要求扫盲速度与合作化速度相比拟，造成了下层的混乱现象和强迫命令作风，不少地方发现有运用罚工分，奖工分，到处设立识字站等方法，强迫群众入学。如邓县古社乡规定，民校学员割草6斤记一分，非学员8斤记一分。

乙、存在教材乱、教法乱、学员程度乱现象。专县扫盲办公室和专职干部只顾"拢堆凑数"而忽视对教学业务的指导。有些民校在教学方法上不适应成年人的特点，课前没准备，上堂"满天扯"。方城拐河有个教师在讲到"悟"字时，扯到了《西游记》，将九妖18洞讲了半夜。学员反映说"点灯熬眼说瞎话"，都不满意。

孤立认字的现象相当普遍，识字不少，但不能巩固。据邓县调查，春学段前毕业的53908个学员中，27701人识得1500字却不能用，其中已有7785人发生复盲。

丙、忽视了对扫盲毕业学员的巩固提高。内乡县春扫盲毕业的学员11137人，参加高小班学习的1302人，仅占11.69%。

——今冬开展扫盲运动的初步意见

1. 任务要求：认真抓好开学工作，加强教学领导，提高教学质量。纠正形式主义和强迫命令作风，普遍建立扫盲协会和健全乡、社校部组织。根据客观条件（生产情况和受灾情况）和主观力量（干部、师资质量和数量），吸取往年教训，今冬不作大量发展，要求在校人数达到80万人，较56年坚持常年学习人数，新增约20万人（减去已毕业的20万人）。毕业任务20万人。

2. 充分发动农村初中高小毕业生以及一切在乡知识分子和扫盲毕业学员参加扫盲运动。

3. 纠正形式主义提高教学质量，自上而下系统地建立教学业务研究机构——教研组，作好教学业务的传授工作。

在稳定开展的基础上，河南省制定了《农民业余文化教育一九五六年至一九六二年事业计划》：

> 全省青壮年农民中的文盲、半文盲共有 1700 万人。15~50 岁的青壮年占农业人口的 48.25%，文盲、半文盲占青壮年总数的 83%。目前已扫除了 84 万人，尚有 1616 万人为农村扫盲对象，这些文盲要求在一九五八年以前分批入学，至一九五九年基本上（90%）扫除农村现有青壮年文盲。
>
> 关于业余高小方面：
>
> 在 1955 年高小发展到 30 万人的基础上，至一九六二年七年内，要求已扫除文盲的青壮年农民，90% 进入高小学习，共 1500 万人，至一九六二年有 1154 万人达到高小毕业水平。

（四）民办基础教育发展

20 世纪 60 和 70 年代，国家经历了发展中的大挫折。50 年代后期的盲目冒进，60 年代初年的严重自然灾害，"反右"之后接踵而来的"四清"和"文化大革命"、"一打三反"、"反击右倾翻案风"、"批林批孔"等运动一个接着一个，20 年间，整个社会都在亢奋中沸腾。

教育始终处于风口浪尖上。教育体系、教育程序、教育形式都在社会的亢奋中得以熔炼洗礼。

在"红专大学"降温的同时，民办基础教育得到了迅速发展。据河南省政府有关部门发布的招生计划显示，全省民办和其他部门办初中 1959 年招生计划为 137570 人，与公立初中招生计划数 150000 人距离接近。

1959 年公布的全省普通教育事业第二个五年计划显示，全省民办小学学生数 1957 年为 24 万人，1958 年要达到 48 万人，1959 年 77 万人，1960 年 110 万人，1961 年 155 万人，1962 年达到 194 万人，是 1957 年的 808.3%。就后来的发展实际看，这个计划有点保守。对比 1960 年下达的招生计划，经过三次调整后，全省小学招生计划是 200 万人，公立学校招 80 万人，民办及其他办的小学招生计划是 120 万人。五年计划要求到 1960 年，全省民办小学学生数达到 110 万人，按小学六年计算，每年的招生数应不超过 20 万人，1960 年的招生计划就已经超过了全市在校生数，超额 600% 完成了五年计划的要求。

1961 年由于国际政治的影响和自然灾害的打击，经济和社会发展受到阻滞，教育事业受到全面压缩。1960 年全国民办小学在校生 2343 万人，到 1961 年压缩到 1200 万人，减少了近 1/2。河南省也不例外，到 1963 年，全省民办小学在校生下降到 116.96 万人，还不到 1960 年的招生数。

民办初中的发展，也经历了大跨度的发展和退潮后的稳定。1958 年全省民办初中在校生达到 12 万人，之后经历了过山车般的跌落。根据 1963~1964 学年初的统计，1963 年全省民办初中在校生仅为 4811 人，加上机关厂矿办的在校初中生 8364 人，总数仅为 13175 人，仅占当年全省初中在校生总数 207042 人的 4.29%，与 1958 年占比 25.40% 相比，下滑幅度巨大。

与此同时，基础教育普及的工作一直在推进。在全省基础教育普及的过程中，民办教育一直发挥着重要作用。

1964 年的河南省教育工作会议，"教育革命"的气氛已经十分浓厚，尽管如此，会议的总结提纲里，仍然提出了当时条件下民办学校的办学形式：大队主持生产队联合办学、生产队办学、大队联合办学、私人设馆。这些形式，除了"私人设馆"一项外，其他形式都在以后的教育实际中得到了实现。

（五）民办教师

大量社、队、村办学校的涌现，催生了一个独特的社会群体：民办教师。

民办教师是中国特定历史条件下形成的中小学教师队伍的重要组成部分，是农村普及九年制义务教育的一支重要力量。据《教育大辞典》解释，民办教师是指"中国中小学中不列入国家教员编制的教学人员"，为农村普及小学教育补充师资不足的主要形式。除极少数在农村初中任教外，绝大部分集中在农村小学。

这里的民办教师，和新中国成立后到 20 世纪 50 年代末期所称的"民办教师"不同。那个时候的"民办教师"，是指非政府全额投资举办的学校里的教师，是"民办公助学校的教师"。这里所说的民办教师，是公社、大队、生产队办的学校里的"不列入国家教员编制"的教师，是"学校里的民办教师"。前者可能有"公办教师"，后者的民办教师可能在"公办学校"工作。

实际上，从 1951 年周恩来总理提出"民办小学"的概念，到 1952 年教育部发布《关于整顿和发展民办小学的指示》提出今后几年发展小学教育的方针，政府应有计划地增设公立小学，同时应允许群众在完全自愿的基础上出钱出力有条件地发展民办小学，再到 1953 年习仲勋在大区文委主任会议上的总结报告指出，在群众自愿的条件下，允许民办小学。民办小学已形成蓬勃发展之势。1952 年，河南全省民办小学就发展到 232 所，在校生达到 4486 人。

学校的建立，学生的增加，提高了儿童的入学率，提升了社会教育的水平，但直接面临的就是教师问题。1954 年，教育部、扫除文盲工作委员会发出《关于城市劳动人民业余文化教育工作的通知》指出，城市劳动人民业余文化教育是群众性的文化学习运动，必须根据群众需要和自愿的原则，采取"政府领导、群众办学"的方针，依靠群众的人力物力进行。因此，应当实行"以民教民"，由群众自己聘请业余教师开展教学。

1955 年 6 月 2 日，国务院发布《关于加强农民业余文化教育的指示》指出，农民业余文化教育，必须坚持"以民教民"的原则。

河南省教育厅 1956 年 11 月 1～7 日召开了虞城县以熟带生识字教学法座谈会，认为这种方法是目前识字教学中一个有效的方法。

实际上，以民教民也好，以熟带生也好，都是在当时条件下解决识字教学教师不足问题的无奈之举。这些教民的"民"、带生的"熟"，应该是后来"民办教师"的最早形态。

民学民办、以民教民，实际上就是要广泛动员社会力量举办教育，以补充公立教育的不足，是充分挖掘民间人力物力智力，加快提升全民族科学文化水平的战略举措。为解决教师的极度缺乏，中央政府多次提出"以民教民"的原则，就是从民间选拔读书识字的人来做没有编制的教师，从而形成了"民办教师"这样一个在特殊历史条件下形成的社会群体。真正成为不同于其他社会群体的标志并由政府确定薪酬待遇方案的，是 1956 年

10 月 27 日教育部《关于私立、民办学校员工工资改革问题的通知》。该通知规定：（1）私立、民办学校教职工增加工资，应从实际出发，研究确定，不要和公立学校强求一致，政府也不能包下来调整工资。增加工资所需经费，应从增加私立、民办（主要是民办）学校的经费来源上筹措解决；对确有困难的，亦可分别情况，酌予不同的补助。（2）教育部门已经接办的私立、民办学校教职工的调整工资问题，应根据公立学校的工资标准，结合各地具体情况和学校的具体条件，研究确定调整方案。（3）调整或补助方案（包括调整时间问题在内）均由各省、自治区、直辖市教育厅、局报请省、自治区、直辖市人民委员会批准后执行，不再呈报中央核批。（4）调整或补助所需经费，仍按（56）计财段字第 100 号通知精神，在财政部、教育部已经追加给省、区、市的普通教育、师范教育经费中统一安排调剂解决，中央不另拨款。

这是中央政府第一次明确这个群体的身份，称之为"民办学校员工"。第一次被称作"民办教师"的，是 1962 年 9 月 19 日教育部、商业部、全国供销合作总社《关于解决中小学民办教师和代课教师的副食品和生活日用品供应问题的通知》，该通知第一次明确，中、小学民办教师的副食品和生活日用品的供应与当地公办教师一样，和当地脱产干部享受同等待遇。

从这时起，"民办教师"这个称号和它所代表的社会群体，在河南存在了 38 年，直到 2000 年底最后一个计划内民办教师转为公办教师。

到 20 世纪 70 年代初期，小学已经办到生产队，初中也已办到大队。由于师范教育的发展迟滞，公办教师队伍的自然减员和初中、小学教育的迅速普及，导致民办教师队伍的迅速壮大。这个时候，农村已经有了大批具有当时标准的"初中毕业生"，他们的初中学习时期基本上是在停课"造反""串连"时期度过的。文科方面基本上没有学习历史、地理、文学基础知识，熟读的都是一些红色经典，主要是马克思、恩格斯、列宁、斯大林、毛泽东、鲁迅等的文章；理科不学数学、物理、化学。在荥阳县乡下的初中里，大都学了"生产队会计常识"。尽管这些人中有极少数在"造反"中犯了错误，但多数人还是在学校教育阶段奠定了人生基础，一些优秀成员成为后来中国改革开放的先进人物和建设发展的骨干力量。绝大多数在中国改革发展的关键时期奉献付出，成为推动历史发展的中坚力量。

从 1966 年直到 1976 年，十多年间教育选拔制度都以"推荐"为主，小学升初中、初中升高中、高中升大学都不再考试，全由"贫下中农"推荐。说是这样，其实主要权力在大队、公社的少数人中。基本上小学毕业生都能到初中学习，初中"毕业"后上高中门槛就高了。荥阳县崔庙公社盆窑大队每年初中毕业 40 人左右，能上高中的也就七八个人，不超过 20%。上大学就更难了，每年一个大队还摊不到一个。这里推荐的过程也不为人知，因此，大批品学兼优的初中毕业生就都回乡当了农民。大的社会环境决定了这些农村青年的意识，几乎所有人都不再认为继续读书有什么用处，只有极少数痴迷学习的人在社会反对、家庭限制、前途渺茫的情况下偷偷读书。这些人，百姓知道。因此，推荐民办教师时，生产队干部也会根据情况，推荐有能力的人。在一个相当长的时段内，生产队推荐民办教师，广大社员都知情，而且基本上推荐的是他们认可的"德才兼备"的人。除了当时人们具有这样的思想觉悟外，还有一个重要条件，就是他们的子女要被这些人"教育"。因此，能够进入民办教师队伍的，基本上都是生产队不能被推荐上大学，不能出去当工人，提拔不了干部的，在全生产队比较起来品质不错，有文化的人。

崔庙公社石坡大队选拔民办教师时，就选了 1964 年初中毕业的杨春英。1964 年的初中毕业生，其知识水平和学习能力远远超出 1970 年以后的初中"毕业生"。杨春英后来到胡寨小学担任负责人，1994 年从教 30 年后转为公办教师。

长期担任高等职业学院领导，退休后担任河南民办教育研究院首席研究员的王建庄，1970 年初中毕业，出过民工，修过县道，焊过井架，当过大队砖厂管理人员，但初中毕业后大部分时间是在田间劳作。他读书、写作、投稿，当时社会并不提倡。不敢光明正大地进行，但是生产队群众都知道，因此，1975 年盆窑大队二台生产队原来的民办教师有了机会进城当合同工后，队干部就根据群众提议推荐王建庄到胡寨小学当了民办教师。

没有受过师范教育，加上初中阶段基本上没有上课，第一节到课堂，19 岁的民办教师王建庄手足无措，一边教，一边问学生先前教师是怎么教的。就这样小学三年语文的识字、造句、解词、分析段落大意、总结中心思想、指导作文写作等环节在教学过程中逐步熟练。到 1977 年全县小学三年语文统考，胡寨小学获得全县人均成绩第一名，辅导的学生作文在县文联杂志上发表。在教学实践中掌握了启发式、讨论式教学法，注重将传授知识与学生的人格培育结合起来。在感到知识贫乏、水平不足的同时主动学习，1981年以全县第二名的成绩考上一所师范学校。

民办教师的身份是农民，职业是教师。1964年10月举行的河南省教育工作会议的总结提纲里，主要篇幅是教育革命。尽管如此，会议还是明确了民办教师待遇：多数采取记工分的办法，标准是参照壮劳力或大队干部的，由所在生产队负担。也有的大队出40%，生产队出30%，学生家庭30%。

国家一直关注着民办教师队伍。这样一个特殊的社会群体，由于种种原因，导致多数人缺乏专业知识和教学能力。很少有人受过教育学、心理学和教材教法的培训。事业心强、努力上进的，会在不断学习、不断总结经验的基础上不断提高，也有极少数确实不胜任的。但总体上，在一个历史时期内，在中小学教师队伍内，民办教师占有很大比重，他们为当代中国基础教育的普及发展作出了不可磨灭的贡献。国家也没有忘记民办教师这个群体。早在民办小学兴起后不久，河南省有关部门就注意到了民办教师的生活待遇问题。1958年12月11日，中共河南省委文化教育部就民办教师补助问题给教育厅党分组的批复就很客观：你厅12月6日《关于对民办小学教师生活待遇临时补助的意见》我们基本同意。但是要求在12月20日前全面结束这一工作已不可能，时间上可适当放长一些，最好与有关单位协商，此项用款能够允许使用到明年元月份。另因涉及经费问题，可与财政厅联系下达，以利进行工作。

1958年12月15日，河南省财政厅就民办教师补助问题回复省教育厅：

民办小学教师生活困难，补助款指标业已分配，又时届年终，我们的意见此文不发。如你们意见必须发时，请修改为：

一、补助费控制数不必分配，补助经费分配表不必再发。

二、第二条规定补助限额"最高每人不得超过150元，最少不得少于30元"有些过高。我们意见可以改为"最高不得超过50元"，最低不提。

三、第三条规定全面结束时间为 12 月 20 日，可适当放长些，但不能跨年度使用。其最后一句"并应绝对保证将该项经费全部用于民办小学教师身上"可以删去。

同是政府厅级单位，从文中可以看出不同的语气和态度。

1962 年 9 月，中央政府相关部门就民办教师副食品和日用品供应问题明确要和当地公办教师一样，和当地脱产干部享受同等待遇。1963 年 12 月 17 日，教育部转发河南省委宣传部所批转的关于农村小学要更多地吸收贫下中农子女入学问题的两个文件又明确指出，民办教师的工资待遇，应做适当调整。

二　苏醒与寻觅（1977～1981 年）

1976 年 10 月，国家的政治形势发生了历史性变化。以后几年虽然经过"拨乱反正"和"真理标准问题大讨论"，人们已经基本上明白了大是大非问题，但是"文化大革命"带来的认识和思维惯性在相当长一段时间内还不能完全校正。在教育领域，大的发展思路逐步明确，但对民办教育的认识还不清晰。"民办公助"的农村中小学还在运行，真正当代意义上的民办教育形态还没有出现。

国家领导层面在不断探索。对于民办公助的中小学和民办教师，国家的方针是控制规模，完善制度，逐步减少。1978 年 1 月 7 日，国务院批转《教育部关于加强小学教师队伍管理工作的意见》的通知指出，要加强对民办教师的管理。选用民办教师，要根据教育事业发展的实际需要，由县教育行政部门统筹规划。民办教师的任用，要本着任人唯贤、德才兼备的原则，经学校、大队提名，公社选择推荐，县教育行政部门审查（包括文化考查）批准，发给任用证书。辞退或调换民办教师，也需征得学校同意，由公社提出，报县教育局批准，并收回任用证书。

1978 年 7 月 8 日，时任教育部部长刘西尧在全国教育工作会议上讲话指出，现在农村中小学民办教师队伍比例过大，应当逐步降下来。民办公助，应以公助为主。这实际上从大的方向上提出了解决民办学校和民办教师问题的思路。应该说，在此前的"民办公助"学校中，主体是"民办"，即大队和生产队集体办，学生交纳学费。"公助"的部分，基本上仅限于民办教师有限的津贴。

1979年10月25日，时任教育部部长蒋南翔在国务院有关部门讨论1980年、1981年计划会议上发言，提出迫切需要解决民办教师问题：现在全国共有民办教师480万，他们不算国家正式职工，没有固定工资，不享受任何劳保福利。物价上涨，职工实行每月5元的生活补贴，他们怎么办？

1979年10月31日，国务院批准边境136个县（旗）、市的中小学民办教师（职工），经考核后合格的全部转为公办教师。这实际上是释放了一个信号。

1980年10月23日，万里主持的中央书记处会议认为，要有一支合格的稳定的小学教师队伍。要逐步增加公办教师，减少民办教师。到1980年12月3日，中共中央、国务院发布《关于普及小学教育若干问题的决定》，将解决民办教师问题进一步提上议事日程。该决定指出，为了改变中小学民办教师比重过大、待遇过低、队伍极不稳定的状况，应采取下列措施。一是国家给予民办教师的补助费应该有所增加，由各地根据实际情况做出具体规定。二是逐步减少民办教师比例，国家每年安排一定的专用劳动指标，经过严格考核，将合格的民办教师分期分批转为公办教师。民办教师中的骨干更应早转。另外，师范院校每年都要招收一部分民办教师。通过上述办法，在几年内使民办教师比例降到30%以下。三是国家给予民办教师的补助费应全部直接发给本人，同时，社队应按全劳力给他们记工分，切实执行男女同工同酬的原则。社队不要向民办教师派农活，也不应给他们分包产田。

这样的导向指明了解决民办教师问题的方向，地方政府也根据实际情况，着手解决民办教师问题。1980年，河南省下达招收民办教师计划，全省师范专科学校和中等师范学校开始招收中、小学优秀民办教师，通过政治审查和文化考试入校学习，开始了民办教师转为公办教师的工作。通过师范院校的招生和每年增加直接转为公办教师名额的措施，经过20年的工作，到2000年，全省计划内民办教师全部转为公办。

关于教育体制方面的探索。1979年11月6日，中共中央批转湖南省桃江县委《关于发展农村教育事业的情况报告》重提坚持"两条腿走路"的方针，发挥国家办学和群众集体办学的两个积极性。桃江县的报告认为，发展农村教育事业，必须实行"两条腿走路"的方针，发挥国家办学与群众集体办学两个积极性。在国家教育经费不足的情况下，把国家拨给一点、群众自筹一点、学校勤工俭学解决一点这三种办法结合起来，较好地发展了各类教育事业。他们的做法是，对国家下拨的教育经费，都如数拨给教育部门，并按规定每年都把本县农业附加税留成部分的 25% 用来办教育，还拨给一定数量的建筑材料作为修建校舍的补助。同时，县里大力支持群众集体办学。他们认为，广大农民群众迫切要求文化翻身，改变农村经济、文化落后的面貌，宁肯省吃俭用，也愿意在教育孩子上花点钱。农民对于兴办学校表现出了极大的社会主义积极性。依靠群众集体办学，可能暂时会给群众增加一些负担，但是，教育是实现现代化的基础，真正关心农民的长远利益，就应当支持群众集体办学。

依群靠众，实行民办公助基本上解决了办学的两个问题。一是校舍问题。1970 年以前，桃江县中小学校舍多为旧的祠堂庙宇，有的还是借用民房，条件很差，群众纷纷要求自己动手改建和新建校舍。几年来，全县改建、新建中小学校舍 700 多所，共 30 万平方米左右，其中国家投资占 16%左右，师生劳动自建校舍占 22% 左右，集体负担占 62% 左右。群众称自己修建的学校是"看得见、摸得着的社会主义"，是为子孙后代办了一件大事。二是民办教师问题。全县共有民办教师 4800 余人，占教师总数的 63%，群众对于自己选拔的民办教师十分关心和爱护，除国家拨给民办教师的补助费如数发给外，工分报酬一般做到相当或高于同等劳力；不少大队还为教师修建住房，划拨菜地，在油、肉及其他农副产品的分配方面，给以适当照顾，并保证教师有充分的工作和学习时间。幼儿教师没有列入民办教师编制，有的大队仍发给他们一定的生活补助费。

这样的办法，实际上是在原"公办民助"的基础上增加了"民办"的分量，没有从根本上走出先前的套路。

1980 年 10 月 23 日召开的中共中央书记处第五十八次会议，在办学体制上有了新的提法。会议认为，要实现四化，最根本的一条是要提高我们民族的文明程度和科学文化程度，而提高科学文化程度的基础是办好小学教育。现在我们的小学教育，在师资、校舍、设备、教学水平、教学质量和学生的文化程度、身体状况等方面，都有严重的缺陷，同我国四化建设的需要很不适应。30 年来，小学教育问题一直没有很好解决，而在"文化大革命"期间又受到了严重的摧残。现在是到了认真解决这个问题的时候了。要解决这个问题，在目前情况下，要采取几条腿走路的办法，在大力发展公办小学的同时，发展民办小学。这时提出的"民办小学"，已经有了不同于大队、生产队办的"民办小学"的内涵。但是在这个会议上，仍没有明确"民办小学"的性质。虽然如此，会议还是明确指出了"提倡多种方式办学"的意见。应该说，这是中央高层对未来民办教育政策出台的一个先声。

一个多月后，1980 年 12 月 3 日，中共中央、国务院发布了《关于普及小学教育若干问题的决定》，再次明确了"两条腿走路"的方针，指出在我们这样一个人口众多、经济不发达的大国，普及小学教育，不可能完全由国家包下来，必须坚持"两条腿走路"的方针，以国家办学为主体，充分调动社队集体，厂矿企业等各方面办学的积极性。不仅如此，该决定进一步提出"还要鼓励群众自筹经费办学"。这样的表述已经接近了当代民办学校形态的表述，但由于各方面条件尚不具备，顶层设计还不成熟，因此，还不能十分明确民办教育的具体形态，但方向已经基本明确。

1977 年，国家一方面在理论问题上对"文化大革命"中扭曲了的教育认识问题进行拨乱反正，全面落实知识分子政策，恢复高等学校教育招生制度，撤出工宣队，批判"两个估计"，完善各级各类学校条例和规定；另一方面，就教育体制、教育形式也在不断进行探索。1978 年 2 月 3 日，教育部、中央广播事业局提出了筹办电视大学的请示；1978 年 4 月 17 日，教育部发布《关于恢复或建立教育学院或教师进修学院报批手续问题的通知》；1978 年 11 月 26 日至 12 月 3 日，教育部、中央广播事业局联合召开了全国广播电视大学工作会议，制订了《中央广播电视大学试行方案》，对开办广播电视大学亟须解决的编制、经费、物质条件等问题做了初步安排；1979 年 1 月 15 日，教育部发布《关于补发文化大革命前高等学校举办的函授、夜大学学员学历证书的通知》；1979 年 2 月 6 日，中央广播电视大学举行第一届新生开学典礼；1979 年 2 月 16 日，国家劳动总局、教育部批准增设四所技工师范学院；1979 年 9 月 8 日，国务院批转教育部《关于举办职工、农民高等院校审批程序的暂行规定》，重新打开了举办职工、农民高等院校的大门；1979 年 7 月 24 日至 8 月 7 日，经中央批准、教育部、卫生部、劳动总局、全国总工会和全国妇联联合召开了全国托幼工作会议，提出了"进行托幼组织社会化试点"的意见；1980 年 4 月 10 日，教育部召开高等学校举办函授、夜大学工作座谈会，提出把这项工作纳入国家教育计划、教育体系；1980 年 9 月 5 日，国务院批转《教育部关于大力发展高等学校函授教育和夜大学工作的意见》指出，发展高等教育应贯彻"两条腿走路"的方针，采取多种形式办学；1981 年 1 月 13 日，国务院批转教育部《关于高等教育自学考试试行办法》的报告，同意建立高等教育自学考试制度；1981 年 2 月 20 日，中共中央、国务院发布《关于加强职工教育工作的决定》指出，职工教育除主要由企业事业单位举办外，还要发动业务部门、教育部门、群众团体等社会各方面力量积极办学。5 年来这些发展实践，都是为了打破公立学校"一条腿走路"的教育体制，实现多种形式办学。

从河南省的情况看，这 5 年中，全省小学、初中、高中在校生数总体上是下滑状态。1978 年，河南全省人口为 7067 万人，小学在校生 1140.26 万人，占全省人口总数的 16.13%；初中在校生 405.24 万人，占全省总人口的 5.73%；高中在校生 116.38 万人，占全省总人口的 1.65%。到 1981 年，全省总人口增加到 7397 万人，而小学在校生数却减少到 1110.65 万人，占比仅为 15.01%；初中在校生减少到 351.65 万人，占比为 4.75%；高中在校生数减少幅度最大，仅为 60.66 万人，占全省人口总数的 0.82%，占比仅为 1978 年的 1/2。

这种经济发展、教育萎缩的现象，主要原因是学龄人口的不断增加、教育设施的不断老化以及教育资源的不断流失造成的。同时，单一的公立学校教育也对教育市场形成了负面影响，大批学龄人口受"教育无用论"的影响，放弃了受教育的机会。

在多种因素作用下，民办教育的当代形态呼之欲出。

第三节　民办教育的当代形态（1982~2019 年）

说 1982 年 12 月 4 日第五届全国人民代表大会第五次会议通过的《中华

人民共和国宪法》在当代中国民办教育发展史上具有里程碑意义，一点也不夸张。

新中国走过的33年，国际国内形势跌宕起伏，风云变幻。教育在国家发展的大背景下，也一直处于动荡之中。1977年结束"文化大革命"，党和国家已经把工作重心转移到经济建设上来，教育也在很快恢复提升，但是民办教育一直在沉寂之中。在这期间，在公立的正规教育之外，政府和社会做了许多探索，电大、函大、夜大、职工大学、走读大学，使许多无法踏进大学之门的学龄人、社会人获得了深造提升的机会。高等教育自学考试制度的建立，更是将终生学习的社会框架实现了骨干构建。但是这一切，都仍然在固有的模式内运行。

1980年，经济建设的大幕已经拉开，社会也在快速发展的轨道上进步。但是教育的现状是，小学尚未普及，17%的小学毕业生还不能进入初中，60%的初中毕业生还不能进入高中，97%的高中毕业生不能进入大学。这就是说，只有3%的高中毕业生有机会接受高等教育，而社会进步和经济建设急需大批受过各级各类教育的人才。教育落后于经济和社会发展、缺乏专门人才的情况十分严重。1975年和1978年我国局部地区抽样调查结果显示，1980年18周岁以下的青少年和儿童的人数已经突破3亿人。

表1-3　1962~1974年我国每年出生人数

单位：岁，万人

出生年份	1980年年龄	人数
1962	18	2350
1963	17	2749
1964	16	2437
1965	15	2491
1966	14	2422
1967	13	2376
1968	12	2663
1969	11	2561
1970	10	2463

出生年份	1980 年年龄	人数
1971	9	2573
1972	8	2474
1973	7	2377
1974	6	2146

资料来源：根据国家统计局公布的资料整理。

从表 1-3 可以看出，1980 年全国 6~18 岁的儿童和青少年共有 32082 万人，这是中国历史上空前的人口高峰期，平均每岁有近 2468 万人。也就是说，从 1980 年起到 1992 年，平均每年要有近 2468 万人进入社会。如果我们高等学校不大幅度增加招生人数，每年仍保持 30 万人左右，则全国只有 1.22% 的青年有机会接受高等教育。同样，高等教育前期的中学、小学和学前教育，也都远远满足不了经济社会发展的需要，更无法满足人民群众日益增长的对教育的需求。

显然，要使教育发展的规模与社会需要大体相当，单靠国家举办的公立教育是远远不够的。但是，要不要发展公立之外的教育，如何发展公立之外的教育，似乎是个"禁区"。没有人公开讲，或者是讲了也人微言轻。总之，国家高层和主流媒体都没有发表意见。认真查阅 1978 年到 1982 年 5 年间中共中央、国务院、全国人大、全国政协和教育部的有关文件，很少有涉及民办教育或社会力量办学的。

就这样，1982 年 12 月 4 日，第五届全国人民代表大会第五次会议通过的《宪法》打破了沉寂，而且突破了禁区。这部《宪法》在总纲部分明确规定，国家鼓励集体经济组织、国家企业事业组织和其他社会力量依照法律规定举办各种教育事业。

这就是说，除国家举办的以外，其他所有社会力量，当然包括社会团体和公民个人，都可以在法律规定的范围内举办教育事业，而且是"各种"教育事业，不是"某种"，不是一种。

以宪法的形式明确了民办教育的合法地位，使得中国的教育事业在未来的年代里出现了繁荣发展的局面，也推动了当代民办教育以全新的形态出现，从无到有，快速发展，形成了百舸争流、千帆竞发、万马奔腾的局面。

一 法律铺路，春潮涌动（1982～1993 年）

中华民族一直有着崇尚教育的优良传统，民间举办教育事业的潜力巨大，一旦国家解除禁锢，这种热情就不可遏止地奔涌出来。当然，前提是政府的导向。

（一）政策引领

1. 宪法

宪法确立了民办教育的合法地位。宪法是国家的根本大法，它的法律地位在普通法之上，具有最高的法律地位和最高的法律效力。鼓励社会力量举办各种教育事业，使得民办教育能够在当代中国教育大舞台上登堂入室，快速发展。

2. 法律法规

1982 年《宪法》之后，关于社会力量办学长期没有配套的专门法律响应。但是，在相近的法律规定中已经有了表述。1986 年 4 月 12 日，第六届全国人民代表大会第四次会议通过的《中华人民共和国义务教育法》第 9 条规定：国家鼓励企业、事业单位与其他社会力量，在当地人民政府统一管理下，按照国家规定的要求，举办本法规定的各类学校。

3. 文件、通知和领导讲话

（1）查阅国家有关教育文献，最早依据 1982 年宪法规定的鼓励社会力量举办教育事业进行工作部署的，当是国务院批转教育部、国家计委《关于加速发展高等教育的报告》的通知。教育部、国家计委的报告提出，要积极提倡大城市、经济发展较快的中等城市和大企业举办高等专科学校和短期职业大学，为本地区、本单位培养人才。提出办学方式可以单独办，也可以与院校合办，同时明确提出"还要鼓励民主党派、群众团体和爱国人士举办这类学校"。这是自 1952 年全国接办私立学校后第一次在政府通知中提出个人办学的概念。

（2）1983 年 5 月 6 日，中共中央、国务院《关于加强和改革农村学校教育若干问题的通知》则进一步提出了"私人办学"的概念。该通知指出，办好农村学校教育，要坚持"两条腿走路"的方针。中央和地方要逐年增加教育经费，厂矿、企业单位、农村合作组织都要集资办学，还应鼓励农民在自愿基础上集资办学和私人办学。提出鼓励私人办学，应是在教育体制改革的顶层设计中一个大的突破。

（3）国务院明确鼓励个人办学。1984年12月31日，国务院《关于筹措农村学校办学经费的通知》中进一步明确、鼓励社会各方面和个人自愿投资在农村办学。

（4）中央从顶层设计的高度为社会力量举办教育指明了方向。1985年5月27日，《中共中央关于教育体制改革的决定》从宏观上为教育体制改革进行了设计。该决定指出，要动员和教育全党、全社会和全国人民关心和支持教育体制改革，发展教育事业。鼓励各民主党派、人民团体、社会组织、离休退休干部和知识分子、集体经济单位和个人，遵照党和政府的方针政策，采取多种形式和办法，积极地、自愿地为发展教育贡献力量。

（5）《中华人民共和国义务教育法》颁布后，1986年6月26日，国家教委等部门拟订了实施《义务教育法》若干问题的意见。9月11日，国务院同意并批转了这个意见。该意见明确指出，鼓励集体经济组织，国家企事业单位，其他社会力量举办学校；对于个人依法举办的学校，目前各地可以进行试办。

比较看来，在教育体制改革问题上，中央的态度要更积极、更鲜明一些。1983年5月6日，中共中央、国务院就明确提出了鼓励"私人办学"的意见，但一直到1986年6月26日，国家教委对于个人依法举办学校的态度，还是可以"进行试办"。由此看来，当时国家教委对个人办学的态度，还是更慎重一些。

（6）1986年10月18日国家教委发布的《普通中等专业学校设置暂行办法》在第4条"审批程序"部分，标注"含社会力量办学"，说明国家同意社会力量举办普通中等专业教育。

（7）1987年7月8日，国家教委印发《关于社会力量办学的若干暂行规定》（以下简称《规定》）。这是1982年《宪法》颁布之后，在中共中央、国务院的不断推动下，在社会力量办学法律尚未形成之前的政府部门法规，具有较强的法律效力。《规定》在通知部分开宗明义，明确指出社会力量办学是我国教育事业的组成部分。这是国家第一次以法规的形式将社会力量办学纳入国民教育体系。

《规定》界定了社会力量办学的概念："是指具有法人资格的国家企业事业组织、民主党派、人民团体、集体经济组织、社会团体、学术团体，以及经国家批准的私人办学者。"

《规定》明确社会力量办学是我国教育事业的组成部分，是国家办学的补充。要求各级人民政府及教育行政部门应鼓励和支持社会力量举办各种教育事业，维护学校正当权益，保护办学积极性，在条件允许的情况下，尽力帮助解决办学中存在的困难，对办学成绩卓著者给予表彰和奖励。

《规定》要求社会力量办学须坚持四项基本原则，坚持为社会主义物质文明和精神文明建设服务，遵守政府法令，执行国家有关教育的方针政策，接受地方人民政府及其教育行政部门的领导和管理。明确要求社会力量办学应遵循教育规律，量力而行，扬长避短，注重质量，讲求实效。应结合本地区经济建设和社会发展的实际需要，主要开展各种类型的短期职业技术教育、岗位培训、中小学师资培训、基础教育、社会文化和生活教育，举办自学考试的辅导学校（班）和继续教育的进修班。

可以看出，国家教委对于社会力量举办的教育形式已经基本放开，但高等教育依然限定在学历教育之外。

（8）1987年12月28日，国家教委、财政部联合发布《社会力量办学财务管理暂行规定》，就社会力量举办的各级各类学校的财务机构、财务制度、经费来源、经费支出、日常财务管理、停办清财等方面做了具体规定。

（9）1988年3月25日，时任国务院总理李鹏在七届全国人大一次会议上所做的《政府工作报告》提出，要提倡和鼓励社会力量集资办学，捐资办学，以加快我国教育事业的发展。这样的提法，在以往的《政府工作报告》中是没有的。

（10）1988年10月17日，国家教委发布《关于社会力量办学几个问题的通知》，就社会力量办学的管理体制、跨省（市）设分校招生、学历文凭等问题进行了政策界定，并再一次明确指出，社会力量办学是我国教育事业的组成部分，是国家办学的补充。希望各地进一步重视这项工作，将其纳入工作日程，把鼓励、支持社会力量办学的措施落到实处，同时要充实和加强管理力量，采取行政的、法律的、经济的措施，加强对社会力量办学的领导和管理，使其健康发展。

（11）1988 年 10 月 24 日，国家教委发布《社会力量办学教学管理暂行规定》，主要目的是提高社会力量办学的质量和效益，规范办学行为，从而促进其健康发展。

（12）1989 年 2 月 18 日，时任国家教委主任李铁映在国家教委工作会议上讲话指出，要通过改革，使教育事业真正成为全民的事业。在以政府办学为主的同时，积极发展社会团体、企业单位和公民个人办学。

（13）1989 年 12 月 23 日，时任国家教委主任李铁映在第七届全国人大常委会第十一次会议上所做的《关于教育工作的汇报》中指出，我国的办学体制应以国家办学为主体，鼓励和支持社会各方面包括公民个人办学。

（14）1992 年 1 月 16 日，国家教委印发的《全国教育事业十年规划和"八五"计划要点》提出了一个时期内教育改革的基本思路：深化教育改革，建立有活力的办学体制和管理机制。为满足社会对教育日益增长的需求，要逐步建立以政府办学为主体的社会各界共同办学体制。这种办学体制大体设想为：学前教育以社会各界办学为主，中小学教育以地方政府办学为主；职业技术教育和成人教育，除部分骨干学校由政府办学外，在当地政府统筹、支持下，城市主要由行业、企业、事业单位办学和各方面联合办学，农村由多方集资办学；高等教育以中央和省、自治区、直辖市两级政府办学为主。

（15）1992 年 5 月 13 日，国家教委办公厅印发《关于搞好城市教育综合改革试点工作的意见》指出，在教育管理体制上，还没有普遍建立起包括部门（行业）、企事业单位和广大人民群众在内的社会积极参与同政府统筹协调相配套的办学和管理体制。在重点抓好的几项工作中，提出基础教育实行政府分级办学为主，企事业单位或其他社会力量办学为辅的办学体制。职业技术教育和成人教育要坚持多渠道、多形式办学的体制，充分调动企事业单位、行业在经费、专业课和实习指导教师、实习场地、毕业生安排等方面所承担的责任，形成全社会兴办职业技术教育和成人教育的局面。

（16）1992 年 6 月 20 日，时任国家教委主任李铁映在"办好教育为人民"研讨会上讲话指出，依靠人民办教育，不只是要人民拿一点钱，而是真正让人民参与办学，逐渐建立起新的制度来。应该允许农民个人办学校，办小学、初中、职业技术教育，允许在农村有各种形式的学校普及教育。

（17）1992 年 8 月 11 日，时任国家教委副主任朱开轩在全国成人高等教育工作会议上专门将社会力量办学作为一个独立的部分来讲。这实际上是对 1982 年《宪法》提出鼓励社会力量办学以来，十年间社会力量办学情况的总结。讲话指出，党的十一届三中全会以来，遵照《宪法》的规定，在各级教育行政部门的支持、引导和管理下，民主党派、社会团体、学术团体、群众组织等蕴藏的兴教办学的力量和积极性得到了很大的发挥，社会力量办学事业应改革开放之运而生，方兴未艾。目前，全国已有上万所社会力量举办的各级各类学校，每年培训的学员数以百万计，其中经国家教委审批备案，由社会力量或社会力量与政府部门联办的具有颁发国家承认学历文凭资格的高等学校约 50 余所，由省级教育行政部门审批的培训、进修、辅导、助学性质的高等教育机构 500 个以上，已成为我国高等教育事业的一个组成部分，并涌现出一批办学成绩显著，受到社会欢迎的学校和教育机构。

社会力量办学事业的勃兴，是经济、社会发展对多种规格、多种类型人才需求的产物，也反映了广大社会成员热心向学、立志成才的愿望；它的发展丰富了我国的教育事业，在多渠道办学、"两条腿走路"、"人民教育人民办"方面走出了新路子；社会力量办学拓宽了学路，为社会各界提供了更多的接受教育的机会，在辅导青年学习，帮助在职人员进修，普及科学文化生活知识，乃至于形成好学上进的社会风气，建设社会主义精神文明方面都发挥了积极作用。

社会力量办学是新生事物，它在发展过程中也还存在着一些问题：就办学而言，相当数量的学校必要的办学条件不足，教学质量不够稳定；一些学校办学脱离自身实际，盲目追求高层次学历教育；有的未经教育主管部门批准自行颁发毕业证书，在社会上造成混乱；极个别学校以学经商，蒙骗学员，影响了民办教育的声誉。就管理而言，因为缺乏经验，也存在着支持、引导不够，缺少有效的奖惩机制等问题。

限于财力，国家不可能把各类教育事业全部包下来，不可能全部满足各类社会成员多种多样的学习要求，而大量的离退休教师、干部和科技人员又有通过办教育发挥余热、为社会作贡献的潜力和积极性。因此，发展社会力量办学，作为国家办学的必要补充，是利国、利民的好事，应该实行积极鼓励、大力支持、正确引导、加强管理的方针。社会力量办学要注意扬长避短，服务、服从于经济建设这个中心，办社会之所需，补国家办学之所缺。国家教委认为，从我国国情出发，从大多数社会力量实际具有的办学条件出发，目前应鼓励社会力量以举办职业技术教育、社会文化生活教育、基础教育、继续教育和助学性的高等教育为主；以面向学校所在地区招生为主，切切实实地为地方的经济、社会发展服务。今后，对申请举办中等层次以下的和各类非学历性质的学校要进一步简化审批手读，一律委托地方教育行政部门根据当地需求情况负责审批和管理。凡举办高等层次的学校，要求取得颁发国家认可的学历文凭资格的，原则上按照《普通高等学校设置暂行条例》或《成人高等学校设置的暂行规定》审批，同时酌情考虑社会力量办学的具体情况，以达到既能保证国家高等教育的质量规格，又能鼓励、保护社会力量办学的积极性，促进其发展的目的；助学性质的学校可按照国家高等教育考试委员会的要求确定教学计划，并组织学生参加该委员会的考试，在主干课程通过国家考试后，可颁发国家认可的毕业证书。在此之外，社会力量举办的高等学校也可颁发本校的写实性学业证书，对这类证书的颁发及使用，地方政府可根据各自的情况制定办法，实施管理。

各级教育行政部门要将社会力量办学纳入教育事业规划，实施管理，在表彰、奖励、评估、发放文件、参加会议等方面，要与国办学校同等对待。对他们在办学活动中遇到的困难和问题，要按照政策给予指导和帮助。对违章、违法办学等问题，要区别不同情况，采取经济的、行政的、法律的手段予以及时处理。

这里仍然没有打破民办学校举办高等学历教育的禁区，但是提出了社会力量举办的高等教育可以颁发本校的"写实性学业证书"这一设想，实际上是对高等教育学力证明的一种尝试。虽然这种"证书"没有成为现实，但已透露了国家对民办高等教育学历教育的一种改革思路。

（18）1992年10月12日，江泽民在中国共产党第十四次全国代表大会上的报告中指出，要鼓励多渠道、多形式社会集资办学和民间办学，改变国家包办教育的做法。

（19）1993年1月11日，时任国家教委副主任朱开轩在国家教委1993年工作会议上的报告中提出，要抓紧制定"民办学校条例"。

（20）1993年1月12日，国务院批转的国家教委《关于加快改革和积极发展普通高等教育的意见》指出，改革原有的由国家包办高等教育的单一体制和模式，探索适应社会主义市场经济体制、调动社会办学积极性、多种形式和途径发展高等教育的新路子，经过改革和试验，我国高等学校逐步形成以国家投资为主，以学生缴费和社会集资为辅；以学生缴费和社会集资为主，以国家资助为辅；民办自费；企业办学等多种办学的形式。积极鼓励和支持社会力量兴办民办高等学校，尽快制定民办普通高等学校有关条例，加强引导和管理。这就从顶层设计层面打破了民办学校不能举办高等学历教育的禁区，为民办高等教育的发展提供了国家支持。

（21）1993年2月9日，国家教委、国务院贫困地区经济开发领导小组、财政部印发《关于大力改革与发展贫困地区教育，促进经济开发，加快脱贫致富步伐的意见》指出，要坚持自力更生与国家扶持相结合、国家办学与社会力量办学相结合的指导思想，进一步落实分级办学、分级管理的办学体制，充分发挥人民群众办学的积极性，广泛发动社会各方面力量支持和参与教育，形成全社会办教育，多种体制、多种形式办教育的局面。

（22）1993年2月13日，中共中央、国务院印发的《中国教育改革和发展纲要》明确指出要改革办学体制。改变政府包揽办学的格局，逐步建立以政府办学为主体、社会各界共同办学的体制。在现阶段，基础教育应以地方政府办学为主，高等教育要逐步形成以中央、省（自治区、直辖市）两级政府办学为主、社会各界参与办学的新格局，职业技术教育和成人教育主要依靠行业、企业、事业单位办学和社会各方面联合办学。

国家对社会团体和公民个人依法办学，采取积极鼓励、大力支持、正确引导、加强管理的方针。国家欢迎港、澳、台同胞，海外侨胞和外国友好人士捐资助学，在国家有关法律和法规的范围内进行国际合作办学。举办具有颁发国家承认的学历文凭资格的各类学校，应按国家有关规定办理审批手续。

到这个时候，国家在基础教育、高等教育、职业教育和成人教育等方面，已全面向社会各界敞开了大门。

（23）1993年8月17日，国家教委发布《民办高等学校设置暂行规定》，对民办高校的设置标准、申请筹办、评议审批、管理、变更与调整等做了具体规定。

对民办高校的界定，该规定明确：本规定所称民办高等学校，系指除国家机关和国有企事业组织以外的各种社会组织以及公民个人，自筹资金，依照本规定设立的实施高等学历教育的教育机构。

对于民办高校的师生，该规定明确：民办高等学校及其教师和学生享有与国家举办的高等学校及其教师和学生平等的法律地位。民办高等学校招收接受学历教育的学生，纳入高等教育招生计划。学生毕业后自主择业，国家承认学历。同时明确规定，民办高等学校不得以营利为办学宗旨。这个规定一直贯彻到2016年。

（24）1993年10月28日，时任国家教委主任朱开轩在第八届全国人大常委会第四次会议上所做的《关于教育工作的报告》指出，民办学校问题是近年来社会关注的"热点"。国家对社会团体和公民个人依法办学，采取"积极鼓励、大力支持、正确引导、加强管理"的方针。为促进民办学校健康发展，教育主管部门已发布了《民办高等学校设置暂行规定》，国务院正抓紧审定《民办学校条例》。同时，国务院还在研究制订境外机构和个人在我国合作办学方面的行政法规，以便推动境外合作办学逐步走向法制轨道。

（25）1993年11月14日，中共中央发布的《关于建立社会主义市场经济体制若干问题的决定》指出，要改变政府包揽办学的状况，形成政府办学为主与社会各界参与办学相结合的新体制。强化义务教育，大力发展职业教育和成人教育，优化教育结构。义务教育主要由政府投资办学，同时鼓励多渠道、多形式社会集资办学和民间办学；职业教育、成人教育以及各种社会教育要更多地面向市场需求，发挥社会各方面的作用。

（26）1982年《宪法》颁布后，在推动地方民办教育发展方面，《北京市社会力量办学试行办法》发挥了重要作用。其影响不仅推动了首都民办教育的发展，也为各省、自治区、直辖市的民办教育发展起到了引领作用。

1984年3月10日，北京市成人教育局、教育局、高教局联合发布了《关于鼓励社会力量办学的意见》（以下简称《意见》），肯定了社会力量办学取得的成绩，分析了社会力量办学存在的主要问题，提出了发展意见。

《意见》认为，社会力量办学是社会主义教育事业的一个组成部分，是国家、集体和企事业办学的重要补充。国家鼓励社会力量办学的方针是长期的，要把首都建设成为教育最发达的城市，除积极发展并努力办好国家举办的教育事业外，还应鼓励、支持党派、团体、个人等社会力量多种渠道、多种形式、多种层次、多种规格办教育事业。

《意见》要求，各级人民政府和教育行政部门要认真贯彻鼓励社会力量办学的方针，动员党派、团体、个人根据各自的条件和特长，举办适应四化建设需要的各种教育事业。社会力量办学的教学工作和管理工作应以举办单位和办学者个人为主，也可聘请其他非在职人员担任教学工作和参与管理工作。兼课教师主要依靠离休、退休人员。在职的干部、大中小学教师和科技人员参加教学与管理，首先须完成本职工作并得到本部门、本单位的同意，各单位应支持他们兼课，挖掘和发挥他们的"潜力"，为社会多作贡献。办学和教学人员均应享有一定的报酬，以利调动社会力量办学的积极性。

《意见》要求市、区（县）成人教育部门要配合有关部门加强对学校的指导和管理，做好各类学校的综合平衡工作，维护学校正当权益，保护办学的积极性。对办学成绩优良者，予以表扬；对学校管理混乱、教学质量低劣者，应限期整顿或勒令停办；对利用办学牟取暴利，进行封建迷信宣传、违法犯罪活动和有其他不正当行为者，应予取缔，依法惩处。市、区（县）可以在成人教育主管部门的领导下成立社会力量办学的研究会。

关于办学方向和办学范围，《意见》要求，社会力量办学必须坚持四项基本原则，为四化建设服务。对学员加强思想政治工作，进行爱国主义、共产主义和道德品质教育。按照四化建设的需要确定教学内容。当前，应大量举办各级各类职业技术教育及文化补习。其课程设置、招生对象要尽可能与在职人员培训、高等教育自学考试、教师进修和社会青年职业培训相配合。学校可以接受机关、团体和企事业的委托代为培训各类专业技术人才。办学形式要灵活多样，以适应不同对象的不同要求。学校必须保证教学质量，规模不宜过大。变更办学性质、办学规模，调整专业、课程，须报审批部门批准。

关于财务管理，《意见》规定，社会力量办学的经费由举办单位和个人自筹，但不得以办学为名强行募捐或进行其他非正当交易。学校可按有关规定向学员收取学杂费，其课时收费标准可略高于国家举办的职工学校。学校要建立健全财务制度，坚持财务民主、经济公开，并接受财政、银行部门的监督。经教育部门同意，社会力量举办的学校可以在银行开立账户。

对于从业人员的待遇和教育教学的物资供应问题，《意见》提出，民办学校的工作人员及其设备可向社会保险部门投保，以解决老年、医疗等保险问题，社会力量办学所需的教材、教学设备和取暖用煤等，应与国家、集体和企事业办学一视同仁，有关部门负责供应。待业青年正式参加社会力量办学工作，可按规定计算工龄。学校聘请外国专家讲学、进口教学设备、接受外国人或港澳同胞资助等，均应经外事和有关部门批准。

在多数省市还在犹豫、观望的情况下，《意见》无疑给处在萌芽中的民办教育注入了活力。同时，其中许多规定为以后全国性民办教育法律法规的出台提供了基本思路。

同一天，《北京市社会力量办学试行办法》（以下简称《试行办法》）出台。《试行办法》共18条，分别从社会力量办学应坚持的方向，社会力量办学的概念（是指北京市的各民主党派、群众团体和经过正式批准成立的社会团体、学术团体以及公民个人举办的各种教育事业。这里已经明确提出了"个人举办"），政府鼓励的社会力量办学的范围（依照法律规定单独或联合举办学前教育、初等教育、中等教育、高等教育、职业技术教育和其他各级各类教育事业），社会力量办学的性质（是社会主义教育事业的组成部分，是国家、集体组织和企业事业单位办学的必要补充，是发展首都教育事业的长期的不可缺少的一支重要力量。这里提出了"必要""重要"），区县人民政府、教育行政部门和社会各方面的态度和责任（应支持和帮助社会力量办学，在政治上一视同仁，在物资供应上，与企业事业组织办学同等对待），社会力量办学必须具备的条件、批准权限、管理体制、校舍校牌、经费学费、名称印章、待业青年工作待遇、广告宣传、表彰奖励、整顿停办等方面做出了具体规定。

（二）发展状况

1982年《宪法》颁布后，民办教育已经在经济发达和政治先行地区萌芽。一方面，由于改革开放带来的经济和社会发展急需大量的建设人才，而当时的教育承受能力远远适应不了需要；另一方面，人民群众接受教育的愿望越来越迫切，教育状况与人民群众日益增长的教育需求之间的矛盾越来越大，民办教育具备了萌芽发展的条件。当时的民办教育形态大多是高考复习班、文化补习班或职业技能培训班。在此基础上，一些省市根据具体情况，自行设置了一批民办学校。

1. 关于"改革开放后第一所民办高校"

位于湖南长沙的中山财经专修学院于1979年2月创办，当时叫作"向前会计职业学校"，1980年改校名为"树东财经专科学校"，1981年又将校名改为"长沙中山财经专科学校"。到1984年5月，学校设有大专班、工业会计、商业会计、建安会计、水利会计、企业管理进修班等15个班级，学员654人。

该校确实在1979年便存在办学行为。但是该校早期的办学行为尚不能确定是正规的高等教育。第一，该校在1979年的办学行为应是初等或中等职业教育，不具备高等教育的一些基本特征，如学科划分、必要的准入门槛、具有一定社会认可的学历凭证等。第二，该校早期的办学行为并没有得到政府正式承认。在我国，除了要具备基本的高等教育特征之外，政府的认可也是判断一个组织或机构是否是真正意义上的大学的必要条件。湖南省教育厅直到1985年才通过文件形式确认中山财经专修学院的存在，而湖南省教育厅对该校的确认仅仅是"职业中等专业学校"。

1982年创办的中华社会大学，是北京经贸职业学院前身，也被一些材料称为是我国改革开放后创办的第一所民办大学。

浙江树人大学民办高教所王一涛认为，湖南九嶷职业技术学院是"改革开放后我国第一所民办高校"。

现在看来，这些机构或多或少都缺少一些成为普通高等学校的必要条件。

1980 年秋，我国著名农林科学家和教育家乐天宇在湖南省宁远县九嶷山创办"九嶷山学院"。学校的第一届董事会在 1980 年成立，乐天宇为董事长兼院长。1981 年秋，九嶷山学院正式招生开办。根据山区需要，当时开设了中文、农林、医学三个系。学校成立后，得到党和国家领导人萧克、王首道和著名科学家钱学森、周培源及海外人士的大力支持。尤其值得一提的是，1985 年时任共青团中央书记处第一书记的胡锦涛给学院师生写信一封，给了全院师生极大的鼓励。

2. 新时期河南民办教育的萌芽

早在 1976 年，焦作市中站区李封三村在本村举办了培训成人学习服装裁剪的焦作新李封裁剪缝纫学校。虽然学制只有 2~6 个月，却吸引了全国各地上千名学生前来求学。

1984 年 3 月 20 日，河南省人民政府发布《河南省社会力量办学暂行管理办法》（以下简称《暂行管理办法》），就社会力量办学的要求（必须接受政府的领导和管理，遵守国家政策、法令，坚持为社会主义服务、为人民服务的方向，贯彻党的教育方针，切实保证教学质量，为国家培养德、智、体全面发展的又红又专的建设人才）、必须具备的基本条件（有明确的办学宗旨、培养目标和教学方案，有政治上、业务上合格的专职人员负责学校的领导工作，教师应具有与所教学科相适应的文化程度、专业技能和教学能力，教师队伍要相对稳定，有必要的校舍和教学设备，有正当、可靠的经费来源，有适当的教学、行政和财务管理制度）、审批备案、检查监督、兼职教师聘请、招生考试、教学教材、校舍校名、水电维修、毕业生待遇［参加各种文化补习、职业技术补习、单科进修的学生，学习结束后，经考试合格，由学校发给结业证书；未经省人民政府批准、教育部同意备案或审定的学校（班），不得发毕业证书。如学习内容与省高等教育自学考试科目相同，可参加高等教育自学考试，并按其有关规定办理；经省人民政府批准，教育部同意备案或审定所举办的高等学校、中等专业学校（班），学生修业期满，经考试合格取得毕业证书者，国家承认学历］、开办停办、奖惩整顿等方面做出了具体规定。

除此之外，《暂行管理办法》还明确规定：在职人员不得私人办学，如参加社会力量所办学校（班）的领导和管理工作，须经本单位领导批准；《暂行管理办法》只限于举办大中专类学校而不适用于集体或个人所办的中、小学，社会力量举办中、小学的管理，按有关规定执行。

比较来看，河南省的《暂行管理办法》较北京市的《试行办法》要谨慎一些。如在社会力量举办的学校范围上，北京市规定"政府鼓励社会力量依照法律规定单独或联合举办学前教育、初等教育、中等教育、高等教育、职业技术教育和其他各级各类教育事业"，而河南省规定"本办法只限于举办大中专类学校而不适用于集体或个人所办的中、小学。社会力量举办中、小学的管理，按有关规定执行"。在对社会力量办学的认定上，北京市认为"社会力量办学是社会主义教育事业的组成部分，是国家、集体组织和企业事业单位办学的必要补充，是发展首都教育事业的长期的不可缺少的一支重要力量"，河南没有这一条。在政治待遇和物质支持方面，北京市提出"区、县人民政府、教育行政部门和社会各方面应支持和帮助社会力量办学，在政治上一视同仁，在物资供应上，与企业事业组织办学同等对待"，河南没有这一条。从行文用词看，北京市的"鼓励""支持"多，河南的"不得""必须"多。

但是不管怎样，政府的意见已经基本明朗。在河南，社会力量办学有了具体的地方法规。考虑到当时的省情，省政府出台这样的《暂行管理办法》已经十分可贵。在北京市的《试行办法》发布仅 10 天后，河南就有了自己的《暂行管理办法》，比较及时。

当时教育部的态度要积极一些。1984 年 5 月 22 日，教育部转发了《北京市社会力量办学试行办法》并且明确指出："社会力量举办的各类学校，是我国社会主义教育事业的组成部分。各级政府教育部门必须予以充分重视，加强领导和管理。"

实际上，早在 1984 年 1 月 7 日，河南省教育厅就拟定了《河南省社会力量办学暂行管理条例》报请省政府试行。这个时间，早于北京市《关于鼓励社会力量办学的意见》的发布时间。这样看来，河南省教育厅的反应应该是敏锐的。

5 年后，1989 年 1 月 13 日，河南省人民政府发布《河南省社会力量办学管理办法》，不但去掉了"暂行"二字，也在很多方面较原《暂行管理办法》有了进步。

在此之前，河南的民间教育已经悄悄萌芽，但是体量小，影响不大，办学松散，形式简单，而且不敢张扬，处于"半地下"状态。省政府的《暂行管理办法》打开了民办教育发展的光明正大之门。

1984 年 5 月 4 日，原中共郑州市委常委、宣传部部长、市政协副主席许抱忠创办"郑州中华职业学院"（也称"郑州中华职业大学"）。该校由河南中华职业教育社主办，后来发展成为集职业教育、学历教育、网络教育和授权认证于一体的综合性民办学校。

1984 年 7 月，原河南医学院医务主任、学报主编王树青离休后创办了郑州医药进修学校，早期租用河南医科大学子弟小学、郑州市幸福里小学办学，主要以培训在职内科医师为主，1989 年租用郑州市二七区冯庄村 50 亩地自建 20 余万平方米的房屋办学，1993 年与河南医科大学、新乡医学院联合主办医学类实用人才教育，1994 年主办自学考试辅导班，1997 年举办学历文凭教育，1998 年在郑州市二七区马寨镇征地建校，2002 年经教育部批准实施普通高等学历教育，定名为"郑州澍青医学高等专科学校"，2005年冯庄校区撤并入马寨校区，合二为一。2015 年为适应学校向以健康服务人才培养为主转型发展，加强校地合作，学校在修武县征地 400 余亩，建设了大型实训基地——修武健康服务人才培养基地。郑州澍青医学高等专科学校为河南省唯一的民办普通医学高等专科学校。

高等教育自学考试于 1981 年开始试点。1983 年 5 月 3 日经国务院批准成立了全国高等教育自学考试指导委员会。同年 11 月 13 日，经河南省人民政府批准，成立了河南省高等教育自学考试委员会（简称省自考委）。省自考委于 1984 年 11 月 10~11 日在郑州、开封、洛阳、新乡 4 个市试点开考了汉语言文学、数学、党政干部基础科 3 个专科专业，这一制度一开始实施就受到广大群众特别是渴求知识的青年人的支持和拥护。

伴随着自学考试在河南的举行，自学考试的社会助学活动也开始兴起。社会助学是高等教育自学考试事业的重要组成部分，在一定程度上决定着高等教育自学考试事业的发展和质量。初期的助学活动多以星期天、夜晚学习的业余班为主。

河南当代形态的民办教育发展之初，主要是从业余培训教育切入的。

当时许多社会青年参加高考，由于没有系统地学习过文化知识，考前会利用业余时间集聚到学生喜欢的学科老师那里接受辅导，以后这种业余的群体辅导，慢慢演变为固定时间、固定地点，收取一定费用的辅导班，而这种辅导班其实就是民办教育的雏形。

随着社会发展，人们对教育的需求越来越多样化，文化补习应运而生。业余时间，主要是晚上，很多大中小学教学楼灯火通明，各间教室坐满了参加各种辅导班的学员。由于学员的年龄、学历、职务不尽相同，学习要求自然也五花八门，于是出现了多种形式办学，如开办电大辅导班、中复班、高复班等，将课程依难易层次划分成初级、中级、高级，在形式上为学员提供面授、电视教学、自学辅导多种学习选择，满足了成人教育的需求。

胡大白是郑州大学的教师。1981 年底，胡大白受学校委派到外地讲课。半夜在招待所煤气中毒全身被沸水大面积重度烧伤，面积达 37%，持续昏迷 12 天才被抢救过来。经历过生死考验的胡大白没有消极沉沦，而是更加坚韧、更加成熟。出院后通过不断地深入学习和思考，她对河南省及全国的普通高等教育有了一定的认识，对国家的自学考试制度也有了一定的了解。1984 年 8 月，她在报纸上看到邓小平为北京自修大学题写校名的消息，看到北京、长沙有私人办各类辅导班，而且办得很成功的报道，像是看到了一丝光亮、一条出路。自己本身就是高校教师，完全也可以开办一个自学考试辅导班，辅导那些有志于自考的人，让那些渴求知识的人都能系统地得到专业老师的辅导，提高自学考试合格率，为国家培养急需的人才。

1984 年 9 月，丈夫杨钟瑶用自行车推着胡大白走街串巷，四处寻找办班地点。同时，胡大白向郑州市工农教育委员会提出了"办班"申请，并获得了同意"办班"的批复，辅导班的全称是"郑州市高等教育自学考试辅导班"。

1984 年 10 月，胡大白租下了郑州市第四中学一间闲置的教室。第一期辅导班就设在了这里，并确定了开班日期为当月的 30 日。

胡大白和杨钟瑶把家里仅有的 30 元钱拿了出来，作为办班的启动资金。其中，用 23 元印制听课证，还有 7 元钱买了些油光纸、笔、墨，用来写广告。没有钱刻印章，杨钟瑶就到印刷厂找废弃的铅字拼起来，用胶布一裹，在印泥上一蘸，就盖出了"郑州市高等教育自学考试辅导班"字样，这就是胡大白的第一枚公章。

谁都想不到，这个"辅导班"会在若干年后发展成为全国第一所具有专科学历教育资格、全国第一所具有本科学历教育资格的民办高校；谁都想不到，这个"辅导班"会在当代中国民办教育史上留下浓墨重彩的一章。

20世纪80年代初期，刘文魁作为专家受邀到新加坡考察。考察期间他发现，新加坡的高等教育普及率竟高达65%，反观当时国内尚不足4%。如此巨大的反差，令他心情格外沉重。他下定决心要办一所大学，给那些没学上的孩子提供接受高等教育的机会。1988年5月16日，正值刘文魁50岁生日，这一天，在经历了艰难的努力之后，经教育部门批准，中原职业大学正式成立。

没有资金，刘文魁东拼西凑，找亲戚求朋友，一点点借来作为办学经费；没有教室，他东奔西跑，联系租房；没有学生，他骑着自行车，在夜间张贴自己手写的招生广告，并且上门动员家长；没有师资，他一次次登门请求他的朋友、同事去他创办的学校兼职上课，就这样办起了一所学校。

困难很多，不改初心。1996年学校被批准为郑州科技专修学院；2001年成为郑州科技职业学院，获得专科学历教育资格；2008年升格为郑州科技学院，获得本科学历教育资格。

很快在河南教育的各个学段，民办教育迅速发展起来。

1981年，李海燕和丈夫徐国志创办周口市第一家民办技术学校，经过不断发展，由周口市海燕职业中专发展成为具有高等专科学历教育资格的民办高等学校。

1985年，邓克俊和范连元先后创办了"河南高教自学考试焦作辅导站"（焦作自修学院）和"中华业余学校"（焦作科技专修学院），填补了该市没有民办高等非学历教育的空白。

3. 风生水起

河南的事情往往是这样：一个新生事物，一开始不敢闯，不敢试，但是只要有人领头，就会一哄而起，一拥而上。1982 年《宪法》确立民办教育的合法地位后，就有不少短期的、小规模的民间培训开始运作，但是这些大都不敢声张。从事这些培训的，相当一部分是公办学校的干部或是在某个学科有特长的教师。今天遍查资料，有文字记载的很少，也有一开始就瞄准社会需求，获得肯定并办得有声有色的。1983 年，李胜、李琛两名农家兄弟在兰考县开办了孟角技校，这是一所没有学历教育的私立技校。到 1987 年，学校发展到有教职工 25 名，固定资产 8 万元，开设有油漆、沙发制作、美术、食用菌、园艺、裁剪等专业。5 年间共为全国各地培训了 3 万余名掌握一定实用技术的人才。通过信函抽样调查，学员的获技率达 90% 以上，见效率在 80% 以上，许多学员走上了致富道路。孟角技校连年被省、市、县评为成人教育先进单位，1987 年，李胜、李琛被开封团市委授予"新长征突出手"称号，并加入了中国共产党。

文献显示，党的十一届三中全会以来，社会力量办学在郑州市发展迅速，逐步形成了多学科、多层次、多形式的办学格局，成为国家办学的必要补充。1987 年，经各级教育行政部门登记备案或试办的学校达到 227 所 1127 个班，在校学员 56294 人。其中，直属市教育行政部门管理的有 50 所 662 个班，在校学员 33109 人。从办学结构上看，受初等文化专业技术教育的有 1829 人，中等文化专业技术教育的有 24385 人，大专层次的有 30080 人。另外参加文化学习的有 7007 人。1983 年以来，在社会力量举办的各级各类学校中结业的学员有 60206 人次，其中属文化专业知识教育的有 12519 人次，各种短期职业技术培训的有 47687 人次。从师资力量上看，全市各级各类社会力量举办的学校中共有专兼职教师 2270 人，专兼职管理干部 908 人。

社会力量办学的主要特点，一是办学内容丰富，其中文化教育有幼教、小学、初中、高中、大专，专业知识教育有经济管理、人事管理、工程建筑、医药卫生、机械电子、政法外语、会计统计、体育音乐等，职业技术教育有裁剪缝纫、油漆沙发、种植养殖等。二是办学层次齐全，有大专、中专、初等、幼教。三是办学形式多样，有脱产、半脱产、业余等。这些都有效地弥补了公办教育的不足。

1987 年 7 月 24 日，方城县政府下发了《转发教育局和县政协教育组

〈关于在全县鼓励私人办学的报告〉的通知》，明确提出对私人办学要"热情关怀、大力支持"。

1988 年，河南的民办教育呈持续发展态势。当年仅郑州、开封、洛阳、新乡、安阳、南阳、商丘、平顶山、三门峡 9 个市、地的不完全统计，社会力量举办的学校（班）达 1000 多所（个），在校生达 18.7 万多人；专职管理人员 2300 多人，兼职管理人员 1200 多人，专职教师 2300 多人，兼职教师 3300 多人；有教室 11 万多平方米；设置专业 150 多个；已结业学员达 649 万多人（次）。

地市的民办教育出现蓬勃发展的局面。安阳市的社会力量办学从 1981 年起步，1985 年以后形成高潮，到 1988 年底，全市社会力量开办的学校（班）达 784 所（个），在校生 38544 人，结业 39685 人。其中，大专层次的学校（班）10 所（个），在校生 2138 人，结业 768 人；中专层次的学校（班）17 所（个），在校生 3161 人，结业 1254 人；初等层次的学校（班）757 所（个），在校生 33245 人，结业 37663 人。

1989 年，河南省政府教育行政部门积极作为，为民办教育的健康发展做了许多有益的工作。1 月，经反复征求意见，报请省人民政府发布了《河南省社会力量办学管理办法》，1 月 14 日转发了国家教委《社会力量办学教学管理暂行规定》。3 月召开全省社会力量办学工作会议，并根据国家教委的要求，在坚持鼓励支持、积极引导、加强管理的方针下，结合全省实际，部署了对社会力量办学进行清理整顿的工作；先后转发了郑州市、南阳地区教委检查评估的经验。11 月召开全省社会力量办学检查评估汇报会，各市、地教委对社会力量办学清理、整顿、检查评估进展情况做了汇报。12 月在郑州召开了全省社会力量办学经验交流会。大会表彰了郑州、洛阳、开封、新乡、安阳、南阳、平顶山 7 个社会力量办学先进管理部门和白求恩医科大学等 47 个先进办学单位，分别颁发了锦旗和奖状。

1989 年，安阳市教委首批批准 27 所学校（班）办学，其中大专层次 6 所，中专及以下层次 21 所。12 月，在河南省社会力量办学经验交流会上被评为社会力量办学管理工作先进单位，市侨联春蕾艺术学校、市铁佛寺裁剪学校、林县姚村乡赳石板村木工建筑技术学校被评为全省先进办学单位。安阳市铁佛寺裁剪学校成立于 1981 年，当时只有一名教师，在无桌凳、无设备的租赁教室内上课，该校坚持勤俭办学、为人民服务的办学方向，自筹资金改善办学条件。至1989年底，发展成为有21名教职工、1850平方米校舍、500多名在校生的裁剪缝纫学校。学校聘用教师13名，还与北京、上海、沈阳等地建立联系，经常请外地高档服装技师来校讲课。除开设一般服装裁剪、缝纫的理论学习和实习操作课程外，还增开高档服装班和绣花班，并筹建服装加工厂，受到全国妇联和省市领导的表扬，省市电台、电视台和报纸都做了报道，并多次被评为省市农村成人教育先进集体、社会力量办学先进单位。

1990年，全省社会力量办学2926所（个），其中，中、初等层次占2751所（个），职前职后培训等职业技术教育占绝大多数。

1991年，社会力量办学进一步发展，全省已开展了对民办学校（机构）的年审工作。1991年年审工作，主要审查办学指导思想、办学条件、教学管理、教学质量、财务管理、后勤管理、社会效益等。同时注意年审与日常检查评估相结合。不少市地教育行政部门平时定期抽查学校，采取召开学生或教师（管理人员）座谈会，听课或听学校情况介绍，查教师备课和了解学生学习、生活等工作，深入细致地掌握学校情况，发现问题及时指导。通过年审和日常检查评估，及时发现和选择好的学校，有计划、有重点地进行扶持，争取办出一些示范性学校。

对财务、印章等方面的管理进一步正规化。省教委一方面要求各级教育行政部门树立事业心和责任感，担负起领导和管理社会力量办学的责任和义务；另一方面，要求各级教育行政部门主动配合有关业务部门对社会力量办学进行管理。省物价局、财政厅与省教委重新修订社会力量办学收费标准。省教委又结合贯彻公安部、国家教委关于印章管理的相关规定，对全省社会力量办学再次进行全面清理整顿，对没有学校印章管理制度的学校不准刻制印章，对未经教育行政部门批准擅自办学的，没收印章并予以查处，并采取多种形式主动向有关业务主管部门宣传社会力量办学的情况和管理工作的情况，明确各自的责任和义务，争取各有关方面的配合和支持，促进民办教育健康发展。

1992年，省教委认真落实"积极鼓励、大力支持、正确引导、加强管理"的方针，改革和发展社会力量办学。本年共培养或培训、辅导结业

227874 人（漯河、濮阳市数字未计入）。学校（中心）2033 所（个），在校生 20 万人，自有教学场地 46.7 万平方米，教学仪器设备 6000 多万元，固定资产 15000 多万元，流动资金 800 多万元。教学内容和方法不断改进，教职工队伍和规章制度建设不新加强，教育管理和教学质量不断提高。

1992 年，河南社会力量办学继续坚持分级负责、分级管理的方针，进一步做好分权、放权工作。一是分权分责地把好审批关。进一步完善社会力量办学审批办法，按独立设置、非独立设置学校或教学组织分高、中、初三个层次，由省、市（地）、县三级审批，并对三级审批的学校科学地交叉管理。本年，省教委根据社会需要和办学条件，从申报的 20 多所高等层次的学校中经严格审查，批准建立郑州机械进修学院、焦作中华职业技术进修专科学校、郑州航海职业进修学院等院校。二是分级把好招生关。经教育部门批准的学校或教学组织，其制作的招生广告和招生简章，须报有关教育部门审批后，方可刊登、播放或散发。三是教育部门在加强对学校综合管理的同时，注意搞好有关部门的相互协作、分工负责。四是深化学校改革。各级教育部门选择一批条件较好的学校，做好综合或多项（单项）改革试点，以点带面，推动社会力量办学整体改革。五是加强法制建设。教育行政部门做好调查研究，为政府立法决策提供科学依据，促进立法进程。六是加强对社会力量办学的统一领导与管理。全省和多数市（地）教委成立了社会力量办学管理办公室，另有些市地成立了政府牵头、教育等部门参加的社会力量办学协调领导小组，对促进社会力量办学健康发展起到了很好的作用。七是积极引导社会力量办学，把积累的有限资金用于改善学校办学条件，建立学校基地，促进学校发展，1992 年又有黄河科技大学等校进行征地、建校舍等工作。八是进一步改进和完善社会力量办学年审办法，确定本年社会力量办学年审工作的重点是审核办学方向和办学条件，从而使社会力量办学在不断改善办学条件的同时，紧密结合当地经济建设和社会发展的需要，确立正确的办学方向。九是努力提高社会力量办学的教育质量。

省和地市社会力量办学管理办公室的建立，使民办学校有了归口管理部门，为民办教育的发展提供了组织保证。

1993 年，河南省教委在转发《国家教委关于印发〈民办高等学校设置暂行规定〉的通知》中明确指出，民办高等学校是国家高等教育事业的组成部分，对改变国家包办教育的单一模式，建立与社会主义多种经济成分相适应，开发民间办学资源，探索与社会主义市场经济相适应的办学机制，以及满足经济建设发展和人民群众日益提高的物质文化生活的需要，都具有十分重要的作用。各市、地政府及教育行政等有关部门要对民办高等学校积极鼓励、大力支持、正确引导、加强管理，促进其健康发展。

1993 年，民办教育进一步规范发展。10 月，省教委转发《国家教委关于印发〈民办高等学校设置暂行规定〉的通知》，并结合河南省的实际提出了具体意见。本年全省的社会力量和民间办学事业又有新的发展。经过审查和实地考察，全年省教委审批试办 15 所民办（非学历）高等层次的学院（中心、站），分别是安阳周易学院、中山高等职业学校、河南科技学院、河南经贸学院、郑州仲景国医大学、郑州少林武术学院、商丘医学专科进修学校、洛阳市委党校高教自考辅导站、商丘高等医学教育培训中心、河南省卫生人员高等教育自学考试助学辅导中心、中南科技学院、民盟兴豫职业技术学院、私立商都学院、私立开封美术学院、南阳成人高等教育培训中心。截至年底，社会力量和民间举办的各类高、中、初等层次的学校已达 3121 所，在校生近 30 万人，其中独立设置的高等层次的学校（包括中心、辅导站）达 110 所（其中学校 63 所），在校生 8 万余人。年底，国家教委审核批准民办黄河科技大学成为具有国家承认学历资格的民办高等学校。

逐步建立实行资格证书与学历证书并存并用制度。根据省卫生厅要求，1993 年省教委和卫生厅联合对社会力量和民间举办高等层次医学类教育进行一次质量抽查考试，抽考 8 门：中医学基础、中医诊断学、中药、方剂学、中医内外科、中医妇科、针灸学、预防保健，参加考试的 1973 人，合格发证的 1080 人，合格率为 54%，凡合格者发给由省教委印制、省卫生厅验印的实用人才毕业证书，凭此证可以取得行医资格。

为加大社会力量和民间办学改革力度，逐步做到依法办学、依法管理，1993 年 5 月，省教委批准了黄河科技大学等三所学校实行校长负责制和各级承包责任制，责、权、利分明，形成高效率的工作程序；人事制度实行全员聘任制，优胜劣汰；工资制度实行工作质量百分考核制，根据工作质、量、效益计算，奖金根据目标完成情况及特殊贡献等确定，上不封顶，下不保底；完善激励竞争机制、制约机制和奖学金制度。

民办基础教育有了实质性发展。1993 年 5 月，经市教委批准，开封市求实中学（私立）建立并正式列入市招生计划。求实中学是开封市"文化大革命"后出现的第一所民办初中，起步招生一个班，发展规模 5~7 个班。

求实中学创办人张建萍原是开封市第十中学数学教师、校教育科研室主任、市优秀教师，有丰富的教学经验。她独自创办私立中学旨在教育改革方面探索新路子，施展自己的抱负。学校创办半年后，已经以高起点（按报名人数 5∶1 择优录取）、高标准（严格的管理、求实高效的教学）、好成绩（统考平均成绩在全市名列前茅）、低收费（每人每期各种费用 150 元）初步赢得了社会的赞誉。

地市民办教育也有各自的特色。1993 年，洛阳市私立学校有了较大发展。至年底，全市共有私立中小学 12 所，在校学生 800 余人，已成为教育事业的一支补充力量。

在私立学校中，洛阳市三明实验学校坚持服务社会、育人第一的原则，办出了自己的特色，赢得了群众赞誉。

该校于 1993 年 7 月兴办，依靠社会各界集资建起 800 平方米教学楼一幢，建起有淋浴等卫生设施的师生寝室 40 套、购置人均 20 平方米的活动场地一块，投资 60 万元购置各种教学仪器，装备标准化的理化生实验室、微机电教室，拥有藏书 5000 册的图书室，配备客车 2 部，解决师生交通问题。学校实行寄宿制准军事化科学管理，实行十二年一贯制，从学前班到高中进行系统教育。

该校有一个由教育专家组成的董事会和强有力的教育教学管理班子，董事长、校长曹自成是原洛阳轴承研究所党委副书记和轴承教育中心党委书记，三位董事分别为大专院校教授、副教授、副校长，教导主任聘请有实践经验、责任心强的学校干部担任。遵循规律，悉心育人，赢得了社会的信任。

境外机构和个人在河南办学也有了新进展。1993 年 2 月 3 日，省政府批复郑州市政府，原则同意台胞王广亚先生在郑州筹建升达经贸管理大学。

由台胞投资兴办的安阳明诚职业学校，经安阳市人民政府报请省教委批准于 1993 年成立，并于暑假期间面向全省招生。当年招生 168 人，开设英语、酒店管理、公关 3 个专业。这是安阳市解放后第一所私立全日制中等专业学校，由安阳旅台同胞张润书任董事长，高安泽任常务理事兼秘书长，校长和教职工实行聘任制，兼职教师实行课时制。学校已聘教师均为大学本科以上学历，专家与正、副教授占 80% 以上，并有美籍硕士和河南大学教授担任英语口语、精读等课程。学生学习期满后，经品德考核、学业考试合格，由省教委发给职业中专毕业证书，国家承认其中专学历。

4. 机构初建

在民办教育发展初期，宪法鼓励，国家提倡，社会需要，民间踊跃，河南省虽然有过一段观望期，但不久即迸发了极大活力。这种情况会出现盲目发展的现象，需要一定的机构来规范管理。根据发展需要，1992 年省教委成立了社会力量办学管理办公室，多数市（地）也成立了相应的机构。另有些市地成立了由政府牵头、教育等部门参加的社会力量办学协调领导小组，统一领导协调全省以及各地市民办教育的工作。

设立这样的机构，理顺了管理体制，使得国家的政策能够得到贯彻执行，社会的需求和呼声能够得到很好的反馈，民办教育工作能够在规范的同时获得更好的支持。

5. 党建先行

1984 年，黄河科技学院创办初期，创办人胡大白就积极要求建立党的组织。原因主要有三。其一，办学的初衷是要办一所社会主义民办大学。她认为，民办高校只有形成一个坚强的政治领导核心，才能保证党的教育方针得以认真贯彻落实，坚持社会主义办学方向，促进学校持续健康发展。其二，民办高校同样是培养社会主义事业的建设者和接班人。她认为，同公办高校相比，民办高校录取的学生高考成绩较低，但是他们的基本素质和创造能力不低，要把学生培养成既有理论知识又有实践能力的合格人才，客观要求民办高校必须更加重视加强党的建设，促进学校在激烈的竞争中以质量求生存，以特色求发展。其三，民办高校需要建立一支既有凝聚力又有战斗力的教职工队伍。她认为，建立一支热爱民办教育、勇于开拓创新、乐于无私奉献的教职工队伍，离不开强有力的思想政治工作，而只有建立党的组织，有了党领导思想政治工作的优势，才能在教职工中形成坚强的思想基础和精神动力。

由于当时上级对民办学校建立党组织没有明文规定，胡大白追寻建立党组织的道路并不平坦。起初，学校先建立了团组织，挂靠在郑州大学团委。之后，胡大白就以学校的名义先后多次主动请示区、市、省乃至更高一级的有关部门，表达学校要求建立党组织的愿望。但是，当时对于民办学校要不要建立党的组织、如何建立党组织、隶属关系如何归属等问题都没有明确的政策规定，也没有先例，上级有关部门都没有给予明确的答复。党组织虽然没有及时建立，但学校对干部、师生加强党的教育一刻也没有停止过。在当时，作为一个没有党组织的单位，谈不上收阅党内文件的相关政治待遇。没有文件，胡大白要么到公办单位借，要么从报刊上剪，然后组织班子成员、干部职工、广大学生认真学习，这样的情况一直持续了好几年。

随着招生形势越来越好，学校规模越来越大，胡大白要求建立党组织的脚步一天也没有停息。在苦苦地追寻中，功夫不负有心人，1989 年 5 月，经郑州市委直属机关党委批准，学校建立了临时党支部，开始了党的组织活动。1994 年 6 月，参照"科技系统的民营机构可以建立党组织"的有关政策，经上级组织部门批准，学校建立了党总支，组织关系挂靠郑州市科委党委，标志着学校正式建立了党的组织。这比 2000 年 6 月中共中央组织部、中共教育部党组联合下发的《关于加强社会力量举办学校党的建设工作的意见》中有关"及时在社会力量举办学校建立党的组织，理顺党组织的隶属关系"的规定，整整提前了 6 年。1997 年 5 月 4 日，中共郑州市委组织部下发批复，同意成立中共黄河科技学院委员会暨纪律检查委员会，同时撤销中共黄河科技学院（黄河科技大学）总支部委员会。1997 年 6 月 26 日，学院召开中国共产党黄河科技学院第一次党员大会。大会通过差额选举的办法，选举产生由冯长安、齐树德、陈勇民、杨钟瑶、胡大白 5 人组成的中共黄河科技学院第一届委员会，胡大白任党委书记，齐树德任党委副书记。黄河科技学院成为全国第一所建立党委的民办高校。胡大白"十年找党"的故事，也随之传为佳话。

为提高建立社会主义民办大学的自觉性，促进民办教育事业健康发展，1993 年黄河科技大学成立了民办高等教育理论研究室，12 月举行了黄河科技大学首届民办教育理论研讨会，全校共收到论文 67 篇，在国家、省、市级刊物上已发表了 8 篇。其中，刘川撰写的题为《试论民办教育质量与社会效益》的论文，获河南省教委 1993 年庆祝高教自考十周年优秀论文竞赛三等奖，郑州市教委第二届社会力量办学理论研讨会论文比赛一等奖。黄达撰写的题为《浅谈民办教育与市场经济的关系》的论文，获郑州市教委第二届社会力量办学理论研讨会比赛二等奖。

民办高等教育理论研究室的成立，标志着河南民办教育的发展进入了一个新时期。

6. 管理整顿

长期以来，民办教育在中国不仅不被人们视为"正统"，而且发展的空间被挤压得十分狭窄。特别是在河南这个传统文化积淀深厚，人们的"正统"观念十分强烈的环境，民办教育的起步和发展要比其他地区付出更多的努力。

不可否认，在民办教育发展的初期，不免泥沙俱下，鱼龙混杂，因此，必要的监管和规范是不可缺少的。河南省教育行政部门在这方面做了大量的工作。

1986 年 5 月，安阳市政府批转原市工农教育委员会和教育局制定的《安阳市社会力量办学暂行管理办法》，加强对社会力量办学的管理，初步制止了混乱现象。

1987 年 9 月 30 日，省教委下发《关于对社会力量办学进行审核清理的通知》规定：一、凡国家企事业组织、民主党派、人民团体、集体经济组织、社会团体、学术团体及公民个人等，在河南举办或委托代办的，以大学专科层次（含专科以上）为教学内容的各类学校（班）、辅导班、培训班、高等自学考试助学班、进修班等都应接受所在地、市教育行政部门的审核清理。二、审核清理内容包括学校（班）名称、举办单位和个人、主管部门（单位）、开班时间，办学方向、宗旨以及办学负责人的政治思想、道德品质、业务能力，学校（班）专业设置、教学设施、经费来源和使用，受聘教师、行政管理人员的情况及所在单位意见，学校（班）与受聘人员签订聘约和合同情况，学校（班）招生区域（外省学校来河南招生或设置分校的，要澄清学校所在地及所在省、市教育行政部门的意见）、教学计划、使用教材、颁发何种证书等。三、对审核清理的学校（班），各地、市要逐一签署审核意见报省。对符合办学要求的学校（班），经省教委复审后将予以公布；对不符合要求的学校（班），限期整顿，待办学条件达到要求后，再按审批程序报批；对拒不参加审核清理和经过整顿仍达不到办学要求的学校（班），令其停办直至取缔。

省教委认为，社会力量办学存在的主要问题，主要是某些部门和地方对社会力量办学的地位和作用还缺乏应有的认识；也有些办学单位和个人办学指导思想不够端正，不顾条件和可能乱登招生广告，随便许诺颁发大专文凭；有的学校财务制度不健全，账目混乱。极个别的以办学为名，以学经商，谋取私利。在宏观管理中还有薄弱环节，尤其是对跨省、市办学的单位还缺乏有效管理。个别学校在一无经费、二无教学场地、三无专职教师的条件下，不经批准乱招生、乱发文凭，学员拿到毕（结）业证书后，要求单位承认学历解决待遇，造成不良影响。凡此种种，必须审核整顿。

1988 年 10 月，针对前一年的问题，省教委开始对全省社会力量办学进行审核清理，先后对洛阳、开封、平顶山、新乡、郑州等地进行调查。同时根据全省社会力量办学的现状，省政府制定了《河南省社会力量办学管理办法》，印发各地贯彻执行。为加强对社会力量举办学校的引导和监督，省教委规定，凡社会力量举办的大专以上教学内容的学校（班），其建校和招生均由省教委审批。并明确这类学校均不具有颁发国家承认学历证书的资格，学员结业后只能发给结业证明。为加强管理，制止乱办学、乱收费、滥发学历文凭的不正之风，省教委发出了《关于制止滥办学、乱收费、乱发文凭的通知》，再次重申成人高等教育中，凡国家承认学历的毕业资格必须经省教委审核、验印。

1989 年 1 月 13 日发布的《河南省社会力量办学管理办法》明确规定，有下列行为之一的，由教育行政部门视其情节轻重，给予通报批评、限期整顿、责令停办、退还学费、责令赔偿损失，并会同有关部门没收全部非法所得并处以非法所得额两倍以下的罚款：（1）未经批准擅自办学的；（2）擅自制作招生广告的；（3）滥收费用的；（4）办学质量低劣或发毕业证书的；（5）虚报学员人数、弄虚作假的；（6）不缴纳办学基金的；（7）妨碍或阻挠监督检查人员执行任务的。

1989 年 3 月部署清理整顿。6 月通报纠正了中原业余大学、郑州社会职业专科学校乱发招生广告问题；8 月通报纠正民盟豫北职业大学、河南省秘书专科学校、郑州中华职业大学乱发证书问题。停办了河南省秘书专科学校等 4 所，待进一步审核批准的尚有 20 余所。两次在《河南日报》上发了公告。通过清理整顿，理顺了举办高等层次学校（班）审批管理关系，基本上纠正了多头领导乱批准举办高等层次学校的问题，初步控制了乱办学、乱发招生广告、乱收费、乱发证书现象，建立了行政、财务、教学、学籍等管理制度。

各地市也积极行动。1989 年 1 月，省人民政府发布《河南省社会力量办学管理办法》后，安阳市教委立即制定贯彻意见，明确管理体制，成立管理机构，制定具体管理办法，并在《安阳日报》发布公告，对社会力量办学进行全面清理整顿。

1990 年继续对社会力量办学进行清理整顿，加强管理和引导。省教委和部分地市教委结合实际情况制定了有关法规，逐步完善了有关管理制度。上半年对部分市地申报的 50 所社会力量办学申报材料进行了审查，批准郑州市科技进修学院等 14 所学校（班）试办，并将这些学校在《河南日报》上予以公布。2 月 14 日，还批准停办现代管理大学洛阳分校、洛阳行政管理学院，同时严格加强招生广告的审批管理。省教委还注意调整学校布局和专业定点，使之尽可能趋于平衡和合理。对社会力量办学还加强了引导和宣传，努力扩大社会影响。

1991 年，在贯彻国家有关社会力量办学的方针、政策的基础上，加强了市地统一领导和管理，继续开展了清理整顿、检查评估、经验交流、发放和年审办学许可证等项工作，进一步充实和完善了各项规章制度。从省到市地、县初步建立了以教育行政部门为主，有关部门支持配合、相互协调的管理体制，基本扭转了非教育行政部门批准办学、多头领导、政出多门的局面，对社会力量办学基本实现了有效管理。各市地根据国家和省有关社会力量办学的规定，结合当地实际，制定了有关法规，努力加强管理制度建设。

集中治理整顿同经常性管理工作相结合。随着全国成人高等教育治理整顿的展开，社会办学也进行了治理整顿，重点治理"三乱"，分期分批地审查批准符合条件、办学指导思想比较端正的学校，并分别采用通告或公告的形式，在报纸上予以公布，以便于社会监督，造成治理整顿的强大声势，控制"三乱"现象的蔓延。同时，依据国家有关方针、政策、法规，采取行政、法律、经济等办法，果断地查处一些乱办学（乱发招生广告）、乱收费、乱发证书的学校。为巩固治理整顿的成果，还注重搞好经常性的管理，特别把好学校设置审批和招生广告审批关。对 1991 年申报的 60 多所学校（中心），经严格审查只批准 4 所，业经批准的学校由教育行政部门发给"社会力量办学许可证"。统一了学校招生广告的样式和内容审批手续。较好地控制了乱招生，对学校办学方向重点有效地加以引导。

（三）第二次大规模的扫盲工作

1977 年高等学校招生考试制度的恢复，不但为有志于提升人生质量的青年打开了继续读书的通道，也引发了社会读书学习的热潮，"为中华之崛起而读书"不但成了一句时髦的口号，也成了不少年轻人的实际行动。许多人拾起了久违的课本，青年学生也及时调整了学习方向。党和国家工作重心的转移，经济建设和社会发展急需各个领域、各个层次的人才。但现实是，由于历次运动的影响和其他因素，导致在全国城乡特别是在广大农村，又产生了大批的文盲和半文盲，这与急欲腾飞的国家发展需要极不匹配。因此，再次大规模扫除文盲成了当时党和政府的重要工作。

河南省革命委员会教育局 1977 年 11 月 22 日向教育部报送的河南省 1977 年度各类学校综合统计报表显示，1977 年全省政治文化夜校 100179 所，基本扫盲班 5628 班，当年毕业 40443 人，在校学生 242416 人。

1980 年 1 月 21~30 日，经省委同意，河南省教育厅、省农业厅、团省委、省科协、省妇联联合召开了第一次全省农民教育工作会议，认真学习了省委《关于开展扫除文盲工作的指示》，分析了全省农民教育的形势，讨论了农民教育的方针和任务，交流了工作经验。会议认为，省委发出扫盲批示后，全省迅速掀起了工作高潮，至会议召开前，全省共办有各种学习班 65500 多个，参加学习的突破 165 万人，专兼职教师 78000 人，学员巩固率达到 80% 以上。商水县委第一书记亲自抓教育，在全县已经开始扫盲的 405 个大队中，党支部副书记担任夜校校长的有 278 人，团支书和妇联主任担任班主任或辅导员的 483 人，开始形成一个全党抓教育的新局面。

1984 年到 1998 年，全省上下同心协力，经过 15 年的继续努力，实现了全省基本扫除青壮年文盲的宏伟目标。1984 年 2 月 9 日，省教育厅根据全省 1995 年基本扫除青壮年文盲的规划，要求每年全省扫除文盲 40 万人。为确保任务完成，制订 1984 年全省脱盲 514500 人的计划，并具体分配到地市。

1985 年度全省脱盲指标为 47 万人。具体分配：周口、南阳、商丘、驻马店各不低于 7 万人，信阳地区、濮阳市各不低于 6 万人，洛阳地区不低于 3 万人，安阳市不低于 1.3 万人，平顶山市、开封市各不低于 1 万人，许昌地区不低于 0.4 万人，鹤壁市不低于 0.3 万人。

1986 年，以《中华人民共和国义务教育法》颁布为契机，全省广泛开展扫除文盲、普及小学教育工作。

1988 年，全省扫除文盲 80 万人，自 1979 年以来累计扫除文盲 296 万人。

1989 年底前，受省政府委托，省教委先后对淅川县、密县、登封县、荥阳县、中牟县、郑州市邙山区、安阳县、汤阴县、内黄县、滑县、安阳市郊区、平顶山市郊区、博爱县、修武县、浚县、淇县、南乐县 17 个县（区）进行了检查验收。实地抽验了 17 个县（区）的 74 个乡 524 个行政村，参加抽考的学员达 6034 人。经省政府批准，上述 17 个县（区）连同 1988 年省教委参与验收的方城县和镇平县共 19 个县（区）成为"基本扫除文盲单位"。至此，全省县级基本扫除文盲单位达 74 个，占全省有扫盲任务县（市、区）数的 58%。

1990 年是国际扫盲年。全省进一步贯彻加强领导、广泛发动、增加投入、提高标准、保证质量、加快步伐的指导思想，扫盲工作又有新发展。全省扫除文盲 41.6 万人，超额完成省政府下达的 30 万人的任务，脱盲人数居全国第 2 位。全省非文盲率在 85% 以上的县级基本扫除文盲单位上升到 85 个，占全省县（市、区）总数的 54%。西平县荣获 1990 年联合国教科文组织颁发的"克鲁普斯卡娅国际扫盲奖"。据 1990 年全国第四次人口普查公布的结果，全省 15 周岁以上文盲、半文盲总数，由 1982 年的 1957 万人降至 1990 年的 1381 万人，8 年减少 576 万人；文盲、半文育占总人口的比率也由 1982 年的 26.28% 下降到 16.15%，下降 10.13 个百分点，下降幅度居全国第二位。

1990 年 3 月和 12 月，省扫盲工作领导小组两次组织人员检查了 17 个市地的 60 个县 141 个乡（镇）313 个行政村的扫盲工作。经验收并经省政府批准，扶沟县、罗山县、信阳市、柘城县、郏县、舞钢区、长葛县、禹州市、许昌县、偃师县、舞阳县、卢氏县、渑池县、兰考县、杞县等 15 个县（市、区）为基本扫除文盲单位。

1991 年，全省共扫除文盲 54.7 万人，有 106 万名脱盲学员接受各种形式的扫盲后继续教育，分别超过省政府下达任务的 82% 和 112%。经验收并报经省政府批准，宝丰县、鄢陵县、临颖县、信阳县、商丘县、鹤壁市郊区、濮阳市市区、嵩县、桐柏县、西华县、泌阳县 11 个县（市、区）为基本扫除文盲单位，并颁发证书。至此，全省 157 个县（市、区）中，已有 96 个达到国务院规定的基本扫除文盲单位标准。6 月，国家教委对近几年扫盲成绩显著的河南、四川、贵州等省和 1990 年荣获联合国教科文组织"克鲁普斯卡娅国际扫盲奖"的河南省西平县进行表彰奖励。

1992 年，全省共扫除文盲 51.98 万人，有 64.43 万名脱盲学员接受各种形式的扫盲后继续教育，分别超过省政府下达任务的 73.27% 和 28.86%。经验收，省政府批准叶县、鲁山、长垣、周口市、确山、淅川、新县、商城、虞城、夏邑为"基本扫除文盲单位"，同时批准郑州市管城区为"高标准扫除文盲单位"，并分别颁发证书。11 月，省教委荣获全国妇联、国家教委第二届"巾帼扫盲奖"先进集体称号，新郑县人民政府、灵宝县人民政府获国家教委"全国扫除文盲先进单位"称号；新郑县辛店乡成人教育中心学校、通许县玉皇庙乡成人教育中心学校、长葛县南席镇成人文化技术学校、新野县王庄镇农民文化技术学校获国家教委"全国农村成人教育先进学校"称号；崔书森、王秀珍、徐道山 3 位同志获国家教委"全国扫除文盲先进工作者"称号。11 月，全省扫盲农村成人教育工作经验交流会在郑州市新郑县召开，时任省教委主任徐玉坤作《抓住机遇、加快步伐，把我省扫盲农村成人教育工作推向新阶段》的讲话，时任省教委副主任张应祥作《总结经验、深化改革，积极有效地为农村经济发展服务》的总结。按照时任副省长范钦臣关于"扫盲工作要抓紧抓好抓实"的指示，省及各市地教委在人口普查部门的配合下，掌握了全省第四次人口普查时 15～41 周岁扫盲对象的文化状况，为扫盲决策提供了科学的依据。

1992 年郑州市共组织扫盲入学 10823 人，脱盲 6688 人。全市非文盲率由上年的 99.42% 提高到 99.54%。

1993 年，全省扫盲入学 55.8 万多人，脱盲 44.3 万多人，参加各种形式的扫盲后继续教育 65.4 万多人，分别是省政府年初下达任务的 111.6%、147.66%、130.8%。

平顶山市襄城县于 1993 年 4 月通过省政府扫盲验收，至此，全市所有县（市、区）全部达到国务院规定的扫盲标准，成为基本无文盲单位。

1994 年 9 月召开的全省教育工作会议和省委省政府《关于〈中国教育改革和发展纲要〉的实施意见》提出全省 1998 年实现基本扫除青壮年文盲的目标，省教委按照自下而上逐级申报和自上而下反复征求各市地、县意见的原则，以县（市、区）为单位，编制了分年度实施的扫盲规划。10 月 31 日，省扫盲工作领导小组下发《关于印发〈河南省 1993～1998 年扫盲规划简报〉的通知》，要求各市地按规划认真组织实施，确保全省基本扫除青壮年文盲历史任务的完成。

根据国家教委的要求，结合本省实际，省教委确定了"'两基'验收能同步的就同步验收；对扫盲验收条件已经成熟，尚不具备'普九'验收条件的地方，先验收扫盲工作"的原则意见，4 月，受省人民政府委托，省教委组织力量对新郑市、舞阳县、通许县、巩义市、许昌县、郑州市邙山区、焦作市马村区进行扫盲验收，他们被省政府批准为"扫除青壮年文盲单位"；对商水县、沈丘县、项城市、鹿邑县、淮滨县、息县、上蔡县、睢县、台前县进行扫盲验收，它们被省政府批准为"基本扫除文盲单位"。此外，省教委还组织实施了对南阳市宛城区、南阳市卧龙区、内乡县、镇平县、信阳县、罗山县、开封市鼓楼区、开封市顺河区、开封市龙亭区、开封市南关区、焦作市中站区、济源市、郑州市二七区、郑州市金水区、郑州市中原区、荥阳市、登封市、中牟县、新密市、三门峡市湖滨区、获嘉县、鄢陵县、郾城县、商丘市、汝南县、西平县、鹤壁市鹤山区、鹤壁市山城区共 28 个县（市、区）的扫盲验收。1994 年，全省共有 57 个县（市、区）经验收达到扫除青壮年文盲单位标准，占全省县（市、区）总数的

36.08%，占全省人口的 23.9%。其中"两基"验收 22 个县（市、区），扫盲验收 35 个县（市、区）。本年度，全省共组织 50.28 万名扫盲对象入学；脱盲 47.2 万人，占省政府下达扫盲任务的 118%；另有 65.81 万名脱盲人员接受了不同形式的扫盲后继续教育。

11 月 10 日，省教委在郑州召开全省扫盲与农村成人教育工作会议。会议总结交流了全省扫盲农村成人教育的情况和经验，部署下一阶段的工作。李俊霞等 50 个"河南省扫盲教育先进工作者"、新郑市梨河乡成人教育学校等 49 所"河南省农村成人教育先进学校"、郑州市教委等 34 个"河南省回乡知青技术培训工作先进单位"受到表彰。李俊霞、刘桂勤、李书亮、王国顺、张作霞还同时被国家教委授予"全国扫除文盲先进工作者"称号。

1995 年 3 月 21~22 日，省教委在信阳召开全省贫困地区扫盲工作座谈会，传达了国家教委在安徽召开的九省扫盲工作座谈会精神，研究推动本省贫困地区扫盲工作的政策和措施。

4 月 22~29 日，受省政府委托，省教委组织力量对 14 个县（市、区）进行扫除青壮年文盲单位验收。至此，全省实现高标准扫除文盲的县（市、区）已达 94 个，约占全省 157 个县（市、区）的 60%。1995 年焦作和漯河两市所辖县（市、区）全部通过省政府扫盲验收。

7 月 7 日，省人民政府批准由省教委 1994 年组织实施验收的驻马店地区的西平县、汝南县，鹤壁市的鹤山区、山城区，新乡市的获嘉县，南阳市的卧龙区、宛城区、镇平县、内乡县，信阳地区的信阳县、罗山县，开封市的鼓楼区、顺河区、龙亭区、南关区，焦作市的中站区、济源市，郑州市的二七区、金水区、中原区、荥阳市、登封市、新密市、中牟县，三门峡市的湖滨区，许昌市的鄢陵县，漯河市的郾城县，商丘地区的商丘市等 28 个县（市、区）为扫除青壮年文盲单位。

1996 年 5 月，省政府在郑州召开全省"两基"工作会议，各市地政府、行署分管教育工作的市长、专员及教委主任参加了会议。时任副省长张世英对"两基"工作特别是对扫盲的规划、任务及有关政策措施进行了部署。会上，张世英与各市地政府行署负责人签订了"扫除青壮年文盲"目标管理责任书。会议之后，各市地相继召开会议，贯彻落实全省"两基"工作会议精神。各级党委、政府加强了对扫盲工作的领导，采取措施，积极落实政府行为，通过政府与政府、政府与教育部门、教育部门与教育部门等渠道逐级签订扫盲责任书，层层落实扫盲目标管理责任制。

1996 年 9 月 8 日是第三十届国际扫盲日，省教委发出《关于开展庆祝第三十届国际扫盲日的通知》，并在郑州召开了由各市地教委成教科长及部分县教育局负责人等参加的庆"九·八"国际扫盲日座谈会。该通知要求各地要抓住有利时机，结合当地扫盲工作的实际，举办不同形式的庆祝纪念活动。特别强调要把庆祝纪念活动与宣传、推动扫盲工作结合起来，与解决扫盲工作中的实际困难和问题结合起来，使扫盲宣传发动工作既丰富多彩又注重实效，达到"突出一个主题，解决一个难题，推动一项工作，达到一个目标"的目的。各市地都开展了宣传庆祝活动。省教委还举办了全省扫盲管理干部培训班，重点就扫盲和扫盲验收的内容、方法和程序，结合如何加强扫盲教学管理，确保扫盲质量，落实扫盲经费，加强农村成人学校建设等进行了培训。

4 月，受省人民政府委托，省教委组织力量对夏邑县、商丘县、民权县、商城县、光山县、固始县、方城县、邓州市、淇县、郏县、杞县、陕县、濮阳县、濮阳市区 14 个县（市、区）进行了扫除青壮年文盲单位验收。11～12 月，对汤阴县、安阳县、确山县、上蔡县、平舆县、淮阳县、鹿邑县、沈丘县、襄城县 9 个县进行了扫除青壮年文盲单位验收。验收结果表明，上述 23 个县（市、区）青壮年非文盲率均达到 95% 以上，其余各项指标也都达到了国务院和省人民政府规定的要求。截至年底，全省已累计有 128 个县（市、区）通过省扫盲验收，占全省县市区总数的 81.6%。其中郑州、焦作、漯河、三门峡、鹤壁、许昌、驻马店 7 个市地所辖县（市、区）全部通过扫除青壮年文盲单位验收。

1996 年全省完成扫盲 30.19 万人，接受扫盲后继续教育的人数达 55.8 万人，对 35 个县市实施扫盲验收，分别占原计划的 150%、138% 和 106%，全面完成了年度任务目标。

1997 年 1 月 2 日，时任省长马忠臣签发河南省人民政府令，发布《河南省人民政府关于修改河南省〈扫除文盲工作条例〉实施办法的决定》。修改后的实施办法规定，各级人民政府应制定本地区扫除文盲规划和措施，组织教育、新闻、农业、科技、文化、财政、公安、统计、妇联、工会、共青团等有关方面分工协作，按照规划的要求完成扫除文盲的任务。

1月7日，省政府批准，1995年和1996年上半年由省教委组织验收的南阳市的新野县、社旗县、唐河县、邓州市、方城县，开封市的郊区、尉氏县、杞县，濮阳市的清丰县、市区、南乐县、濮阳县，焦作市的武陟县、沁阳县、博爱县、温县，安阳市的郊区、铁西区，漯河市的临颍县，鹤壁市的淇县、浚县，平顶山市的郏县，三门峡市的卢氏县、灵宝市、陕县、渑池县，信阳地区的潢川县、光山县、新县、商城县、固始县，周口地区的西华县、周口市，商丘地区的夏邑县、虞城县、民权县、柘城县、商丘县，驻马店地区的新蔡县、正阳县、遂平县、汝阳县等42个县（市、区）为扫除青壮年文盲单位。

1997年全省完成扫盲31.9万人，接受扫盲后继续教育47.46万人，对28个县（市）实施扫盲验收，分别占原计划的127.6%、237.3%、100%，全面完成了年度指标。

1997年度，全省下达回乡知青培训的指导计划100万人，其中初训50万人，复训50万人。1~7月，全省教育部门完成知青培训201.11万人，其中初训101万人，复训100.11万人，分别占原计划的201.11%、202%和200.22%。此外，还有562万名乡（镇）企业职工和青壮年农民接受了各种形式的政治、文化、科技和社会知识方面的培训。在经过培训的回乡知青中，有12.13万人成为农民技术员，有7.87万人成为农村基层干部，有41.59万人成为乡（镇）企业职工，有3.14万人成为农民教育教师，有45.56万人成为专业户和科技示范户；经过培训获得国家级成果奖21项，省级10项，地市级413项，县级2000项。1979年以来，全省共有回乡知青1520.7万人，其中有1457.46万人接受过各种形式的技术培训，培训率达95.84%。

本年全省县乡村三级成人教育办学网络得到进一步加强，乡（镇）成人学校建设迈上了个新台阶。截至7月，全省乡（镇）成人学校已达2166所，占乡（镇）学校总数的99.6%，其中达到省定三类以上乡（镇）成人入学标准的1892所，占全省乡校总数的87.34%。

1997年，全省参加各级各类学习的职工有3018588人，全员培训率为43.5%，比上年增加3%，毕结业2787704人，比上年增加8.6%。在参加学习的职工中，参加岗位培训的2424272人，占总数的80%，岗位培训仍是职工教育的重点。此外，参加中等专业教育的163113人，占5.4%；参加高中教育的41117人，占1.4%；参加初中及以下文化学习的15044人，占0.5%；参加继续教育的159250人，占5.3%。本年，全省有职工教育专职干部13913人，专职教师20775人。各类职工学校17560所，校舍建筑面积2581759平方米。

1998年2月，省教委组织对全省最后一个申请扫盲验收的宝丰县进行验收。经抽查评估认为，宝丰县的扫除青壮年文盲工作已经达到现阶段国家和省政府规定的标准。3月16日，经省政府批准，省教委印发《关于批准兰考等34个县（市、区）为扫除青壮年文盲单位的通知》，批准1996年下半年、1997年和1998年2月验收的兰考、内黄、滑县、洛宁、嵩县、延津、原阳、封丘、长垣、范县、台前、襄城、鲁山、叶县、石龙、宝丰、南召、桐柏、西峡、淅川、永城、睢县、宁陵、淮阳、鹿邑、沈丘、太康、郸城、商水、淮滨、息县、确山、上蔡、平舆等34个县（市、区）为扫除青壮年文盲单位。至此，河南省158个县（市、区）的基本扫除青壮年文盲工作全部通过省政府验收。

4月23日，由国家督学、原国家教委成教司副司长李家林等3人组成的国家扫盲验收先期考察组，对河南省的扫盲验收准备工作进行了考察。通过对国家确定的贫困县、"四普"时青壮年文盲率较高的汝阳、睢县、淮滨3个县的抽查，考察组认为，这3个县扫盲和农村成人教育工作的经验和做法，是比较有特色的；国家验收规定的主要指标和要求都基本达到，河南省具备了正式接受国家扫盲验收的条件。

8月16~22日，由时任教育部职业与成人教育司司长黄尧带队的扫盲工作检查组对河南省扫除青壮年文盲工作进行了抽查评估。检查组首先听取了时任副省长陈全国关于全省扫盲工作的情况介绍，观看了扫盲专题录像片，查看了扫盲工作档案资料和各市（地）的扫盲工作成果展，然后分赴本省经济基础相对薄弱、"四普"时青壮年文盲率较高的嵩县、宁陵、淅川、息县、上蔡5县进行抽查评估。检查组认为，在河南省委省政府的领导下，教育和有关部门、团体紧密配合，齐抓共管，认真贯彻落实《中国教育改革和发展纲要》和《扫除文盲工作条例》，有力地推动了扫盲和农村成人教育工作，取得了显著成绩。12 月 9 日，教育部致函河南省政府，认定河南省扫除青壮年文盲工作已达到了现阶段国家规定的标准，实现了基本上扫除青壮年文盲的目标。

扫盲验收后的巩固提高工作。11 月 19 日，省政府批转省教委《关于做好我省扫除青壮年文盲验收后巩固提高工作的报告》，对今后两年各级政府在扫盲巩固提高工作中的职责，河南省扫盲巩固提高的总体规划机构、人员、经费以及奖惩制度都做了明确要求。

9 月 4 日，教育部下发《关于表彰"中华扫盲奖"获奖个人和单位的决定》。河南省有 12 人和 5 所乡（镇）成人学校获"中华扫盲奖"。12 月，教育部、财政部来函通知，河南省人民政府和息县、嵩县、淅川、宁陵、上蔡 5 县人民政府分别被评为扫盲先进省和先进县。奖励河南省人民政府45 万元，息县等 5 县各 3 万元。

12 月 28 日，全省扫盲农村成人教育工作会在郑州召开。会议传达了党的十五届三中全会和省政府豫政〔1998〕62 号文件精神，总结交流了各地扫盲及农村成人教育工作经验，研讨了如何落实省政府批转的省教委《关于做好我省扫除青壮年文盲验收后巩固提高工作的报告》的精神，理清了最近两年要坚持不懈地扫除剩余文盲，确保扫盲任务的完成，切实做好扫盲验收后的巩固提高工作，重点抓好农村实用技术培训的工作思路，安排部署了下一年的工作。

二　登堂入室，天下为先（1994~1999 年）

1994 年注定是当代河南乃至全国民办教育发展史上具有里程碑意义的一年。这一年，河南有了全国第一所具有高等教育学历教育资格的民办高校。

1994 年 2 月 5 日，国家教委同意民办黄河科技学院（原黄河科技大学）正式建校，明确该院系独立设置的全日制高等学校，专科层次，学历教育发展规模为 1000 人。本年 6 个专业招生 200 名。

这是新中国成立后国家批准的第一批中第一所具有大学专科学历教育资格的民办高等学校，是黄河科技学院办学史上的一个历史性飞跃，是河南民办教育发展史上的第一个重大突破，是中国当代民办教育发展过程中的第一个实质性跨越。新中国成立 35 年来，国家终于打开了民办高等学历教育的发展之门。

（一） 政策法规推动

1994 年 6 月 14 日，时任国务院总理李鹏在第二次全国教育工作会议报告中明确指出，过去由政府包揽的办学体制，在当时的历史条件下曾经起过积极作用，现在已经不能适应发展社会主义市场经济的要求，不能满足社会日益增长的需要，也不利于调动社会各方面力量办学的积极性。近年来，由政府包揽办学的格局已经开始打破，今后要把这项改革进一步引向深入，逐步建立以政府办学为主体、社会各界多方筹集资金办学的体制。基础教育特别是义务教育主要由政府来办，同时鼓励企事业单位和其他社会力量按照国家法律和政策，采取多种形式办学，有条件的地方也可以采取"民办公助""公办民助"等办学形式。职业教育和成人教育应在政府的管理下，主要依靠行业、企事业单位、社会团体举办，或者由社会各方面和公民个人联合举办，政府给予适当资助和扶持。职业学校要走教育和产业相结合的路子，增强学校自身发展的能力。高等教育实行以政府办学为主、社会积极参与、各方面联合办学的体制，某些高等学校可以试行以学生缴费、社会集资为主、国家补助为辅的办学模式。社会各界办学应以职业学校为主。

这实际上确立了民办学校在基础教育、职业教育、高等教育等层面参与的程度，等于进一步拓宽了民办教育发展的渠道，表明了国家支持民办教育发展的态度。

1995 年 3 月 18 日，第八届全国人民代表大会第三次会议通过的《中华人民共和国教育法》规定，国家鼓励企业事业组织、社会团体、其他社会组织及公民个人依法举办学校及其他教育机构。任何组织和个人不得以营利为目的举办学校及其他教育机构。

根据 1995 年 10 月 31 日河南省第八届人民代表大会常务委员会第十六次会议《关于修改〈河南省义务教育实施办法〉的决定》修改的《河南省实施〈中华人民共和国义务教育法〉办法》指出，鼓励企业、事业单位和社会团体依法举办学校，普及义务教育。当地教育行政主管部门要在师资、仪器供应和教学业务上给予帮助、指导。

1995 年 11 月 28 日，《河南日报》刊发时任省委书记李长春、省长马忠臣的署名文章《认真贯彻实施〈教育法〉，促进我省的教育改革与发展》明确指出，要改变国家单一投资办学的局面，逐步建立起以政府办学为主，社会各界参与办学的体制，不断增加对教育的投入。

1996 年 5 月 15 日，第八届全国人民代表大会常务委员会第十九次会议通过的《中华人民共和国职业教育法》规定，国家鼓励事业组织、社会团体、其他社会组织及公民个人按照国家有关规定举办职业学校、职业培训机构。

1996 年 2 月 12 日，时任河南省人民政府副省长张世英在河南省教委1996 年教育工作会议上的讲话中指出，关于社会力量办学问题，国家总的指导方针是"积极鼓励、大力支持、正确引导、加强管理"。从河南情况看，近年来社会力量办学发展比较快，对弥补国家办学力量不足，满足青少年求学迫切愿望，发挥离退休教师和科技工作者的作用，确实起了积极作用。但是，从调查了解和群众反映的情况看，也确确实实存在着一些不容忽视的问题：有些学校办学指导思想不端正，以营利为目的，乱发招生简章，乱许诺发学历文凭，乱收费、高收费；有的没有基本的办学条件，没有固定的办学场所，缺乏必要的教师和仪器设备，甚至随便拼凑几个人就办学，根本保证不了教育质量，在社会上造成了很坏的影响，也损害了教育部门的声誉，影响了河南的形象。有些问题已引起中央领导同志的重视，专门做出了批示。省教委在安排部署今年工作时，把规范社会力量办学作为今年十项重点工作之一，是完全必要的。对社会力量办学，各地都要高度重视，除继续按照国家和省有关方针政策办好外，今年要下决心规范其办学行为。教育行政部门要实行分级分工管理，"谁主管，谁负责""谁审批，谁负责"。省教委主要管好高等教育层次的社会力量办学，中、初等社会力量办学主要由市地、县负责，谁出了问题，就要追究谁的责任。同时，要做好督导评估和检查工作，对于教育质量高、管理严格的办学单位，要积极支持，总结推广他们的经验。对办学思想不端正、办学条件差的，要通报批评，限期整顿。对搞坑蒙拐骗的，要坚决取缔。触犯法律的，要依法追究法律责任。

1997 年 7 月 31 日，国务院发布《社会力量办学条例》，就制定原则、适用对象、社会地位、国家方针、发展重点、保障权益、办学要求、法律地位、管理机构、设置条件、审批权限、办学许可、学校名称、内部体制、校长遴选、教师聘任、招生办法、专业设置、依法办学、学籍管理、监督评估、财产财务、工资福利、停办手续、政府扶持、用地优惠、学生权利、法律责任等方面做了具体翔实的规定。

该条例较之前的法规、规定有不少新的内容，进一步明确了国家对社会力量办学实行积极鼓励、大力支持、正确引导、加强管理的方针，明确了社会力量应当以举办实施职业教育、成人教育、高级中等教育和学前教育的教育机构为重点，国家鼓励社会力量举办实施义务教育的教育机构作为国家实施义务教育的补充，国家严格控制社会力量举办高等教育机构，社会力量不得举办宗教学校和变相宗教学校的原则。同时仍然明确规定，社会力量举办教育机构，不得以营利为目的。

1998 年 8 月 29 日公布的《中华人民共和国高等教育法》规定，国家鼓励企业事业组织、社会团体及其他社会组织和公民等社会力量依法举办高等学校，参与和支持高等教育事业的改革和发展。

1998 年 12 月 24 日，教育部发布《面向 21 世纪教育振兴行动计划》指出，认真贯彻国务院对社会力量办学实行"积极鼓励、大力支持、正确引导、加强管理"的方针，今后 3~5 年，基本形成以政府办学为主体、社会各界共同参与、公办学校和民办学校共同发展的办学体制。

要制定有利于吸纳社会资金办教育和民办学校发展的优惠政策。民办学校的教师和学生，在评定职称、业务培训、升学考试、社会活动等方面享有与公办学校教师、学生的同等待遇。国家设立社会力量办学表彰奖励基金，对有突出贡献的集体和个人给予表彰。

社会力量办学要纳入依法办学、依法管理的轨道。社会力量办学不以营利为目的，鼓励滚动发展。要完善法规建设，充实学校设置标准，健全管理体制，加强校容管理，严格财务审计，不断提高教育和管理水平，鼓励现有学校发挥规模效益。

要保证社会力量举办的教育机构自主办学的法人地位，高等教育机构可面向社会自主招生，依法自行颁发非学历教育学生的结业证书，也可组织学生参加国家举办的自学考试或学历文凭考试，取得国家承认的学历证书。

1999 年 10 月 12 日，中共河南省委、河南省人民政府发布《关于贯彻〈中共中央、国务院关于深化教育改革全面推进素质教育的决定〉的实施意见》指出，深化办学体制改革，积极鼓励和支持社会力量以多种形式办学，逐步形成以政府办学为主体、社会各界共同参与、公办学校和民办学校共同发展的格局。社会力量办学的重点是举办非义务教育的各类学校。到 2005 年，力争使社会力量办学在校生占全省各类在校生人数达到 8% 左右，2010 年达到 15% 左右。各级政府要因地制宜制定优惠政策，支持社会力量办学。加强对社会力量办学工作的领导，依法对民办教育实施管理和监督，保障民办学校的合法权益。民办学校及其教师和学生享有国家举办的教育机构及其教师和学生同等的法律地位和待遇。各级各类民办学校必须贯彻党的教育方针，严格遵守国家有关法律法规，自觉接受政府的管理和监督。

1999 年 10 月 14 日，时任省委书记马忠臣在全省教育工作会议上的讲话中指出，加快教育发展的根本出路在改革。欠发达省份办大教育必须走以内涵发展为主的路子，以改革求发展。一是深化教学改革。要适应发展社会主义市场经济的要求，不断调整科类和专业结构，拓宽专业口径。社会上需要什么人才，就设置什么专业，使教育更好地服务于经济建设。二是积极深化办学体制改革，充分调动社会各方面办教育的积极性，努力形成以政府办学为主体，公办教育和民办教育共同发展的格局。

同一天，时任副省长陈全国在全省教育工作会议上的讲话中指出，深化办学体制改革，逐步形成以政府办学为主体，社会各界共同参与，公办学校和民办学校共同发展的格局。要按照"积极鼓励、大力支持、正确引导、加强管理"的工作方针，办好、管好民办教育，促使其健康发展。一是各级人民政府、各级教育行政部门要解放思想，放宽视野，大力支持和鼓励社会力量办学。要按照国家有关社会力量办学政策的要求，因地制宜地制定优惠政策，支持社会力量办学。二是要切实加强社会力量办学的领导和管理，依法对民办教育实施管理、引导和监督。对民办学校的合法权益要依法保障，民办学校及其教师和学生享有国家举办的教育机构及其教师和学生同等的法律地位和待遇。三是各级各类民办学校要牢固树立正确的办学指导思想，认真贯彻党的教育方针。要严格遵守国家有关法律、法规，独立承担法律责任，自觉接受政府的管理和监督。民办学校不能单纯以营利为目的，学费按照国家规定收取，但不能收取学生储备金、押金等。四是社会力量办学的重点是举办实施职业教育、成人教育、高中和学前教育的教育机构。在保证适龄儿童、少年均能就近进入公办小学和初中的前提下，可允许设立少数民办小学和初中，在这个范围内提供择校机会，但不能搞"一校两制"。公办学校办学体制改革要在政府教育部门的指导下积极稳妥地进行，发挥骨干学校水平高、效益好、信誉高的优势，对薄弱学校通过改革的办法，引入先进的管理机制，注入活力，进而优化和合理配置教育资源。也可在确保国有、公有资产不流失的前提下，试行公办民助或公有民办改制，激发公办学校的办学活力。国有大中型企业所办学校要在试点的基础上，逐步移交地方政府统筹管理。

（二）发展状况

1994 年是黄河科技大学发展史上第二个五年计划的最后一年。本年，学校下设 6 个学院（商贸学院、工学院、成人教育学院、医学院、体育学院、科技学院），开设 23 个专业；招收新生 9450 人，其中，计划内普通自费生 200 人，成人高招 250 人，业余制自学考试学生 300 人，全日制自考学生 6000 人；在校生 1 万余人。学校专兼职教师 1021 人，其中具有副教授及以上职称的占 70%。学校建筑面积超过 2 万平方米。

1994 年 6 月，省教委同意原郑州医学专科学校更名为民办郑州树青医学院，正式建校，实施高等学历教育。同意郑州中华职业大学申请正式建校，并拟定名为民办郑州中华职业学院，实施高等学历教育。两校报经省政府审核同意后，报国家教委审批。9 月，国家教委同意郑州大学与台北广兴文教基金会合办郑州大学升达经贸管理学院。这是河南与我国台湾地区合作举办高等教育的第一所学校。升达经贸管理学院为郑州大学二级学院，由郑州大学领导和管理。院长经协商由郑州大学任命。郑州大学作为法人代表，在与台北广兴文教基金会充分协商的基础上，可授予该院在教学、后勤、财务等方面拥有相对独立的自主权。同时对该校专业设置、培养目标、学籍管理、收费标准、毕业生待遇、教学质量评估都做出了明确规定。1994 年，该院国际贸易、财务会计、工商企业管理、市场营销、资讯管理、商务英语 6 个专业，招生 746 名，其中本科 300 名，专科 446 名。

1994 年，省教委批准筹办高等层次非学历教育的 12 所学校（中心、站），分别是商贸协会洛阳商学院、豫协公共关系学院、民办郑州黄河医学院、民办郑州中南医学专科学校、民办郑州东方学院、民办郑州同济医学专科学校、民办郑州炎黄专科学校、洛阳鸿基外贸学院、焦作建筑经济学校自学考试辅导站、洛阳东方成教中心、信息工程学院培训中心、焦作矿院高教自考辅导中心。

全省社会力量举办的各类高、中、初等层次的学校达 1751 所，截至 1994 年底，共为全省经济建设和社会发展培养、培训了 155 万余名"留得住、用得上"的实用人才。

1995 年 6 月，省教委上报省政府，并请转报国家教委审批，将民办中原工业大学改为民办中原工学院，拟正式建校，实施高等学历教育。该院初期以专科教育为主，规模 2000 人；设置工业与民用建筑、建筑管理工程、公路与城市道路工程 3 个专业，学制 3 年；面向驻马店地区和豫南部分地、市招生，自费上学，按国家计划内自费生就业。省教委同意中华全国律师函授中心河南辅导总站注册登记，主要开展法律专业高等教育自学考试的助学活动，学制 3~4 年。

5 月，省教委同意停办郑州建筑机械进修学院、洛阳兵工职工高教自学辅导中心、洛阳市教育学院高教自学辅导中心、中信重机公司职工学校高教自学辅导站、中共洛阳市委党校高教自学辅导中心 5 所学校（中心）。

5 月，省教委印发《关于调查全省社会力量办学基本情况的通知》，对全省社会力量办学基本情况进行综合调查。全省社会力量办高等层次学历教育的学校 1 所，非学历教育的 162 所，专业设置 791 个，在校生 69117 人，占地 2847.02 亩，建筑面积 3.95 万平方米，设备、图书价值 4950.36 万元，专职教职工 2595 人，兼职 4955 人；中等层次学校 420 所，专业设置 722 个，在校生 6.9 万余人，占地面积 1389.72 亩，建筑面积 3.9 万平方米，设备、图书价值 3572.34 万元，专职教职工 2796 人，兼职 2988 人；初等层次学校 928 所，在校生 6.23 万余人，占地 1008.51 亩，建筑面积 23.4 万平方米，设备、图书价值 1702 万元，专职教职工 3908 人，兼职 1358 人。

10 月，省教委同意灵宝市农民企业家薛敏祥筹建"民办豫西华夏财贸学院"。省政府批准其先期成立筹建办公室，开展学院的筹备和建设工作。12 月，省教委同意安阳市接受和利用台湾安阳同乡会捐资建设安阳大学明诚商贸学院。明确该学院为安阳大学二级教学管理机构，由安阳大学管理。其建设布局和专业设置纳入安阳大学整体发展规划。

1995 年郑州市民办中小学教育稳步发展。全市有民办中小学 8 所，在校生 2470 人，其中高中在校生 596 人，占市直高中在校生的 4.9%，初中在校生 1268 人，占市直初中在校生的 3.2%，小学在校生 606 人。

1996 年 2 月，省教委批复三门峡市教委，同意筹建民办豫西华夏学院。成立筹备处，开展学院筹备和建设工作，待条件成熟后再按有关规定向国家教委申请正式建校。6 月，省教委印发《关于社会力量举办高等层次（非学历教育）学校（教学机构）申报手续的暂行规定》，明确规定社会力量举办高等层次学校在履行审批手续时，申请办学的单位（或个人）必须向省教委提供办学申请报告、学校章程、申报学校名称、有关资格证明和市、地教委实地考察、审核材料、同意上报的文件。由省教委组织专家实地考察，经河南省民办高等层次（非学历教育）学校设置评审委员会审查评议，通过后报省教委研究审批。

7 月，省教委成立河南省社会力量办学管理办公室。时任成人教育处处长王佩琼兼任办公室主任，副处长张大策兼任副主任。

11 月，省教委在河南大学举办首期河南省高等层次社会力量办学单位校长（负责人）培训班，与会的 87 位校长全部取得了上岗资格证书。

河南的民办高校很早就开始有意识地主动开展国际合作办学。

1994~2000 年，美国、日本、英国、新加坡等国的多个教育代表团先后到黄河科技学院考察交流。1995 年 3 月 18 日，美国加州大学考察团到校参观考察，其董事长张文彬先生为学院题词"十年有成，百年树人"。1997 年 8 月 28 日，日本广岛大学教授大冢丰一行到校参观考察。1998 年 4 月 7 日，日本新闻日报社记者今泉先生和日本著名学者本村仓板先生等一行 5 人到校参观考察。1998 年 8 月 2 日，美国马里兰电机系教授李济湘先生和夫人张怀宣女士及其姐李秀珊到访，并在学院作了学术报告。1998 年 8 月 26 日，加拿大华裔学者张超博士到校考察。1999 年 6 月 8 日，新加坡东方文化学院林诗暄副院长及驻郑代表陈葛等一行 3 人到校考察。1999 年 6 月 17 日，加拿大美籍华人 Dr. David Qi 率领加拿大美信高等学校（Mission Institute）一行 7 人到校考察。2000 年 3 月 14 日，英国北安普敦大学理查德博士到校访问，并与高中部、中专部学生进行交谈。理查德介绍了自己学校的情况和招收中国学生的相关事宜，希望建立更进一步的合作关系。

1996 年，黄河科技学院与日本新潟综合学院集团签订友好学校协议书；1997 年，与加拿大多伦多国际学院签订姊妹学校协议书；1998 年，与日本综合学院东京工学院签订友好学校意向书。自 1996 年起，学院在与 3 所签署友好学校协议的国外院校的基础上，积极与国外高校开展广泛的合作与交流。2004 年 5 月，与美国肖特大学合作开设两个本科专业的学历教育项目；2009 年 2 月，又与爱尔兰垂利理工学院合作成立专科合作办学机构；2010 年 6 月 11 日，与韩国庆北道立大学就双方学生及教职工交流、学术交流、合作研究等方面签订交流意向书；2011 年 10 月 28 日，与美国阿拉斯加大学就教师专业发展、学术交流等签订合作备忘录；2011 年 10 月 29 日，与新西兰坎特伯雷大学就科研、出版、互访、学术交流合作项目等签订合作意向书。至 2013 年 12 月，与美国、加拿大、英国、德国、法国、澳大利亚、俄罗斯、白俄罗斯、韩国、日本等国的多所著名高校建立了友好合作关系。

1997 年 4 月，国家教委印发的《关于同意黑龙江等七省区进行高等教育学历文凭考试试点的批复》中批准河南省 1997 年开始进行高等教育学历文凭考试试点工作。8 月，省教委印发《河南省高等教育学历文凭考试试点工作实施办法（试行）》，对开展学历文凭考试试点工作的指导思想、组织领导及省教委、省自考办、试点学校等有关方面的职责（培养目标及学制、专业设置、试点学校应具备的条件和审批）及取消教学计划（教学大纲、教材、学生和学籍管理、考试、考核、证书发放、招生宣传及收费标准）等 12 个方面的有关问题，都做了明确规定。同月，省教委公布河南省高等教育学历文凭考试首批试点学校：郑州中华职业专修学院、洛阳商贸专修学院、郑州科技专修学院、黄河科技学院、郑州仲景国医专修学院、濮阳中西医结合专修学院。本年，经审查，试点学校 9 个专业共招收新生 2345 人。10 月，省教委制定并印发高等教育学历文凭考试试点专业教学计划，要求各试点学校认真贯彻执行，及时反馈意见和建议，以便修订和完善。

9 月，省教委批复同意开封市电大与美国华光基金合作筹建"开封市广播电视大学华光教育中心"。

12 月，省教委召开全省社会力量办学工作会议。各市、地教委主任，省直有关厅局教育处长，郑州大学、河南大学、河南师范大学、河南财经学院主管成人教育的负责人，40 余所高、中、初等层次社会力量办学校的校长等 100 多位代表与会。时任副省长张世英在开幕式上做重要讲话。会议传达了国家教委贯彻《社会力量办学条例》座谈会精神；交流全省各地社会力量办学经验；省教委就当前和今后一个时期全省如何学习贯彻《社会力量办学条例》，进一步完善、规范社会力量办学，促进社会力量办学健康发展的有关问题做了部署。

11 月，省教委转发国家教委《关于填报 1997 年度社会力量办学基本情况调查表的通知》。1998 年 1 月底省教委将汇总统计结果报送国家教委。

1997 年，方城县王德勤在大寺林场招待所创办方城县第一所全日制封闭式民办学校——方城县武术学校，租用县林业局大寺林场招待所的场地和房舍，当年招生 300 余人。

1998 年 1 月 21 日，省教委印发《关于实施〈社会力量办学条例〉的意见》，要求各级教育行政部门认真组织对《社会力量办学条例》的学习和宣传，在明确职责分工，理顺外部管理体制的同时，也要理顺内部关系，建立归口主管和分工负责的管理体制；使社会了解《社会力量办学条例》的基本内容，为《社会力量办学条例》的贯彻实施创造良好的社会环境；根据《社会力量办学条例》要求，对全省社会力量举办的教育机构的审批、备案、名称规范、内部管理体制完善及财产、财物管理和应享受的待遇以及许可证换发等方面做了明确规定。

3 月 2 日，省教委印发《关于我省高等教育学历文凭考试有关问题的通知》，要求有关市地教委和已取得试点资格的学校，认真开展试点工作的调查研究，及时反馈有关问题，上报新增专业和招生计划。申报试点学校的民办高校，经所在市地教委初审后于每年 4 月底前报省教委。7 月 3

日和 9 月 9 日，省教委分别公布河南省高等教育学历文凭考试试点学校及试点专业、招生计划。本年，新增郑州黄河医学专修学院、郑州中山医学专修学院、郑州白求恩医学专修学院、林州科技专修学院、开封中原摄影专修学院、商丘科技专修学院、郑州大学升达经贸管理学院、九三新乡医学专修学院和河南育才专修学院 9 所试点学校，新增物业管理、社区医学、旅游管理等 3 个试点专业。全省共有 16 所学校 12 个专业，招收注册生 5000 余人。

4 月 22 日，省教委分别批复郑州、商丘市教委，同意成立郑州复达自考辅导中心、英华美专修学院、郑州涉外商贸专修学校、郑州华信专修学院和商丘科技专修学院。7 月 30 日，批复郑州市教委，同意成立河南同乐高教自考辅导中心。8 月 5 日，同意建立鹤壁职业技术专修学院。8 月 19日，同意建立商丘立博学校、商丘师专外国语中学、商丘经昌高级中学、永城市光明高级中学、虞城县春来高级中学、通许县杨坤中学、开封清华中学、新乡县新河高级中学、许昌市私立华美高级中学、周口育才中学和鲁山同仁高级中学。

5 月 8 日，省教委同意开封新华专修学院的主办单位由原来的新华社河南分社中原文化中心变更为河南摇篮民俗摄影协会，办学性质、层次、专业和管理体制不变。5 月 21 日，批复郑州大学，同意建立郑州大学升达经贸管理学院成人教育部，开展成人教育工作；明确郑大升达经贸管理学院成教部隶属郑州大学成人教育学院和郑大升达经贸管理学院双重领导和管理，负责本部成人教育的教学管理；招生、学籍管理、毕业生资格审查及证书颁发工作由郑大成教院负责；招生计划单列，专业限已开设的普通本、专科专业。

11 月 6 日，省教委同意郑州医学专修学院恢复"民办郑州树青医学院（筹）"校名。

本年，省教委对 3000 多所社会力量办学机构进行了检查评估，为合格的学校换发了办学许可证。8 月，省教委会同河南电视台联合举办《社会力量办学条例》知识电视大奖赛，有 6 个代表队参加决赛。新乡莘园高级中学获一等奖，濮阳保成学校、商丘立博学校获二等奖，郑州科技专修学院、南阳电子技术专修学校、洛阳商贸专修学院获三等奖。

1999 年 5 月 25 日，省教委批复省机要局，同意建立省机要通信培训中心。7 月 6 日，省教委批复许昌、洛阳、漯河市教委，同意许昌科技专修学院、许昌国际商务专修学院、洛阳经贸专修学院、漯河市医学专修学院 4 所社会力量举办高等层次教育机构正式建校。7 月 12 日，省教委同意建立河南省电子信息技术自学考试辅导中心和郑州兴豫高等教育中心。9 月 1 日，省教委批复三门峡市教委，同意河南省三门峡黄金工业学校与日本国丸信株式会社信男教育学园合作开办"河南黄金信男专修学院"。9 月 6 日，省教委批复郑州市教委，同意郑州科贸专修学院建校。12 月 27 日，省教委批复省公路管理局，同意建立省公路管理培训中心。12 月 28 日，省教委经研究并报请省政府审核同意，批准在周口市筹办民办恒大科技大学。

7 月 5 日和 9 月 21 日，省教委分别公布本年河南省高等教育学历文凭考试试点学校、招生专业及招生计划。本年实施高等教育学历文凭考试的试点学校有民办黄河科技学院、郑州中华职业专修学院、郑州中山医学专修学院、郑州白求恩医学专修学院、河南育才专修学院、郑州仲景国医专修学院、郑州黄河医学专修学院、林州科技专修学院、郑州科技专修学院、郑大升达经贸管理学院、洛阳商贸专修学院、郑州树青医学院、濮阳中西医结合专修学院、商丘科技专修学院、九三新乡医学专修学院、郑州中原医学专修学院、河南旅游专修学院、郑州华信专修学院、鹤壁职业技术学院、中原工业学院、开封中原摄影专修学院、开封新华专修学院共 22 所，试点专业有社区医学、中西医结合、妇幼卫生、物业管理、企业管理、旅游管理、商贸经济、经济法、会计电算化、电气应用技术、电子信息工程、建筑工程、工艺美术和摄影（影视摄影方向）共 14 个专业。本年有 20 所学校 14 个专业共招收新生 6035 人。

7 月 7 日，省教委同意许昌中原外国语学校、平顶山利民高级中学、南阳兴宛学校、信阳贤山高级中学、洛阳长申高级中学、洛宁县崤光高级中学、鹤壁淇滨育才学校、新乡新谊学校、新乡黄岗高级中学、商丘德华高级中学、民权县九九高级中学、新密市京密联谊学校、兰考大河高级中学、杞县阳光高级中学、周口中山高级中学、周口育新高级中学、周口文华高级中学、周口颍河高级中学、郸城县希望高级中学、太康县博文中学等 24 所民办普通高中正式建校招生。7 月 27 日，省教委同意河南省通源国际外国语学校、封丘县明昌中学和周口奋进高级中学建校招生。

1999 年，郑州市新申报的中等层次学校 5 所，批准筹建的民办初中 3 所，向省教委申报民办高中 4 所，高等层次学校 3 所，学历文凭试点学校 4 所。加强了对社会力量办学的管理。在本年进行的社会力量办学年审工作中，共评出中等层次合格学校 81 所，限期整改学校 8 所，不合格学校 2 所。经市教委初评并报省教委确认的高等层次学校中合格学校 44 所，限期整改学校 4 所。

1999 年，洛阳市以规范管理上规模、上档次为中心的社会力量办学工作再现新局面，各类社会力量办学机构已达 400 多所，并涌现出像凯通外国语学校、南洋外国语学校、光华外国语学校等一批知名学校。1999 年，市教委还召开了洛阳市社会力量办学工作总结表彰大会，洛阳商贸专修学院等 22 个先进单位受到了表彰。

1999 年，平顶山市教委认真贯彻执行国家"积极鼓励、大力支持、正确引导、加强管理"的方针，进一步加强了对社会力量办学工作的领导，通过对社会力量办学的规范化管理，促进其健康发展，努力尽快形成以政府办学为主体、公办学校和民办学校共同发展的格局。一是完善制度，规范办学行为，制定了《平顶山市社会力量办学评审细则》，将原《平顶山市社会力量办学的有关规定》进行了修订，对社会力量办学从审批登记到办学条件和教育教学工作等各项行为都进行了规范，保证社会力量办学的健康发展。二是加强社会力量办学的内部管理工作，形成同公办学校一样的管理体系。开始在民办学校组建党支部和团队组织，并建立了工会组织，保证学校的办学方向，保障民办学校教师的合法权益。开始在民办学校开展专业技术职务评聘试点工作，并组织开展了民办学校教师优质课评比活动。特别是为提高社会力量办学单位法人代表的政治业务素质，对民办学校的校长实行持证上岗制度，没有校长岗位培训证书的学校负责人将失去上岗的资格，首批已培训 51 名社会力量办学单位负责人。此外，市教委还积极为社会力量办学单位做好各项服务工作，定期到学校检查办学情况，为社会力量办学单位排忧解难，努力为它们的发展营造良好的环境。全市社会力量办学单位固定资产 4000 多万元，专兼职教师达 1721 人，已形成多层次、多门类的社会力量办学体系。不少社会力量办学单位已开始重视办学条件的改善，纷纷自建校园，加强教学设施和设备的配套建设，努力提高教育教学质量，并逐步走向良性发展的轨道。

这一时期创办的建业小哈佛幼儿园、建业小哈佛双语学校、建业外国语中学把培养可持续发展的现代中国人作为自己的价值追求。

建业教育集团拥有一支国际化、专业性、高素质的团队。集团搭建了员工职业发展通道，开展了教师内部职级评审，为每一名员工提供没有天花板的舞台。

创办于1998年9月的河南少年先锋学校有着鲜明的中华传统文化教育特色，一直致力于国学的现代教育传承，是国内首家将经典诵读引进基础教育的学校，是国内首家规模最大、最系统、最全面探索中西方经典教育现代化的学校，是国内首家系统编写全学科经典教育教材的学校。融汇中西文化，着眼人的成长，在探索中成为知名的国学教育品牌，成为在基础教育领域弘扬中华优秀传统文化的阵地，是华人圈内国学教育具有影响力的品牌。中央电视台、《南方周末》、《华盛顿邮报》、《河南日报》、《大河报》等新闻媒体均有相关报道，曾经荣获河南省人民满意的民办教育学校、中国特色教育的四大名片之一、中部地区最有影响力的教育品牌等荣誉。

经过20多年的探索与实践，先锋教育已形成了从幼儿园到初中具有鲜明中国文化特色的教育模式。拥有幼儿园、小学、中学、国学师资班、国学文化研究院、河南省儒学文化促进会、六艺馆等多层次的普及中华优秀传统文化的教育文化机构，在校学生5000多名，教职员工600余人，接待了来自全国2000多所学校、1000多所文化机构的参访、参学，学术交流、教育培训的范围遍及海内外华人圈。曾多次应邀参加清华大学、广西师范大学、台中师范大学、香港中文大学等知名院校做国学实践交流，并与清华大学联合共建了中华优秀传统文化传承发展研究中心。

（三）管理整顿

1994年3月3～16日，省教委组织省社会力量办学年审复查组对82所社会力量办高等层次学校（中心、站）进行检查评估和办学许可证年审，通报表扬办学情况和效益优良的学校33所，约占40%；一般的24所，约占

29%；限期整顿的 14 所，约占 17%；停办 11 所，约占 13%。评选先进办学单位 37 个，先进个人 55 名。

1995 年 5 月，省教委发文公布高等层次社会力量办学评估结果。根据国家教委《关于社会力量举办的非学历高等教育机构名称问题的批复》《民办高等学校设置暂行规定》，规范了郑州中华职业大学等 86 所学校（中心）的名称；撤销民办郑州炎黄专科学校等 11 所学校；停止郑州私立西京学院等 9 所学校（中心）招生并提出警告。

12 月，省教委先后印发《关于对社会力量办学进行检查评估的通知》和《关于检查评估高等层次社会力量办学的通知》，就评估对象、方法、步骤、评估结果处理、评估人员组成等做出明确规定，并对评估工作做了具体安排。

1996 年 2 月 29 日，河南省人民政府批转省教委《关于整顿我省社会力量办学的报告》。该报告认为，改革开放以来，河南社会力量办学事业得到了迅速发展，弥补了国家办学的不足，满足了社会广大群众的求学要求，对提高河南干部、职工和社会青年的文化素质、业务水平，对农民和其他人员劳动致富起到了积极作用。但是，目前社会力量办学仍存在一些不容忽视的问题：一是某些学校办学指导思想不端正、以学经商、乱收费，在社会上产生了恶劣影响；二是未经有关部门批准，擅自印发、刊播招生广告，有的甚至刊播虚假广告，欺骗考生，扰乱招生秩序；三是部分学校办学条件差，管理水平低下，教学质量难以保证；四是管理工作有待加强，社会各部门之间配合不够，对"乱办学"查处不力。这些问题，影响了社会力量办学的健康发展，损害了教育事业的形象和声誉，有的已酿成社会不安定因素，亟须加以解决。为此，需要对全省社会力量办学进行一次清理整顿。

该报告明确了清理整顿的目的和对象，提出了清理整顿的方法及措施，列出了清理登记（1996 年 3 月至 4 月 10 日）、检查评估（1996 年 3 月至 4 月底）、对评估结论做出适当处理，公布、规范学校名称（1996 年 3 月至 5 月 10 日）的时间节点。要求在清理登记的基础上，各地、各有关部门要按学校类别、层次逐校进行检查评估，从办学指导思想、办学条件、学校管理、执行政策、办学效益等方面做出客观、公正评价。对国家、省已经明确设置标准的，按照国家和省定标准进行评估；对没有明确设置标准的，要参照同类普通学校的设置标准进行评估。对各类学校的检查评估，要依据标准做出合格、暂不合格或不合格的评估结论。

要求对经检查评估合格的学校，按本报告关于社会力量办学审批的现行分工，由有关部门出具审核结论，继续办学招生；对经检查评估为暂不合格的学校，责令暂停招生，下达整改通知书，限期整顿。经整顿仍不合格的学校，即停止办学。对经检查评估不合格的学校，要取消其办学资格，立即停止招生。有关部门、办学单位或个人要负责做好学校停办后的善后工作。

未经审批的学校，须由学校根据办学的类别、层次，向教育行政部门或劳动、交通行政部门提出办学申请，经审查合格后，由教育行政部门或劳动、交通行政部门批准后办学招生。

各地对经批准继续招生的学校，要规范学校名称。社会力量举办的学校名称，应体现其类别、层次和所在区域。规范后的学校名单，教育行政部门要于 1996 年 5 月 10 日前登报向社会予以公布。

要求各地切实加强对社会力量办学的管理。

（1）依法批准的社会力量所办学校，实行收费许可证制度。具体标准由有关行政部门会同财政、物价等部门共同研究制定。各有关部门要加强对学校的领导和财务管理、审计。

（2）培训学校法定代表人，推行任职资格制度。在全省社会力量办学检查评估结束后，应对学校校长组织轮训，宣传、学习党和政府关于社会力量办学的方针、政策及有关法规，提高学校执行政策的水平和依法办学意识，规范办学行为。要逐步推行办学、管理、教学人员任职资格证制度，实行凭证上岗、应聘。今后，凡新批学校的校长，都必须先培训，持证上岗。

（3）严格社会力量办学审批、管理制度。社会力量办学，应依据社会力量办学的现行规定严格审批管理。申办机动车驾驶员培训学校（班）按《河南省人民政府关于加强机动车驾驶员培训行业管理工作的通知》（豫政〔1995〕3 号）的规定审批，向教育行政主管部门备案；举办就业前工人技术培训和工人技术等级的教育培训机构，由劳动行政部门按有关规定审批，向教育行政部门备案，其他由教育行政部门按照社会力量办学管理规定审批；举办体育、艺术、保安、卫生等专业性较强的学校（班），要经业务主管部门审核同意后，由教育行政部门审批。对经批准的社会力量办学机构和学校，由教育行政部门定期向社会公布。未经批准的学校不得办学招生。对擅自招生的学校，有关部门要依法严肃处理。有关部门要建立相应的学校设置评审组织。凡新设置的学校，须经相应的学校设置评审委员会通过后，方可审批。社会力量办学实行谁审批、谁管理、谁负责的原则。

（4）要严格执行《中华人民共和国广告法》，加强对招生广告、简章的管理。除经批准的实施学历教育的学校外，招生广告、简章上不得出现发毕业证、分配工作、转户粮关系之类的词语，不得以任何形式进行欺骗宣传。学校的招生广告、简章必须经批准办学的行政部门审查，签署意见并加盖单位公章后，方可刊播、张贴、散发。未经有关部门批准，各类广告媒介单位不得刊登、播发招生广告。

（5）完善规章制度，搞好法规建设。要逐步建立和完善河南省社会力量办学的规章制度，定期和不定期对学校进行教学质量评估，加强对学校财产、财务的审计和监督，抓好示范性学校建设。同时也要注重学校内部管理体制及教学管理、学生管理、财务管理等制度建设，规范学校办学行为，引导社会力量依法办学。

1996年光山县政府印发了《关于加强社会力量办学管理工作的通知》，同年县教委对全县20个社会力量办学单位进行清理、登记、评估、审查后，公布了首批社会力量办学10个合格单位名单。1997年，对全县不符合规定的私立幼儿园进行了清理。

1997年6月13日，省教委印发《关于做好我省社会力量办学单位稳定工作的通知》，要求各社会力量办学单位增强政策观念，抓紧解决自身存在的问题，严格按照国家和省有关文件规定进行宣传、招生、收费、教学和管理，努力改善办学条件，帮助学生解决学习、生活中遇到的困难，营造一个有利于稳定的学校环境。同月，省教委对1996年全省社会力量办学清理整顿中做出停止招生或限制招生的17所学校检查评估后，恢复了河南秘协秘书进修学院、中国统计干部电视函授学院河南辅导分院、郑州京南专修学院、平顶山鲁迅职业专修学院、民盟郑州理工专修学院、周口地质工会高教自学考试辅导中心、郑州西京进修学院、河南高等社会科学进修学校等9所学校（中心）的招生资格。9月，省教委对开封新华专修学院违反国家社会力量办学有关规定的错误行为进行通报处理，责令其立即停止招生活动，限期整改。要求该校在原刊登违纪招生广告的报纸上刊登声明，进行更正，对有关人员追究责任并做出处理。11月，省教委印发《关于进一步加强全日制社会力量办学单位安全防范工作的通知》，要求各级教育行政部门和各社会力量办学单位负责人要高度重视学校的安全、保卫工作，强化安全意识，要从维护学校稳定和保护人民生命财产安全的高度认识学校安全工作的重要性，创造良好的教书育人环境。查处违纪办学。11月，时任副省长张世英在省教委《关于国家中介机构违反规定乱招生查处情况的报告》上做出批示"这次查得彻底，措施也是对的"，并对省教委会同郑州市公安局、郑州市工商局、金水区工商分局以及省纠风办等部门，对群众反映涉及违反规定招生的河南省区域经济发展研究所、郑州市金水区开乐科技发展中心、河南鑫源实业发展总公司、河南绿洲文化发展总公司4家中介机构进行的查处工作予以充分肯定。

1998年3月30日，省教委印发《关于全面开展社会力量办学检查验收工作的通知》，对检查的对象、内容和标准、方法和步骤及检查验收应注意的问题等方面做了明确规定。对检查验收合格的学校，由省、市（地）、县（市、区）教育行政部门分别按审批权限向社会公布。公布后设一个月的监督评议期。评议期内无重大不良社会反应的，由审批机关换发新的许可证。8月4日，省教委发文公布河南省100所具备办学资格的社会力量举办的教育机构名单。其中高等层次80所，成人中专11所，职业中专9所。

2月24日，根据省政府办公会议精神，省教委下发了《关于开展修订〈河南省社会力量办学管理办法〉调研工作的通知》，安排部署调研工作。4月29日，省教委转发国家教委《关于开展社会力量办学调研工作的通知》，并要求各市、地教委结合正在进行的社会力量办学评估检查工作，认真开展调研。10月16日，省教委在调研结束后，向教育部提交了《关于河南省社会力量办学调研情况的报告》，就本省社会力量办学的基本情况（包括发展概况、举办者情况、学生情况、学校的管理和亟待解决的问题）、教育行政部门对社会力量办学的管理（包括管理机构和管理职责的落实、地方性法规和规章的制定、学校审批制度、招生广告审核及对学校财务、财产管理的监督、检查）和存在的问题，实事求是地做了详尽报告，对如何解决存在的问题，提出了意见和建议。

6月1日，省教委印发《关于我省社会力量办学有关问题的紧急通知》，对郑州市二七司法培训学校以办学为名、乱招生、乱收费、滥发警服及司法工作证的行为，向全省通报。要求各市、地教委认真学习宣传《社会力量办学条例》，组织力量把已初审合格的各级各类社会力量办学机构的申报材料和实际办学情况重新进行审核；对审核合格的学校，必须向社会公布，接受社会监督；对违法办学者坚决予以取缔。6月5日，省教委在郑州召开了各市地教委及高、中等学校参加的招生管理工作紧急会议，下发了《关于加强教育招生管理有关问题的紧急通知》。同时，配合教育部及时制止"中国教育信息网导航台"在本省的非法招生活动。7月27日，对未经省教委批准，擅自招生、许诺发大专毕业证书，进行欺骗招生的"郑州珠江装饰学（院）校"依法查处。省教委责成郑州市和管城区教委立即取缔该校，并与公安、工商部门共同做好善后事宜。

1999年初，安阳市教委对各办学单位进行了一年一度的年审工作，由于多年来贯彻"积极鼓励、大力支持、正确引导、加强管理"的方针和国务院《社会力量办学条例》，严格审批，严格管理，社会力量办学得到蓬勃健康发展。对少数乡村未经批准私设乱办小学校（班）现象，经深入调查，并参考外地经验，制定了《安阳市民办小学、初中设置暂行规定》和《关于社会力量兴办幼儿园（学前教育）的主要条件的意见》。

1999年，许昌市教委贯彻"积极鼓励、大力支持、正确引导、加强管理"的方针和《社会力量办学条例》，鼓励和支持有志之士、企事业单位、社会团体和其他社会组织及公民来许昌投资教育事业，可以独资、合资办学，也可以与政府、公办学校合作办学。严格把好"三关"：一是审批关，严格审批内容、审批程序、审批纪律；二是广告关，杜绝招生广告中的不实之词；三是教学质量关，开展年审和教学质量、办学水平评估，促进了社会力量办学的规范化。

1999 年，南阳市教委加强了对社会力量办学的管理，建立健全社会力量办学领导和管理机构，理顺管理体制。将社会力量办学管理办公室设在成人教育科，实行归口管理和分工负责的管理体制。加大管理工作力度，对上报的 29 所学校（教育机构）进行评审，批准 13 所学校。在《南阳日报》上以公告形式将年审合格学校、新批准学校、限期整顿学校和停止举办的学校进行公布，接受社会的监督。

1999 年，商丘市加大对社会力量办学的管理力度。一是搞好外部协调，会同有关部门，协助市政府调整了社会力量办学协调领导小组。二是理顺内部关系，遵照教育部和省教委有关规定，拟定并实施了《商丘市社会力量办学管理暂行规定》。三是抓好对办学负责人的管理，经常深入学校调查研究，定期召开学校法人代表会，组织学习有关法律法规。四是关键时期抓热点，尤其在招生期间，严格审批招生简章，严禁在市区大街摆摊设点乱招生，严禁乱印乱发乱播招生广告，有效地控制了乱招生现象，保证了招生秩序和社会的稳定。

三 层次提升，全面发展（2000~2003 年）

从 1994 年开始，黄河科技学院逐步引进教师，随着学校规模的不断发展壮大，引进教师的数量和层次都在不断提高，各时期引进的重点也有所不同。实施专科学历教育后，教师的招聘开始面向国内正规高校的本、专科毕业生。1998 年，学院印发《关于录用应届毕业生、硕士、博士生的有关规定》，引进更高层次人才。到 1999 年，黄河科技学院拥有专任教师 373人，其中教授 14 人，副教授 117 人，副教授及以上职称占 35%；拥有职工195 人，其中 95 人有大专及以上学历。学院开设工学、文学、管理学、教育学、法学、医学 6 个学科 15 个专业，其中工学、文学、管理学、教育学4 个学科，计算机科学技术、电子信息工程、艺术设计、英语、广播电视新闻学、工商管理、体育教育 7 个专业的师资及科研力量较强。形成了信息工程技术类学科和外经商贸学科"两个拳头"，打造了体育专业、音乐专业和美术专业"三个亮点"。学院占地面积 33.87 公顷，建筑面积 13 万平方米，图书 30 万册，实验室面积达 6000 多平方米，仪器设备价值 1250 万元，为1999 年申办本科教育提供了硬件保证。

　　与此同时，学院坚持"教学质量是第一生命线"的指导思想，认真落实教学在学校工作中的中心地位，一方面积极加大教学投入，不断改善办学条件；另一方面不断深化教育教学改革，转变教育思想观念，狠抓学科、专业、师资、学风、实践教学等基本建设，教学质量显著提高，并在教学及管理上积累了一定的经验，为实施本科学历教育奠定了坚实的基础。

　　1999 年 6 月 15～20 日，中共中央、国务院在北京召开的全国教育工作会议，传递了积极发展高等教育，大力支持民办教育，推进素质教育改革的信息。时任国务院总理朱镕基明确提出："有条件的民办高校可以办一点普通本科。"

　　1999 年 4～6 月，黄河科技学院通过"专升本"省、市两级可行性论证。1999 年 7 月 23～24 日，河南省教委组织省高等学校设置评议委员会专家组进驻黄河科技学院，听取了学院领导的情况汇报，并召开了教师座谈会，进行了认真的考察。河南省政府于 1999 年 9 月 1 日以豫政文〔1999〕159 号致函教育部，申报变更黄河科技学院的培养层次和校名。1999 年 10 月 29 日，时任教育部发展规划司司长纪宝成到校考察。1999 年 11 月 20 日，时任教育部副部长张保庆到校考察并欣然为学校题词："艰苦奋斗，大有作为。"1999 年 11 月 8～20 日，教育部高评委专家组到校，对学院"专升本"进行认真的考察。专家组 5 位成员分别对学校的办学指导思想、办学条件、师资队伍、行政管理、招生就业、财务状况和社会评价等进行了深入细致的考察。给出的考察结论是，学院"专业有特色，师资队伍雄厚，实验实习条件完备，整体水平高"。2000 年 1 月 14 日，全国高等学校设置评议委员会主任、原教育部常务副部长张孝文在专家组考察的基础上，专程到校调研。2000 年 2 月，全国高等学校设置评议委员会三届三次会议在广州召开，黄河科技学院高票通过。

　　2000 年 3 月 21 日，教育部印发《关于在民办黄河科技学院基础上建立黄河科技学院的通知》，批准建立黄河科技学院，实施本科学历教育。黄河科技学院成为新中国成立以来全国第一所而且是当时唯一一所民办普通本科高校，完整构建了河南民办教育的体系，开启了新中国民办高校实施本科学历教育的先河。这是中国民办高等教育发展史上的又一座里程碑，推动了中国民办高等教育的蓬勃发展，闯出了中国民办高等教育领域的一片新天地。

2000 年 8 月 2 日，胡大白在《光明日报》发表《民办高校更要加强党建和思想政治工作》一文。她在文章中旗帜鲜明地指出："民办高校必须比普通高校更加重视加强党的建设和思想政治工作。由于民办高校的领导成员不是政府委派，党组织的设立没有明确的规定，这种建校初期的自发性，很容易使学校走偏方向。只有加强党的建设，坚持党的领导，建设好领导班子，才能全面贯彻党的教育方针，把握社会主义的办学方向，使学校教育服务于社会主义建设，服务于人民群众，实现办学的公益性，这是民办高校生存发展最重要的基础性条件。"从"十年找党"到校党委的成立，黄河科技学院在学校的发展历史中，始终贯穿着党建和思想政治工作。

全国第一所民办本科大学的建立，健全了河南乃至全国的民办教育体系，进一步推动了河南民办教育的健康发展。

（一）政府导向

2000 年 1 月 16 日，时任河南省副省长陈全国在 2000 年全省教育工作会议上的讲话中指出，要抓好办学体制改革，重点是积极鼓励、大力支持民办教育事业的发展。各级政府要进一步完善和落实发展民办教育的扶持政策；教育行政部门对民办学校要加强管理，正确引导，在教学管理、评先奖优等方面与公办学校一视同仁；有关部门在人才流动、审批建校、专业技术职务评审等方面要提供便利，为民办教育的发展创造宽松的环境。

同一天，时任省教委主任王日新在 2000 年全省教育工作会议上的讲话中明确指出，要大力发展社会力量办学。按照"积极鼓励、大力支持、正确引导、加强管理"的方针，制订政策，支持社会力量办学。2000 年争取新建 50 所左右各类民办学校，筹备召开民办教育现场会，总结推广社会力量办学经验，促进民办教育快速发展。

2001 年，河南省人民政府发布《贯彻国务院关于基础教育改革与发展的决定的实施意见》提出，基础教育以政府办学为主，积极鼓励社会力量办学；义务教育坚持以政府办学为主，社会力量办学为补充；学前教育以政府办园为骨干，积极鼓励社会力量举办幼儿园。大力发展以社区为依托，公办与民办相结合的多种形式的学前教育和儿童早期教育。普通高中教育在继续发展公办学校的同时，积极鼓励社会力量办学。要通过新建、改建、扩建、联合办学办分校、高初中分离等多种形式，进一步优化高中阶段教育资源配置，扩大普通高中的招生规模。

对民办学校在招生、教师职务评聘、教研活动、表彰奖励等方面与公办学校一视同仁。民办学校可根据办学条件、教育质量和群众承受能力，合理收费。要加强对民办学校的管理，规范办学行为。

同年，河南省人民政府发布《关于加快高素质人才培养的实施方案》指出，要鼓励社会力量办学。"十五"期间，拟再审批设置 5 所左右独立设置的民办高等职业学校，并鼓励高校设置民办的二级学院，相当于增加高等教育资源 5 亿元。

到 2002 年，1982 年《宪法》已经颁布了 20 年，中国的民办教育经过改革开放后不断的探索发展，已经成为中国教育的重要组成部分。实际上，早在 1996 年 10 月，在时任全国人大教科文卫委员会主任杨海波、副主任汪家镠和委员柳斌等的推动下，第八届全国人大常委会第二十二次会议已经决定制定《民办教育促进法》，并已经启动了立法工作。1999 年全国人大教科文卫委员会同政府有关部门组成了民办教育立法领导小组，开始了起草工作。起草工作由全国人大教科文卫委员会牵头组织。起草小组除了全国人大教科文卫委员会部分委员和工作人员外，还有教育部、劳动和社会保障部的同志参加。在起草过程中，起草小组收集了国内外大量资料，到 20 几个省份广泛开展调查研究，并到国外进行考察。召开座谈会几十次，听取人大和政府、教育、劳动和社会保障部门及其他有关部门，民办学校举办者、校长、教师，教育、经济、法律专家的意见。几次将本法草案发至中央和国务院有关部门以及全国各省、自治区、直辖市征求意见。起草小组对本法涉及的重大问题经过反复研究、对各种方案进行认真权衡制订了草案。2002 年 1 月，全国人大教科文卫委员会将草案提交全国人大常委会审议。全国人大常委会审议期间，全国人大法律委员会会同全国人大教科文卫委员会、全国人大常委会法制工作委员会又多次听取各方面对草案的意见，做了多次修改和不断完善后才提交全国人大常委会付诸表决。2002年 12 月 28 日，第九届全国人民代表大会常务委员会第三十一次会议通过了

《中华人民共和国民办教育促进法》（以下简称《民办教育促进法》）。千呼万唤，中国的民办教育终于有了发展依赖的法律。《民办教育促进法》从总则、设立、学校的组织与活动、教师与受教育者、学校资产与财务管理、管理与监督、扶持与奖励、变更与终止、法律责任、附则 10 个方面做了具体的法律规定。"总则"第一条就开宗明义：为实施科教兴国战略，促进民办教育事业的健康发展，维护民办学校和受教育者的合法权益，根据宪法和教育法制定本法。关键词是"促进健康发展"。

1997 年 3 月，《社会力量办学条例》（以下简称《条例》）颁布，成为 20 世纪 90 年代后期唯一针对民办教育的专门法规。《条例》重申了国家发展民办教育的十六字方针，并规定了民办教育机构的设立、教学管理、行政管理、资产财务管理等方面的内容。对于把民办教育纳入法制轨道，使民办教育积极、有序发展具有重要意义。但《条例》没能从民办学校与公办学校共同发展的角度进行统筹考虑，着重对投资体制进行了规范，至于具有深层次影响的民办教育地位、办学体制、学校产权、教育行政部门的管理权限与范围等问题并没有加以明确。因而，很多民办学校认为政策规范不到位，教育行政部门对民办教育的管理无法可依，随意性较大。相对于《条例》而言，《民办教育促进法》有了很大突破，如允许出资人从办学节余中取得合理回报，民办学校享受国家规定的税收优惠政策，侵犯民办学校合法办学权益将被追究法律责任等。可以说，《民办教育促进法》是中国民办教育走上规范发展道路的里程碑，预示着我国教育体系正朝着公办学校与民办学校同台竞技、共同发展的格局迈进。

《民办教育促进法》的核心是促进民办教育发展，主要表现在三个方面：一是民办学校与公办学校享受同等法律地位，二是赋予民办学校办学自主权，三是允许出资人取得合理回报。这是扶植民办教育发展的重要措施，也是社会关注的焦点。但是，由于社会各界对《民办教育促进法》及其实施条例存有争议，导致很多法律条款不能真正实施，特别是合理回报这一重要措施没有落实。《民办教育促进法》的核心精神没有得到真正实现。

2003 年，河南省人民政府发布《贯彻国务院关于大力推进职业教育改革与发展的决定的实施意见》指出，要鼓励和支持民办职业教育的发展。

各地可以设立专项资金，资助民办职业学校的发展。各级政府和其他单位，可以采取出租或转让闲置的国有、集体资产等措施，对民办职业学校予以扶持。民办职业学校的教师、学生享有与公办职业学校教师、学生同等的权利和义务。对举办民办职业教育有突出贡献的单位和个人予以表彰奖励。鼓励采取新的运行机制和管理模式发展中高等职业教育，允许实行股份制合资办学，鼓励公办学校引入民办机制。

2003 年 6 月 19 日，时任河南省委书记李克强在时任省教育厅厅长蒋笃运的陪同下到黄河科技学院就民办高校的办学发展和毕业生就业情况进行调研，并帮助解决学院存在的实际问题。

6 月 20 日，时任省长李成玉在全省职业教育工作会议上的讲话中指出，要抓好办学体制改革。发展职业教育必须动员社会力量，尽快形成政府主导、社会力量参与的多元办学格局。民办教育是我国教育事业的组成部分，要在发展民办职业教育上迈出更大步伐，做到政策上放手、招生上放开、机制上放活，把社会力量办学的重点引向中、高等职业教育，形成公办、民办学校共同发展的新格局。

10 月 25 日，李成玉在全省农村教育工作会议上的讲话中指出，要积极推进办学体制改革，大力发展民办教育。各级政府在加大对教育投入，积极发展公办教育的同时，要积极鼓励和吸引社会力量参与发展农村教育。特别是农村幼儿教育和高中阶段教育，更要多渠道筹措资金，大力发展民办学校，努力形成公办学校和民办学校共同发展的多元办学格局。民办教育是我国教育事业的重要组成部分，要在发展农村民办教育上迈出实质性的步伐，做到政策上放手、招生上放开、机制上放活，把社会力量办学的重点引向非义务教育领域。在这方面，各级教育部门要带头解放思想，转变观念，大胆破除束缚农村教育发展的体制障碍，不要担心民办学校成为竞争对手。只要有利于增加农村教育资源，有利于广大群众及其子女接受教育，有利于经济社会发展的，都应该积极鼓励，大胆探索，大力支持。各有关部门都要为民办教育的发展提供便利。

（二）教育行政部门的支持和规范

2000 年工作的重心是治理整顿。

4月7日，省教委下发《关于对社会力量举办高等教育机构党组织建设情况进行调研的通知》和《河南省社会力量举办高等教育机构党组织建设情况调查表》。对全省部分社会力量举办高校党的建设情况进行了调研，撰写了调查报告，了解和掌握了社会力量举办高校党的建设的情况。

7月20日，省教育厅在认真检查评估的基础上批准河南省实验中学分校、郑州长明中学、郑州嵩阳中学、开封市置地高中、开封县博望高中、开封县天成学校、商丘市京九高中、商丘市应天高中、民权黎阳高中、夏邑县第三高中、周口恒大科技大学附中、周口宇立学校、鹿邑县远志高中、鹿邑县真源中学、林州硕丰学校、林州亚林学校、焦作希望实验学校、新乡市卫南学校、新乡美术高中、卫辉张武店高中、辉县孟庄镇私立中学、信阳育才中学、信阳豫南高中、漯河宏昌学校、平顶山玉诺高中、平顶山蓝天高中、南阳华龙高中、南阳创新高中、南召县兴云中学、禹州市锦华中学、禹州市民办实验学校、郑州十一中北分校等32所民办普通高中招生，同时批准开封新世纪高中和焦作宏昌学校筹建。

郑州市新增学历文凭试点学校3所，使全市学历文凭试点学校达到15所；新增中等专业学校2所；中等层次升入高等层次的学校2所。全市民办教育在校生达到9万人以上，占全市各级各类学校在校生人数的5%。完善了社会力量办学的审批程序、标准及其他管理制度，使社会力量办学的管理趋向科学化、制度化。坚持年审制度，市教委管理的140所学校中，107所学校被定为合格学校，24所学校被亮了黄牌，限期整改，9所学校被定为不合格学校，取消办学资格。

开封市教委对全市65所社会力量办学单位进行了年度审查，其中代表省教委审查了5所高等层次非学历教育学校和5所民办高中。根据审查结果评定12所学校为优秀，30所为合格，2所暂不合格，11所履行手续停止办学。市教委对暂不合格学校从5月25日至8月25日进行了为期3个月的限期整顿，验收合格后才恢复招生。

开封市教委印发《关于评选社会力量办学先进单位和先进个人的通知》，共评出先进集体11个，先进个人10名，市教委对这些先进单位和个人进行了表彰和奖励。

2000年，兰考县引资达1亿元，建起了兰考盖亚中学、兰考县兰苑学校、兰考县堌阳镇实验中学、兰考县堌阳镇振兴中学、兰考县益民学校、兰考县东京育英学校和兰考县第三高级中学。建筑面积达 8 万多平方米。全县共有由教育部门管理的社会力量举办的中小学 7 所，武术文化学校 3 所，技术培训中心 1 所，技术培训学校 7 所，幼儿园 10 所。全县基本形成了公办、民办、公办民助、民办公助并行发展的教育事业新格局。

洛阳市教委开展了 1999 年度社会力量办学年审评比及调查统计工作，对各办学机构通过自查自评打分、民主测评、全面复查等方面的评审，共评出社会力量办学先进单位 22 个、合格单位 68 个、不合格及停办单位 13 个，并及时将年审结果向社会公告。

2000 年，平顶山市社会力量办学单位发展到 140 所，在校生达到 2.14 万人。社会力量办学的管理工作进一步规范，在社会力量办学管理过程中先后组织开展了师德师风建设大讨论活动，安全专项治理月活动，争创市、区级文明单位活动，青年教师课堂教学大奖赛活动，优质课教学评比活动，为灾区捐钱捐物献爱心活动等，加大了对乱办学、乱招生、乱收费的治理力度，有效地制止了"三乱"现象。积极引导社会力量办学单位努力改善办学条件，抓教育教学质量，评出了一批办学条件好、社会信誉高的办学单位。

安阳市教委对全市社会力量办学单位进行了年审，规范了民办中小学办学行为，共批准 121 个办学单位 2000 年继续开办，撤销了不参加年审的气功学校。年内，共审核批准新办学校（班）74 所。

2000 年，新乡市社会力量所办学校达 282 所，在校生 42714 人，占全市各级各类在校生数的 3.5%。学校比上年增加 145 所，在校生比上年增加 21102 人，办学质量和办学效益明显提高，成为全市教育的重要组成部分。

原阳县政府下发了《关于大力发展民办教育的意见》和《原阳县民办教育管理细则》，民办教育呈现出良好的发展势头，全县共投资 1562 万元，新建民办学校 8 所，招生 1873 人，全县民办学校在校生占全县学生总数的 10%。

2000 年，焦作市政府下发了《关于鼓励社会力量办学的意见》，使全市社会力量办学出现了前所未有的良好势头。全市社会力量共计举办学校及教育机构 48 所，其中幼儿园 27 所，中小学 8 所。市区民办学校在校生人数由 400 人增加到 1800 人。涌现出了新建投资 1000 余万元、占地 100 亩的焦作希望实验学校和投资 450 万元、占地 30 余亩的焦作开达学校。为改善学校运行机制，市教委还将龙源湖实验小学作为一所民办公助学校进行试验和探索。

许昌市制订《民办中小学、幼儿园申办审批程序暂行规定》《许昌市民办学校财务管理暂行规定》，严把审批关、教学质量关、招生宣传关，为社会力量办学事业的健康稳步发展提供保证。年中，对全市的社会力量办学进行了两次检查评估，取消了 6 所不合格学校的办学资格。截至年底，全市民办教育机构已达 235 个，其中民办高校 2 所，高等自考助学机构 8 所，高中 6 所，初中 24 所，小学 7 所，幼儿园 134 所，其他非学历教育机构 35 所，在校生达 25000 多人，累计资产 6080 多万元。社会力量办学已成为经济和社会发展的新的增长点。

南阳市在抓好对社会力量办学的经常性管理的同时，会同有关部门做好社会力量办学年审工作和新申报学校的考察初审工作。组织市区教育行政部门，集中力量对中心城区社会力量办学进行拉网式检查整顿。共检查社会力量办学机构 145 所，其中幼儿园 121 所，高中 1 所，小学 1 所，在宛设点招生的外地民办高校 22 所。下发责令停止非法办学通知书 83 份，下发限期申请办学通知书 29 份，口头责令停止违规招生的民办高校 22 所。

商丘市修订完善了《商丘市社会力量办学管理暂行规定》，对符合条件的社会力量办学单位换发"社会力量办学许可证"，发布了《关于加强社会力量办学招生广告（简章）管理的公告》，并通过新闻媒体向社会公告，维护了社会力量办学和招生秩序，防止了乱办学、乱办班、乱招生现象的发生，使全市各级各类社会力量办学纳入了制度化、规范化管理轨道。

周口市对办学条件差、生源缺少、管理落后的 17 所学校予以取缔，并对新办学校严格审批程序，经过考核，凡办学条件差、办学思想不端正的学校一律不批，对无证办学、擅自招生者，严肃查办。

2001 年的基本特征是在发展的同时规范整顿。

8 月 20~23 日，省教育厅在郑州召开全省民办高校负责人高级研讨班，聘请有关专家对民办高校管理等从 9 个方面进行了系统讲座与培训。参加此次培训的有 48 所民办高校的 58 位校长。

11月2日，省教育厅在郑州召开全省民办高等教育改革与发展研讨会。参加会议的有普通高校郑州大学等9所高校的校长，民办高校黄河科技学院等8所高校的校长，郑州市等4个市教委的领导，省直有关部门、厅直机关等领导近50人。时任副省长贾连朝参加会议并讲话；时任教育厅厅长王日新、副厅长李文成分别讲话，要求与会代表认真领会和落实会议精神，促进全省民办高校上水平、上层次。

11月15日，省教育厅组织有关专家，先后对郑州、洛阳、新乡三市申报的7所高等层次（非学历教育）学校进行考察，批准设立河南教育国际专修学院、洛阳新艺影艺专修学院、华北石油局文化专修学院、焦作创业高等人才培训中心4所学校。批准郑州航海专修学院为学历文凭考试试点学校。

2001年，省教育厅组织三个调研组分赴陕西、江苏、浙江、上海等地以及省内，就民办高校发展改革、办学秩序、管理和政策做专题调研，汇集了省内外举办民办高等教育的多篇经验材料，形成了调研报告，为召开全省民办高校座谈会，起草《河南省人民政府关于大力发展民办高等教育的意见》做了较为充分的准备。

2001年，郑州市共有社会力量举办的各级各类教育机构592所，其中，高等层次教育机构45所，中等层次教育机构122所（其中普通中学40所），初等层次学校425所（其中，小学33所，幼儿园227所）。有在校生10.6万人，占全市各类学校在校生人数的5.5%。专职管理人员9077人，专职教师5988人，兼职教师3618人。学校占地面积6550亩，校舍建筑面积170万平方米，其中自建校舍118.5万平方米。有图书260万册。全市社会力量办学拥有总资产十多亿元。积极引导学校树立名牌意识，已命名郑州市社会力量办学示范性学校10所。

开封市教委对48所由市教委直接管理的民办教育机构进行了年度审查。13所学校被认定为优秀，38所学校合格，2所学校被责令停办。年审结果于4月20日在《开封日报》上公布。

洛阳市开展了2000年社会力量办学年审评比及调查统计工作，共评出社会力量办学合格单位118个，暂不合格单位6个，不合格及停办单位4个，并及时将年审情况向社会公告。新审批高等层次非学历教育机构1所，中等层次社会力量办学机构 21 所，审批各类招生广告 155 件。

平顶山市重点对学历教育学校和幼儿园进行了评审。依法查处了 6 个非法办学单位，清理了 20 所未经批准的办学机构，有效遏制了乱办学行为。组织开展了安全大检查，消除了部分学校的安全隐患，杜绝了重大安全事故的发生。成功举办了平顶山市首届市城区民办中小学生田径运动会，17 所民办学校的 359 名运动员参加了比赛。

范县下发《范县人民政府关于对社会力量办学实行优惠政策的试行意见》，积极鼓励社会力量办学。该意见规定，民办中小学规模在 10 个教学班以上，每班解决 1~2 名公办教师工资，每班每年定补 5000~10000 元，由县、乡财政拨付，连续 3 年。学校收费由物价部门核定标准后执行。该意见还规定，民办学校可纳入县教委统一管理，享有与公办学校同等的权利，聘任教师档案可在县教委存放，其职称评定、表彰奖励等与公办学校教师同等对待。至 2001 年 1 月初，全县共吸引社会资金 1600 万元，民办中小学达 12 所，在校生达 3000 人，占全县中小学生总数的 5%。

许昌市教委制定《民办普通高中、初中基本设置标准（试行）》和《许昌市民办学校督导评估标准（试行）》，并于 11~12 月对 97 所民办中小学进行了年审评估，评出 21 个先进单位，41 个合格单位，30 个基本合格单位，撤销了 5 个不合格单位的办学资格。

长葛市政府先后颁发了《关于加快社会力量办学步伐的意见》《关于社会力量办学的若干规定》《关于对民办学校教师加强管理的试行意见》等文件，在办学形式、建校用地、师资配备、禁止"三乱"等方面都做了明确规定。市政府成立以市长为组长，教育、土地、财政等十几个相关部门主要负责人为成员的长葛市社会力量办学工作领导小组，统筹规划，相互配合，形成合力，能简化的程序均简办，创设宽松环境。多次召开协调会，解决办学中的实际困难。市政府主要领导 11 次深入民办学校，现场解决 18 个问题，使民办学校在建校过程中节约资金达 3000 余万元。

三门峡市政府下发《关于加快社会力量办学改革和发展的意见》。三门峡市地方税务局同三门峡市教育委员会联合下发了《关于社会力量办学统一使用发票的通知》和《河南省三门峡市社会力量办学收费发票管理办法》，对加强民办学校的财务管理，规范学校收费起到了重要作用。

南阳市政府召开全市社会力量办学工作会议，对当前和今后一个时期的社会力量办学工作进行认真部署。各县市区分管教育工作的副县市区长，县市区教委主任，教育、计划、财政、人事、土地、工商、物价等市直部门的领导和 50 多所民办学校及教育机构的负责人共 100 多人参加了会议。市长做主体报告。5 所民办学校进行了大会经验交流，有 3 所民办学校做了典型发言。会议传达学习了省政府关于民办教育的文件精神，统一了思想，提高了认识，进一步增强了发展民办教育的紧迫感和责任感。会议明确了全市社会力量办学的发展目标：到 2005 年，力争使民办教育在校生数占全市各类教育在校生人数的比例达到 8% 以上。会议进一步明确了发展民办教育的优惠政策：一是社会力量可依法独立办学或以股份形式合资办学，也可与政府部门或公办学校联合办学，或与境外机构、个人依法合作办学；二是各级政府要为民办学校新建或扩建校舍提供土地优惠政策，免征配套费；三是拓宽融资渠道，进一步完善民办教育投入机制；四是各级人事教育部门对民办学校的教师实行人事代理，提供诸如教龄、技术职务评定等方面的代理服务，并鼓励大学生到民办学校任教；五是民办学校可依据生均培养成本确定学费、住宿费收取标准，合理收取费用，同时经批准可以扩大招生范围。会议要求，各级政府要高度重视社会力量办学工作，加强领导，科学管理，搞好试点，树立典型，促进发展，通过落实优惠政策，规范其办学行为，争取在今后 5 年内，使全市社会力量办学在校生人数占各类学校在校生人数的比例再提高 6 个百分点。

商丘市通过新闻媒体向社会公告，维护了商丘市社会力量办学招生秩序，防止了乱办学、乱办班、乱招生现象的发生；为依法批准保留的 424 所合法办学单位办理了"办学许可证"，依法取缔了一批无证办学单位。

柘城县社会力量兴办的学校已发展到 73 所，总投资 1927 万元，校舍总面积 55000 平方米，教职工 1034 人，在校学生 20646 人，占全县学校在校生总数的 10%。

信阳市召开社会力量办学工作会议，发布了《信阳市关于加快发展社会力量办学的意见》。鼓励企业事业单位、社会团体、其他社会组织及公民个人依法独立办学，以股份制形式合资办学，与政府部门或公办学校联合办学，或参与公办学校后勤建设，促进学校后勤服务社会化。允许职业学校和薄弱中小学校通过民办改制实行国有民办，普通高中可以与社会力量联合，实行股份制办学，按民办机制运行等。鼓励境外社会组织、个人按照国家有关规定来信阳捐资助学、独资或合作办学，境外社会组织和个人来办学享受信阳市招商引资优惠政策和发展民营经济的优惠政策。会议对民办学校的师生待遇及民办学校建设等提出了新的优惠政策，还对一批社会力量办学单位和先进工作者进行了表彰。全市新批建（筹建）民办高中 6 所，初中 6 所。各类社会力量办学机构达到 1233 所，其中初等层次 1153 所（幼儿园 775 所，小学以及学前班 378 所），中等层次 20 所（高中 10 所，初中 10 所），高等层次 13 所（民办高校 1 所，自考辅导站 12 个），其他培训机构 4 个。各类民办学校在校生达 60056 人，教职工 2456 人，其中专职教师 1636 人，占地面积 50 万平方米，校固定资产 5.6 亿元，各种教学仪器设备价值 200 万元，图书 11 万册。

2002 年的基本特征是在规范管理的同时促进发展。

8 月，省教育厅根据《教育部关于进一步做好民办高等教育机构招生工作的意见》精神，下发《河南省教育厅关于进一步做好民办高等教育机构招生工作的通知》。确定从 2003 年开始，每年向社会公告全省民办高等教育机构的招生资格，未经公告的民办高等教育机构不得擅自招生。要求各市教育局对民办高等教育机构进行一次全面检查和整顿，对达不到办学条件和要求的民办教育机构提出限期整改意见，并责令其制订整改方案。对个别违反国家有关规定，管理混乱，质量低下，不适宜继续办下去的民办高等教育机构，报省教育厅审核后吊销办学许可证，取消办学资格。10 月，教育部下发《关于进一步规范民办教育机构办学秩序的通知》，要求采取有效措施，做好民办教育机构的检查和规范管理工作。省教育厅先后两次发出明传电报，安排布置检查工作。由各省辖市教育部门进行自查，省教育厅组织检查组对民办教育发展较快、办学比较集中的郑州、洛阳、开封、新乡、许昌 5 市进行抽查。通过检查和整顿，进一步规范了民办教育机构的办学秩序，对不符合办学条件和标准、管理混乱、教育质量低下的民办教育机构提出了限期整顿或撤销的处理意见和建议。

8 月，省劳动和社会保障厅下发《关于对社会职业培训机构进行治理整顿的通知》，指导各地对社会力量举办的职业技能培训机构进行了治理整顿，并在全省开展评选表彰社会力量办学先进单位和先进个人活动，共评出先进单位 47 个，先进个人 56 名。本年，全省社会力量举办的职业技能培训机构总数为 1036 所，在职教职工 7541 人，其中，专职教师 5126 人，兼职教师 2415 人。全年培训各类人员 21.2 万人，结业 19.3 万人，其中，劳动预备制学员 18253 人，下岗职工 28943 人，失业人员 31230 人。通过培训，118260 人取得结业证书，74576 人获得职业资格证书，116526 人实现就业。

11 月，根据教育部《关于进一步规范民办教育机构办学秩序的通知》和省教育厅《关于对民办教育机构办学秩序进行检查的通知》精神，对新乡民办教育机构的办学秩序进行检查。在认真听取市、县教育局自查和检查情况汇报的基础上，先后抽查了新乡市新谊学校、新乡医学专修学院、长垣县凯杰中学、长垣县保华中学等 7 所学校。在检查中严格对照各级各类民办教育机构审批设置规定和标准以及有关政策规定，重点对其办学方向、办学条件、招生广告、教学质量、证书发放、学校名称、财务管理及内部管理等方面进行检查。就检查学校的现状、存在的问题、建议写出了《关于新乡民办教育机构办学秩序的检查报告》，为规范民办学校的管理提供了决策依据。

2002 年 1 月 20 日在河南省社会力量办学协会年会期间，全省百名民办学校校长发出倡议书：

　　我们百名民办学校校长聚集郑州，参加河南省社会力量办学协会年会，学习有关文件，听领导讲话，受到极大鼓舞和鞭策，决心努力进一步搞好全省的民办教育，为社会主义建设事业培养更多的优秀人才。河南省民办教育事业，在党的改革开放的春风中诞生和发展。二十年来，我省民办教育工作者呕心沥血，奋力拼搏，办起了数以千计从幼儿园、小学到大学等不同类型的教育机构，为国家培养出了数以万计的建设人才，为国分忧，为民排难，是教育战线上一支不可低估的巨大力量。

　　国家对民办教育实行积极鼓励，大力支持，正确引导，加强管理的方针。民办学校与公办学校具有同等的法律地位。国家保障民办学校举办者、校长、教师和学生的合法权益。政府部门按公益事业单位，给了我们许多优惠政策，创造了良好的社会环境。

为进一步发展河南省民办教育事业，我们向全省民办教学机构的同行们发出以下倡议：

一、遵守国家法律、法规，贯彻国家的教育方针。党和政府为发展民办教育事业，制定了一系列的法律和法规，是我们办学的准绳、行动的指南。我们要加强自身建设，为人师表，规范自己的办学行为，坚定信心，乘势而上，抓住机遇，扎实工作。

二、加强思想政治工作。要建立健全党、政、工、团组织，充实和提高政工队伍，以发展为主题，增强针对性和实效性，进行法制教育和理想信念教育，按照"三个代表"重要思想的要求，坚持创新和改进工作方法，在加强思想道德建设的同时，重视校园文化建设，深化社会主义精神文明创建活动。

三、专业设置适应建设需要。河南是大省、穷省办大教育，我们民办教育作为整个教育事业的组成部分，要根据我省社会主义建设的需要，发挥自身优势，坚持以市场需求为导向，不断调整专业设置，突出自己的办学特色，推动全面教学工作。

四、进一步提高办学质量。教学质量是学校的生命。我们在办学中要解放思想，大胆探索，实事求是，认真进行教学改革；并且要加强学校的软硬件建设，以提高为主，在提高中逐步发展，办出特色，创出名牌学校。要逐步建立一支以专职教师为主、专兼职相结合的优秀教师队伍；同时要为他们提供良好的工作、生活条件，发扬"诲人不倦"的敬业精神，精心备课，认真讲解，认真培养学生的创新精神，努力提高学生的文化、思想素质和实际操作能力。

五、向管理要效益。要健全组织，完善制度。本着对国家、社会和学生负责的精神，对学生要加强管理，善于疏导，认真进行思想政治教育工作；同时努力办好食堂、宿舍，搞好校园建设，使学生们在校内茁壮成长，成为"四有"新人。

六、合理制定收费标准。政府部门给予我们民办学校相当大的自主权，我们要按照学校自身条件和学生的承受能力，合理收费；而且要精打细算，不谋私利，把有限的资金全都用在教学和改善办学条件上。

七、如实宣传自己。我们的招生广告，内容要真实可靠，不能夸大其词，也不能含糊其词，并且按照规定报批，走正确的招生道路。

八、就业要早抓。我们要有超前意识。求学者读书是为了就业。我们不仅要把学生教好、教会，学到真本事，还要关心学生以后的升学、就业问题，想方设法，牵线搭桥，为他们创造良好的继续深造、报效国家的机会。

回顾过去，我们曾经创造了辉煌的业绩，受到了党政各级领导的充分肯定和社会各界群众的热情赞誉；展望未来，心潮澎湃，任重道远。我们要在党和政府的正确领导下，高举邓小平理论的伟大旗帜，按照"三个代表"重要思想的要求，团结进取，练好内功，热情奉献，高质量、求发展、创名牌，为提高中华民族文化素质，再创辉煌！

《中华人民共和国民办教育促进法》2002年12月28日颁布后，2003年初省人大即把"河南省民办教育促进法实施办法"列入本年的立法计划。省教育厅把这项工作列为当年的重点工作之一，成立由时任厅长蒋笃运任组长、副厅长訾新建和助理巡视员靳建禄任副组长的起草领导小组。起草小组以《民办教育促进法》为依据，深入基层广泛开展调查研究，认真参阅和借鉴北京、上海、辽宁、广东、浙江、福建等省市关于民办教育的地方性法规和规章，在此基础上，起草了《河南省实施〈民办教育促进法〉办法（初稿）》。之后多次组织召开了各个层次、类别的民办学校及教育行政部门代表参加的研讨会，时任副省长贾连朝及省教育厅厅长蒋笃运分别到民办学校和市县调研，多次征求对初稿的意见，经过起草小组反复讨论修改，并经省教育厅常务会议讨论通过，形成草案后，于5月底上报省政府。6月20日，省教育厅又与省政府法制办联合召集有关单位和学校召开《河南省实施〈民办教育促进法〉办法（草案）》[以下简称《办法（草案）》]论证会，并将《办法（草案）》刊登在《大河报》上，公开征集社会各阶层和各方面人士提出的修改意见。《办法（草案）》于8月10日上报省人大。省人大常委会于11月24日对《办法（草案）》进行一审。

2003 年的主要工作是学习宣传贯彻《民办教育促进法》，推动民办教育快速发展。

8 月 18 日，省教育厅、省人大教科文卫工作委员会、省政府法制办、省司法厅、省劳动和社会保障厅联合下发《关于学习宣传贯彻民办教育促进法的通知》，要求全省教育系统的广大教职工特别是各级领导干部，一定要深刻领会《民办教育促进法》的精神实质和基本要求，各有关部门要了解和掌握《民办教育促进法》中与本部门职能相关的基本内容，紧紧围绕如何促进民办教育健康发展来制定政策、开展工作，真正做到解放思想，转变观念，树立对民办教育与公办教育一视同仁的观念。该通知还要求在 9 月 1 日前，对本地区、本部门的民办教育工作进行一次清理，凡与《民办教育促进法》不一致的政策文件要坚决废止或修订，并结合实际制定具体的措施。

8 月 22 日，省教育厅会同省人大教科文卫委员会、省司法厅、省劳动和社会保障厅联合召开学习宣传贯彻《民办教育促进法》座谈会。郑州、洛阳、许昌、新乡、开封、驻马店等一些省辖市也都举行了类似的座谈会或研讨会。9 月 1 日《民办教育促进法》开始实施后，全省各地开展了形式多样的大型宣传活动。多数市、县都在显著位置悬挂宣传标语，开辟宣传专栏，努力使《民办教育促进法》广为人知。郑州、洛阳、平顶山、新乡等地还组织一些师生走出校门，在市中心广场进行宣传，造成声势，扩大影响。各新闻媒体对《民办教育促进法》的宣传活动也及时给予报道，有的新闻媒体还专门开辟了民办教育宣传专题栏目。

本年，省教育厅审批试办安阳师范学院人文管理学院、新乡医学院三全学院、中原工学院信息商务学院、信阳师范学院华锐学院、河南大学民生学院、河南职业技术师范学院新科学院、河南师范大学新联学院 7 所独立学院，共吸引社会资金 3.7 亿元，加快了多元化办学体制的形成。教育部《关于对各地批准试办的独立学院进行检查和重新报批工作的通知》下发后，省教育厅及时转发教育部文件，并就河南省检查清理和重新报批工作进行具体部署，受到教育部的充分肯定。

10 月 13 日至 12 月 28 日，郑州市教育局举办"首期民办学校校长任职资格培训班"。按照教育部关于中小学校长资格培训内容，培训班制定授课方案，确定学习内容。有 67 名校长参加学习培训，并取得河南省中小学校长任职资格证书。

按照社会力量办教育机构的设置标准，郑州市本年共评估审批教育机构 15 所，其中非学历教育学校举办学历教育学校 7 所，报省教育厅审批的高等职业技术学院 2 所。新增社会力量对教育投入资金 1 亿多元。至年底，全市各级各类民办学校在校生达 18 万人，占郑州市各级各类学校在校生人数的 9.5%。11 月，市教育局邀请全国人大教科文卫委员会起草《民办教育促进法》的专家叶齐炼作《民办教育促进法》贯彻实施专题报告，解读《民办教育促进法》。全市 600 余所民办学校的校长、举办者及市县两级教育行政部门的领导和管理人员参加了学习。同时多次分层次举办民办学校校长、举办者座谈会，学习《民办教育促进法》，领会其精神，把握政策，依法办学。

5 月，安阳市教育局根据市长办公会议精神对朝阳学校进行了资格审查。该校性质为民办公助，举办人为杨金朝，个人出资 6000 万元，市政府资助 500 万元仪器、设备、教师工资和有关办公费用。教师为全民事业编制，由市教育局统一管理。10 月，市政协、市教育局召开全市社会力量办学座谈会，邀请 20 余所办学成效显著的民办学校代表参加，时任市政协副主席杨文周、市政协科教文卫主任魏雨顺、市教育局副局长黄锋一等广泛听取了各方的意见和建议。12 月，市教育局对审批的社会力量办学单位进行了年度审核。

许昌市教育局对全市 8 所民办学校进行督导评估和年审工作。共评出优秀、合格学校 65 所，限期整顿学校 3 所，取缔 1 所。针对评估中发现的问题，下发了评估结果通报，提出了具体整改要求。利用《许昌日报》对全市民办学校进行宣传，介绍了各县（市、区）民办教育的发展及成果；举办"民办教育成果展示一条街"活动，共展出版面 200 多块；在市春秋大剧院举行了民办学校"庆祝民办教育促进法颁布实施暨庆国庆文艺汇演"，市四大班子领导观看了文艺节目，《教育时报》及市内各新闻媒体都进行了报道。

长葛市民办学校在校生达到 8518 人，占全市在校生人数的 7%，教职工 816 人，固定资产达到 9621 万元。

漯河市建立民办教育机构、民办幼儿园例会制度，强化法律意识，依法办学。举办民办幼儿园教学开放周活动，开放 120 节公开课，400 多名民办幼儿园教师听课，提高了教师教学能力。组成 5 个督查组，历时 40 天，对全市的民办幼儿园及其他民办教育机构进行了拉网式排查、清理、整顿，取缔 68 家不合格的民办教育机构。

商丘市社会力量办学共培养出毕业生 49759 人，新招生 48047 人，在校生达到了 15 万人，教职员工总人数达 7783 人。同时认真做好社会力量办学的招生宣传、广告审批工作，严肃查处了一批非法办学机构，有效制止了未经审批乱办学、乱招生现象。

永城市社会力量办学单位达 63 所，在校生 20813 人，毕业生 2136 人。教师 716 人，专职管理人员 65 人。社会力量办学共占地 1491.3 亩，建筑面积 73660 平方米，固定资产 7651.7 万元。

民权县教体局就办学方向、办学行为、管理体制、规范制度、办学条件和教学配套设施、教育教学管理课程开设等项指标对全县 82 所社会力量办学机构进行全面检查评估，依法取缔不合格民办教育机构小学 6 所，幼儿园 5 所，初中 3 所。为提高民办学校的教师业务素质，8 月举办了民办小学骨干教师培训班，参训 89 人。

信阳市教育局制定并下发了《信阳市民办初中设置标准》和《信阳市民办教育机构管理办法》。通过公办民助等形式，平桥区五中、潢川县实验中学、淮滨县实验小学、市九中、市三小创办的分校通过了省教育厅组织的评估验收并正式改制。本年，市教育局批复民办高中 5 所，民办初中 2 所，民办培训学校 1 所。全市共有社会力量办学机构 671 所，其中幼儿园 406 所，小学 196 所，中学 32 所（其中，初中 10 所，高中 5 所，完中 14 所，武术学校 3 所），高等学校 1 所，其他培训机构 36 所。全市各类民办学校共有在校生 77860 人，占全市学校在校生总数的 4%，教职工 4453 人，在职教师 4200 人，图书 110 万册，教学仪器价值 3172 万元，总校产达 6.9 亿元。

驻马店市民办学校发展到 196 所（其中中小学 105 所，幼儿园 86 所，其他学校 5 所），在校生 48874 人，教职工 3154 人，校舍建筑面积达到 32.4 万平方米，总资产达 1.4 亿元。

（三）党建工作

2002 年 3 月，经教育部批准，郑州澍青医学高等专科学校成立。该校也是教育部批准的河南省第一所医学类民办高校。5 月 19 日，学校举行成立大会及揭牌仪式。8 月 8 日，中共河南省委组织部批准建立校党委。

2002 年，省委组织部批准郑州科技职业学院建立党委和纪委。2003 年 12 月 23～25 日，学院召开了第一届全体党员大会。会议听取和通过院党委《以"三个代表"重要思想为指导，加强党的建设，为实现学院工作目标而奋斗》的工作报告，选举产生了第一届党委委员：杨世英、杨光堂、秦小刚、程金城。选举秦小刚为党委书记。选举产生了第一届纪律检查委员会：李琥林、杨光堂、薛金跃。选举杨光堂为纪委书记。

四　规模扩张，实力凝聚（2004～2012 年）

河南民办教育进入快速发展时期，民办教育发展的政策环境空前优好。

（一）政府态度

2004 年 3 月 22 日，中共河南省委、河南省人民政府《关于加快高等教育改革与发展的意见》提出大力发展民办高等教育。要认真贯彻《中华人民共和国民办教育促进法》，依法保障民办高等学校权益，制定相关扶持措施，落实民办高等学校在建校用地、税收减免等方面的优惠政策，加强政策引导和规范管理，形成公办学校和民办学校优势互补、公平竞争、共同发展的新格局，促进教育总量的不断增长和教育改革的不断深化。支持民办高等学校进一步拓宽投融资渠道，鼓励金融机构运用信贷手段支持民办高等学校的发展。各级政府要制定政策，积极扶持民办高等学校的发展，支持有条件的民办高等学校扩大办学规模，奖励和表彰有突出贡献的集体和个人，积极探索民办高等教育的多种实现形式，实现社会力量、资金资源与现有优质教育资源的有机结合，有效拓宽民办高等教育的发展空间。鼓励社会力量与普通高等学校按民办机制合作举办独立学院，鼓励有条件的公办高等学校特别是高等职业学校采取国有民办、公办民助等多种形式办学，鼓励有条件的民办高等学校之间合并或组建集团式的办学实体。明确规定，新设置的高等职业学校主要面向民办学校。

2004 年 2 月 27 日，时任河南省委书记李克强在全省高等教育工作会议上的讲话中提出，要深化办学体制改革，大力发展民办教育。政府单一举办高等教育的格局已有所改变，今后的发展也不可能仅靠政府投入，必须坚持多种机制、多种模式发展高等教育，特别是要采取积极有效措施，广泛吸纳社会资本，大力发展民办高等教育。要认真贯彻《民办教育促进法》和即将出台的实施办法，制定相关扶持措施，依法保障民办高等学校的权益。民办高校在征地、贷款等各方面要与公办高校享受同等待遇。要通过经费资助、出租或转让闲置国有教育资源等多种措施，扶持民办高等教育的发展。对发展民办高等教育有突出贡献的集体和个人，要给予表彰和奖励。要多形式、多渠道动员社会资源投入高等教育，支持以国有民办、公办民助和股份制等多种形式办学，鼓励有条件的本科院校以新的机制和模式举办独立的二级学院，使民办教育成为近几年河南高校规模扩大的重要力量。

2004 年 2 月 27 日，时任河南省省长李成玉在全省高等教育工作会议上的讲话中，进一步表明了政府支持民办教育发展的态度：要进一步放宽政策，鼓励社会力量办学。明确提出，河南的民办高等教育已经成为河南高等教育体系不可缺少的重要组成部分，而且有着良好的发展前景和势头。必须高度重视民办高等教育的发展，要像支持非公有制经济发展那样支持民办高等教育的发展。要认真贯彻《中华人民共和国民办教育促进法》，依法保障民办高等学校权益，在税收、土地、金融等政策上，要与公办学校一视同仁。要积极支持民办高等教育加快发展。要鼓励民办高等教育采取多种发展形式，进一步拓展发展空间。原则上，河南以后高等教育规模的扩展主要面向社会力量办学，新设置的高等职业学校主要面向民办学校。对有条件的民办高校，要允许其扩大办学规模，在省内外试办分校。扶持有条件的民办高等学校之间合并或组建集团式的办学实体，增强发展实力。要鼓励公办高校与民办高校开展多种形式的合作。有条件的公办高校可以积极尝试引进民办高校的管理机制，公办高校特别是高等职业学校可以采取国有民办、公办民助等多种形式办学。要利用好二级学院教育成本补偿机制比较灵活的优势，积极推动河南有条件的公办高校与社会力量合作，按民办高校机制举办二级学院，使其成为河南公办高校教育规模扩展的新领域。

各级各类学校都可以办民办教育。2004 年 3 月 26 日，时任省教育厅厅长蒋笃运在全省教育工作会议上的讲话中指出，今后一段时期，河南教育工作要实现快速发展，必须大力发展民办教育，使民办教育成为教育的快速生长点，形成公办教育和民办教育共同发展的新格局。一是认真贯彻落实《民办教育促进法》和实施条例。各级教育行政部门要依法保障民办学校的权益，加强民办教育管理，同时对民办教育的发展要满腔热情地给予支持、帮助。根据河南高校设置规划，今后，河南高等教育规模增量部分主要用于民办高校。二是要积极探索民办教育的多种实现形式。各级各类教育都可以办民办教育，民办教育的发展也可以有多种形式。鼓励普通高中、职业学校"名校办民校"。义务教育阶段要努力做到"公办不择校、择校找民校"。要逐步开放非义务教育市场，鼓励和支持国有民办、中外合作办学等多种形式办学。加大教育对外开放的力度，推动河南与省外、境外名校之间的"强强合作"和"强项合作"，积极引进国内外优质教育资源，争取与世界名校和品牌教育机构合作方面取得新突破。三是促进独立学院健康发展。要继续贯彻《关于规范并加强普通高校以新的机制和模式试办独立学院管理的若干意见》，坚持积极发展、规范管理、开拓创新的方针，从当年开始严格按新机制运行，鼓励社会力量与普通高等学校按民办机制合作举办独立学院，实现社会创新活力、资金资源与现有教育优质资源的有机整合。

进入 2004 年，河南省委书记、省长、教育厅厅长都明确表示，今后高等教育规模扩张，主要发展民办高校。2004 年全省设置高等职业学校时，大力向民办教育倾斜。10 所新设置高职学校中除 2 所民办学校外，8 所政府办的学校全部实行公办民助模式。另外，又向教育部申报了 7 所独立学院。在安排普通高校招生计划时，努力向民办高校倾斜。2004 年，民办高校实际招生（含专升本）3.3 万人，比上年增加 1.7 万人，占总招生数的 12.9%，比上年提高 4.5 个百分点。本年，全省民办学校普通本专科在校生达到 6.3 万人，占全省高校在校生的 9%。其中民办本科院校在校生达到 3.7 万人，占全省本科在校生的 11.7%。民办专科院校在校生达到 2.6 万人，占全省专科层次在校生的 6.8%。

2005 年，民办高等教育招生 3.97 万人，占全省招生总数的 14.33%，比上年提高了 1.53 个百分点。其中，本科院校招生 1.95 万人，占全省本科招生总数的 18.32%。为了支持民办高校发展，在安排跨省招生计划时，教育厅加大和有关省份的协调力度，采取资格对等的办法，帮助民办高校在外省份安排招生，进一步扩大其影响，提高其知名度和竞争力。

2006 年，安排年度普通高等教育招生计划时，在确认办学条件有保障，尤其是专任教师和教学设备有保障的前提下，尽可能增加民办高校招生计划。本年，全省民办普通高校招生 5.64 万人，其中本科 3.09 万人，占总招生和本科招生的 16.70% 和 21.43%，分别比上年提高 2.37 个和 2.38 个百分点。各类民办普通高校在校生达到 14.30 万人，占普通本专科在校生的 14.68%。另外，民办高校五年一贯制计划安排 2950 人，占全省五年一贯制计划的 14.6%。在院校设置工作中，教育厅紧紧抓住国家对民办教育发展积极鼓励、大力支持的良好机遇，做好独立学院和民办高等职业学校的申报和审批工作，成熟一所申报、审批一所，全力支持民办教育的发展。4 月，教育部正式批准设置了河南财经学院成功学院，省政府审批设置了郑州电力职业技术学院，2 所学校增加了高等教育资金 5 亿元左右，增加 15000 余人的高等教育办学容量。

2004 年 10 月 26 日，河南省教育厅、河南省发展和改革委员会、河南省人事厅、河南省财政厅、河南省劳动和社会保障厅、河南省民政厅、河南省公安厅、河南省国土资源厅、河南省地税局、中国人民银行郑州中心支行 10 家单位联合发布《关于进一步促进民办高等教育发展的意见》，就发展民办高等教育的指导思想、原则和目标；进一步放宽民办高等教育的准入条件、准入领域，创新办学模式；努力提高民办高等学校的竞争能力和发展水平；鼓励民办高等学校参与国有企业改革；拓宽融资渠道，积极为民办高等教育发展提供资金支持；进一步完善和落实土地、财税支持政策；依法保护民办高等学校及其教职工、学生的合法权益，积极营造有利于民办高等学校发展的良好外部环境等方面提供了政策支持。该意见明确指出，要依法保护民办高等学校的产权和自主办学权。民办高等学校对其合法财产享有占有使用、收益和处分的权利，任何单位和个人不得侵占、哄抢、破坏或非法查封、扣押、冻结、没收；任何单位和个人不得侵犯民办高等学校依法登记注册的名称、校标、校徽专用权。民办高等学校有权依法决定学校教学计划、教职工待遇、内部机构设置、内部管理等制度；有权依法决定用人条件、形式、数量、期限。除国家法律、法规前置的条件外，民办高等学校有权依法自主确定专业设置，自主选用教材，组织实施教学活动，开展科学研究、技术开发和社会服务；在国家有关规定的范围内，有权依法自主确定招生计划，自主提出招生录取意见。

依法保护民办高等学校教职工、学生的合法权益。教育、人事等有关部门要为民办高等学校教师人事代理、任职资格评审等提供政策支持和工作服务，允许教师在公办高等学校和民办高等学校之间合理流动；保障民办高等学校教职工在业务培训、职称评审、表彰奖励、科研立项、教龄和工龄计算、档案管理、社会活动等方面的合法权利。教育行政部门和有关部门依法保障民办高等学校的受教育者在表彰奖励、升学、职业资格考试、就业、乘坐火车优待等方面的合法权利。

《河南省人民政府贯彻国务院关于大力发展职业教育的决定的实施意见》和2006年4月21日时任省长李成玉在全省职业教育工作会议上的讲话分别提出，要大力发展民办职业教育。要把民办职业教育纳入职业教育发展总体规划，在建设用地、师资队伍建设、招生和学生待遇等方面对民办职业院校与公办学校要一视同仁，进一步加快民办职业教育发展。

省教育厅、省发展和改革委员会2007年6月12日印发的《河南省教育事业发展十一五规划》提出2010年主要发展目标之一是积极发展民办教育。民办学校在校生占全省在校生的比例达到10%左右，其中民办普通高等教育在校生占普通高等教育在校生的比例达到20%左右。培育出一批质量较高、特色鲜明、社会声誉良好的示范性学校。

河南省教育厅《关于进一步规范独立学院管理，促进独立学院健康发展的意见》要求，独立学院要贯彻国家的教育方针，坚持社会主义办学方向，遵守国家的法律法规和有关教育的各项规定，规范办学行为，努力为地方经济建设和社会发展服务；要依法健全内部管理体制和各项规章制度，包括董事会（理事会）议事规则、财务制度、学校管理制度、教学制度、人事管理制度等；要规范办学行为，严格按照国家有关规定开展招生工作，招生简章和广告必须经省级教育行政部门审核备案后方可发布，发布的招生简章和广告必须与备案的内容相一致；应具有独立的校园和基本办学设施，实施相对独立的教学组织和管理，独立进行财务核算，并具有独立法人资格等；要切实加强教师队伍建设；要建立健全党团组织，充实包括辅导员、班主任在内的党务工作队伍和思想政治工作队伍，加强对学生的服务、管理和思想政治教育。提出切实加强对独立学院的规范管理，依法落实对独立学院的扶持政策，建立促进独立学院健康发展的工作协调机制。该文件的主要精神是规范。

2008 年，省政府批准设置周口科技职业学院，专科层次，全日制在校生规模暂定为 3000 人。经省政府申报、教育部同意在郑州科技职业学院基础上建立郑州科技学院，学校全日制在校生规模到 2012 年达到 6500 人；在郑州华信职业技术学院基础上建立郑州华信学院，学校全日制在校生规模到 2012 年达到 9000 人。这 2 所院校均由专科层次升格为本科层次，且均为民办院校。至此，全省高等本科院校由 31 所增加到 33 所，民办本科院校由 1 所增加到 3 所。

2008 年 2 月，教育部在北京召开独立学院工作座谈会，随后下发《独立学院设置与管理办法》（以下简称《办法》），对现有的独立学院的独立工作提出了明确的时间要求，要求各独立学院要在一年内完成独立学院法人财产权的相关工作，在五年内完成《办法》规定的独立设置。五年内，对已经设立的独立学院按照《办法》的规定考察验收，考察验收合格的，核发办学许可证。对既不申请考察验收，也不申请转设民办高等学校的，必须按《办法》要求规范其办学体制。五年过渡期结束后，严格按《办法》要求办理。为此，根据国家政策和河南省实际情况，省教育厅制定实施意见，要求各有关高校和独立学院尽快制定具体实施方案。同时在此基础上制定了《河南省独立学院改革方案》并报送教育部，经教育部同意后开始实施。

2009 年 5 月 22 日，河南省人民政府、中华人民共和国教育部《共建国家职业教育改革试验区实施方案》指出，要大力发展民办职业教育。对民办职业学校，各级政府在建设用地、项目安排、评先奖优等方面要与公办学校同等对待，在税收、经费补贴、职称评定、银行贷款等方面要与公办学校一视同仁。各级政府要选择一批办学基础好、学生就业率高、社会信誉好、发展潜力大的民办职业院校给予重点扶持，支持其扩大办学规模；采取出租、转让闲置教育设施等措施，扶持民办职业院校发展。

2010年11月7~8日，中国民办教育发展大会暨中国民办教育协会年会在黄河迎宾馆举行。本次会议由中国民办教育协会主办，黄河科技学院承办，时任中共中央政治局委员、国务委员刘延东做了重要批示，时任全国人大常委会副委员长陈至立致贺信，时任全国人大常委会副委员长严隽琪、全国政协副主席张榕明、教育部副部长鲁昕等领导出席大会并做重要讲话，同时有400多家来自全国各地民办教育界的代表出席盛会。

中国民办教育协会成立大会组委会，组委会由全国人大常委会原副委员长许嘉璐任名誉主任，时任中国民办教育协会会长陶西平任主任，时任全国人大常委会委员、教科文卫委员会副主任王佐书担任第一副主任。按上届大会惯例，河南省贾连朝、介新、蒋笃运、胡大白也参加了组委会并任组委会副主任。

2011年3月，河南省3所高校通过全国高等学校设置评议委员会评审，商丘科技职业学院升级为民办本科高校商丘工学院，郑州大学升达经贸管理学院转设为独立设置的民办本科高校郑州升达经贸管理学院，河南农业大学华豫学院转设为独立设置的民办本科高校商丘学院。

2011年5月31日，河南省人民政府《关于大力发展学前教育的意见》对民办幼儿园的发展出台了许多优惠政策，鼓励社会力量以多种形式举办幼儿园。要求各级政府及有关部门要根据学前教育规划为社会力量举办幼儿园提供必要用地，按照国家公益事业用地及建设的有关规定对新建、改扩建民办幼儿园给予优惠。制订各类幼儿园办学标准，建立并严格实行兴办幼儿园准入制度。经县级及以上教育部门批准设立并具有办学许可证的民办幼儿园在土地使用、水电配套、税收等方面依法享受与公办学校相同的政策。积极扶持民办幼儿园特别是面向大众、收费较低的普惠性民办幼儿园发展。通过政府购买服务、减免租金、以奖代补、派驻公办教师等方式，引导、支持民办幼儿园提供普惠性服务。对办园规范、质量合格、收费较低的普惠性民办幼儿园，由财政进行奖补，奖补办法由省财政厅会同教育等部门制定；对民办幼儿园在报经当地有关部门备案并经公示的收费标准范围内收取的教育费、保育费，按国家有关规定免征营业税，用水、用电、用气比照公办幼儿园价格执行。民办幼儿园在审批登记、分类定级、评估指导、教师培训、职称评定、资格认定、表彰奖励等方面与公办幼儿园具有同等地位。建立公办、民办幼儿园对口帮扶机制，实现公办民办共同发展。创新学前教育管理模式和运行机制，积极开展管办分离、委托办学、民办公助试点。

2011年4月11日，省政府办公厅转发了省教育厅《关于创新投融资机制鼓励引导社会资本投入教育领域的意见》的通知，支持民办学校做大做强，鼓励民办学校组建教育集团，实行联合办学，形成和发挥品牌效应，鼓励民办高等学校提升办学层次，支持符合条件的民办本科院校申报学士、硕士和博士学位授予单位。落实民办学校用地、建设、税收等方面的优惠政策，保障民办学校教师、学生合法权益，健全时政扶持政策，引导民办教育健康发展。

（二）体制探索

2004年，省政府审批建立10所高职高专学校，其中民办学校2所。另外8所公办中等专业学校升格的学校均为公办民助性质。由郑州煤炭高级技工学校和郑州矿务局职工大学联合升格的郑州工业安全职业学院、省交通学校升格的河南交通职业学院、省农业学校升格的河南农业职业学院、省商业学校升格的河南经贸职业学院、郑州市机电学校升格的郑州职业技术学院、郑州旅游学校升格的郑州旅游职业学院、信阳教育学院和信阳卫生学校联合升格的信阳职业技术学院、永城师范升格的永城职业学院等原来公办的全部按公办民助性质申请升格。这些公办学校在提交申请时，都被要求必须有"民助"成分，不少学校为了达到要求，十分匆忙地找企业签订协议。为了真正实现"公办民助"，审批部门要求"民助"方面必须将资金打入公办学校的账户。有些学校就和企业签订了两份协议：一份是为了应付审批的，按照要求列出条款并将资金打入；另一份是真正的执行协议，不上报。学校完成升格后就将资金再返回企业。这样的操作只进行了一年。到2005年以后，"民助"实际上已经不复存在。

在这个过程中，一些真正下决心办高等职业教育的公办中专实现了目的。当时一些有实力的中等专业学校因为顾忌"公办民助"担心丢了编制等"铁饭碗"而不敢申报，失去了机会。就是申报的学校中，也有犹豫了再犹豫的学校。有个市属中专学校，多次召开班子会议研究升格问题，都因为"民助"问题而无法统一认识。最后到了申报截止当天的凌晨，才勉强下决心申报。当时的公办学校，许多宁可继续进行中等教育也不愿冒着失去公办身份的风险去升格。

2005 年，因国家政策要求停止招收学历文凭考试学生，几所民办医学专修学院生源枯竭，面临关门，教育资源闲置浪费。了解到这种情况，教育厅主动帮助学校寻找对策，积极与省卫生厅等部门协调，并组织专家组认真考察了他们的办学条件，本着对社会对学校负责的态度，区别情况对学校给予指导和支持。对条件较好的郑州白求恩医学中等专业学校、郑州中原医学中等专业学校、郑州黄河医学中等专业学校、郑州仲景国医中等专业学校等，在指导其进一步完善条件的基础上，适当放宽准入条件，安排他们实施了"3+2"分段制高职教育，都超额完成了年初下达的招生计划；对条件较差的新乡医学中等专业学校、漯河卫生中等专业学校等支持其举办了普通中专教育。为了支持漯河建设国家食品城，教育厅还指导民办漯河食品工业中专高标准办学，在其基本具备条件的情况下，也安排实施了"3+2"分段制高职教育。

2005 年，郑州科技职业学院、郑州交通职业学院、郑州华信职业学院等民办高校，分别开展了 2 年制、3 年制的人才培养模式和教学内容体系改革试点。

（三）规范管理

2004 年 8 月，中共河南省委高校工委批文同意建立中共郑州经贸职业学院委员会和纪律检查委员会。11 月，学院召开党员大会，选举产生党委、纪委，朱柏生任党委书记，曹文斌任党委副书记兼纪委书记，全院分设 6 个党支部。

2005 年，根据《中国共产党基层组织条例》有关规定，积极推进高校党委班子换届选举工作，促进组织生活规范化、制度化。先后指导和审批了嵩山少林武术职业学院、郑州澍青医学高等专科学校、郑州交通职业学院等高校召开了党员代表大会（党员大会）。同时根据中央和省委关于加强民办高校党的建设的有关要求，进一步规范民办高校党委换届工作，制定下发《关于省委高校工委管理社会力量举办高校党委换届呈报审批程序》。同时，指导成立了嵩山少林武术职业学院、郑州电子信息技术职业学院 2 所民办高校党委，并对党委、纪委主要负责人的人选进行了考察和明确。

根据 2004 年民办学校年审结果，2005 年为全省 5200 所民办学校和民办教育机构换发了新的"办学许可证"，鼓励其规范办学。为提高民办教育办学质量，省教育厅在郑州、洛阳、平顶山、信阳、新乡、开封等民办学校相对集中的省辖市分别举办了民办学校校长任职资格培训班和财会人员业务培训班，培训内容突出国家《民办教育促进法》和《民办教育促进法实施条例》有关法律法规及教育教学规律和教学管理等，对提高民办学校校长的业务素质和管理能力，加强民办学校管理队伍建设，促进河南民办教育的健康发展具有重要意义。

2005 年，固始县按照属地管理的原则，加大教育行政执法力度，严格社会力量办学审批手续，坚决取缔未经审批擅自设立的民办学校，对个别学校限期进行整改，避免了教育资源浪费，促进了民办教育的健康发展。

2006 年，省教育厅组织专门人员对全省 4297 所民办学校和民办教育机构进行了年检，分别从办学指导思想、办学条件、管理水平、教学质量和办学效益等方面进行了全面检查。对办学条件较好、办学水平较高的民办学校和民办教育机构进行了表彰，鼓励其进一步提高教学质量，提高办学效益。对办学条件和办学水平较差的民办学校和民办教育机构要求其限期整改。对办学条件不合格的民办学校和民办教育机构，又进行了复查，对其中希望继续办学的限期整顿，对不适合继续办学的学校进行了注销，本年全省注销和停办民办学校和民办教育机构 23 所。

2006 年 12 月 30 日，经河南省中等职业教育与成人教育研究会批准，河南省民办职业教育分会正式成立，全省 100 多所民办中等职业学校的代表参加了成立大会，会议通过了分会章程，选举时任省职业技术教育教学研究室副主任郭国侠为分会会长。

2007 年 4 月 10 日，成立河南省民办教育工作领导小组。

2007 年，郑州市先后 4 次召开分校校长会议，多次下发有关分校规范问题的通知，对全市分校进行了全面细致的调查摸底，为有效解决分校问题提供了第一手资料，并在此基础上拟定了清理规范公办义务教育学校所办分校的初步方案。总体考虑是，结合初高中分设工作，拟采取达到"四独立"条件就民办、不能独立即停办的方法，规范公办初中分校的办学。时间上2008年停止招生，2年过渡期，至2010年全部规范到位。

2007年2月1日，安阳市教育局下发《关于公布民办学校（机构）年检结果的通知》，公布了社会力量办学合格单位、整顿单位和停办单位名单。对新申请办学的安阳市文源职业中等专业学校、方远职业中等专业学校和内黄县工业职业中等专业学校、内黄县职业技术中等专业学校4所民办学校（班）进行了资格审查和实地考察验收，下发文件对4所学校予以公布。5月30日，下发《关于对非法举办的中小学幼儿园进行排查清理的通知》，展开了对非法举办中小学、幼儿园（班）及其他教育机构的专项整治活动。共排查非法民办学校31家，对基本具备办学条件的4家下达了"督察通知单"，要求其及时到相关部门办理审批手续；对其他不具备办学条件的当即予以取缔。通过排查整顿了民办教育市场，让社会各界广泛了解民办教育政策，形成了良好的民办教育氛围。7月7日，下发《关于成立民办教育领导小组的通知》，成立了安阳市民办教育领导小组，以市教育局局长为组长，以机关各有关科室科长为成员，负责调查研究，及时掌握民办教育发展中的情况和问题，提出促进本市民办教育发展的意见和建议，研究制定促进、规范民办教育发展的方针政策。进一步加强对民办教育工作的领导，促进了全市民办教育的健康发展。

中共濮阳市教育局党组颁发《关于加强民办学校党的建设工作的意见》，以正式文件的形式首批选派7名经验丰富的老同志兼任民办学校支部书记，参与学校重大问题的讨论决策。

2008年1月26日，时任省委组织部部长叶冬松在第十六次全省高校党的建设工作会议上的讲话中明确指出，要完善民办高校党建工作。按照中组部、教育部党组《关于加强民办高校党的建设工作的若干意见》和河南《关于加强民办高校党的建设工作的实施意见》精神，研究制定《关于向民办高校选派党组织负责人的实施意见》，选好配强民办高校党组织负责人，切实加强民办高校党组织领导班子建设，确保民办高校的办学方向和办学质量。

2010年9月20日，中共河南省委组织部向黄河科技学院等3所民办本科高校委派党委书记。

2010 年，省教育厅采取一系列措施进一步推动全省民办教育持续健康发展。一是 3 月 12 日在郑州召开了 2010 年度民办教育工作会议，总结交流了各地民办教育发展情况、开展的主要工作、取得的成绩及存在的突出问题，部署了 2010 年全省民办教育工作。二是对民办高校招生情况进行全面检查。8 月，随着高校招生工作的开展，省教育厅组织力量对民办高校招生情况进行实地检查，听取各民办高校关于招生情况的汇报，察看了学校招生录取现场，审阅了招生简章，对民办高校招生工作中存在的问题及时进行纠正，有效防止了一些问题的发生。三是结合全省实际，特别是针对现阶段民办学校教职工社会保险、教师和学生权益保障、学校招生等一些突出问题，进行了广泛深入的研究。充分借鉴外地经验，代省政府起草《关于促进民办教育发展的意见》（征求意见稿），又多次召开座谈会，征求学校、市地及有关厅局的意见，数易其稿后上报省政府，争取早日出台。四是开展优秀民办学校评选表彰活动。对黄河科技学院等 22 所优秀民办学校进行表彰，分别给予获奖高校 10 万元、获奖中小学 2 万元的教学设备奖励。

2011 年，鹿邑县教体局严格规范审批和年审工作，并组建工作组，对全县范围内所有民办学校、幼儿园逐一进行排查，对 25 所民办学校下达限期整改通知书，对不符合办学条件的 35 所民办学校依法予以取缔。全县取得办学许可证的民办教育学校 133 所，在校生 103522 人。

2012 年 3 月，召开全省民办高校党建工作座谈会，对民办高校党建工作中带有普遍性、现实性、前瞻性的问题进行了研究和讨论，并就会议反映出来的情况、问题和建议形成报告上报教育部。2012 年，先后组织了民办高校党建调研工作、在社会多元化的环境下保持党员信仰的纯洁性和正确性专题调研、高校党员发展情况调研，开展了民办高校党建工作检查。采取书面性的全员调研和深入基层的重点调研相结合的方式，通过座谈、问卷、走访、实地察看、现场研究等多种形式，对党组织设置情况、党员队伍状况、日常党建工作、制度建设、工作机制等进行了普查型了解，对一些比较突出的普遍性问题进行了交流和研讨，并提出了意见和建议。

2012 年，郑州市下发《关于规范我市民办学校审批工作的通知》，在审批对象、审批权限、审批程序等方面做了新的规定。重新规范年检制度，成立了年检工作领导小组，规范了年检工作的范围、原则和方法及时间、内容安排。出台《民办学校财务管理办法》、《民办学校会计基础工作规则》、《民办学校会计档案管理办法》和《民办学校会计核算办法》4 个系列性文件。建立民办学校党建指导员制度，首次向市管 36 所民办学校派驻党建指导员。建立了"例会与紧急会议相结合"的会议制度。

（四）市县、学校进展

2005 年，固始县永和高中高标准建成使用，总投资 6000 万元以上。2005 年秋共招收 26 个教学班，学生 1560 人；明珠双语幼儿园建筑面积 1 万平方米，面向全县城乡招收 7 个班，幼儿 190 人；希望高中投资 300 多万元的校园扩建工程正在进行中。当年，固始县新批幼儿园 28 所，小学 3 所，初中 2 所。截至年底，全县共有民办学校 163 所，其中高中 8 所，初中 9 所，小学 37 所，幼儿园（学前班）109 所，在校学生 32835 人，教师 2284 人。全县民办学校占地面积 1102568 平方米，建筑面积 215503 平方米，固定资产 2.5 亿元，其中 2005 年投入 8754.2 万元。本年评选出民办优秀高中 4 所，优秀初中 4 所，优秀小学 3 所，优秀幼儿园 4 所。

潢川县振华学校占地 120 亩，建筑面积 2.81 万平方米，绿化硬化面积 5.2 万平方米。现有 32 个教学班，在校生 1780 人，教师 102 人。潢川县启明中学 2005 年在校生将近 3000 人。

台前县新区实验小学 2003 年 8 月招生 9 个班 400 名学生；2004 年暑期后学校发展至 24 个班 1100 名学生，增加近两倍；2005 年暑假小学发展至 26 个班 1200 名学生，初中招收 6 个班近 300 名学生。3 年跨越了 3 大步。

自 2006 年 10 月 1 日起，《焦作市实施〈民办教育促进法〉办法（试行）》正式颁布施行，此项法令开河南省省辖市民办教育发展之先河。该办法共分七章四十条，对民办教育的设置与审批、收费与管理、风险防范、法律责任等做了详细规定，还特别制定十项扶持措施，强力扶持全市民办教育发展。其中包括对靠滚动发展或一次性投资达到千万元以上的民办学校，市级和县级财政部门按照相应标准拨付一定比例的教师工资，连续扶持 10 年。

2006 年 11 月 15 日，鹤壁市民办教育促进会成立大会暨第一次会员代表大会召开。会议通过了《鹤壁市民办教育促进会章程》《鹤壁市民办教育促进会会费收缴管理办法》；选举产生了鹤壁市民办教育促进会各机构组成人员，时任市教育局基础教育科科长李凤玲当选为首任会长。大会邀请时任副市长陈凤喜任名誉会长，时任市教育局局长谷朝众和副局长王荔担任名誉副会长。

2007 年 3 月 28 日，分别位于周口、商丘、南阳、许昌等地的 12 所民办学校组建的河南省江河教育集团在周口成立。这是河南第一个跨区域的民办教育集团。成立后的江河教育集团集小学、初中、高中、职业教育、师资培训于一体，总占地面积 2000 多亩，在校学生 4 万多人，总投资达 10 亿元，总部设在周口中英文学校。12 所学校分别是周口中英文学校、沈丘中英文学校、鹿邑伯阳双语学校、郸城中英文学校、太康华夏外国语学校、商丘市永城双语学校、西华青华中英文学校、许昌市鄢陵中英文学校、漯河许慎中学、方城国际学校、周口女子职业中专、上蔡苏豫中学（筹）。

2009 年，中牟县共有民办学校 27 所，在校生 2 万余人。其中，大专以上院校 2 所，在校生 1 万余人；中专学校 7 所，在校生 4000 多人；初中 1 所，在校生 1000 多人；小学 3 所，在校生 3000 余人；幼儿园 9 所，在校生 3000 余人；其他培训机构 5 所，人数达 1000 余人。民办教育规模大、标准高、生源充足、质量较好，满足了全县人民群众日益增长的教育需要，成为中牟县教育事业的重要组成部分。年底，根据郑州市教育局《关于民办学校（教育机构）年审工作的通知》，县教体局对全县民办教育机构进行了全部年审。

2011 年 2 月 14 日至 6 月 30 日，郑州大学升达经贸管理学院 4 个专业的 28 名学生和 1 名教师前往我国台湾苗栗育达商业科技大学进行研习与交流。这是河南省高校首批成规模整学期前往台湾高校学习与研修。

2011 年，焦作市财政为市直民办学校拨付扶持资金 150 万余元，较 2010 年增加 30 万元。各县（市）区通过兑现奖励资金，选派公办教师，补贴学费、课本费等形式，鼓励和支持民办学校的发展，全市财政累计为民办学校拨付扶持金额达 740 万余元，比 2010 年增加 150 万元。

2005 年，周口市民办教育发展势头强劲。全市民办教育各级各类学校共有 426 所，在校生 239158 人，比上年增加 61835 人。教师 12444 人，总投资 15. 2 亿元，总占地面积 7984 亩，总建筑面积 282. 3 万平方米。按学校类别分：高中 24 所，在校生 51963 人；初中 72 所，在校生 66203 人；小学 157 所，在校生 90917 人；职业学校 13 所，在校生 9146 人；非学历职业学校 6 所，在校生 802 人。2005 年，新建民办学校 67 所，总投资 3. 13 亿元。《中国教育报》在 2 月 28 日头版头条以《周口市为民办教育铺路架桥》为题报道了周口市发展民办教育的工作经验。在年初全省教育工作会议上，周口市就民办教育工作做了典型发言。山东枣庄、安徽阜阳、湖北十堰、江苏沭阳及本省焦作、平顶山、驻马店、洛阳等地代表先后到该市考察学习民办教育，呈现出民办教育的"周口现象"。

周口市政府立足实际，因势利导，把促进民办教育发展作为教育大市建设的重要内容摆在提升地区综合实力的重要地位，坚持"强化政府行为，优化政策环境，突出特色办学，提升竞争实力"的思路，下大力气助推民办教育发展。该市以招商引资和项目拉动为突破口，把优化民办教育投资环境作为"一号工程"，在 2001 年出台《周口市人民政府关于鼓励社会力量办学发展的意见》的基础上，之后根据发展需要对这些政策又进行了调整和完善，出台了《周口市人民政府关于鼓励社会力量办学加快教育发展的意见》，为支持、管理和规范社会力量办学工作提出了政策性依据。

虽然周口提出的大多数政策与全国其他地方的经验都大致相同，但是，具有重要创新意义的举措是，对于达到一定办学要求的民办学校，其教师由当地财政发放与当地公办学校教师同水平的工资，并在《民办教育促进法》规定的其他各个方面享受与公办学校教师同等的待遇。正是这一核心政策的支持，困扰民办学校发展的最大问题得以解决，教师在基本工资得到公共财政保障的前提下，还能得到学校按奖金发放的薪酬，总体收入水平高于公办学校的待遇，教师的工作积极性在很大程度上被调动起来，教育教学改革的热情很高。这一政策解决了民办学校教师的不稳定问题，也从根本上降低了民办学校的办学成本，从而使民办学校能够在足够低成本上保持市场竞争力。

在这种政策的支持下，外地客商纷纷到周口投资教育，曾经创造了半年引资近 10 亿元的奇迹。江浙一些商人或集团抢滩周口，出现了周口教育上的"江浙现象"。如江苏省中英文教育集团在商水、沈丘投资 1. 3 亿元创建周口中英文学校和沈丘中英文学校，江苏客商在鹿邑投资 5000 万元至 8000 万元兴建伯阳双语学校，浙江杭州宝善投资有限公司在太康投资 8000 万元创办华夏外国语中学等。其中一大批外来举办者建设的民办学校已经成为当地学校发展的领头羊，并创造了河南民办教育领域的众多第一。

到 2008 年，周口的民办教育总量实现了较大增长。全市各级各类民办学校达到 483 所，在校生 23.91 万人，教职工 1.24 万人。这样的发展成就，被媒体誉为"河南民办教育第一城"。

（五）投入支持

为促进民办教育发展，在教育经费紧张的情况下，经多方协调，省教育厅设立了民办教育发展专项资金。为充分肯定各级各类民办学校和广大民办教育工作者为全省教育事业快速发展作出的突出贡献，进一步调动社会力量办学的积极性，引导民办学校依法办学、规范发展、提高质量、办出特色，2009 年 12 月，省教育厅下发了《关于评选表彰优秀民办学校、民办教育先进集体和先进个人的通知》，在全省开展了民办学校和民办教育工作者先进典型评选表彰活动。经过层层评选，省教育厅对周口海燕职业中专等 36 所优秀民办学校、北大附中河南分校等 181 个民办教育先进集体和 240 名民办教育先进个人进行了表彰，并对获得优秀民办学校称号的学校给予 2 万元的教学设备奖励。

继农村"两免一补"和城市义务教育免学杂费之后，2009 年，郑州市在全省率先对民办学校义务教育阶段在校生实行免学杂费政策，市管 26 所民办中小学 24601 名在校生免除 358.5 万元学杂费。

2010 年，郑州市设立 100 万元民办教育专项资金。

2010 年，焦作市财政为市直民办学校拨付扶持资金 120.1 万元，较 2009 年增长 7 万元。各县（市、区）也通过兑现奖励资金、选派公办教师、补贴学费等形式，鼓励和支持民办学校的发展。据统计，2010 年全市财政累计为民办学校拨付扶持资金达 590 万元，比 2009 年的 430 万元增长 160 万元。

2012 年，省教育厅将民办教育发展专项资金由 2011 年的 150 万元提高到 2000 万元，并确立了"促发展、促提高、促规范"三个使用项目。促发展项目 800 万元，用于奖励 40 所近年来投资千万元以上的中等及以下民办学校，鼓励吸引社会资本投资教育；促提高项目 1000 万元，用于支持 10 所民办高校品牌专业建设，提升民办高校办学水平；促规范项目 200 万元，对全省评选的优秀民办学校予以教学设备奖励，促进民办教育健康发展。

2012 年，全省新增民办学校 2222 所，全省民间资金投资教育达 83 亿元。在全国经济下滑的形势下，河南省民间资金投资教育的金额比上年增加 8 亿余元，增长 10%。

2012 年，郑州市人民政府设立了民办教育专项资金 5000 万元，出台《郑州市民办教育发展专项资金使用办法》，加强对该项资金使用的管理。出资 26.5 万元，为 59 所民办学历教育学校 52986 名学生购买了校方责任险；出资 8 万元，为 83 所民办学历教育学校 8 万名学生进行健康体检；出资 577.3 万元，解决了 10477 名市管义务教育阶段民办学校学生的学杂费和生均公用经费。在"树典型、促发展"方面，坚持以奖代补的形式竭尽全力扶持民办学校发展。出资 200 万元，奖励 20 所民办中职学校实验室建设；出资 731 万元，为 12 所民办中小学安装了 492 套班班通；出资 575 万元，奖励 40 个民办教育"十佳单位"、30 位民办教育杰出人物和 100 名民办教育优秀教师。先后向省教育厅推荐 3 所投资规模较大的民办学校（幼儿园）、3 所省级优秀民办学校、2 个省级民办教育先进单位和 8 名省级民办教育先进个人。二七区以强化法制宣传促进民办教育规范的做法和新密市民办学校星级达标评估的经验在全市进行了推广。

（六）成就和问题

到 2012 年，《民办教育促进法》颁布 10 周年，河南民办教育在发展中扩大了规模，积累了经验，探索了路子，也出现了一些问题。

1. 规模体系特色

（1）快速发展。

2012 年河南省各级各类民办学校在校生已达 421.68 万人，比 2002 年的 56.90 万人增长了 364.78 万人，占全省各级各类学校在校生总数的比例由 2002 年的 2.63% 上升到 15.11%。其中，普通民办高等学校在校生 28.96 万人，比 2002 年的 1.26 万人增加 22 倍，占普通高校在校生比例由 2002 年的 2.71% 上升到 18.58%；民办中等职业学校在校生 24.48 万人，比 2002 年的 2.4 万人增加 9 倍，占普通中专在校生的比例由 2002 年的 2.75% 上升到 50.32%；民办幼儿园在园幼儿 174.04 万人，占幼儿园在园幼儿的比例由 2002 年的 7.87% 上升到 54.42%，基础教育阶段的民办学校也有较快的发展。

（2）民办教育体系基本建立。

2012 年，全省各级各类民办学校已达 12761 所，其中独立设置的民办普通高校 34 所，民办中等教育机构 1014 所，普通初中 584 所，普通小学 1344 所，幼儿园 10328 所，均比 2002 年有了大幅发展。

（3）民办教育事业形成特色。

10 年间，河南民办学校健康发展，循序渐进。大部分学校办学行为规范，教育教学质量逐年提高，毕业生就业形势良好，并逐步形成多样化的发展模式、灵活的办学机制以及一校一策的办学特色。

2. 存在的问题

（1）地区之间发展不平衡，办学实力不强。

郑州、开封、许昌、濮阳、周口等省辖市民办教育发展较快，其他省辖市规模较小。民办教育办学条件与公办学校仍有一定差距，多数生均指标均低于公办学校水平。

（2）办学水平不高，品牌学校少。

经过多年的发展与积累，河南民办学校有了一定的基础，除少数投资多、办学时间长的学校外，大多数学校办学水平和教育教学质量与公办学校相比还有一定的差距。尤其是在义务教育阶段，随着政府责任到位，对义务教育实施"两免一补"政策后，那些资金投入较少，仅靠以学养学维持的民办学校生存困难。不少民办学校教师大多数为兼职教师或临时聘用人员，有的学校兼职教师占 50% 以上，影响了民办学校的办学水平。在民办高校中专任教师以 30 岁以下的年轻教师和 60 岁以上的老教师居多，中年教师比例小，这种"哑铃"形师资结构不可避免地影响学校的可持续发展。

（3）管理水平不高，潜在矛盾不少。

家庭式管理在民办学校普遍存在，学校举办初期还可以正常发展，随着办学的逐步规范，许多举办者不熟悉教育教学规律，问题逐渐暴露，越来越不适应学校的发展。由于管理人员以临时聘用和兼职的居多，临时思想严重，责任意识较弱，民办学校应有的管理机制、灵活的优势没有很好地发挥出来，反而制约了学校的管理。同时，党团组织不健全，思想政治工作薄弱，学校在广大师生员工中的凝聚力不强，潜在矛盾较多。

表 1-4　2004 年、2012 年河南民办教育指标和全省比较情况

单位：所，万人

层次	类别		年份	
			2004	2012
全省共计	校数	全省	65736	64752
		民办	3393	12761
	在校生	全省	2628.58	2789.96
		民办	109.10	421.68
普通高等教育	校数	全省	82	120
		民办	10	34
	在校生	全省	70.28	155.90
		民办	6.34	28.96
普通高中教育	校数	全省	909	785
		民办	170	196
	在校生	全省	168.75	192.63
		民办	12.93	25.98
中等职业教育	校数	全省	948	735
		民办	41	234
	在校生	全省	109.95	145.66
		民办	5.94	24.48
普通初中教育	校数	全省	5320	4551
		民办	398	584
	在校生	全省	590.67	453.79
		民办	25.81	59.13

续表

层次	类别		年份	
			2004	2012
普通小学教育	校数	全省	34164	27452
		民办	585	1344
	在校生	全省	1014.06	1079.21
		民办	24.98	107.18
幼儿教育	园数	全省	3467	12912
		民办	2122	10328
	在园幼儿	全省	149.02	319.82
		民办	26.71	174.04

资料来源：根据《河南教育年鉴 2004》《河南教育年鉴 2012》整理。

五 成熟思考，健康转型（2013~2016 年）

（一）规模继续增加

到 2012 年，河南全省民办学校已经达到 12761 所，占全省学校总数的 19.71%。在校生达到 421.68 万人，占全省在校生总数的 15.11%，是 2002 年的 7.41 倍。10 年间每年平均以 36.48 万人的速度在增长。这样迅速增大的体量，使河南的民办教育不容置疑地成为河南教育的重要组成部分。也正因为如此，发展过程中的粗放方式和病态现象，才会出现更大的负面影响。这样的局面，政府在一如既往支持的同时加大了监管审查的力度；社会在逐步提高对民办教育的认识的同时，仍然还有一些根深蒂固的观念；民办教育发展带来的红利，在惠及经济社会发展的同时，扩大了教育覆盖面，使得一些本来没有可能上学的孩子有了读书的机会，家长总体上是肯定的；在民办教育内部，一些有远见的办学者、管理者和教职工，已经敏锐地认识到单靠规模扩张是不能实现发展目的的。在各方面，特别是在政府和民办学校决策者的冷静思考的同时，河南的民办教育已经开始了健康转型。

（二）政府支持

2013 年 5 月 12 日，省教育厅下发《关于拟奖励投资规模较大民办学校的通知》，对近年来投资在 1000 万元以上的民办幼儿园和投资在 3000 万元以上的民办中小学、中等职业学校进行奖励。同日，省教育厅下发《关于加强 2013 年民办高校品牌专业建设的通知》，对民办高校品牌专业申报条件、资助办法做出具体规定和要求。10 月 11 日，省教育厅下发《关于开展 2013 年度河南省优秀民办学校民办教育先进单位评选活动的通知》，严格程序，层层推荐。省教育厅组织检查组分赴各地和各高校，采取座谈、实地查看、召开座谈会等形式，对拟表彰学校进行检查评估，依照"促发展、促规范、促提高"项目操作规范严格审核、严格把关，确保奖励的公平、公正。

2013 年 5 月，省教育厅在焦作举办了 2 期民办中小学举办者和校长培训班，10 月在沁阳永威学校举办了 2 期幼儿园园长培训班，全省共有 1200 余名中小学董事长、校长和幼儿园园长参加培训。5 月在黄河科技学院举办了民办高校计算机骨干教师培训班，11 月在郑州升达经贸管理学院举办了民办高校经济学、金融学骨干教师培训班，共有 200 余名教师参加了培训，提高了民办高校教师教育教学水平。

2015 年 3 月，省教育厅召开了民办教育工作年度会。各省辖市和省直管县（市）教育局负责民办教育工作的分管领导和科室主要负责人及各民办普通高校的主要负责人参加了会议。会议在总结上年全省民办教育取得成绩和存在问题的基础上，对 2015 年的工作进行了部署，要求各地继续深化办学体制改革，调动社会办学积极性，积极帮助民办学校提高办学水平，加强正确引导，促进全省民办教育持续健康发展。

3 月 12 日，省教育厅下发《关于申报 2015 年民办高校品牌专业建设点的通知》，对民办高校品牌专业申报条件、资助办法做了具体规定和要求。3 月 20 日，省教育厅下发《关于拟奖励投资规模较大民办学校的通知》，对近两年来投资在 500 万元以上的民办幼儿园和投资在 3000 万元以上的民办中小学、中等职业学校进行奖励。10 月 10 日，省教育厅下发《关于开展 2015 年度河南省优秀民办学校、民办教育先进单位和先进个人评选活动的通知》，要求评选活动应严格程序，规范操作，层层推荐，严格审核。省教育厅组织检查组分赴各地和各高校，采取座谈、实地察看、召开座谈会等形式，对拟表彰学校进行检查评估，确保奖励的公平、公正。

12月8日，省政府出台《关于加快推进民办教育发展的意见》。这是自改革开放以来河南第一次以省政府名义印发的促进民办教育发展的文件，充分体现了省委省政府对民办教育的重视与支持。截至年底，共有13个省辖市、4个直管县（市）政府出台了促进民办教育发展意见，进一步完善了地方政府促进民办教育发展的政策措施，社会办学的积极性也得到有效调动。本年，全省民间投资教育资金达74亿余元，新增民办学校1370所。

2016年2月，省教育厅在郑州召开民办教育工作年度会议，各省辖市和省直管县（市）教育局负责民办教育工作的分管领导和科室主要负责人及各民办普通高校的主要负责人参加。会议在总结上年全省民办教育取得成绩和存在问题的基础上，对2017年的工作进行了部署，要求各地继续深化办学体制改革，调动社会办学积极性，积极帮助民办学校提高办学水平，加强正确引导，促进全省民办教育持续健康发展。

2016年，南阳、信阳、汝州、鹿邑相继出台了鼓励民办教育发展的政策。截至2016年底，已有16个省辖市、5个直管县（市）政府出台了促进民办教育发展的意见，进一步完善了地方政府促进民办教育发展的政策措施，通过设立民办教育发展专项资金，发挥财政资金的示范引领作用等多种举措，大力促进民办教育发展，以弥补政府对教育投入的不足，满足人民群众多样化的教育需求。社会办学的积极性也得到有效调动，2016年全省民间投资教育资金达87.4亿余元，新增民办学校863所。

2016年6月，省教育厅在新联学院举办了民办幼儿园园长培训班。11月，在商丘市兴华学校举办了民办中小学校长培训班；在郑州升达经贸管理学院举办了民办高等学校教学工作研讨会；分别在河大民生学院、郑州科技学院、郑州工业应用技术学院举办了民办高校播音与主持、广播电视编导、新闻学专业骨干教师培训班、机械类专业骨干教师培训班、土木工程专业骨干教师培训班，共培训民办中小学董事长、校长、幼儿园园长500余人，民办高校骨干教师400余人。

2016年，河南省贯彻国务院和省政府《关于进一步完善城乡义务教育经费保障机制的通知》要求落实义务教育阶段民办学校生均公用经费，切实实现义务教育阶段民办学校学生与公办学校学生同等待遇。全省直辖市和省直管县义务教育阶段民办学校学生每人按照小学630元，初中830元标准拨付，基本得到落实。继续按照民办教育"促发展、促规范、促提高"的指导思想，对民间资本一次性投资发展规模较大的民办学校给予奖励，吸引社会投资；对办学行为规范、办学质量较高的民办学校给予资助，帮助其提高办学水平。同时，资金的使用坚持公开透明、分级管理，确保公正，切实调动各地发展民办教育的积极性。上半年专项奖励资金就下发到了各地和各高校，充分发挥了资金的使用效益，有效地调动了民间投资教育的积极性。据各地统计，2016 年全省民间投资教育资金达 87.4 亿元，比上年增加 13.4 亿元，增幅达 18.1%，新增民办学校 863 所。《中国教育报》8 月 26 日头版以《河南近四百亿民间资金投资教育》为题、《河南日报》8 月 14 日以《我省民办学校 5 年增长近六成》为题分别予以报道。

（三）规范管理

规范管理是 2014 年全省民办教育工作的主题。1 月 20 日河南省教育厅发布《关于规范民办学校（教育机构）办学情况年度检查工作的实施意见》，安排从以下 13 个方面对民办学校进行认真的检查。（1）是否认真贯彻党和国家教育方针，坚持社会主义办学方向和教育公益性原则。党团工会等群团组织是否建立健全，是否经常进行党的路线、方针、政策宣传。（2）学校董事会（理事会或校务委员会）是否建立和依法行使决策权，校长是否具备国家规定的任职条件，是否行使教育教学和行政管理权。（3）是否按照办学许可证核定的学校名称、办学地点、办学类型、办学层次组织招生工作，开展教育教学活动；是否按规定的程序办理招生广告（简章）审核备案手续，有无涂改已审批的广告（简章）进行虚假招生宣传等违规招生行为。各类民办非学历教育学校（教育机构）有无擅自变更或新设教学点。（4）是否建立和完善规范的培养目标、专业设置、教学计划、教材使用和学籍管理等制度。（5）是否严格按照国家规定标准充实和完善办学条件。土地面积、校舍建筑面积、校舍功能（教室、试验室、图书馆、行政用房、活动场地）、图书藏书、仪器设备等与办学的层次、规模是否相适应。（6）是否注重强化师资队伍建设并达到国家规定的标准。聘请的教师有无教学资格证，教师队伍的数量、年龄、职称等指标是否与办学的层次、规模相适应。教职工的工资、福利待遇，教师的社会保险、医疗保险、住房补贴办理，教师的档案管理、职称评定情况是否符合国家政策。（7）各级各类民办非学历教育学校（教育机构）在招生过程中是否存在招收普通高等学历教育学生或挂靠具有学历教育招生资格的高校和单位招生的现象。（8）是否按照法律、法规的规定，将学校的资产过户到学校名下；是否有其他组织和个人非法侵占学校资产的现象。（9）是否设置相应的财务机构和配备专兼职财会人员，会计人员是否具备会计资格，是否设立银行账户，账目是否符合财务管理规定，是否执行国家统一的会计制度。（10）是否按照核定的收费项目和标准进行收费，收取的各项费用是否按规定公示；学生退学是否按规定执行退费。（11）是否有健全的维护学校安全稳定的工作机制和预案。消防、食品卫生、校舍和校园管理等方面是否存在安全隐患，是否制定相应的防范措施，周边环境治安综合治理情况如何。（12）是否按要求认真参加每年的教育事业统计。（13）各级教育行政部门认为需要检查的其他内容。

要求各级教育行政部门要对办学不够规范，办学条件和办学水平较差的民办学校或民办教育机构，尤其是对办学指导思想不端正、乱发广告、违规招生、乱发证书或存在其他违纪行为的学校和教育机构，视其性质和情节，依法给予停止招生、限期整顿、吊销办学许可证等处罚。

2013 年 4 月 17 日，郑州市教育局出台《关于进一步规范民办学校办学行为扶持民办学校健康持续发展的通知》，提出"六个规范"的具体要求：规范招生宣传、规范办学地址、规范招生秩序、规范学校收费、规范年审工作、规范投诉信访。年终各校评先评优均遵照"六个规范"要求进行表彰扶持。以扶持促规范，以扶持促品牌的目标初步实现。

2013 年度商丘市共有 842 所民办学校（教育机构）获得继续办学资格，其中幼儿园 484 所，小学 115 所，初中 51 所，高中 7 所，中等职业学校 14 所，民办高校 2 所，高等非学历教育机构 13 所，其他培训机构 156 所；105 所学校被县（区）教育局认定为年度年审优秀单位，67 所学校被责令限期整改，17 所学校被处以停止招生，13 所学校被取消办学资格，停办学校 25 所。2013 年，商丘市 3 所民办学校受到省教育厅奖励，分别获得奖金 20 万元；3 所学校被省教育厅评为 2013 年度省级优秀民办学校；4 个单位被评为 2013 年度河南省民办教育服务与管理工作先进单位。

2014 年 6 月 23 日至 7 月 10 日，许昌市教育局在全市范围内对已审批的 245 所民办教育培训机构及 238 所无证民办教育培训机构的办学行为进行拉网式排查整治。通过检查，共取消民办教育培训机构办学资格 14 所，限期整改 74 所，并对 72 所无证培训机构下发终止非法办学行政告知书。对全市已批准设立的 162 所各级各类民办学校的教育教学管理、办学条件、办学行为、财务后勤管理、学校安全等办学情况进行审查。经审查，办学合格学校 146 所，撤销办学资格学校 2 所，限期整改学校 9 所。对拒不整改或整改不到位的，依法责令停止招生，直至吊销办学许可证。

2014 年，周口市严格按照《民办学校检查评估细则》，采取查、看、听、座谈、抽查、总结等方式，逐县、逐校、逐项对全市民办初中、高中、中等职业学校、教育机构进行年度检查，对各县（市、区）小学、幼儿园进行抽查，共检查出合格学校 149 所，需要整改的学校 13 所，停办学校 2 所。

2016 年 9 月，省教育厅下发《关于进一步依法完善民办学校用人制度的通知》，要求各市、县民办教育管理机构要组织当地各级各类民办学校，特别是民办学校举办者及管理层，围绕"开除患癌女教师事件"开展一次大讨论活动，从中吸取教训和警示；同时，要积极利用讨论活动自查本学校在用人制度方面存在的问题，针对问题，及时整改，并将相关情况报送省教育厅。通过对优秀民办学校的表彰奖励和民办教育管理先进单位的评选，发挥正确引导作用，对违法违规办学的学校一律实行"一票否决制"，不得参与任何评优表先活动，对违规办学问题突出的市县，除扣减评优表先名额外，还进行通报批评，努力引导民办学校走规范办学、健康发展之路。加强监督检查，督促各地充分利用年检的机会，结合招生季节等，加强对民办学校的督查，对发现有乱办学、乱招生、乱收费等违法违规行为的少数学校，责令其立即纠正，并追查有关责任。通过采取这些措施，民办学校违法违规办学行为明显减少。

（四）市县措施

2013 年，郑州市依托郑州师范学院、郑州幼儿师范高等专科学校先后出资 54 万元，完成了 300 名民办学校校长和 300 名民办幼儿园园长的任职资格培训。截至 2013 年底，全市民办学校校长在岗持证率已达 94.5%，民办幼儿园园长在岗持证率已达 89%。组织 20 名民办中小学校长，参加省教育厅安排的校长培训。出资 539.6 万元，依托中国教师研修网，以"高效课堂"为主题，采取任务驱动、活动引领的方式，对全市 3827 名民办中小学教师进行了远程网络培训。

2014 年，郑州市积极引导民办中小学开展教学课程改革，形成教学特色，提高民办幼儿园保教质量。对民办学校豫翔中学进行了教学视导，对市区民办学校学生进行了问卷和访谈，全面了解学生对课程设置、教学管理、课堂教学等的看法，并对结果进行了分析，在全市课程与教学工作会议上进行了反馈。鼓励征地建校的民办学历教育学校在打造校园文化方面进行探索。下发了《郑州市民办学校校园文化建设活动实施意见》，通过学校文化建设，提升校园静态文化品位，拓展校园文化活动领域，创新和丰富校园动态文化活动。深入开展民办示范校创建活动，重点支持符合公益性要求的民办学校创建高水平、有特色学校。下发《民办示范性学校创建活动实施方案》，通过创建达到以先带后、以先促后，推动全市民办学校提升办学水平，提高办学质量，彰显办学特色，打造办学品牌，整体提升民办教育的实力和品质。

2013 年 8 月 14 日，开封市政府出台《关于加强民办教育管理的若干意见》，明确规定市级财政每年安排办教育专项资金 1000 万元，用于促进民办教育发展。并出台了《开封市民办学校风险防范基金管理暂行办法》和《开封市民办中小学财务管理办法和会计核算办法（试行）》等配套性文件，进一步规范民办学校的办学行为，提高民办学校的抗风险能力。

2013 年，洛阳市按照公办学校星级评估标准对市教育局审批设立的民办学校进行了星级评估验收。洛阳国际学校、洛阳华林学校、洛阳华洋国际学校获得优秀等级。树立民办学校品牌，以洛阳华洋国际学校、洛阳国际学校、崔建社名师工作室、范亚平名师工作室、裴素青名师工作室等一批办学条件较好、起点较高的学校和工作室为重点，加强宣传和推介，树立民办教育品牌学校。

2013 年 12 月，周口市人民政府出台《关于促进民办教育健康快速发展的若干意见》，落实民办学校与公办学校同等法律地位，积极鼓励引导民间资金投资教育领域，加强民办学校教师队伍的建设和管理，确保民办学校教师与公办学校教师享受同等待遇。设立民办教育专项资金，市政府每年拿出 500 万元，县级政府每年拿出不少于 200 万元扶持和奖励民办学校发展，主要用于优秀民办学校的奖励、培训、年审、年审结果公示和教育质量评估等，维护民办学校的合法权益。对新建的市直属民办学校，市级财政按基本建设资金的 15% 予以奖励；对新建的中心城区区辖民办学校，市级财政按基本建设资金的 5% 予以奖励；对新建的县（市、区）属民办学校，县（市、区）级财政奖励资金不低于基本建设资金的 10%。

滑县教体局广泛开展幼儿教育培训工作，积极为民办幼儿园争取"国培计划"，享受与公办幼儿园同等待遇，有 88 人参加了国家培训；组织民办园向公办幼儿园学习科学的管理理念，组织 90 所民办幼儿园园长到滑县实验幼儿园等公办幼儿园见习一日工作流程活动；利用暑期组织 300 名园长及骨干教师开展集中培训，进一步提高民办幼儿园教职工的素质及教育教学水平，积极开展教研活动。组织全县民办幼儿园 180 余名园长和教师集中学习《3~6 岁儿童学习与发展指南》，帮助幼儿园教师和家长了解幼儿学习与发展的基本规律和特点，全面提高科学保教水平。2013 年 11 月，县教体局选派优秀教师到桑村博文学校等民办小学送课，课后进行点评，收到了良好效果。

为提升民办学校教师的教育教学水平，2014 年 7 月，许昌市在鄢陵县外国语小学举行为期 15 天的全市民办骨干教师特训营。140 余名骨干教师参加培训，培训对象主要是小学语文、数学教师。

（五）学校内功

（1）黄河科技学院制订完善《教职工行为准则》《教职工行为规范》《教师行为规范》《学生行为准则》《学生行为规范》等文件。根据学院理念识别系统制定出蕴含顶层精神理念的计划大纲，编制了新一版的《黄河科技学院学生行为规范（计划大纲）》《黄河科技学院教职工行为规范（计划大纲）》《黄河科技学院学生行为规范初稿》等相关文件。在理念识别系统方面，收集和整理学院史料，开展校庆人物采访活动，编写"黄科院故事"，继续开展理念识别系统学习宣传活动。在行为识别系统方面，制定了

《黄河科技学院学生行为规范》和《黄河科技学院教职工行为规范》。在视觉识别系统方面，完成了学院视觉识别系统设计方案和30年校庆标志设计，完成校园文化建设的主题文化墙、教学楼宣传栏、走廊文化标牌等各类设计项目30余个。在内涵建设系统方面，狠抓学院教育教学改革、科研及学术发展与卓越管理，提高了教育质量和办学水平。在品牌宣传推广方面，先后在《光明日报》《中国青年报》《中国教育报》等中央级媒体刊发重点宣传文章12篇次，组织新浪网、新华网、人民网等主流网媒体对董事长进行11次视频专访，在《河南日报》《大河报》等省市主流媒体刊发宣传文章40余篇次，同时加强对学院官方微博、微信平台的建设，提升了学院品位宣传的高度和影响力。

学院深入推进学习型党组织建设活动，把提高全体师生思想政治素质作为推进学习型党组织建设、学习型单位建设的基本目标，逐步推进争创学习型党组织，争当学习型党员、学习型教工活动常态化。深入开展创先争优活动，推动创先争优活动长效机制建设。学院党校被省委宣传部授予全省先进基层党校称号。

学院在省内外各项活动中实现多项突破。新闻学院学生杨阳拍摄的微电影《追梦》，荣获首届亚洲微电影艺术节金海棠好作品奖。国际学院学生张云鹏在全国软件专业人才设计与创业大赛中获本科组全国一等奖。外国语学院学生张雪珊、丁鑫在全国国际商务单证职业技能大赛中获得专业组全国一等奖。商贸学院学生曹焕焕在全国大学生网络营销比赛中获得个人三等奖。艺术设计学院代表队在全国三维数字化创新设计大赛中获得4个全国二等奖。信息工程学院代表队在全国大学生数学建模竞赛中获得6个全国二等奖，7个省级一等奖。工学院"花生米"团队的作品《云间绿城》在第十一届"挑战杯"河南省大学生课外学术科技竞赛中荣获特等奖，代表河南民办高校参加全国总决赛。体育学院跆拳道代表队在全国大学生跆拳道锦标赛中获得1银3铜，被中国大学生体育协会授予"精神文明运动队"称号。体育学院跆拳道代表队在河南省大学生第二届跆拳道锦标赛中获得3金、10银、14铜，被省教育厅授予"跆拳道示范学校"称号。在第六届全国美育成果展中获特等奖1个，一等奖7个，二等奖15个，三等奖1个，优秀奖5个。学院男声合唱团在第五届河南省合唱节上获得金奖。学院学生创办的河南常联文化传媒有限公司等 3 个创业项目获省专项资金扶持。专升本、考研等成绩突出。专升本报考 568 人，录取 333 人，录取率为 58.63%。报考研究生 662 人，录取 245 人，考取研究生人数占本科毕业生人数的 5.04%。医学院 351 人参加全国护士资格证考试，通过 339 人，通过率为 96.58%。

黄河讲坛是黄河科技学院常设的大学师生人文科技讲座。到 2013 年底，"黄河讲坛"共举办 17 期 32 场次，直接受众达 1 万余人，间接受众达 50 万人以上。3 月邀请美国芝加哥大学 7 名海归精英，5 月邀请美国弗吉尼亚大学 9 名精英做客黄河讲坛，与学院师生一起分享他们的睿智人生与美丽梦想。2013 年 10 月 30 日，时任全国人大常委会委员、全国人大教科文卫委员会副主任委员、中国民办教育协会会长王佐书做客黄河科技学院"黄河讲坛"，就新著《一万个为什么》及高水平大学"高"在何处做专题报告。10 月 31 日，世界数码媒体艺术大师、当代多媒体与数码媒体设计、创意广告和视觉与品牌战略的倡导者和领航人杰伯斯·G 教授应艺术设计学院邀请做客"黄河讲坛"，以文化创意为主题，以广告、MV、电影为载体，为艺术设计学院 200 余名师生奉上一道精彩的艺术盛宴。

2014 年 3 月，在中国校友会网公布的《2014 中国大学评价研究报告》中，黄河科技学院列 2014 年度中国理工类民办大学排行榜第一名，荣膺 2014 年度中国五星级民办大学。同时学院以发表 1946 篇论文高居 2014 年度中国民办大学国内论文排行榜榜首。

2014 年 5 月 26 日，中国民办教育博物馆在黄河科技学院正式开馆，这是全国第一座全方位、全过程反映中国民办教育发展史的博物馆，也是全国第一家民办教育博物馆。时任全国人大常委会委员、全国人大教科文卫委员会副主任委员、中国民办教育协会会长王佐书等领导出席开馆仪式。开馆前 3 天，参观人次近万，引起各大媒体高度关注，开馆当天关于中国民办教育博物馆的相关搜索量达 172 万余次。中国民办教育博物馆已成为河南民办教育品牌宣传的新名片。

（2）郑州升达经贸管理学院成立教学督导组，积极推行教学管理人员听课、教师评学、学生评教等制度，不断完善教学质量监控体系；坚持每学期进行期初、期中、期末教学检查，举办数学、外语、计算机教学竞赛；举办中青年教师课堂教学比赛；坚持开展教育思想大讨论、师德教风建设、教学质量月等系列活动。安排优秀教学资料展示，组织教师参观学习，每学期举行期中教学总结表彰会，形成从院领导到各系教学管理人员人人关心教学的良好氛围，教学质量稳步提高。学院教学质量工程建设取得了显著成效，经济管理实验教学中心被批准为省级实验教学示范中心，金融学专业被批准为河南省民办高校品牌专业，国际经济与贸易专业被批准为省级特色专业建设点，市场营销专业被批准为省级专业综合改革试点。

（3）郑州科技学院认真组织完成省级专业综合改革试点、省级特色专业和省级品牌专业的申报。旅游管理专业被评为河南省民办高校特色专业和省级品牌专业综合改革试点，获得省级财政经费支持100万元。

2014年郑州科技学院引进研究生160人（其中，博士研究生1人，副高及以上职称教师20人），招聘外聘教师150人。人事、教务部门对新进青年教师进行岗前培训，暑期组织了青年教师培训410人次。晋升副教授9人，晋升讲师68人，师资结构进一步优化。组织7个院系88名教师深入省内外59家企业进行实践锻炼，认定"双师型"教师96人。选派骨干教师182人参加国家精品课程网络培训项目，其中主培教师67人，辅培教师115人，研修课程66门。2014年，被评为河南省教育厅学术技术带头人、河南省教育厅优秀管理人才、郑州市学术技术带头人、郑州市优秀教师各1人，河南省民办教育系统模范教师10人，郑州市民办教育优秀教师2人，郑州地方高校第三届优秀中青年骨干教师3人，第四届优秀中青年骨干教师培养对象5人。

（4）郑州华信学院先后派出相关人员到江西、陕西、山东等地民办高校参观考察，交流办学经验。3月，美国密苏里大学圣路易斯分校（UMSL）外事办主任乔尔·格拉斯曼先生与安妮·费斯教授、杰姆斯·费斯先生一行到校访问，双方就合作办学事宜进行洽谈。5月，美国圣路易斯大学帕克斯工程与技术学院院长狄奥多西·亚历山大教授携夫人到校参观交流，双方就建筑工程专业方面的合作达成初步意向。10月，学院与泰国博仁大学就本科生、硕士研究生、博士研究生联合培养和本院教师到博仁大学攻读博士学位等签订了合作协议。11月，美国密苏里大学圣路易斯分校护理学院院长苏珊·迪安巴尔教授一行到学院参观访问。双方就护理专业 2+2 合作项目事宜进行协商，并签订合作协议。学院与河南鸿马实业有限公司合作完成的"HM6550EVJ 型流动警务室关键技术研究"项目，通过河南省科技厅、郑州市科技局专家的科技成果鉴定。

（5）信阳师范学院华锐学院实施人才强院战略，积极构建优秀教学管理队伍。聘请中国社会科学院马克思主义研究院特聘研究员、国务院政府特殊津贴享受者、中国人民大学首批荣誉一级教授卫兴华任名誉院长。引进特聘教授 8 人、博士 1 人。注重骨干教师队伍培养，遴选 8 名青年教师到中层岗位。新增中级专业技术职务 37 人。完善人事管理考核措施，制定修订《员工日常考核管理规定》《年度优秀教师奖励实施办法》。

（6）郑州成功财经学院突出教学工作的中心地位，强化质量意识，以落实教学五项指标（就业率、考研率、英语四六级通过率、计算机二级通过率、中级资格考试通过率）为抓手，采取教学督导、学生评教、教师评学等教学质量监控措施，严格执行期初、期中、期末教学检查，通过狠抓"三风"建设、深化教育教学改革和"教学质量年"活动，强化了教学管理，规范了教学行为，弘扬了"三严"传统，促进了教育、教学改革和教学基础建设，提高了教学质量，保证了整个教学工作的健康运行。

（7）洛阳科技职业学院加大教学质量的监控力度，充分发挥督导作用，促进良好教风学风的形成和教学质量提高。2013 年，学院相继出台了《高职培养方案管理条例》《高职教学运行管理细则》《高职教学工作规范》《高职课堂教学规范》《高职课堂教学质量评价办法（试行）》《高职教学事故认定标准和处理办法》《任课教师管理办法》《教师教书育人规范》等一大批教学管理制度，使教学管理得到进一步规范化。

（8）郑州城市职业学院充分利用集团企业点多面广、实力雄厚的优势，着力加强学生实践能力的培养，不断拓展学生的发展空间。坚持"校企合作、工学结合"的办学模式和"讲、学、练、做"一体化的教学模式，改革课程体系和教学手段及教学方法，积极推行双证书政策，坚持以能力培养为主线，着力加强学生实践能力的培养。

郑州城市职业学院自 2014 年起实施优秀人才培养"腾飞计划"。优秀人才培养基金由学院提供，初始资金为 200 万元，基金使用分为 2 年实施，主要用于学院内部各类优秀人才的培养及由此产生的人员培训费、进修费、科研费、差旅费等。根据公开竞争、择优任用的原则，本年推荐副院级后备干部3名，副处级后备干部19名。

（9）2014年商丘工学院实施"人才强校"战略，并为人才搭建科学研究、施展才华的机会。针对学院青年教师较多的特点，在青年教师中实行"1358工程"。学院有教职工767人，专职教师592人，具有副高级以上专业技术职称的190人（教授71人），具有研究生以上学历的263人。全国师德先进个人2人，省级优秀教师2人，省教育系统优秀教师2人，省级学术技术带头人4人，市级优秀教师6人，市级学术技术带头人1人，市级科技专家1人。学院学科涉及工学、管理学、教育学、医学、艺术学5大学科门类，有本科专业16个，专科专业39个。省级重点学科1个，省级特色专业2个，省级综合改革试点专业2个，省级民办高校品牌专业3个。学院设信息与电子工程学院、传媒与现代艺术学院、管理学院、机械工程学院、土木工程学院、护理学院、体育教学部、思想理论课教学部、基础教学部和继续教育学院10个教学院（部）。

六 新法实施，机遇挑战（2017年至现在）

进入新时代，原有的《民办教育促进法》已不能适应民办教育快速发展的需要。自2012年起，教育部启动了《民办教育促进法》的修改工作。2013年9月，国务院法制办公室将《教育法律一揽子修订草案（征求意见稿）》及其说明公开征求社会意见。2016年4月18日，中共中央总书记、国家主席、中央军委主席、中央全面深化改革领导小组组长习近平主持召开中央全面深化改革领导小组第二十三次会议并发表重要讲话。会议审议通过了《关于加强民办学校党的建设工作的意见（试行）》《民办学校分类登记实施细则》《营利性民办学校监督管理实施细则》等。会议强调，支持和规范民办教育发展，要坚持和加强党对民办学校的领导，设立民办学校要做到党的建设同步谋划、党的组织同步设置、党的工作同步开展，确保民办学校始终坚持社会主义办学方向。要建立营利性和非营利性民办学校分类登记、分类管理制度，提高教育质量。对于民办教育，会议释放了两个重要信号：一是要对民办学校加强管理，使其规范、健康发展；二是放开市场，允许部分类别和层次的民办学校举办营利性学校。

2016 年 11 月 7 日，全国人大常委会通过了《民办教育促进法（修正案）》。12 月 29 日，中共中央办公厅印发《关于加强民办学校党的建设工作的意见（试行）》，国务院印发《关于鼓励社会力量兴办教育促进民办教育健康发展的若干意见》。12 月 30 日，教育部、人力资源和社会保障部、民政部、中央编办、工商总局联合下发了《关于印发〈民办学校分类登记实施细则〉的通知》，教育部、人力资源和社会保障部及工商总局联合印发了《关于〈营利性民办学校监督管理实施细则〉的通知》。"1+4"（1 部修正案和 4 个配套文件）构成了新时期我国民办教育的基本政策体系。该政策体系的主要内容是进一步规范民办学校发展，对民办学校进行营利性和非营利性分类管理。义务教育阶段的民办学校不能选择成为营利性民办学校；其他类别和层次的学校，则既可以选择成为非营利性民办学校，也可以选择成为营利性民办学校。两种性质的民办学校将享受不同的财政、税收和土地等配套政策优惠。

2017 年 2 月，省教育厅召开全省民办教育工作年度会，各省辖市和省直管县（市）教育局负责民办教育工作的分管领导和科室主要负责人及各民办普通高校的主要负责人参加。会议总结了上年全省民办教育取得的成绩和存在的问题，对 2017 年的工作进行了部署，要求各地认真学习贯彻新修订的《中华人民共和国民办教育促进法》及相关文件，统一思想，调动社会办学积极性，积极帮助民办学校提高办学水平，加强正确引导，促进全省民办教育持续健康发展。

2017 年，省教育厅举办了不同层次的民办学校（幼儿园）董事长（理事长）、校长、骨干教师专题培训班，帮助举办者进一步端正办学思想，帮助管理者和教师提升业务能力，提升民办学校办学水平。3~12 月，分别在郑州成功学院、河师大新联学院、黄河科技大学、郑州升达经贸管理学院、郑州科技学院、郑州工业应用技术学院举办信息技术类专业、学前教育类专业、机械类专业、计算机类专业、会计类专业骨干教师培训班，培训民办中小学董事长、校长、幼儿园园长近 500 人，民办高校骨干教师 800 余人。9 月，在郑州举办由各民办高校校长、各省辖市分管民办教育的局长、负责民办教育工作的科长近 200 人参加的河南省民办教育专题培训班；邀请时任教育部政策法规司副司长王大泉就新修订的《中华人民共和国民办教育促进法》有关问题进行专题解读，还邀请省党建专家丁素做了《关于新时期如何加强民办学校党的建设》的专题报告，收到了很好的效果。11月，在信阳举办由全省分管教学的民办高校领导、教务处长共100余人参加的省民办高校教育教学改革与管理座谈会，邀请高等教育方面的专家王北生做了《关于高等教育教学改革》的专题报告，与会者反响强烈。

为了贯彻落实国务院《关于鼓励社会力量兴办教育促进民办教育健康发展的若干意见》的文件精神，稳步推进全省民办教育分类管理改革，在充分调研全省民办教育发展现状的基础上，借鉴外省先进经验，起草了《河南省人民政府关于鼓励社会力量兴办教育进一步促进民办教育健康发展的意见（征求意见稿）》，为全省民办教育在新形势下持续健康发展提供了政策依据。7月，省教育厅下发《关于进一步规范民办学校办学行为促进民办教育健康发展的通知》，要求各地、各级各类民办学校要坚持正确的办学指导思想，加强教师队伍建设，强化学校安全管理，严格规范收费和资产管理，及时依法查处违法违规办学行为，切实加强党建和思想政治教育及德育工作。

截至2018年4月25日，全国32个省、自治区、直辖市中辽宁、安徽、甘肃、天津、云南、湖北、上海、浙江、河北、内蒙古、陕西、河南、海南、江苏、青海、广东（按时间顺序排列）出台了相关实施细则。

2017年9月30日，辽宁率先公布实施意见；2017年10月，安徽公布实施意见；2017年11月，甘肃公布实施意见；2017年12月，天津、云南、湖北、上海、浙江、河北等省市公布实施细则；2018年1月，内蒙古、陕西公布实施意见；2018年2月，河南、海南、江苏、青海公布实施意见；2018年4月，广东公布实施意见。大部分省份的实施意见与《国务院关于鼓励社会力量兴办教育促进民办教育健康发展的若干意见》、《民办学校分类登记实施细则》、《营利性民办学校监督管理实施细则》和《中央有关部门贯彻实施〈国务院关于鼓励社会力量兴办教育促进民办教育健康发展的若干意见〉任务分工方案》基本一致。

对于存量民办学校的过渡期，辽宁、甘肃、天津、青海、广东五地没有明确；湖北原则上2020年9月1日前完成分类登记；云南2021年11月7

日前全部实现分类登记；上海规定主要实施高等学历教育的学校在 2021 年 12 月 31 日前完成登记，其他学校应当在 2020 年 12 月 31 日前完成；海南 2022 年 8 月 31 日完成分类登记；河北、陕西 2022 年 9 月 1 日前完成；浙江 2022 年底前完成；河南民办高校在 2022 年底前完成分类登记，其他学段由市县制定。

安徽民办高校须在 2022 年底前完成分类登记，其他学段由各市、省直管县决定；内蒙古最晚 2023 年 8 月 31 日前，过渡期内没有做出选择的，默认为非营利性学校。江苏原则上要求 2020 年 12 月 31 日前完成分类登记，最晚 2022 年底。

关于资产过户，辽宁、江苏规定举办者或出资人将所拥有的土地以原值过户到学校名下时，只收取证照工本费和登记费；安徽规定投入民办学校的货币资产，要经法定验资机构验资后过户，非货币资产要经有资质的中介机构评估后过户，未完成资产过户的民办学校应于重新分类登记前完成过户；云南规定举办者或出资人将所拥有的土地以原值过户到学校名下时，按照国家关于不动产登记收费有关规定执行。

关于税费优惠及财政扶持，辽宁规定民办学校提供技术开发、技术转让和与之相关的技术咨询、技术服务，符合相关规定的，免征增值税。一个纳税年度内，居民企业技术转让所得不超过 500 万元的部分，免征企业所得税；超过 500 万元的部分，减半征收企业所得税。鼓励企业接收学生实习、实训、学徒。企业因接收实习生所实际发生的与取得收入有关的、合理的支出，按现行税收法律规定在计算企业所得税应纳税所得额时扣除。

安徽规定出资人以不动产用于办学，原有不动产过户到民办学校名下且不属于买卖或交换行为的，免除办理过户手续中的行政事业性收费。

甘肃规定普惠性民办幼儿园的奖补资金，从甘肃省学前教育专项资金中安排；对捐助民办教育发展有影响力的组织和个人给予物质或荣誉奖励。

天津对符合税收政策规定条件的民办幼儿园提供的保育教育服务和从事学历教育的民办学校提供的教育服务免征增值税。

湖北鼓励县级以上人民政府创设公募性质的民办教育福利基金，主要为民办学校师生提供救助性福利保障。

浙江对为教师办理事业单位社会保险的民办学校，地方政府可给予一定比例的补助。

陕西省级财政设立民办高等教育发展专项资金，每年 4 亿支持非营利性民办高校内涵发展。

河南省要求市县政府专门安排资金支持民办教育发展。

海南规定登记为营利性民办学校的，分类登记前减免的税收和规划建设相关费用不再补缴。科研项目获得的财政拨款符合不征税收入条件的，不收企业所得税。

江苏规定非营利性民办学校按照税法规定进行免税资格认定后，其符合条件的收入免征企业所得税。对取得社会力量办学许可证的非营利性民办学校承受土地、房屋权属用于教学的，免征契税。从事学历教育的民办学校，对经有关部门审核批准收取的学费、住宿费等免征增值税。民办学校中的一般纳税人，提供非学历教育服务，可选择适用简易计税方法按照 3% 征收率计算缴纳增值税。对财产所有人将财产赠给学校所立的书据，免征印花税。对从事学历教育的营利性民办学校提供的教育服务免征增值税。

关于民办学校收费，云南和内蒙古明确民办学校实施自主定价，湖北明确民办学校实行市场调节价，其他省份部分实行市场调节价或自主定价。

辽宁非营利性民办学校除中小学学历收费实行政府定价外，其他自主定价。

安徽放开营利性民办学校收费和非营利性民办学校非学历教育收费，在试点基础上有序放开非营利性民办学校学历教育收费。民办义务教育阶段学校同等享受义务教育生均公用经费基准定额补助政策，民办学校在获取生均公用经费补助后，要等额减收在校学生学费。

天津选择部分非营利性学历教育民办学校进行市场化改革试点。对已经具备充分竞争，且符合《中华人民共和国民办教育促进法实施条例》规定的民办非营利教育收费实行市场调节价。随着民办教育的发展和市场竞争条件的成熟，逐步扩大实行市场调节价管理的范围，直至收费标准完全由市场形成。

浙江实行更加开放的分类定价机制。非营利性民办幼儿园收费实行市场调节价，具体收费标准由民办幼儿园自主确定；非营利性民办中小学校收费政策由各级政府按照市场化方向确定；非营利性民办高等学校学费和住宿费实行市场调节价。

河北逐步落实民办学校收费自主权。营利性民办学校和除本科及以上学历教育以外的其他非营利性民办学校收费实行市场调节价，非营利性民办学校本科及以上学历教育收费暂实行审批制，待条件成熟后，实行市场调节价。

江苏放开营利性民办学校收费和非营利性民办学校非学历教育（除幼儿园外）收费，具体收费标准由民办学校自主确定。在试点基础上有序放开部分学段非营利性民办学校学历教育收费。

青海规定非营利性民办学校收费实行政府定价（含政府指导价），逐步实行市场调节价。营利性民办学校收费项目及标准由学校自主确定，报价格主管部门备案。

关于投融资，辽宁探索民办学校固定资产抵押、担保中心信用贷款等业务；依托辽宁省教育基金会，引入公益融资机制。

安徽支持社会资金和民办学校利用 BT（建设—移交）、BOT（建设—经营—移交）、企业债券、项目收益债、中期票据等融资工具投入学校项目建设。允许营利性民办学校以各种方式引入风险投资、战略投资，发行专项债券，通过资本市场进行规范融资。

天津支持鼓励融资担保机构为民办学校的发展提供融资担保服务。

湖北依托现有融资性担保机构，加大对民办学校的融资支持；鼓励民办教育行业组织组建担保公司，积极开展业务，服务民办学校。在风险可控的条件下，各地可建立民办学校低息贷款政策，支持民办学校融资；对于办学规范、信誉良好的民办学校，当地政府可提供贴息贷款。

浙江民办学校学费、住宿费收费权可用于质押，质押登记信息报批准设立的审批机关备案后，在中国人民银行应收账款质押登记公示系统登记。民办学校功能清晰、产权独立的非教育教学不动产可用于学校自身债务抵押，抵押登记信息报批准设立的审批机关备案后，由相关登记机关办理抵押登记手续。

内蒙古探索和支持非义务教育阶段公办学校引入非公有资本参与办学，或以国有控股形式交由社会力量管理。

河南鼓励和支持企事业单位等利用非财政性资金依法以独资、合资、合作等形式兴办学校。

江苏鼓励组建教育融资担保公司，为民办学校提供贷款担保等服务，对产权明晰、办学行为规范、诚信度高的民办学校发放信用贷款。

关于产权流转、退出机制等，安徽、湖北、上海、陕西四地明确了产权流转、退出补偿和奖励办法。

安徽鼓励民办学校通过兼并、收购、联合办学等方式，实现连锁、联盟和集团化发展。建立民办学校产权流转制度，规范举办者股权转让行为。产权流转要纳入所在地政府产权交易平台，规范操作。

湖北规定 2016 年 11 月 7 日前设立的民办学校，选择登记为非营利性民办学校的，终止时，举办者在 2017 年 9 月 1 日前的出资可纳入补偿或奖励范围，清偿后的剩余资产可按不高于经确认的出资额返还，仍有结余的，可视情况给予举办者学校净资产（扣除国有资产、捐赠、土地房产增值部分）15% 的奖励。

上海规定补偿金额为出资金额与该出资的历年折算利息之和，在扣除出资者历年取得的合理回报与合理回报相应的历年折算利息后的金额，但不得超过剩余财产扣除财政扶持和社会捐赠形成资产后的金额。奖励金额以学校停止办学或者办学许可失效的先至时间前 5 年内的最高年度学费总收入金额为基数，以 2017 年 9 月 1 日之后历年年度检查的结果为系数予以折算，奖励金额最高不超过清偿后的剩余财产扣除财政扶持和社会捐赠形成的资产以及补偿后的金额。

陕西规定民办学校终止时，根据出资者申请给予一定补偿，数额为原始出资额加上追加出资额，总额不得超过剩余的办学资产；还有剩余的综合考虑出资者人力资本投入、办学效益、社会声誉等给予一定奖励。

江苏规定 2016 年 11 月 7 日前经批准设立的民办学校，选择登记为非营利性民办学校的，终止时依法依规进行财务清算清偿后有剩余的（出资额计算时间为 2017 年 9 月 1 日前），根据出资者的申请，从学校剩余净资产中给予出资者相应补偿，补偿数额为出资额（即学校在登记管理机关登记的开办资金数额）及其增值，增值按照清算当年中国人民银行 5 年期存款基准利率计算；同时，综合考虑出资者取得合理回报的情况、办学成本、办学效益、社会声誉等因素，可采取一次结算、分期奖励的形式，从民办教育专项资金和民办学校剩余净资产中给予出资者一定奖励，奖励数额不高于民办学校补偿后剩余净资产的 20%，其余财产继续用于其他非营利性学校办学。

其他方面，辽宁规定民办学校要依法保障教职工带薪休假的权利。

安徽明确党组织隶属关系、党组织活动经费和党务干部工作条件及待遇、思政工作四支队伍、四大阵地等。

云南推动辅导员职业化专业化，打通其职业发展和专业晋升通道。

湖北健全教师工资增长机制；鼓励各地建立公办、民办教师统一管理平台，统一管理教师人事档案。

上海规定一个自然人不得兼任同一所学校的理事（董事）和监事，变更与终止条款清晰。

浙江加强公办学校在编教师到民办中小学校任职任教管理。

河北规定公办学校教师和民办学校教师一体规划、一体培养、一体建设。

陕西鼓励民办学校设立学校发展基金会。

河南明确教育项目和资金的评审、评估、评价要有一定比例的民办教育专家参加，用人单位招聘学生要与公办学校一视同仁，支持民办本科院校申报硕士和博士学位授予单位。

海南除国控专业，民办学校可自主设置、调整学科专业，民办高职可自主确定招生专业和范围。禁止有偿委托代理招生。

江苏明确民办中小学、幼儿园党组织负责人一般从学校管理层中产生，符合条件的董（理）事长、校长经上级党组织同意也可担任党组织负责人；要求民办高校配备专职学生辅导员和专职心理健康教育教师；继续安排民办高等教育发展专项资金，并根据民办高校办学绩效等给予综合奖补；条件成熟的民办本科高校可举办研究生教育；支持民办高校、中等职业学校根据国家相关规定开展中外合作办学项目、引进外方优质教育课程。

青海出台的文件信息量最大，处处结合当地实际，坚持以"四个转变"推动"四个扎扎实实"重大要求落地生根，有不少创新性提法。（1）明确了党员人数不足 3 名的民办学校和暂不具备建立党组织条件的民办学校加强党建工作的可操作性方法：党员人数不足 3 名的民办学校可采取联合组建、挂靠组建、派入党员教师单独组建等形式建立党组织。暂不具备建立党组织条件的，要通过选派党建工作指导员、联络员或建立工会、共青团组织等途径开展党的工作。（2）预留教育公共服务用地时充分考虑的因素比较全面，包括全面二孩政策、人口流动、城镇化、扶贫搬迁等对学龄人口总量、结构、分布的影响。（3）鼓励教职工缴纳个人储蓄型养老保险。（4）明确要求学校财务人员不得为董事会、举办者的亲属或特定关系人，明确了"亲属回避制度"的关键管理岗位包括学校监事会、财务部门。（5）针对本地特点，提出不得为高考移民、无本校学籍的学生办理报名登记手续和高中学业水平考试学籍；学校接受资金捐赠特别是有境外资金投入的基金会捐赠时要报审批机关备案，审批机关依法加强管理，切实防止极端、分裂、恐怖及其他危害国家安全稳定的势力通过民办学校渗透；允许民办高等学校和中等职业学校与世界高水平同类学校在学科、专业、课程建设以及人才培养等方面开展交流，特别是要加强同"一带一路"沿线国家交流交往，主动融入各地对外友好城市合作格局。（6）明确评奖评优中实行安全稳定一票否决制。（7）明确非营利性民办学校教师的培训费用由各级财政和学校分担。（8）公布了民办教育工作联席会议成员详细名单。

新的《民办教育促进法》于2017年9月1日实施。在这个时间段前后，在民办教育管理者、参与者、研究者和关心者当中，有思考，有观望，有担心。多数人持乐观态度，但是担心的也不少，主要担心会影响民办学校的招生和发展。一年后，河南的民办教育交上了合格的答卷，河南的考生对民办教育寄予了巨大信任。这主要可以从2018年河南各级各类民办学校招生情况反映出来。2016年全国人大常委会通过新的《民办教育促进法》修正案之前的招生季，河南民办高校招生13.20万人，民办普通高中招生12.57万人，民办中等职业学校招生8.54万人，民办普通初中招生25.78万人，民办普通小学招生20.08万人，民办幼儿园招生91.68万人。新的《民办教育促进法》实施的当年，河南所有的民办学校的招生数都呈现了增长的态势：民办高校14.46万人，民办普通高中13.68万人，民办中等职业学校10.45万人，民办普通初中28.61万人，民办普通小学22.59万人，民办幼儿园92.46万人。这里虽然有各种各样的因素，但增长是实实在在的。

2018年4月20日，教育部发布了《中华人民共和国民办教育促进法实施条例（修订草案）（征求意见稿）》（以下简称《征求意见稿》），在此前后征询了社会及民办教育界的多方人士意见，并组织和委托组织了多场座谈会和实地调研活动。汇总意见后，几经修改，同时协调了相关部委，最后形成了《中华人民共和国民办教育促进法实施条例（修订草案）（送审稿）》（以下简称《送审稿》），报送至司法部审查。8月10日下午，司法部发布了《送审稿》。《送审稿》较之先前的《征求意见稿》有了一些变化。在《送审稿》中，对实施集团化办学的，除了要求应当具有法人资格，具备与其所开展办学活动相适应的资金、人员、组织机构等条件与能力，并对所举办民办学校承担管理和监督职责外，增加了不得通过兼并收购、加盟连锁、协议控制等方式控制非营利性民办学校，不得滥用支配地位，排除、限制竞争，所属民办学校应当依法独立开展办学活动，存续期间所有资产由学校依法管理和使用等限制性要求。这对集团化社会组织的对外扩张、整合资源、统一管理的战略意图有着较大冲突。

近几年来，国内一些全日制民办学校从高校到幼儿园到美国和我国香港上市，其年报公布出来的毛利润率惊人。

此前，国务院发布《关于学前教育深化改革规范发展的若干意见》（以下简称《意见》），明确要求遏制过度逐利行为。《意见》提出，民办园一律不准单独或作为一部分资产打包上市。上市公司不得通过股票市场融资投资营利性幼儿园，不得通过发行股份或支付现金等方式购买营利性幼儿园资产。《意见》还表示，金融监管部门要对民办园并购、融资上市等行为进行规范监管。《意见》提出，各地要把发展普惠性学前教育作为重点任务，结合本地实际，着力构建以普惠性资源为主体的办园体系，坚决扭转高收费民办园占比偏高的局面。地方政府依法加强对民办园收费的价格监管，坚决抑制过高收费。目前学前教育仍是整个教育体系的短板，发展不平衡不充分问题十分突出，"入园难""入园贵"依然是困扰老百姓的烦心事之一。主要表现为学前教育资源尤其是普惠性资源不足，政策保障体系不完善，教师队伍建设滞后，监管体制机制不健全，保教质量有待提高，存在"小学化"倾向，部分民办园过度逐利、幼儿安全问题时有发生等。

新法、政策和形势，给进入新时代的河南民办教育提出了新的挑战，也带来了新的机遇。

新的《民办教育促进法》实施后，尽管有一些担心和猜测，但是河南的民办教育仍然保持了平稳发展的局面。这样的态势，反映了河南民办教育的成熟和从容。但是由于《送审稿》和部分上市幼教集团股值下跌带来的波澜，还是使得关心和参与民办教育的不少人有点观望思想。因此，大家都比较关心 2019 年的全国"两会"。

2019 年 3 月 5 日，李克强总理在十三届全国人大二次会议所做的《政府工作报告》提到，支持企业和社会力量兴办职业教育。无论是公办还是民办幼儿园，只要符合安全标准、收费合理、家长放心，政府都要支持。

根据出席十三届全国人大二次会议代表审议及全国政协十三届二次会议委员讨论提出的意见和建议，3 月 16 日发布的《政府工作报告》，共修改充实了 83 处。关于民办教育，在草案"办好民族教育、特殊教育、继续教育"之后，增补了一句"依法支持民办教育发展"。这处增补，给民办教育界吃了一颗"定心丸"。不久前国家提出，要鼓励大力发展公益普惠幼儿园，提高学前教育资源供给，缓解入园难、入园贵。但是，一些地方在政策执行时出现了一味追求公办园的高占比，给民办幼儿园带来了一定的恐慌。涉及全国民办教育领域最关心的问题，是"分类管理"后的发展问题。把这句话加进来，不仅可进一步扩大学前教育资源的供给，而且积极回应了民办教育界的期待。

2019 年 3 月 27 日，教育部办公厅印发《民办教育工作部际联席会议2019 年工作要点》:

> 2019 年是深入贯彻落实全国教育大会精神开局之年，是民办教育分类管理改革深入推进之年。民办教育发展已进入改革创新攻坚期、健康规范发展期和质量内涵提升期。民办教育工作部际联席会议坚持和加强党对民办教育工作的全面领导，坚持稳中求进工作总基调，紧紧围绕"五位一体"总体布局和"四个全面"战略布局，坚持底线思维，增强忧患意识，统筹推进稳增长、促改革、调结构、惠民生、防风险、保稳定的各项工作，提高风险防控和化解能力，支持和规范社会力量兴办教育，依法支持民办教育发展，服务经济社会发展和现代化教育强国建设。

一、健全制度，完善配套政策

1. 做好《中华人民共和国民办教育促进法实施条例》修订印发、宣传解读和贯彻落实工作。指导各地加快研究制定地方性法规，完善地方政策体系，因地制宜促进民办教育健康发展。（教育部等相关部门）

2. 完善各项扶持政策。会同相关成员单位坚持分类施策，释放改革红利，落实对民办学校的财政扶持、税收优惠、用地支持等方面的政策。切实保障民办学校教职工、学生的合法权益。（联席会议成员单位按职能分工负责）

3. 制定独立学院规范改革方案。全面摸清独立学院发展情况，深入分析各类举办和发展模式，研制《深化独立学院改革发展的指导意见》，明晰独立学院发展的路径和政策，深化独立学院体制改革，促进健康发展。（教育部）

4. 规范民办学校办学行为。研究制定非营利性民办学校监督管理、非营利性民办高校财务监管和民办高校内部治理等方面的具体办法，研究规范营利性培训机构的审批登记管理体制，进一步规范民办学校办学行为，引导构建依法办学、自主管理、民主监督、社会参与的制度体系。（教育部、人力资源社会保障部、中央编办、民政部、国家市场监督管理总局）

二、提高质量，引导健康发展

5. 加强民办学校党建工作。会同相关部门印发《民办学校党建工作重点任务清单》，持续开展民办学校党建工作专题调研，督促各地配强配优民办学校党组织负责人，加大民办高校党委书记、思政课教师和辅导员培训力度，推动民办学校党组织建设和党的工作全覆盖。（教育部、人力资源社会保障部等相关部门）

6. 防范化解办学风险。推动各地持续深入开展民办教育规范发展、防范化解风险专项行动，加强对民办学校深化改革过程中的风险评估。探索民办高校办学风险预警机制和年度检查指标体系，切实提升风险管理能力。（教育部、人力资源社会保障部等相关部门）

7. 强化办学质量评价。探索建立健全民办学校第三方质量认证和评估制度，提高评估结果应用水平，积极引导民办学校服务社会需求，深化教育教学改革，加强内涵建设，鼓励支持高水平有特色民办学校培育优质学科、专业、课程、师资、管理，整体提升教育教学质量。研究制定《民办高校质量提升行动计划》。（教育部、人力资源社会保障部、民政部、国家市场监督管理总局）

三、创新管理，转变政府职能

8. 积极推进民办教育领域社会信用体系建设。加快完善教育领域信用联合激励和联合惩戒机制，探索建立民办教育信用档案制度。加大民办教育信息公开力度，强化社会监督效力。（教育部、国家发展改革委等相关部门）

9. 提升服务管理水平。深入推进民办教育领域"放管服"改革，充分发挥民办教育协同专家作用，做好专题研究和智力支撑。支持中国民办教育协会、民办教育协同发展服务中心等第三方机构，在引导民办学校坚持公益办学、创新培养模式、提升治理能力等方面发挥作用。（教育部）

10. 强化宣传引导。组织民办教育分类管理改革专题研修班，总结推广各地落实分类管理改革任务的典型经验做法。指导进一步做好信息报送工作，加强省域间信息沟通、相互协作和资源共享。（教育部牵头，联席会议成员单位按职能配合）

2019 年 4 月 19 日，中共河南省委、河南省人民政府召开全省教育大会，省委书记王国生在讲话中指出，要深入贯彻民办教育促进法，坚持积极鼓励、大力支持、正确引导、依法管理的方针，落实各项扶持政策，推动民办教育发展再上新台阶。

省长陈润儿在讲话中指出，社会办学既是教育发展的一支重要力量，也是教育投入的一个重要渠道。要加强引导、监督、管理和服务，实行差别化扶持政策，规范办学秩序，鼓励支持社会力量兴办教育。

第二章 规模现状

第一节 体系构建

河南当代的民办教育真正发展是 20 世纪 80 年代以后。1982 年 12 月 4 日，五届全国人大五次会议通过的《宪法》突破了禁区，在总纲部分明确规定，国家鼓励集体经济组织、国家企业事业组织和其他社会力量依照法律规定举办各种教育事业，开启了当代中国民办教育快速发展的大幕。

1984 年 3 月 20 日，河南省人民政府发布《河南省社会力量办学暂行管理办法》，就社会力量办学的要求、必须具备的基本条件、审批备案、检查监督、兼职教师聘请、招生考试、教学教材、校舍校名、水电维修、毕业生待遇、开办停办、奖惩整顿等方面做出了具体规定。

以此为契机，河南民办教育开始发展起来，其在全国的地位，一步步由跟跑到并跑，再由并跑到领跑，逐步走在了全国前列。在 20 世纪整个 80 年代，河南民办教育一直处在探索发展初期，主要以培训和服务自学考试为基本形式，没有独立设置的高等学校。1994 年 2 月 5 日，国家教委同意民办黄河科技学院（原黄河科技大学）正式建校，明确该院系独立设置的全日制高等学校，开展专科层次的学历教育，使得河南有了当代第一所独立设置的、具有高等学历教育资格的民办高校。因为当时全国都没有民办本科高校，应该说民办教育体系仍不完备。

2000 年 3 月 21 日，教育部印发《关于在民办黄河科技学院基础上建立黄河科技学院的通知》，批准建立黄河科技学院，实施本科学历教育。黄河科技学院成为新中国成立以来全国第一所而且是当时唯一一所民办普通本科高校，这样就完整构建了河南民办教育的体系。

到 2004 年，虽然全省仍然只有一所民办本科高校，但是民办高职高专院校已经达到 9 所，另有郑州大学升达经贸管理学院等普通高校的二级学院 10 所。此外，还有民办普通高中 170 所，民办普通初中 398 所，民办普通小学 585 所，民办幼儿园 2122 所。在民办普通教育层次完善的同时，民办职业教育体系也初步构建，2004 年民办中等职业学校已经达到 41 所。

如果从黄河科技学院实施本科教育算起，经过 20 年的发展，河南民办教育的体系不断完善。到 2019 年，全省民办高校达到 34 所，其中本科 19 所，专科 20 所，民办高等学校占全省民办学校总数 21429 所的 0.16%；民办普通高中 336 所，占全省民办学校总数 21429 所的 1.57%；民办普通初中 887 所，占全省民办学校总数 21429 所的 4.14%；民办普通小学 1894 所，占全省民办学校总数 21429 所的 8.84%；民办幼儿园 18069 所，占全省民办学校总数 21429 所的 84.32%。民办普通教育学校数从幼儿园、小学、初中、高中、大学形成了基本合理的金字塔结构。

同时，民办职业教育也基本形成体系。由 157 所民办中等职业学校和 20 所民办高职高专院校组成的中高级职业教育体系已经建立，一些民办本科高校正在转型为应用型地方本科高校。民办职业教育有望形成中等职业教育、高等职业教育、本科层次职业教育的体系。随着发展，也会逐步建立硕士、博士层次的职业教育。

应该说，河南的民办教育已经形成了职业教育和普通教育交会互通，各类教育层次相对健全的体系。

第二节　全国位次

2002 年 12 月 28 日，在当代中国民办教育史上是一个具有里程碑意义的日子，这一天，第九届全国人民代表大会常务委员会第三十一次会议通过了《中华人民共和国民办教育促进法》，首次以国家法律形式对民办教育进行了规范，明确了国家对民办教育实行积极鼓励、大力支持、正确引导、依法管理的方针，并将扶持与奖励作为专门的一章列出。该章的条文多达九条。当代意义上的民办教育由"文化大革命"前的被禁止，到改革开放之后的松动，之后从 20 世纪 80 年代到 90 年代，20 多年中，虽然社会各界多次呼吁，国家有关部门和地方政府也不断加大支持力度，但总的来说发展并不理直气壮，没有法律依据。《民办教育促进法》的颁布，将中国的民办教育推到了新世纪中国改革开放的前台，使民办教育进入快速发展时期。

2003 年，全国的民办学校已经达到 70203 所，在校生达到 1313.48 万人，当年全国总人口为 126035.32 万人，民办教育在校生占总人口的 1.04%，已经初步形成了规模。

河南的民办教育也以规模优势走在了全国前列（参见表 2-1）。

表 2-1 2003 年全国民办教育在校生规模前 10 排名

单位：所，万人

地区	高等教育		中等教育		小学教育		学前教育		在校生总数	排名
	学校数	在校生数	学校数	在校生数	学校数	在校生数	学校数	在校生数		
广东	76	9.49	437	26.17	660	69.95	5888	73.49	179.10	1
浙江	44	13.72	454	37.88	128	12.13	9230	73.99	137.72	2
山东	122	14.35	503	42.36	152	10.30	2576	20.65	87.66	3
四川	37	2.29	244	14.32	792	21.54	6538	47.31	85.46	4
河南	89	10.13	552	35.10	535	19.51	1328	18.86	83.60	5
河北	79	11.27	585	39.48	421	17.16	913	9.26	77.17	6
江苏	23	4.71	331	32.03	82	8.99	2272	27.88	73.61	7
湖南	65	9.07	521	35.89	231	6.43	1777	15.33	66.72	8
江西	42	9.00	421	24.38	100	4.15	3885	24.19	61.72	9
安徽	17	2.42	383	26.43	269	12.10	1269	11.49	52.44	10
全国	1279	181.64	7712	477.32	5676	274.93	55536	480.23	1414.12	

注：高等教育部分含民办的普通高校、成人高校和民办的其他教育机构的数据。

资料来源：根据《中国教育年鉴 2003》和《中国教育统计年鉴 2003》整理。

从在校生规模看，2003 年河南居全国第五位。当年河南省总人口为 9768.27 万人，民办学校在校生占全省人口数之比仅为 0.86%。虽然在校生数排名靠前，但由于全省人口基数大，因此，占比还低于全国平均数。在校生人数低于河南的河北，民办教育在校生占比达 1.14%。民办教育在校生数占总人口的比例，江苏为 1.03%，湖南为 1.01%，江西为 1.43%，安徽为 0.82%。在校生数排在河南之前的广东、浙江、山东、四川四省，民办教育在校生数占总人口的比例分别为 2.29%、3.03%、0.96%、1.00%。

按人均排，2003 年民办教育在校生数全国排名前 10 位中，如果分别除以人口基数，则河南占比仅比安徽高一点，基本上是最低。如果将在校生总数不多而占比较高的京、津、沪等直辖市算上，河南的占比将更加靠后，甚至要排在陕西、辽宁、福建等省的后边。当时，河南的民办教育在实际规模上并不靠前，处在中等靠后的位置。

《民办教育促进法》2003 年 9 月 1 日实施后，河南省委省政府出台并落实了一系列鼓励、促进民办教育发展的政策措施，各市、县政府和教育行政部门也主动作为，为民办教育的发展逐步创设了较好的发展环境，河南各级各类民办学校也能坚持社会主义办学方向，不断探索，加快发展，到2014 年，全省民办学校在校生数已跃居全国第二位（参见表 2-2）。

表 2-2 2014 年全国民办教育在校生规模前 10 排名

单位：所，万人

地区	普通高等教育		中等教育		小学教育		学前教育		在校生总数	排名
	学校数	在校生数	学校数	在校生数	学校数	在校生数	学校数	在校生数		
广东	53	62.95	1142	100.27	705	184.53	10998	240.11	587.86	1
河南	37	33.51	1116	108.38	1550	111.27	12585	228.25	481.41	2
四川	33	34.08	490	64.08	245	23.86	9991	131.27	253.29	3
浙江	36	29.73	458	45.39	225	47.36	6660	115.61	238.09	4
湖南	31	22.47	494	44.74	145	20.98	11044	143.45	231.64	5
山东	39	34.69	493	55.69	240	30.47	7185	98.69	219.54	6
安徽	31	18.24	618	78.03	251	25.60	4198	97.04	218.91	7
河北	35	34.76	490	45.76	430	39.37	4597	74.04	193.93	8
江西	30	24.31	421	33.32	53	12.75	10067	116.49	186.87	9
江苏	52	39.80	292	44.83	177	30.18	1794	64.21	179.02	10
全国	1527	587.15	9529	915.23	5681	674.14	139282	2125.38	4301.90	

资料来源：根据《中国教育年鉴 2014》整理。

2014 年，全国民办学校数达到 156069 所。与 2003 年相比，增量最大的是幼儿园数，由 55536 所猛增至 139282 所，增加了 83746 所。全国民办学校在校生达到 4301.90 万人，比 2003 年增加了 2988.42 万人。增量最大的依然是幼儿园在园儿童数，由 480.23 万人增加到 2125.38 万人，增加了 1645.15 万人，总数是当年的 4.43 倍。

河南民办学校在校生人数达到 481.41 万人，居全国第二位。当年河南省总人口为 9413 万人，民办学校在校生人数占总人口数的 5.11%。民办学校在校生人数占总人口数的比例，广东为 5.52%，四川为 3.12%，浙江为 4.33%，湖南为 3.46%，山东为 2.29%，安徽为 3.16%，河北为 2.66%，江西为 4.13%，江苏为 2.25%。

从民办学校在校生占比分析看，2014 年的河南民办教育规模，不但在总数上居全国第二位且遥遥领先于第三名，而且在实际占比上也稳居全国第二位，彻底改变了先前总数靠前、实际靠后的局面。12 年间，广东占比由 2.29% 增长到 5.52%，增加了 3.23 个百分点；四川由 1.00% 增长到 3.12%，增加了 2.12 个百分点；浙江由 3.03% 增长到 4.33%，增加了 1.30 个百分点；湖南由 1.01% 增长到 3.46%，增加了 2.45 个百分点；山东由 0.96% 增长到 2.29%，增加了 1.33 个百分点；安徽由 0.82% 增长到 3.16%，增加了 2.34 个百分点；河北由 1.14% 增长到 2.66%，增加了 1.52 个百分点；江西由 1.43% 增长到 4.13%，增加了 2.70 个百分点；江苏由 1.03% 增长到 2.25%，增加了 1.22 个百分点。而河南则从 0.86% 一跃增长到 5.11%，增加了 4.25 个百分点，超过了广东一个百分点还多，其增幅是实实在在的全国第一。

到 2017 年，河南省各级各类民办学校 19277 所，比上年增加 1559 所，增长 8.8%，占全省总校数的 34.55%；占全国民办总校数的 10.8%，居全国第 1 位；在校生总数 617.87 万人，比上年增加 51.6 万人，增长 9.11%，占全省在校生总数的 21.92%；占全国民办在校生总数的 12.01%，居全国第 2 位。民办幼儿园 16183 所，占全省 78.51%；占全国 9.56%，居全国第 1 位；在园幼儿 287.24 万人，占全省 67.6%；占全国 11.02%，居全国第 2 位。民办普通小学 1807 所，占全省 8.86%；占全国 29.26%，居全国第 1 位；在校生 143.96 万人，占全省 14.65%；占全国 17.06%，居全国第 2 位。民办普通初中 801 所，占全省 17.74%；占全国 14.91%，居全国第 2 位；在校生 80.92 万人，占全省 18.85%；占全国 13.90%，居全国第 2 位。民办普通高中 263 所，占全省 32.35%；占全国 8.68%，居全国第 1 位；在校生 36.78 万人，占全省 17.9%，居全国第 1 位。民办中职学校 186 所，占全省 23.57%；占全国 8.98%，居全国第 1 位；在校生 23.3 万人，占全省 17.49%，居全国第 1 位。民办普通高校 37 所，占全省 27.61%；占全国 4.99%，居全国第 5 位；普通本专科在校生 45.66 万人，占全省 22.78%，占全国 6.77%，居全国第 5 位。

第三节　规模

到 2018 年，河南省各级各类民办学校 20539 所，在校生 674.90 万人，教职工 54.42 万人。其中，民办幼儿园 17293 所，在园幼儿 300.46 万人；民办小学 1865 所，在校生 162.35 万人；民办普通初中 819 所，在校生 90.73 万人；民办普通高中 299 所，在校生 41.84 万人；民办中等职业学校 170 所，在校生 26.54 万人；民办普通高等学校 39 所，其中，本科院校 19 所，高职（专科）20 所；普通本专科在校生 51.05 万人（其中，本科 31.12 万人），占全省普通本专科在校生总数的 23.85%。

党的十八大以来，河南的民办教育实现了持续发展。2013~2018 年，民办幼儿园由 10362 所增长到 17293 所，6 年增加了 6931 所；在园幼儿由 174.04 万人增长到 300.46 万人，增加了 126.42 万人。民办小学由 1344 所增长到 1865 所，增加了 521 所；在校生由 107.18 万人增长到 162.35 万人，增加了 55.17 万人。民办普通初中由 584 所增长到 819 所，增加了 235 所；在校生由 59.13 万人增长到 90.73 万人，增加了 31.60 万人。民办普通高中由 196 所增长到 299 所，增加了 103 所；在校生由 25.98 万人增长到 41.84 万人，增加了 15.86 万人。民办中等职业学校数有所减少，由 234 所减少到 170 所，但是在校生却由 24.28 万人增长到 26.54 万人。民办普通高等学校由 34 所增长到 39 所，学校数增幅不大，但是在校生却由 28.98 万人增长到 51.05 万人，增加了 22.07 万人。2018 年，全省民办教育在校生数达到 674.90 万人，占全省各级各类教育在校生总数 2467.67 万人的 27.35%，比上一年的 23.25% 提高了 4.1 个百分点，占比超过了 1/4。

新中国成立 70 年来，河南的民办教育实现了跨越式发展。民办幼儿园在园儿童由 1950 年上半年的 82 人发展到 2019 年的 300.46 万人，增加了 3.66 万倍；民办初中在校生由 3383 人发展到 90.73 万人，增加了 267 倍；民办高中在校生由 298 人发展到 41.84 万人，增加了 1404 倍。据 1952 年的数据，当年全省民办和私立小学在校生共计 6188 人，2019 年全省民办小学在校生达到 162.35 万人，这个数字是 1952 年的 263 倍。数据表明了河南民办教育规模扩张的速度。

第三章　数据和年度报告

由于 1999 年以前河南民办教育的数据极少，多年的河南教育方面的统计资料没有单列民办教育；2000 年、2001 年的统计口径不同，统计资料不够充分；1999 年以前的有限数据在"发展节点"和"大事记"部分已有体现，故本部分按如下体例列出了近 20 年河南民办教育发展的数据。

第一节　20 年来河南民办教育相关数据

（1）1999 年，全省非学历高等教育机构 81 处，注册学生 4.31 万人。

（2）2000 年，社会力量举办的非学历高等教育机构 82 个，注册学生达 65229 人；普通中学 513 所，在校生 246467 人；职业学校 156 所，在校生 105148 人；小学 635 所，在校生 283886 人；幼儿园 1891 所，在园幼儿 465518 人。

（3）2001 年，全省非学历高等教育机构 67 处，注册学生 4.54 万人。

2001 年，全省社会力量举办的职业技能培训机构总数为 1062 所，在职教职工 6644 人，其中，专职教师 4450 人，兼职教师 2388 人。全年培训各类人员 18.3 万人，结业 15.8 万人，其中，劳动预备制学员 20024 人，下岗职工 23219 人，失业人员 27080 人。通过培训，95545 人取得结业证书，62915 人获得职业资格证书，89320 人实现就业。

（以上三年的民办普通高等教育数据统一统计在全省高等教育的总数中，没有单列。）

（4）2002 年，全省民办普通高等学校 6 所，比上年增加 2 所；在校学生数 12663 人，比上年增加 5340 人，增长 72.9%。社会力量举办的非学历高等教育机构 70 所，其中学历文凭考试机构 21 所。社会力量办的普通中学 460 所，比上年增加 68 所，在校学生 228480 人，比上年增加 50998 人；职业中学 29 所，比上年减少 3 所，在校学生 24890 人，比上年减少 6904 人；小学 444 所，比上年增加 16 所，在校学生 148338 人，比上年增加 19308 人；幼儿园 902 所，比上年增加 308 所，在园幼儿 129506 人，比上年增加 54393 人。

（5）2003 年，全省各类民办学校 2514 所，在校生 791041 人。其中民办普通高等教育机构 8 所，在校生 21849 人，另有本科院校举办的独立学院 8 所，加上中外合作办学在校生 18982 人，民办普通本专科在校生总数达 40831 人，占普通本专科在校生总数的 7.3%。民办的其他高等教育机构 82 所，其中学历文凭考试机构 20 所，在校生 15970 人。民办中等职业学校 36 所，在校生 45427 人。民办普通中学 516 所，比上年增加 56 所，在校生 305173 人，比上年增加 76693 人。民办小学 535 所，比上年增加 91 所，在校生 195085 人，比上年增加 46747 人。民办幼儿园 1328 所，比上年增加 426 所，在园幼儿 188555 人，比上年增加 59049 人。

（6）2004 年，全省各类民办教育学校 3393 所，在校生 109.10 万人。其中民办普通高校 10 所，在校生 6.34 万人，占总数的 9.02%，其中本科在校生 3.73 万人，占普通本科在校生总数的 11.65%。民办普通高中 170 所，在校生 12.93 万人。民办中等职业学校 41 所，在校生 5.94 万人。民办普通初中 398 所，在校生 25.81 万人。民办普通小学 585 所，在校生 24.98 万人。民办幼儿园 2122 所，在园幼儿 26.71 万人。

（7）2005 年，全省各类民办教育学校 4297 所，在校生 140.55 万人。民办普通高等学校 10 所，在校生 9.92 万人，占总数的 11.64%，比上年提高 2.62 个百分点；其中本科在校生 5.72 万人，占普通本科在校生总数的 14.68%，比上年提高 3.03 个百分点。民办普通高中 197 所，比上年增加 27 所；在校生 19.19 万人，比上年增加 6.26 万人。民办中等职业学校 69 所，比上年增加 28 所；在校生 9.88 万人，比上年增加 3.94 万人。民办普通初中 485 所，比上年增加 87 所；在校生 32.66 万人，比上年增加 6.85 万人。民办普通小学 777 所，比上年增加 192 所；在校生 33.48 万人，比上年增加 8.5 万人。民办幼儿园 2714 所，比上年增加 592 所；在园幼儿 35.18 万人，比上年增加 8.47 万人。

（8）2006 年，全省各级各类民办学校 4937 所，比上年增加 640 所，在校学生 174.85 万人，比上年增加 34.3 万人，增长 24.40%。其中：民办幼儿园 3268 所，在园幼儿 44.64 万人；民办普通小学 797 所，在校生 40.91 万人；民办普通初中 501 所，在校生 36.14 万人；民办普通高中 198 所，在校生 21.59 万人；民办中等职业学校 133 所，在校生 14.53 万人；民办普通高等学校 11 所，在校生 14.3 万人（其中，本科生 8.13 万人），占普通高等教育在校生总数的 14.68%；民办高等教育机构 29 所，各类注册学生 2.74 万人。

（9）2007 年，全省各级各类民办学校达 5162 所，比上年增加 225 所，在校生总数达 197.03 万人，比上年增加 22.18 万人，增长 12.69%。其中：民办幼儿园 3392 所，在园幼儿 48.9 万人；民办普通小学 807 所，在校生 47.38 万人；民办普通初中 515 所，在校生 39.65 万人；民办普通高中 192 所，在校生 21.79 万人；民办中等职业学校 216 所，在校生 20.32 万人；民办普通高等学校 11 所，在校生 16.69 万人；民办高等教育机构注册学生 2.31 万人。民办普通高等教育规模快速扩大，在校生达 16.69 万人，在校生占普通高等教育在校生总数的比例达 15.24%，比上年提高 0.56 个百分点。其中，本科在校生 9.42 万人，比上年增加 1.29 万人，增长 15.87%。

（10）2008 年，全省各级各类民办学校达 6149 所，比上年增加 987 所，在校生总数达 239.08 万人，比上年增加 42.05 万人，增长 21.34%。其中：民办幼儿园 4117 所，在园幼儿 60.27 万人；民办普通小学 1019 所，在校生 62.83 万人；民办普通初中 517 所，在校生 42.42 万人；民办普通高中 197 所，在校生 2.93 万人；民办中等职业学校 272 所，在校生 27.94 万人；民办普通高等学校 11 所，在校生 20.29 万人；民办高等教育机构注册学生 2.78 万人。民办普通高等教育规模进一步扩大，在校生占普通高等教育在校生总数的比例达 16.23%，比上年提高 0.99 个百分点。其中，本科在校生 10.92 万人，比上年增加 1.5 万人，增长 15.92%。

（11）2009 年，全省各级各类民办学校达 7034 所，比上年增加 885 所，在校生总数达 270.52 万人，比上年增加 31.44 万人，增长 13.15%。其中：民办幼儿园 4913 所，在园幼儿 75.7 万人；民办普通小学 1091 所，在校生 69.90 万人；民办普通初中 506 所，在校生 42.59 万人；民办普通高中 182

所，在校生 21.55 万人；民办中等职业学校 299 所，在校生 35.21 万人；民办普通高等学校 23 所，在校生 23.38 万人，占普通高等教育在校生总数的比例达 17.14%，比上年提高 0.91 个百分点；民办的其他高等教育机构注册学生 2.79 万人。

（12）2010 年，全省各级各类民办学校 8466 所，比上年增加 1432 所，在校生总数 318.43 万人，比上年增加 47.91 万人，增长 17.71%。其中：民办幼儿园 6208 所，在园幼儿 101.90 万人；民办普通小学 1177 所，在校生 82.78 万人；民办普通初中 529 所，在校生 47.46 万人；民办普通高中 176 所，在校生 21.90 万人；民办中等职业学校 305 所，在校生 35.30 万人；民办普通高等学校 28 所，在校生 25.37 万人，占普通高等教育在校生总数的 17.42%，比上年提高 0.28 个百分点；民办的其他高等教育机构注册学生 3.69 万人。

本年，全省民办幼儿园达到 6208 所，公办幼儿园只有 1490 所，民办园比公办多出 4718 所；全省民办园在园幼儿 101.90 万人，而同期公办园只有 94.77 万人。这是新中国成立以来民办幼儿园园所数和在园幼儿数两方面第一次都超过公办幼儿园。

（13）2011 年，全省各级各类民办学校 10539 所，比上年增加 2073 所，在校生总数 374.02 万人，比上年增加 55.59 万人，增长 17.46%。其中：民办幼儿园 822 所，在园幼儿 151.42 万人；民办普通小学 1242 所，在校生 93.22 万人；民办普通初中 572 所，在校生 52.8 万人；民办普通高中 174 所，在校生 22.08 万人；民办中等职业学校 254 所，在校生 28.59 万人；民办普通高等学校 33 所，在校生 25.89 万人，占普通高等教育在校生总数的 17.26%，与上年基本持平。

（14）2012 年，全省各级各类民办学校 12761 所，比上年增加 2222 所，在校生总数 421.68 万人，比上年增加 47.66 万人，增长 12.74%。其中：民办幼儿园 10326 所，在园幼儿 174.04 万人；民办普通小学 1344 所，在校生 107.18 万人；民办普通初中 584 所，在校生 59.13 万人；民办普通高中 196 所，在校生 25.98 万人；民办中等职业学校 234 所，在校生 24.48 万人；民办普通高等学校 34 所，在校生 28.96 万人，占普通高等教育在校生总数的 18.58%，比上年提高 1.32 个百分点。

（15）2013 年，全省各级各类民办学校 14244 所，比上年增加 1483 所，增幅 1.2%；在校生总数 454.98 万人，比上年增加 33.30 万人，增幅 7.90%；教职工总数 31.19 万人，比上年增加 3.09 万人，增幅 11%。其中：民办幼儿园 11686 所，在园幼儿 209.42 万人；民办小学 1429 所，在校生 11.61 万人；民办普通初中 627 所，在校生 58.75 万人；民办普通高中 196 所，在校生 24.54 万人；民办中等职业学校 218 所，在校生 18.61 万人；民办普通高等学校 35 所，普通本专科在校生 33.04 万人，占全省普通本专科在校生总数的 20.42%，比上年提高 1.84 个百分点。

（16）2014 年，全省各级各类民办学校 15288 所，在校生总数 470.37 万人，教职工总数 34.71 万人。其中：民办幼儿园 12585 所，在园幼儿 228.25 万人；民办小学 1550 所，在校生 111.54 万人；民办普通初中 693 所，在校生 52.44 万人；民办普通高中 208 所，在校生 25.91 万人；民办中等职业学校 215 所，在校生 16.72 万人；民办普通高等学校 37 所，普通本专科（含郑州大学西亚斯国际学院）在校生 35.51 万人，占全省普通本专科在校生总数的 21.14%。

（17）2015 年，全省各级各类民办学校 16707 所，比上年增加 1419 所，增长 9.28%；在校生总数 525.68 万人，比上年增加 55.31 万人，增长 11.76%；教职工总数 39.98 万人，比上年增加 5.27 万人，增长 15.17%。其中：民办幼儿园 13824 所，在园幼儿 253.13 万人；民办小学 1652 所，在校生 118.14 万人；民办普通初中 716 所，在校生 68.92 万人；民办普通高中 219 所，在校生 29.25 万人；民办中等职业学校 205 所，在校生 16.89 万人；民办普通高等学校 37 所，普通本专科（含郑州大学西亚斯国际学院）在校生 38.65 万人，占全省普通本专科在校生总数的 21.88%，比上年增加 0.74 个百分点。

（18）2016 年，全省各级各类民办学校 17718 所，比上年增加 1011 所，增长 6.05%；在校生总数 566.27 万人，比上年增加 40.58 万人，增长 7.72%；教职工总数 43.35 万人，比上年增加 3.37 万人，增长 8.43%。其中：民办幼儿园 14743 所，在园幼儿 268.75 万人；民办小学 1748 所，在校生 129 万人；民办普通初中 758 所，在校生 74.08 万人；民办普通高中 242 所，在校生 33.10 万人；民办中等职业学校 190 所，在校生 19.62 万人；民办普通高等学校 37 所，其中本科 17 所，专科 20 所，普通本专科在校生 41.72 万人（其中，本科 26.50 万人，专科 15.22 万人），占全省普通本专科在校生总数的 22.25%，比上年增加 0.37 个百分点。

（19）2017 年全省各级各类民办学校 19277 所，在校生总数 617.87 万人，教职工总数 48.41 万人。其中：民办幼儿园 16183 所，在园幼儿 287.24 万人；民办小学 1807 所，在校生 143.96 万人；民办普通初中 801 所，在校生 80.92 万人；民办普通高中 263 所，在校生 36.78 万人；民办中等职业学校 186 所，在校生 23.30 万人；民办普通高等学校 37 所（其中，本科 17 所，专科 20 所），普通本专科在校生 45.66 万人（其中，本科 27.92 万人，专科 17.74 万人），占全省普通本专科在校生总数 22.82%。

（20）2018 年，全省各级各类民办学校 20539 所，在校生 674.90 万人，教职工 54.42 万人。其中：民办幼儿园 17293 所，在园幼儿 300.46 万人；民办小学 1865 所，在校生 162.35 万人；民办普通初中 819 所，在校生 90.73 万人；民办普通高中 299 所，在校生 41.84 万人；民办中等职业学校 170 所，在校生 26.54 万人；民办普通高等学校 39 所〔其中，本科院校 19 所，高职（专科）20 所〕，普通本专科在校生 51.05 万人（其中，本科 31.12 万人），占全省普通本专科在校生总数的 23.85%。

第二节　近三年年度报告

一　2016~2017 学年年度报告

河南是人口大省。作为一个经济欠发达的内陆省份，经济社会发展虽然持续提速，教育的社会地位虽然不断提升，但并不富裕的大省要办大教育，依然有着许多困难。财力有限，导致公共教育供给不充分；观念传统，对新事物的认可需要一个过程。而随着经济的发展、社会的进步，民众对优质教育的需求又不断提高。目前河南教育的主要矛盾，仍然是人民群众日益增长的教育需求和优质教育资源不足的矛盾。这样的矛盾催生了河南的民办教育，河南的民办教育也在发展中不断进步，不但一年年做大，而且一步步做强。

（一）现状：规模全国第二　质量走在前列

2016 年，河南民办教育机构 1.77 万所，在校生 566.27 万人，教职工 43.41 万人，加上其他技术培训机构注册的人数 16.80 万人，河南民办教育人口达到 626.48 万人，占河南全省总人口的 6.57%。目前在河南，每万人中就有 657 个民办教育人口，每万人中，就有 612 人正在接受民办教育。

2015 年，全国民办教育机构 16.27 万所，在校生 4570.42 万人，比上年增加 268.52 万人，河南分别为 1.67 万所、525.68 万人、54.54 万人。河南民办教育机构数占全国的 10.27%，在校生数占全国的 11.50%。而当年全国民办学校在校生增加的 268.52 万人中，河南民办教育占了 1/5 强。

2014 年，河南民办教育就以在校生 481.41 万人的总规模居全国省级单位第二位，比第一名广东省少了 106 万人，但比第三名四川省多出了将近230 万人。如果不含一线城市深圳的数据，河南民办教育的实际规模应和第一名广东差距不大。

从十年来河南教育总体发展情况看，民办教育一直保持着规模扩张、总量增加的势头。2007 年河南各级各类学校 57555 所，在校生 2691.69 万人；同期的民办学校 5162 所，仅占 8.97%。在校生 197.03 万人，仅占7.32%。十年后，2017 年，全省各级各类学校数为 57163 所，减少了 392所，而民办学校数则达到了 17772 所，增加了 12610 所，是十年前的 3.4倍。全省各级各类学校在校生为 2601.31 万人，比十年前减少了 90.38 万人，而民办学校在校生数却达到了 566.27 万人，比十年前增加了 369.24 万人，是十年前的 2.87 倍（见图 3-1、3-2）。十年间，全省学校数和在校生数都在减少，而其中的民办教育却呈现出连年增加的势头，学校数占比从2007 年的 8.97% 增加到 2017 年的 31.09%；在校生数的比例也由 7.32% 增加到 21.78%，十年间增长了 14.46 个百分点。

全省学校在校生总数下降幅度最大的是 2013 年，由上年的 2789.96 万人下降到 2505.39 万人，骤减 284.57 万人。这一年也是民办教育在校生增幅最大的一年，由上一年的 421.68 万人，猛增到 454.98 万人，增加了33.30 万人，占比由上年的 15.11% 升至 18.16%。

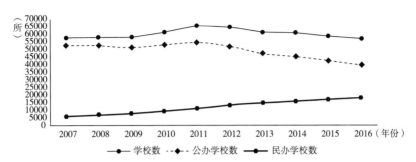

图 3-1　2007~2016 年河南学校数变化情况

资料来源：根据历年《河南省教育统计提要》整理。

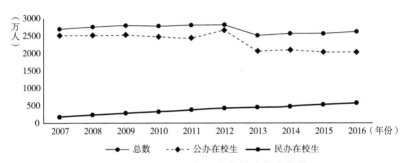

图 3-2　2007~2016 年河南在校生数变化情况

资料来源：根据历年《河南省教育统计提要》整理。

粗略地匡算一下，如果按照教育部公布的 2015 年全国生均教育经费标准计算，2016 年河南民办教育直接投入的经费为 595.78 亿元，超过了 2015 年河南省公共财政教育支出 1150.62 亿元的 1/2。

整体看来，现阶段的河南民办教育：（1）规模居全国第二位；（2）学校数占全省总数的 31.09%；（3）在校生占全省总数的 21.78%；（4）经济效益贡献巨大；（5）社会效益凸显。

河南民办教育各层次的发展也有自己的特色，到 2016 年，从高等教育、中等教育、初等教育到学前教育都达到了一定的规模。

1. 高等教育

2016 年，河南民办普通本专科院校招生 13.16 万人，比上年增加 1.10 万人。在校生达到 41.72 万人，占全省普通高校在校生总数的 22.25%。其中黄河科技学院、郑州科技学院、郑州工业应用技术学院、商丘工学院、河南大学民生学院、河南师范大学新联学院、信阳学院、安阳学院、新乡医学院三全学院、郑州工商学院、中原工学院信息商务学院、商丘学院、郑州成功财经学院、郑州升达经贸管理学院和郑州大学西亚斯国际学院 15 所民办本科高校的在校生人数已经超过了 10000 人。其中黄河科技学院为 27953 人，加上该校其他类型的学生，实际在校生规模已经超过 30000 人，成为河南乃至全国民办高校中为数不多的"航空母舰"。其他如郑州科技学院、河南工业应用技术学院、河南师范大学新联学院、郑州工商学院、商丘学院、郑州升达经贸管理学院和郑州大学西亚斯国际学院 7 所民办本科高校的在校生规模都超过了 20000 人。

全省民办高校教职工 3.03 万人，比上年增加 0.24 万人。其中专任教师 2.28 万人，比上年增加 0.19 万人。

2. 中等职业教育

全省民办中等职业学校 190 所，招生 8.54 万人。在校生 19.62 万人。学校数、招生数和在校生数分别占全省中职教育总数的 23.75%、17.86%、15.30%。

全省中职教育学校数为 800 所，比上年减少了 75 所；招生数 49.79 万人，比上年减少了 0.10 万人；在校生 128.25 万人，比上年减少了 9.23 万人。而民办中职教育却逆势增长，学校数虽然减少了 15 所，但招生数增加了 1.70 万人，在校生数增加了 2.73 万人。数据表明，在中等职业教育总体规模下降的大环境中，民办中职教育依然保持着增长的势头。

在这个层面，还有职工技术培训机构 28 所，农村成人文化技术培训学校 5 所，其他培训机构 142 所，总计注册学生达到 16.80 万人。

民办中职学校教职工 1.01 万人，其中专任教师 0.72 万人。

3. 普通高中教育

全省普通高中 792 所，其中民办 242 所，占 30.56%；在校生 199.60 万人，其中民办高中 33.10 万人，占 16.58%。民办高中学校数比上年的 219 所增加了 23 所，在校生数比上年的 29.25 万人增加了 3.85 万人。民办教育在整个高中教育阶段，也是持续增长的态势。

全省民办高中教职工 3.40 万人，其中专任教师 2.71 万人。

4. 普通初中教育

全省普通初中 4557 所，其中民办 758 所，占 16.63%；在校生 415.83 万人，其中民办初中在校生 74.08 万人，占 17.81%。当年河南初中段教育招生 144.13 万人，比上年减少 5.89 万人，其中民办初中招生 25.78 万人，比上年的 23.53 万人增加了 2.25 万人。增减之间，体现了民办教育的持续发展。

民办初中教职工 6.22 万人，其中专任教师 4.55 万人。

5. 小学教育

在全省 2.28 万所小学中，民办学校仅有 1748 所，占 7.67%。民办小学在校生 129.00 万人，占全省在校生总数 965.59 万人的 13.63%。在小学教育层面，民办教育的学校数和在校生数同其他层面相比，占比最低。尽管如此，民办小学教育的发展还是呈上升的趋势，学校数比上年的 1652 所增加了 96 所，在校生数比上年的 118.14 万人增加了 10.86 万人。和初中教育一样，在全省普及九年义务教育已经成效显著的大环境中，这两个层面的民办教育规模连年增长，实属不易。

全省民办小学教职工 5.87 万人，其中专任教师 4.23 万人。

6. 学前教育

全省独立设置的幼儿园 1.87 万所，其中民办 1.47 万所，占 78.61%；在园幼儿共 408.68 万人，其中民办 268.75 万人，占 65.76%。值得说明的是，已有 3860 所民办幼儿园被认定为普惠性幼儿园，占民办园总数的 26.19%。民办幼儿园数量比上年增加了 919 所，在园幼儿比上年增加了 15.62 万人。全省民办幼儿园教职工 23.88 万人，其中专任教师 13.95 万人。

从整体上看，近十年来河南各级各类学校在校生数是减少的趋势，但河南的民办教育在各个层次都呈现了持续的增长态势，这与各级政府的扶持、社会对民办教育的认识提高和社会各界的支持有关，当然也是河南民办教育人共同努力的结果。

河南民办教育在规模上居全国第二位，在办学质量和社会声誉上也在全国名列前茅。

2017 年 3 月 23 日，武书连 2017 中国民办大学排行榜发布，黄河科技学院居中国民办大学人才培养质量第一位。在理学、工学、农学、医学 4 个学科门类组合的自然科学中，黄河科技学院排名第一；在教育学学科中，黄河科技学院排名第一。在 100 强榜单中，河南还有 8 所高校上榜：郑州工商学院（23）、郑州升达经贸管理学院（41）、郑州成功财经学院（55）、郑州工业应用技术学院（58）、郑州科技学院（63）、信阳学院（64）、安阳学院（70）、商丘学院（75）。

同一天，《广州日报》发布全国首个全样本应用大学排行榜，这也是权威媒体作为第三方评估、发布的专业性公益榜单。这个榜单以应用指数、学术指数、声誉指数、二次评估指数 4 个一级指标建构综合指数，科学评价国内 887 所本科高校，而且公办民办高校使用同一评价体系。黄河科技学院居全国民办高校第一位。

河南的民办高等教育在全国的地位是社会公认的。其他层面的教育，如高等职业教育层次的澍青医学高等专科学校、郑州电力职业技术学院、周口科技职业学院；中等和初等教育层次的黄河科技学院附属中等专业学校、郑州城轨交通中等专业学校、郑州商业中等专业学校、登封少林中等专业学校、黄河科技学院附属中学、郑州一八联合国际学校、郑州枫杨外国语学校、郑州市中牟外国语学校、河南省宏力学校、郑州惠民中学、河南建业外国语中学、开封县集慧中学、漯河育才学校、漯河格瑞特国际学校、洛阳华洋国际学校、济源英才学校、鹤壁科达学校、平顶山宝丰红星高中、河南枫叶国际学校等都在不同角度办出了特色，获得了社会的认可。

河南民办教育对河南乃至全国经济社会发展的贡献：一是形成了形式多样、种类齐全的教育体系；二是为教育体制改革注入了活力，有效弥补了公办教育的不足，改变了单一的公办教育体制；三是拓宽了教育的融资渠道，缓解了内陆经济不发达省份经费不足与办大教育的矛盾；四是提升了河南教育在全国的地位；五是增加了适龄人群接受教育的机会，促进教育公平的实现；六是为未来经济社会的发展培养了大批人才。

（二）转型：社会需求　内生动力

30 多年来，河南的民办教育一直走在全国的前列。黄河科技学院 1994 年获批全国第一所民办普通专科学校，又于 2000 年获得全国第一个民办本科教育资格，在办学层次上一直引领着全国的民办高校。此后，郑州科技学院、郑州工业应用技术学院等16所民办学校获得了本科教育资格，河南的民办高等教育形成了一马当先、万马奔腾的局面。但是在一段时间内，这些民办本科学校怎么定位、如何发展，学术界没有定论，社会不置可否。在不断的办学实践中，河南的民办教育一直在寻找科学发展的道路。

黄河科技学院创办之初，就确立了"为国分忧，为民解愁，为社会主义现代化建设服务"的办学宗旨，明确了培养目标和办学方向。2000年成为全国第一所实施本科学历教育的民办高校后，很快创建了"本科学历教育与职业技能培养相结合"的人才培养模式，明确了地方应用型本科高校的定位。2013年初，教育部启动"应用科技大学改革战略研究试点"工作，黄河科技学院成为全国首批试点单位，并以深化创新创业教育作为建设高水平应用技术大学为突破口，推进转型。

随着我国经济发展进入新常态，人才的供给和需求发生了深刻变化。面对经济结构的调整，产业升级步伐的加快，社会文化建设的不断推进和创新驱动发展战略的实施，高等教育的结构性矛盾更加突出。为有效缓解毕业生就业难特别是就业质量低的问题，培养生产服务一线急需的应用型、创新型人才，国家鼓励部分普通本科高校向应用型大学转型发展。2015年10月，教育部、国家发展改革委和财政部联合下发了《关于引导部分地方普通本科高校向应用型转变的指导意见》，获得了河南民办本科高校的积极响应。

思路一旦明确，就会形成发展的实际行动。河南民办高校主动适应经济发展新常态，主动融入产业转型升级和创新驱动发展，把办学思路逐步转移到服务地方经济社会发展上来，积极探索产教融合、校企合作的人才培养模式，主动与当地创新要素对接，与经济开发区、产业聚集区创新发展对接，与行业企业人才培养和技术创新需求对接。加大教学过程中实践、实训、实习环节的比重，改变课堂教学模式，形成了科学的人才培养方案和课程改革体系。

黄河科技学院高起点建立智库。引进省内外知名专家建立中国（河南）创新发展研究院，为河南经济社会发展提供高端研究；与省政府发展研究中心联手，建立河南新经济研究院；整合资源，建立河南民办教育研究院，加强民办教育的理论研究和实践探索；引进国内著名的势科学与信息动力研究专家成立势科学与信息动力学研究中心；引进省内外专家组建中华文化传承发展研究院等。大力推进创新创业教育实践。科学修订人才培养方案，使创新创业教育进课堂、入人心、见实效。牵头成立了河南省高校创新创业协会，建设首批示范性应用大学系列创新教材，建成了"创客工厂—众创空间—孵化器—加速器—产业园"全链条创新创业生态体系，为大学生创业提供了工商、税务、融资等"一站式"服务。获得全国高校创新创业 50 强、全国高校毕业生就业工作 50 强等称号。2016 年在全国民办高校创新创业教育示范学校评选中获得综合奖第一名，被教育部认定为全国首批深化创新创业教育示范高校。

郑州升达经贸管理学院注重海峡两岸的学术交流，先后承办了海峡两岸国贸金融实践教学研讨会、人才教育暨卓越管理研讨会和金融学、会计学等学科建设学术研究会，并在省内高校中率先选派学生赴我国台湾进行为期半年的学习。

郑州成功财经学院主动服务当地经济和社会发展，积极探索"一主二辅"的培养模式。一是针对 70% 左右的学生用三年时间修完四年的课程，安排一年时间强化应用技能实践，积极探索提高校企合作、订单培养、工学结合等培养模式，实现"良才"培养目标。二是对 20% 的学习成绩优异的学生，帮助他们报考硕士研究生，实现"英才"培养目标。三是针对 10% 的理论知识薄弱的学生，在补习基础知识的同时，发展他们的动手优势，使其成为掌握"一技之长"的"有用人才"。以培养"良才"为主，以培养"英才"和"有用之才"为辅，贯彻了"因材施教"的基本教育原则，体现了实事求是、个性化、差别化培养的思想。

郑州科技学院不断拓展培养应用型人才的方案，通过优化课程体系，整合教学内容，设置创新学分，改革课堂教学模式，开展学科竞赛等多种途径，有效激发了学生学习、创新的积极性，初步形成了全新的人才培养课程体系。进行"两站"建设，建立企业教师工作站和校内大师工作站，搭建了"双师双能"教师队伍建设的平台，引进企业技术人才进校讲课，派出专业教师到企业定岗实践，实现了校政行企多方合作，产教深度融合发展。

新乡医学院三全学院秉承"全面适应社会需求，全面实施素质教育，全面培育医学英才"的办学指导思想，建立"课间见习、暑期见习、临床实习"的全过程实践教学模式，保证了教育教学质量的稳步提高。2012年与卫生部中国医师协会合作成立"中国医师人文医学执业技能培训基地"，2013年成立国家技能鉴定站，2014年加入应用技术大学（学院）联盟，逐步成为特色鲜明、优势突出的应用型高等院校。

学术论文的数量质量在一定程度上反映了一所学校的学术水平和科研能力。在2014年中国校友会网发布的中国民办大学国内论文排行榜中，黄河科技学院以1946篇列全国第1位，升达经贸管理学院以620篇列第17位，郑州成功财经学院以570篇列第21位，郑州华信学院以450篇列第31位，郑州科技学院以381篇列第39位，商丘工学院以298篇列第49位，50强中河南占6所。

转型发展、提升人才培养质量，不仅是国家、社会对民办教育的外在要求，也是经济社会发展的需要，更是民办教育自身发展的内在动力。

本科院校正在向应用型大学转型，其他各级各类院校也经历着由规模扩张向内涵提升的方向转型。民办高职院校本来就是面向生产服务一线培养技术技能型人才的，在转型的过程中，更加注重学生健全人格和技术技能水平的培养，如漯青医学高等专科学校、郑州电力职业学院等院校都在这方面做了有益的探索。民办中学教育阶段、小学教育阶段和学前教育阶段的学校，也都更加注重办学质量的提升，结合河南经济社会发展的大局，主动承担社会责任，办学水平不断提高，办学模式更加多样，教育手段更加科学，人才培养质量在稳步提升。

民办中等教育、初等教育也更加注重人的成长。中牟外国语学校着力打造质量特色、课程特色和活动特色，既要质量、要成绩、要升学率，又要才艺、要活动、要美誉度，着眼点在学生健全人格的培养。黄河科技学院附属中学以"办规范加特色学校，育合格加特长学生"为目标，为每一个学生"量体裁衣"，探索出了一条"特色打造品牌，品牌提升特色"的成功教育之路。河南宏力学校从建筑物的设计、布局、色调选配、文化景点的设置到学校制度制订、校本课程开发，从办学理念的凝析到培养目标的确立，无不突出"以人为本"的教育理念。沁阳市永威高中坚持"没有教不好的学生"的教育理念，坚持面向全体，不放弃一名学生。开封立洋外国语学校注重学生创新思维、创新意识、创新精神和创新能力的培养。濮阳建业国际学校颠覆传统教学模式，变"排排坐"为"团团坐"，变"课堂"为"学堂"，变"教师"为"导师"，变"苦学"为"乐学"。北大公学驻马店实验学校既十分重视打造"中国课程"的扎实基础（人格基础、知识基础、能力基础），又给予学生"国际课程"的个性化教育。郑州枫杨外国语学校以"文理兼长，外语突出，全面发展"为办学目标，实施"差异化教育"，致力于培养中西文化融合、智慧人格并重、本土情怀和国际视野兼备的高素质预备人才。郑州惠民中学秉承"为学生终身发展奠基"的绿色教育理念，确立"思想健康、行为规范、意志坚定、方法良好"的育人目标，注重培养学生树立"博学多思、雅量高致、精益求精、诚意正心"的人生观。河南少年先锋学校纳东西方教育之精华，传承中华文化，建构现代化的东方经典教育模式。郑州一八联合国际小学把"幸福学园、健康学生、国际视野"作为办学目标，把"爱"作为学校的核心理念，把"阳光雨露"作为校风，以"小绅士、小淑女"的气质来展示孩子们的内涵，立足培养全面、智慧、健康、大气、立足祖国、胸怀世界的中国人。这些尝试，都取得了一定的效果。

党建工作是民办学校各项工作中的重要环节，新修订的《民办教育促进法》一个明显的特征就是明确了民办学校的党建工作。河南民办教育在发展之初就将自身置于党的领导之下，黄河科技学院十年找党的经历已成为当代中国民办教育史上的佳话，其他民办学校也自觉把自己的发展纳入党的教育事业之中。

郑州升达经贸管理学院深入学习贯彻党的十八大、十八届三中、四中、五中全会精神，以"两学一做"学习教育活动为动力，不断提高教育教学质量，保持了良好的发展趋势。

郑州工业应用技术学院经常开展贴近实际的活动，除了在校内进行教育外，还把党课开在登山路上。丁酉年黄帝故里拜祖大典结束后，党委组织160多名教职工党员在当年黄帝修德振兵的具茨山下，组织了一次别开生面的党课学习。类似的不拘一格、别开生面的思想政治教育活动，郑州工业应用技术学院组织了多次。不断探索党建新模式、新载体，构建党员教育新格局，有效提高了党建质量。

无论是本科院校向应用型转型，还是其他层次的教育向内涵发展转型，起点都是从内做起，增强学校的核心竞争力，提高人才培养质量。河南民办教育在转型发展中日趋成熟。

（三）困难：主客观环境向好 问题新旧交织

任何事物的发展都会遇到这样那样的困难和问题，而且在不同阶段不同时期遇到的困难和问题也有所不同。民办教育也是这样。在规模扩张期逐渐过去、质量提升期到来这个阶段，老的问题尚未彻底解决，新的问题已经出现。

老的问题，主要表现在外部。一是政策问题。应该说，改革开放以来，国家对民办教育的支持力度逐渐加大，促进民办教育形成了规模，正在推动转型。但是由于相关法规政策尚不完备，落实顶层设计的渠道还不通畅，民办教育在发展中面临一些困难。

二是经费问题。长期以来，经费短缺一直是困扰民办教育发展的主要问题。目前河南民办教育机构的教育经费仍然主要来源于学生学费，不少学校走的是以学养学的发展道路。在这方面，政府也积极作为，采取多种措施为民办教育排忧解难。但是由于没有和公办教育一样享有生均教育经费，民办教育的发展因为经费的制约依然举步维艰。生源规模达到一定数量、运行实现了良性循环、教育管理进入资源合理配置阶段的学校尚可维持，但仍然缺少发展经费。一些规模较小的学校，生均管理成本和教学成本更高，运行极其困难。

三是社会认可度问题。应该说，随着国家对民办教育支持力度的加大和民办教育自身的努力，民办教育的社会功能进一步显现，社会对民办教育的认可度越来越高。但不可否认的是，还有一些人对民办教育抱有偏见，这些偏见和传统的择校观不但对民办教育整体产生不公正的看法，也导致了民办学校招生难现象，生源不足和生源质量不高，使民办学校在教学和管理上都要比同类公办学校付出更多的成本。

新的问题，主要表现在内部。一是发展定位不清和战略远见缺乏，核心竞争力不强。少数民办学校囿于小天地、小圈子，实现了小发展就裹足不前，安于现状。一些民办学校在长期的发展中摸爬滚打，在一定层面上实现了规模扩张，艰苦的发展经历磨炼了意志，同时也消减了锐气，缺失了发展远见。一些学校虽然有长远的发展规划，但缺乏科学的发展理念。个别民办学校过于注重经济效益，导致学校发展进入恶性循环。当然，从河南全省情况看，全省民办教育机构大多呈现的是健康发展的状态。

二是内部管理方法陈旧，缺乏创新动力。少数民办学校办学理念滞后，失去了自己的特色：学生录取的粗放式做法，导致生源质量不高；专业设置的粗放式决定，导致专业设置雷同；教学运行的粗放式运转，导致人才培养质量不优；学校管理的粗放式运行，导致发展后劲不足。

三是趋公化现象。民办教育在发展之初，大多机构精简、务实高效。随着时间的推移、规模的扩大，内设机构就会一个个建立起来。一些民办学校照搬公办院校的模式，一级一级构建管理框架，民办教育的优势正在个别学校弱化。

四是同质化趋势。这种趋势表现在一些学校在机构设置上的相近，在人才培养目标、人才培养方案、人才培养方法等方面的相似。仅从专业设置来看，一些相对热门的专业如国际经济与贸易、工程造价、计算机科学与技术、物联网工程、电子信息工程、土木工程、环境设计、旅游管理、会计、日语、通信工程、汽车检测与维修、机电一体化技术、动漫制作技术、市场营销、物流管理、人力资源管理等专业重复开设率较高。总体来看，河南民办本专科院校的专业设置呼应了经济社会发展对人才的需求，但同质化现象比较严重。

五是师资队伍建设问题。教师是教育发展的重要保证，师资队伍建设是学校各项工作的重中之重。河南的民办学校和全国一样，由于条件限制，师资队伍建设面临着比公办学校更严重的问题。引进高职称、高学历的教师，民办学校的成本远远高于公办学校；培养成熟，取得一定学历和职称的教师又难以留住。由于没有公办学校教师的待遇，民办学校的教师队伍在学历、职称、年龄上都很难形成理想的"纺锤型"状态。

（四）环境：不断优化 持续向好

2016 年 12 月 29 日，国务院发布《关于鼓励社会力量兴办教育促进民办教育健康发展的意见》，提出了育人为本，德育为先；分类管理，公益导向；优化环境，综合施策；依法管理，规范办学；鼓励改革，上下联动五项基本原则。其中在优化环境方面明确提出，要统筹教育、登记、财政、土地、收费等相关政策，营造有利于民办教育发展的制度环境。在加大财政投入力度、创新财政扶持方式、落实同等资助政策、落实税费优惠等激励政策、实行差别化用地政策、实行分类收费政策、保障依法自主办学、保障学校师生权益等方面都做了明确规定。

具体到河南，各级政府对民办教育支持的力度不断加强。2012 年 8 月，省教育厅发布关于鼓励和引导民间资金投资发展教育的意见，明确提出切实保护民办学校（含幼儿园）的合法权益，支持民办学校做强做大，落实民办学校教师待遇，保障民办学校学生权益，完善民办学校税费政策，充分发挥财政资金的引导和杠杆作用等措施。省财政 2012 年设立 2000 万元民办教育发展专项资金，到 2016 年已达 5000 万元。在省财政的带动下，各地市也积极跟进，并且连年增加。其中郑州、洛阳两市每年专项资金已达 5000 万元，许昌市 2000 万元，开封市 1000 万元，商丘、周口、驻马店三市每年 500 万元，焦作、平顶山、永城三市每年 300 万元。在县级财政层面，滑县每年民办教育发展专项资金已达 150 万元，邓州市为 100 万元。各级政府的财政基金发挥杠杆作用，全省每年撬动民间资金近 80 亿元。

各市相继出台了一系列相关政策。郑州市 2013 年民办教育新增投资 16 亿元。洛阳市 2013 年引资 13.70 亿元，新建各类民办学校 71 所。开封市规定民办学校教师在业务进修、职称评定、表彰奖励、科研立项等方面与公办学校教师享有同等权利。济源市对于满足条件的民办学校直接拨付一定比例的教师工资。邓州市将民办学校用地纳入城乡规划建设，并要求有关部门在制订教育事业规划、调整学校布局时，充分考虑民办学校的作用。

2013 年 5 月省教育厅印发《河南省学校基本建设"十二五"规划》，把民办中小学和民办职业教育的发展纳入教育布局规划。2015 年 12 月，省政府发布了《关于加快推进民办教育发展的意见》，明确提出，要从落实民办学校与公办学校同等法律地位，保障民办学校法人产权，保障民办学校教师合法权益，保障民办学校学生合法权益，完善民办学校用地和建设等优惠政策，落实民办学校税收优惠政策，加大公共财政对民办教育的扶持力度，完善民办教育资本运作和融资体制等方面完善落实民办教育发展扶持政策，从而优化发展环境，充分发挥民办教育的体制机制优势，形成民办教育、公办教育共同发展的格局，努力满足人民群众多样化的教育需求。

在社会层面，人们对民办教育的认可度和满意度也在不断提高，越来越多的专家学者、领导干部、社会贤达和社区民众对民办教育有了比较公允的认识，特别是广大的考生家长用行动来支持民办学校发展，十年来河南民办学校生源持续增加，规模不断扩大就是明证。

"互联网+"时代的到来，为民办教育和公办教育平等竞争创造了新的条件，互联网提供的服务对所有人都是一样的，它不管你是公办学校还是民办学校。互联网使信息传播更快，让学习变得更加容易，弱化了社会身份，使得教育更加公平。民办学校要审时度势，抓住这一难得的时机，搭建运营高效的学习平台，建立优秀的线上课程，改变旧的落后的教学手段，同时建立科学的评价、评估机制，实现教育思想、教育内容、教育方法、教师队伍的现代化。

2016年11月7日，全国人大常委会审议通过了《关于修改〈中华人民共和国民办教育促进法〉的决定》，标志着我国民办教育分类管理的顶层设计基本完成。新修订的《民办教育促进法》于2017年9月1日实施，全国各级各类民办教育机构都面临营利或非营利的选择。为保证新《民办教育促进法》的顺利实施，2016年12月29日，国务院出台了《关于鼓励社会力量兴办教育，促进民办教育健康发展的若干意见》；2016年12月30日，教育部等五部门联合下发了《关于印发〈民办学校分类登记实施细则〉的通知》，2016年12月30日，教育部、人力资源和社会保障部、工商总局联合下发了《关于印发〈营利性民办学校监督管理实施细则〉的通知》。这样密集的意见和细则的出台，体现了中央关于民办教育的形势新判断、发展新定位、制度新安排，形成了上位法律。国务院文件、部门配套政策相互衔接、相对完整的制度和实施体系，为民办教育在新的历史起点上实现健康发展指明了方向。

法律对民办教育的保障、管理和促进，随着经济社会的发展在不断进步。从1997年7月31日《社会力量办学条例》颁布，到2017年9月新《民办教育促进法》实施，20年间，仅仅围绕营利、非营利问题，在顶层设计层面就进行了一系列调整、完善。

2010 年颁布的《国家中长期教育改革和发展规划纲要（2010～2020年）》提出了"分类管理"的发展思路。2015 年 1 月 7 日，李克强总理主持召开国务院常务会议，明确对民办学校实行分类管理，允许兴办营利性民办学校。2015 年新修订的《中华人民共和国教育法》去掉了"不以营利为目的"的条文，扫除了法律障碍，奠定了营利性教育组织的合法性基础。2016 年，新《民办教育促进法》正式确立了营利性民办教育机构的合法地位。当然，非营利性民办教育机构本来就是合法的。

新《民办教育促进法》从促进和规范民办教育健康发展的角度，清晰界定了营利性和非营利性民办学校的分类标准，第一次以负面清单的方式开放了营利性教育的准入范围，明确规定义务教育阶段不得设立营利性民办学校，总体上确立了营利性学校和非营利性学校所适用的不同扶持政策，明确了存量民办学校剩余资产的归属问题，并对现有学校的存续及转设事宜做出了妥善安排。

（五）对策：主动提升 内外兼修

十年来，河南的民办教育实现了稳定发展、健康发展、有序发展，不论是在规模还是在内涵发展、社会声誉提升等方面都走在了全国前列。但是面对经济和社会发展的新常态，在老的问题尚未彻底解决，新的问题又不断出现的情况下，只有依靠国家的强力支持和自身的内在优化，才能由大向强，实现更好的发展。

1. 政府支持是民办教育发展的第一条件

政府要结合河南实际，制订落实新《民办教育促进法》实施细则。巩固党在民办学校中的领导地位；推动民办学校享有和公办学校的平等待遇；实行营利性和非营利性民办学校在土地管理、财政扶持、税费减免、收费等方面的分类管理；鼓励民办学校通过创新融资工具，拓宽融资渠道等多元化主体合作办学；落实保障民办学校法人财产权的切入点和具体路径，加强资产管理，从而推动建立科学的运行机制和健康的发展方式，实现民办学校人才培养质量的提升。

一是从政策管理到依法管理。改变现行的以"红头文件"管理的做法，按照"依法治教"的要求，积极推进建立完备的民办教育法律法规，构建符合河南省情的民办教育法律规范体系、实施体系、监督体系和保障体系，把民办教育的发展纳入法治轨道。

二是由直接管理向多元管理转变。改革开放以来，民办教育有了生存发展的空间，但是政府如何管，如何建立社会主义市场经济体制下的民办教育管理体制，是全新的课题。由于没有现成的经验可搬，政府对民办教育的管理更多的是借鉴对公办学校的管理模式，这在一定程度上规范了民办教育，但也削弱了学校的办学自主权。完善的办法就是进一步深化改革，建立多元管理机制，促进民办教育科学发展。

三是变"重管理"为"重服务"。在传统的管理体制下，政府对民办教育的管理就是从招生、学历、专业、学费、信息、质量等方面进行控制、审批、监管和处罚。这样的管理在民办教育发展初期是有一定的规范作用的，但在一定程度上遏制了市场的活力。政府改革的方向，应由管理型向服务型转变。教育是社会事业，民办教育承担的也是社会事业的一部分，政府应该为民办教育提供公共服务。

2. 自身完善是变化的根本

民办学校要认真研究新情况，解决新问题，以新的思维调整办学作为。

一是在思维方式上，由"战术谋划"向"战略思维"转变。30多年的艰难发展，河南的民办教育克服了一个又一个困难，形成了今天的局面。在创业发展中，人才、资金、场地、设备、政策等都是需要一点点解决的。面对这些具体问题，要制订一个又一个方案，解决一个又一个问题，才能一步一步向前走。有远见的民办教育家，从一开始就站在发展的高度，发展初期的布局谋篇就为日后的鸿篇巨制奠定了基础。对党的教育事业的忠诚，对学生成长的责任，对学校发展的远见，加上不懈的努力，使这些学校一天天发展壮大起来。面对新常态，民办教育更需要"战略思维"，明确发展方向，瞄准发展目标，构建发展框架，凝聚特色文化，形成发展合力。

二是在办学理念上，从注重经济效益向注重社会效益转变。开办学校需要资金，学校发展需要资金，毫无疑问，经费是教育发展的重要保障，对民办教育而言，尤其重要。作为社会事业，民办教育从一开始就必须注重社会效益。当规模发展到一定阶段，学校具备了一定的办学实力后，就应该更加注重社会主义教育的公益性原则,为人民办教育,为国家办教育,办好教育,办优质教育。

三是在发展方式上,由规模扩张向内涵提升转变。十年间河南的民办教育实现了规模的增长。但总的看来,这种增长主要是粗放型的外延式增长,这种增长方式在一定时期会使学校实现低水平的运营,要想升级发展,必须转向内涵式发展模式。要处理好规模、质量、结构和效益的关系,把关键点、兴奋点和工作重点聚集到提升人才培养质量上来。

四是在内部管理上,由管理型向服务型转变。民办学校发展到一定规模,就会形成相对稳定的管理结构,这种结构运行久了而不改革,就有可能产生僵化,滋生权力意识,淡漠服务观念,如同一些公办学校那样形成行政化痼疾。民办学校内设机构必须不断地强化服务意识,为师生服务,为人才培养服务。除了及时根据发展需要调整内设机构及其职能外,还要加强对相关岗位人员服务情况的考查考核,形成良好的服务生态。

五是在治理结构上,由单一型向法人共同治理转变。在长期的发展过程中,民办学校形成的管理模式起到了高效、集中、减少扯皮摩擦、降低办学成本等作用,实现了学校的快速发展。随着学校规模的扩大、层级的升高,这种管理模式也面临升级,包括加强学校章程建设,优化法人内部治理结构,深化改革,建立适应时代发展要求的现代学校制度,从而增强民办学校的核心竞争力。

六是在人才培养上,由同质化向特色化转变。民办教育的优势,在于自己办学的灵活性和人才培养的特色化。但是长期以来,由于各种因素的制约,民办学校越来越趋同于公办学校,这在浪费了师资、设备、仪器等资源的同时,萎缩了民办教育发展的动力,影响了民办教育的社会形象,更重要的是满足不了社会多层次、多样化的人才需求,制约了民办教育的健康发展。适应新常态,民办学校的人才培养模式必须向特色化转变,民办高校要更加注重应用型人才培养。根据河南经济社会发展对人才的需求,优化人才培养模式,培养出符合人的发展需求的、经济社会急需的、具有鲜明特色的应用型、创新型人才。

3. 需要共同解决的问题

长期制约民办教育发展而得不到彻底解决的问题,需要政府、社会和学校共同努力。

一是办学经费问题。经费问题是困扰民办教育发展的主要问题，从民办教育产生初期一直伴随到现在。近几年来，由于各级政府的不断努力，民办学校的筹资渠道得到了一定程度的拓宽。但是，由于体制、观念、发展惯性等原因，特别是河南这个不发达的内陆大省要办大教育，经费投入毕竟有限。要想从根本上彻底解决民办教育经费难的问题，短期内不太现实。但是，政府和学校都要不断努力，不断破除融资壁垒，拓宽筹资渠道，增加民办教育经费比例。其一，不断增加并科学使用民办教育专项资金，给予民办学校一定的生均拨款补助，逐步使民办学校的学费、财政补助与公办学校持平。其二，构建民办学校担保贷款机制。通过盘活固定资产、投入和社会信用评估，对符合资质的民办学校提供信用担保、低息贷款等服务。其三，支持民办学校开展股权等方式融资，拓展民办学校的筹资渠道。其四，鼓励社会对民办教育捐赠。在 2014~2015 年度全国民办教育在校生规模前 10 位的省份中，河南居第二位，但社会捐赠却是最少的。广东省社会捐赠突破了 10 个亿，是举办者投入数的 37.26%。捐赠数目和比例最高的是江苏省，其社会捐赠数是举办者投入数的 1.74 倍，捐赠数超过了广东，是河南的 19.06 倍。河南省的社会捐赠数仅占举办者投入数的 3.26%。其五，构建规范的民办教育产权确认和流转制度，多渠道、多举措解决民办教育的经费问题。

二是师资队伍问题。由于没有事业编制，缺少通畅的职称评聘和专业上升的通道，民办学校师资队伍建设一直是个难以解决的问题。在河南的民办高校中，黄河科技学院、郑州科技学院，郑州升达经贸管理学院、郑州工业应用技术学院等本科院校经过十几年、几十年努力建设，已经初步形成了合理的梯次师资队伍，但大部分学校师资队伍不够优化。

解决这个问题，需要多方面共同努力。政府和社会要建立健全民办学校教师的社会保障、事业发展等制度，彰显法律身份，消除岗位歧视，使民办学校的教师在资格认定、培养培训、职称评聘等方面与公办学校教师享有同等权利。学校自身要不断提高教师的待遇，使优秀人才进得来、有保障、稳得住、干得好。

二　2017~2018 学年年度报告

2017 年，对河南民办教育来说，注定是不平凡的一年。2017 年 9 月 1 日新年开学之日就是新修订的《民办教育促进法》实施之时。自 2016 年 11 月 7 日全国人大常委会通过新的《民办教育促进法》修正案后，其释放的对民办教育规范管理和分类管理的强烈信号，引起了许多猜想、顾虑、争论和担心，也有明确和笃定。到底新《民办教育促进法》会对河南民办教育产生什么样的长远影响，人们不得而知。但对于新《民办教育促进法》实施当年对民办教育发展规模的担忧，对民办学校稳定过渡的顾虑，随着新年开学的钟声，一切尘埃落定。

（一）背景和主体

河南民办教育由规模的扩张进入以提升人才培养质量为主题的内涵发展时期，适逢其时。

1. 顶层设计：校正航向，拓宽航道

2016 年 11 月 7 日，第十二届全国人民代表大会常务委员会第二十四次会议通过关于修改《中华人民共和国民办教育促进法》的决定，明确了对民办教育进行规范管理和分类管理的方向，并决定修订后的《民办教育促进法》于 2017 年 9 月 1 日起施行。

2016 年 12 月 29 日，国务院发布《关于鼓励社会力量兴办教育促进民办教育健康发展的若干意见》。

同一天，中共中央办公厅下发了《关于加强民办学校党的建设工作的意见（试行）》，要求加强民办学校党建工作，充分发挥民办学校党组织政治核心作用，推进党的组织和党的工作有效覆盖。

2016 年 12 月 30 日，教育部、人力资源社会保障部、民政部、中央编办、工商总局五部门联合印发了《民办学校分类登记实施细则》。同一天，教育部、人力资源社会保障部、工商总局联合印发了《营利性民办学校监督管理实施细则》。

在不到两个月的时间内，如此密集地出台新法、决定、意见、细则，足以看出国家层面的决心和效率，同时强烈地传导出两个鲜明的信号：国家要以法律、法规、政策来促进民办教育的健康发展，同时实现对民办教育的分类管理。

这是当代中国民办教育发展史上的重要节点，是民办教育由规模扩张走向内涵提升的历史拐点。

2. 地方政府：政策规范，措施保障

全国人大常委会关于修改《民办教育促进法》的决定要求省、自治区、直辖市结合新法制定实施办法。2017 年 9 月 30 日，辽宁率先出台实施意见。此后，安徽、天津、云南、湖北、上海、浙江、河北、陕西、河南、海南、青海、广东相继公布实施意见。截至 2018 年 4 月 30 日，全国 32 个省、自治区、直辖市中，已有 16 个出台了实施意见。

河南省人民政府于 2017 年 7 月即组织有关方面专家学者起草了第一稿实施意见。后经反复征求意见，讨论修改，于 2018 年 2 月 2 日以豫政〔2018〕6 号文件发布了《河南省人民政府关于鼓励社会力量兴办教育进一步促进民办教育健康发展的实施意见》。

新《民办教育促进法》和一系列的配套文件，都强调了"鼓励"和"促进"，而"鼓励"和"促进"的目的，是使民办教育"健康发展"。改革开放 40 年来，我国的民办教育事业蓬勃发展，已经由教育事业的必要补充发展成为推动教育改革的重要力量。但毋庸讳言，民办教育在规模扩张的过程中，还存在一些不规范的办学行为。要使民办教育真正在中国教育舞台乃至世界教育舞台上完美展示，则必须以习近平新时代中国特色社会主义思想为指导，匡正方向，健康发展。只有在遵循教育规律的基础上，坚持社会主义办学方向，坚持改革创新，才能真正提升人才培养质量，办出特色，办出水平。

3. 民办教育：契合时代，科学发展

河南的民办教育，在当代中国社会发展的大背景下，特别是改革开放以来，随着中国教育改革发展的大潮，在底子薄弱、经费困难、社会认知度不高的情况下一步一个脚印，实现了跨越式发展。

一是现代学校制度正在初步构建。河南各级各类民办学校在办学实践中，越来越感觉到建立现代学校制度的重要性和必要性。出于发展的需要，这种制度多是自发建立起来的，当然仍处于初级阶段，既不完善，也不圆

满。这种适应时代要求的，与当前改革发展相适应的规则体系，在理论尚不完善、引导亦不到位的情况下，正在探索中建立。

全省 37 所民办普通高校均已建立健全了董事会（理事会）和监事会制度。这样的制度，在黄河科技学院、郑州科技学院、郑州工业应用技术学院、郑州升达经贸管理学院、郑州工商学院、新乡医学院三全学院等 17 所民办本科学院已经进入正常运转的轨道。校务委员会等机构进入决策层面，学校章程实现了全覆盖。专科学院如郑州澍青医学高等专科学校、郑州电力职业技术学院、周口科技职业学院、郑州理工职业学院、郑州黄河护理职业学院、郑州城市职业学院等 20 所民办院校也已经或正在完善。

在规模较大的民办普通高中、初中、小学和幼儿园中，多数实现了管办分离，创办人在很大程度上不再过问学校事务，由担任校长和副校长的专家来运作。一些学校建立了专家委员会，将社会相关专家引入管理和评价体系。同时，学校的董事会（理事会）和监事会成员依据国家政策、学校章程规定的权限和程序共同参与学校的办学和管理。

二是党建和思想政治工作不断加强。加强党的建设，坚持正确的办学方向，是河南民办教育的优良传统和发展秘笈。黄河科技学院创办初期，创办人胡大白就有强烈的"找党"愿望。1984 年，不仅在河南，就是在全国都没有民办学校建立党组织的先例。当时，关于民办学校能否建立党组织、如何建立党组织、隶属关系如何理顺等，国家都没有明确规定。胡大白奔波于区、市、省的有关部门，先是建立临时党支部，到 1994 年 6 月，学校党组织关系终于挂靠在市科委党委，虽然尚未完全理顺，但经上级组织部门的批准，学校建立了党总支，党的活动实实在在地开展起来。"十年找党"的佳话，已经传遍中国民办教育界。正是有了党的领导，坚持正确的办学方向和育人导向，黄河科技学院才创造了当代中国民办教育史上的奇迹，成为全国民办教育发展的一面鲜艳的旗帜。

2018 年 2 月 3 日，中国民办教育协会在无锡召开了党建工作推进会。十天后，2018 年 2 月 13 日，农历腊月二十八，春节的气氛已经十分浓厚，河南省民办教育协会在黄河科技学院召开会长扩大会，认真传达了中共中央办公厅《关于加强民办学校党的建设工作的意见（试行）》和全国民办教育党建工作推进会的精神，成立了河南省民办教育协会党建工作委员会，安排布置了 2018 年全省民办学校的党建和思想政治工作。2018 年 4 月 14 日，协会召开五届四次会员代表大会暨全省民办学校党建工作促进会，总结了一年来协会的工作，进行了党建工作交流并成立了河南民办教育党建工作研究中心。党建工委和研究中心根据河南省情和民办教育发展实际，制订了调研方案和工作计划，并有序开展工作。

在多年的发展实践中，胡大白"十年找党"的精神激励着每一个民办教育人。2016 年 12 月 30 日，汝州市西雅图幼儿园建立了中国共产党支部委员会。在幼儿园的发展过程中，党建工作时刻走在前面。他们整合利用国内外资源，从"回顾历史""品读幸福"两条主线入手，在园内创设了 21 个文化点，将党建文化融入校园，融入育人过程。利用党建文化宣传廊、亲子阅读吧、红色气息触摸墙、英雄故事绘本等载体营造育人环境。结合幼儿生理、心理特点，将活动与游戏有机结合起来，通过爬雪山、过草地、巧渡金沙江、强渡大渡河、飞夺泸定桥等户外体育游戏，健康幼儿心智，培养孩子品质，增强幼儿体能，实现身心同步健康发展。这样的教育，不说教，不生硬，如春雨润物，如朝阳铺展。西雅图幼儿园园长张锦娜手机里珍藏着一张珍贵的图片：一个小女孩在国旗下敬礼。真切，庄重，无一丝做作。这张图片曾在当地网络广为传播，所有看到的人均为之动容。后经寻找，得知小女孩是西雅图幼儿园的学生。稚嫩的年龄，童真的心灵，庄严的敬礼，厚重的希望。据张园长介绍，西雅图幼儿园的许多小朋友都自觉养成了听见国歌立正、看见国旗敬礼的习惯。中国儿童，对国旗、国徽、国歌的尊重，应该而且必须。

黄河科技学院、郑州工业应用技术学院、新乡医学院三全学院、信阳学院、民权县九九高中等单位在全省民办学校党建工作促进会上做了典型发言。郑州工商学院、河南大学民生学院、商丘工学院、联大教育集团、洛阳科技职业学院、安阳学院、安阳深蓝高中、焦作市宇华实验学校、许昌五女店实验学校、驻马店天中实验小学、南阳市格瑞特教育培训学校、南阳市张衡中等职业学校、淮滨县第二高中、尉氏县博奥双语学校、河南枫叶国际学校等 71 家单位进行了书面交流。

不少民办学校在实践中创新党建工作方法，结合自身特点，取得了很好的效果。黄河科技学院发扬"以党建为核心，全面加强思想政治工作"

的优良传统，彰显思政工作品牌效应，唱响黄科院好声音。学校党委认真落实发挥政治核心作用的"四项机制"，即党委书记与董事长、校长沟通机制，党政领导联席会议机制，共同负责分工协作机制，党委中心组理论学习机制，积极参与学校重大决策，充分发挥了"把方向、管大局、保落实"的作用。郑州科技学院党委成立十九大精神宣讲红色小组，集合马克思学院骨干教师，成立了"十九大精神宣讲团"，开展巡回宣讲15场，场场满员。郑州工业应用技术学院党委注重引导师生做社会主义核心价值观的积极传播者、模范践行者，坚持以"大学生素质教育"为抓手，纳入本科专业人才培养方案，设置了"素质拓展"教育平台，开展了"五个一"工程主题教育活动，将"天天学雷锋、人人做好事"作为重要载体，编印了《大学生"日行一善"100例》，拍摄制作了《"日行一善"微电影100集》，学校涌现一大批先进典型。安阳市深蓝高中围绕中心抓党建、促发展，提炼出"双建、五带、两促进"的经验：建强学校党组织，与机关社区互联共建；带出一支素质过硬的党员队伍，带出一支专业过硬的教师队伍，带出一支甘于陪伴的导师队伍，带出一支充满活力的团员队伍，带出一支素质全面的校长助理队伍；促进学校精神文明建设，促进学校健康发展。巩义市第二幼儿园开展"一个党员一面旗"活动，使党员在平凡的岗位上发挥先锋模范作用。联大教育集团认为"党建做实了就是生产力，做强了就是竞争力，做细了就是凝聚力"，充分发挥每个党员的作用，推动了工作的开展。

党建工作不仅是民办学校规范管理的重要环节，而且是贯穿始终的主线。不少民办学校都认识到并十分重视这一问题，在推进党建工作的过程中净化了发展风气，理清了发展思路，匡正了发展方向，取得了发展成果。因此，民办学校开展党建工作，在很大程度上源于民办教育的需要和自觉，也与党中央的要求高度契合。2018年1月17日，宇华教育集团举行了习近平新时代中国特色社会主义思想"进教材、进课堂、进师生头脑"工作大会，这是全国首家开展落实"三进"工作的大型民办教育集团，而从中小学到大学全面推进"三进"工作，这在全国民办教育领域也属首例。

三是参与决策的水平不断提高。河南省民办教育协会常务副会长、黄河科技学院校长杨雪梅，河南省民办教育协会副会长、宇华教育集团董事长李光宇，河南省民办教育协会副会长、周口科技职业学院董事长李海燕都是全国人大代表，他们结合河南民办教育实际和自身的工作与体会，站在全国教育事业的高度，在深入调研和缜密思考的基础上，向大会提交了关于教育公平、体制改革、政策扶持、法律修订、人才培养等民办教育改革和发展等方面的议案和建议，引起了广泛反响。河南省民办教育协会推荐专家参与起草河南省人民政府关于落实新法的实施意见，一稿列出33条，受到主管部门的高度肯定。胡大白会长等应邀参加河南省人民政府意见定稿的征求意见座谈会，高屋建瓴提出了完善建议，被广泛吸收。

河南民办教育已从全国跟跑的位置走向前列，河南民办教育人也在政治生活中发挥越来越重要的作用。当选省、市、县各级人大代表、政协委员的民办教育工作者积极参政议政，建言献策，使各级各类民办教育进一步进入政府议程和社会视野。良好的发展环境正在逐步形成。

四是民办教育研究实现重大突破。持续在全省开展民办教育研究工作。2017年河南省民办教育协会收到民办教育研究课题结项申请836份，结项671项。课题数量实现了历史新高，研究范围涉及各级各类民办学校的方方面面。在数量增加的同时，研究质量也在不断提高，2017年共评出民办教育优秀研究项目一等奖42项，二等奖83项，三等奖93项。

河南省民办教育协会和黄河科技学院研创的全国第一部由社会科学文献出版社出版的省级民办教育蓝皮书《河南民办教育发展报告（2017）》，2017年9月28日举行了发布会。全国人大常委会委员、全国人大教科文卫委员会副主任委员、中国民办教育协会会长王佐书等领导专程到会祝贺并讲话；社会科学文献出版社副总编辑、皮书研究院院长蔡继辉，山西省民办教育协会秘书长张忠泽，浙江大学民办教育研究中心主任吴华等专家给予高度评价和鼓励，认为河南民办教育蓝皮书开了这个领域这个层次的先河。

河南民办教育研究院在协会的指导下，搭建河南省民办教育协会网、河南民办教育研究网和《河南民办教育》、《民办教育研究》"两网两刊"平台，研究民办教育进程，培养民办教育研究新人，取得了很好成效。2018年初，研究院组织专人对2017年全国民办教育研究成果进行梳理，形成了《2017年民办教育研究综述》；同时对已经出台实施意见的全国16个省级单位的配套政策进行了梳理，形成了《地方政府落实〈民办教育促进法（新法）〉实施意见综述》。两个综述受到同行、专家的高度评价。

五是专业设置更加贴近发展实际。在规模发展的过程中，一些学校对专业建设的重视仅仅停留在"热门"层面，看到哪个专业好招生，就积极申报，一拥而上。这样做的结果是虽然扩大了教育规模，但带来了人才培养的失衡，导致一些专业人才过剩，原来热门的专业经过两个周期左右的拥堵培养后，毕业生就业专业对口率大幅下降，有些甚至出现"就业难"现象。进入以质量提升为主的发展期后，许多民办学校把专业设置的目光放得更远，针对国民经济发展出现的新行业，瞄准社会发展即将出现的新专业进行战略布局，科学设置。黄河科技学院根据中原经济区和郑州航空港经济综合实验区建设对人才的需求，瞄准技术前沿与市场需求，获批数据科学与大数据技术、智能科学与技术专业，成为河南省唯一开设此类专业的高校。同时挖掘学校教育科研资源，及时增设材料成型与控制、轨道交通与营运管理等专业，整合物流管理、电子商务、物联网等专业，停招信息与计算科学等专业；重点培育电子信息类、生物医药类、文化创意类、机械材料类、经济管理类5大专业群，实现了专业群与区域产业链的紧密对接，明显提升了专业集群服务经济社会发展的贡献度。2017年机械设计制造及其自动化、材料加工工程、通信与信息系统、生药学、区域经济学等获批河南省重点学科。郑州科技学院新增两个本科专业纳入招生，2018年新增6个专业申报和33个专科专业录入全国高职院校专业设置管理服务平台。机械设计制造及其自动化省级重点学科顺利通过省教育厅验收。郑州澍青医学高等专科学校形成了以健康服务为特色的专业群，共同发挥着为养老、养生、健康饮食、合理用药及康复医疗服务提供人才支撑的功能。康复治疗技术专业成为"全国职业院校残疾人康复人才培养改革试点专业"、河南省高等学校"专业综合改革试点"专业。郑州财经学院制定了《"十三五"专业建设发展规划》，成功获批了5个本科专业。河南大学民生学院以"稳定发展规模、注重内涵建设、做强优势专业、突出应用技能"为专业建设目标，以专业建设引领特色发展的任务得到基本落实。黄河交通学院围绕"交通"做文章，建立了交通运输、机械工程、土木工程、物流管理等优势学科专业。郑州电力职业技术学院2017年度申报并通过了省教育厅评估的2个省级品牌专业，申报新专业4个，全部通过省教育厅的审批。商丘学院机械设计制造及其自动化、会计学 2 个专业获准立项建设，风景园林学院植物栽培与景观应用实验教学示范中心获准立项建设为第十批河南省高等学校实验教学示范中心。中牟外国语学校开设了太极、乐器、创客、国学、书法、阅读 6 大特色课程。建业教育集团在支持孩子自然成长理念引领下，创造性地提出了"STAR 教育体系"，通过自主研发和专家指导，以支持、信任、欣赏、尊重的师幼关系定位和教育过程风格命名，包含理念框架、理论框架、课程框架、执行框架的完整系统。洛阳第二外国语学校围绕新课改要求，举办了课改展示课、研讨课、复习课、"青蓝杯"比赛课共计 120 余节，家长反映，"课堂变得欢快了，学生发言积极了，课堂交流增多了，课堂效率提高了"。

六是人才培养模式不断创新。新时代对教育目标的实现提出了新的要求，适应这个要求，就要不断创新人才培养模式。黄河科技学院着力抓好人才培养"试验田"，探索建立跨院系、跨学科、跨专业交叉培养应用型创新人才的新机制。设立临床医学、数据科学与大数据技术等创新班，实施全额奖学金，施行全英语教学，免费开展海外研修。郑州澍青医学高等专科学校从 2014 年以来实施"基本技能+一技之长"的"特色教育工程"，在人才培养上，强调学生在掌握本专业的基本知识、基本技能的基础上，掌握一门适合自己兴趣、体现专业特色、同时又是岗位急需的实用技术，以提高就业竞争力。郑州电力职业技术学院组织召开校企合作洽谈会及人才培养模式研讨会，开展专业人才需求和专业设置调研工作，制定了《关于编制 2017 级专业人才培养方案的指导意见》，并最终修改完成了《2017 级人才培养方案》的编制和印刷工作。多数民办学校能够根据当地经济和社会发展需要，紧贴时代需求，认真制定人才培养方案，人才培养模式不断创新。

（二）现状与分析

新《民办教育促进法》实施前，不少人在解读时有一定的担心。随着大幕拉开，人们看到，让人担忧的"退出潮"和不稳定现象并没有出现，虽然在最后的选择到来之前还会有观望和忧虑，但是河南民办教育 2017 年的表现已经有了肯定的回答。

1. 规模发展势头稳健

相较于 2016 年，2017 年河南民办教育各级各类学校的基本情况，除普通高校及中等职业学校校数外，其他数据都有明显的增长。

2017 年，河南民办教育各级各类学校数达到 19331 所，比 2016 年增加了 1559 所。其中，增量最大的是民办幼儿园，比上年增加了 1440 所，占总增量的 92.37%；其次是民办普通小学，增加了 59 所；民办普通初中、普通高中等层次的学校数都有增加；民办高校连续四年保持原有校数；民办中等职业学校较上年减少 4 所。2017 年，全省民办学校招生数没有下滑，反而出现强劲增长，比上年多招了 104344 人。招生增加最多的居然是长期以来发展缓慢的初中和小学层次。全省民办初中招生比上年增加 28242 人，增长 10.95%。其次是民办普通小学，也是多年来发展缓慢的环节，招生数比上年增加 25103 人。其他层次如幼儿园、普通高校、普通高中等都有较大幅度的增长，就连学校数减少的中等职业学校，招生数也比上年增加了 19120 人（见表 3-1）。

表 3-1　2016 年、2017 年河南民办教育基本情况比较

单位：所，人

类别	年份	校数	毕业生数	招生数	在校生数
合计	2016	17772	1549647	1718086	5666445
	2017	19331	1673610	1822430	6183998
普通高校	2016	88（37）	98279	131592	417180
	2017	88（37）	116341	144575	461736
普通高中	2016	242	87494	125738	330981
	2017	263	94073	136783	367835
中等职业学校	2016	190	47698	85358	196205
	2017	186	54633	104478	233035
普通初中	2016	758	221191	257814	740792
	2017	801	240960	286056	809184
普通小学	2016	1748	219258	200765	1290041
	2017	1807	238134	225868	1439581
幼儿园	2016	14743	871028	916780	2687521
	2017	16183	929440	924622	2872422

资料来源：《河南省教育统计提要》。

从 2008~2017 年，河南的民办学校数由 6149 所增加到 19331 所，增加了 13182 所；招生数从 864339 人增加到 1822430 人，增加了 958091 人；在校生由 2390819 人增加到 6183998 人，增加了 3793179 人，可以看出十年来河南民办教育规模的发展速度（见表 3-2、3-3、3-4）。

表 3-2   2008~2017 年河南各级各类民办学校数

单位：所

年份	2008	2009	2010	2011	2012	2013	2014	2015	2016	2017
总校数	6149	7034	8466	10539	12761	14244	15337	16707	17772	19331
普通高校	12	23	28	33	34	35	37	37	37	37
普通高中	197	182	176	174	196	196	208	219	242	263
中职学校	272	299	305	254	234	218	215	205	190	186
普通初中	517	506	529	572	584	627	693	716	758	801
普通小学	1019	1091	1177	1242	1344	1429	1550	1652	1748	1807
幼儿园	4117	4913	6208	8222	10326	11686	12585	13824	14743	16183

资料来源：《河南省教育统计提要》。

表 3-3   2008~2017 年河南各级各类民办学校招生数

单位：人

年份	2008	2009	2010	2011	2012	2013	2014	2015	2016	2017
合计	864339	951425	1024924	1320185	1568550	1757578	1782089	1941952	1718086	1822430
普通高校	77903	82207	83068	8404	95651	108585	115292	120040	131592	144575
普通高中	80193	73486	71346	78053	94221	93468	97619	112243	125738	136783
中职学校	125774	139263	123671	93711	93235	71274	66589	68365	85358	104478
普通初中	145361	149823	169519	196572	219866	213414	187402	235272	257814	286056
普通小学	95968	107364	131277	148322	155008	178661	165015	179866	200765	225868
幼儿园	334852	392394	435691	795088	910476	1092161	1150109	1226088	916780	924622

资料来源：《河南省教育统计提要》。

表 3-4　2008～2017 年河南各级各类民办学校在校生数

单位：人

年份	2008	2009	2010	2011	2012	2013	2014	2015	2016	2017
合计	2390819	2705179	3184280	3767944	4216811	4549784	4711375	5256807	5666445	6183998
普通高校	205484	233844	253717	258852	289626	318241	335091	386549	417180	456637
普通高中	229269	15503	219005	220840	259760	245446	259081	292512	330981	367835
中职学校	279369	352075	352975	285873	244773	186063	167216	168936	196205	233035
普通初中	424199	425942	474575	528020	591278	587484	524449	689180	740792	809184
普通小学	628270	699020	827849	932159	1071801	1106109	1115414	1181414	1290041	1439581
幼儿园	602669	750683	1019047	1514188	1740381	2094167	2282460	2531347	2687521	2872422

资料来源：《河南省教育统计提要》。

2007 年，河南民办教育在校生规模占全国总规模的 7.63%。在这个高度继续增长，比例越高，难度系数越大。就是在许多困难的阻碍下，河南民办教育砥砺前行，不断超越。10 年后的 2016 年，在校生总规模达到 566.27 万人，占全国民办教育总规模的 11.74%（见表 3-5）。10 年间，河南民办教育在校生数增加了 369.24 万人。2017 年在校生更是达到了创纪录的 618.40 万人，比上年净增 52.13 万人。

从各个学段来看，增幅最大的反而是民办小学教育阶段。10 年间由占全国同层次在校生规模的 10.56% 增加到 17.06%，增加了 6.5 个百分点。由于小学教育是义务教育，河南民办教育在这个阶段的占比是在所有学段中最少的。当民办学前教育占全省学前教育总规模的 67% 左右时，民办小学教育仅能占同层次的 14% 左右。可以看出，民办小学在同层次教育规模中占比低是全国共有的现象，而河南民办教育占比最低的学段，竟是 10 年来增长速度最快的学段。目前在全国民办小学教育中，每 6 个学生中就有一个是在河南就读的。

10 年前，河南民办教育在校生数占全省各级各类学校在校生数的 8.71%，10 年后，2017 年这个比例增加到 23.25%，这样的增长速度反映出河南民办教育快速发展的势头（见表 3-6）。

表3-5 2007~2008学年度至2016~2017学年度河南各级各类民办学校与全国比较

学年度	范围	总规模 学校数（万所，所）	总规模 在校生（万人）	高校 学校数（所）	高校 在校生（万人）	普通高中 学校数（所）	普通高中 在校生数（万人）	中职学校 学校数（所）	中职学校 在校生数（万人）	普通初中 学校数（所）	普通初中 在校生数（万人）	普通小学 学校数（所）	普通小学 在校生数（万人）	幼儿园 学校数（所）	幼儿园 在园儿童（万人）
2007~2008	全国	9.52	2583.5	297	163.07	3101	245.96	2958	257.54	4482	412.55	5798	448.79	77616	868.75
	河南	5162	197.03	11	16.69	192	21.79	216	20.32	515	39.65	807	47.38	3392	48.9
2008~2009	全国	10.09	2824.4	640	401.3	2913	240.3	3234	291.81	4408	428.4	5760	480.4	83119	982.03
	河南	6149	239.08	11	20.29	197	22.93	272	27.94	517	42.42	1019	62.83	4117	60.27
2009~2010	全国	10.65	3065.39	658	446.14	2670	230.13	3198	318.1	4331	433.89	5496	502.88	89304	1134.17
	河南	7043	270.52	23	23.38	182	21.55	299	35.21	506	42.59	1091	69.9	4913	75.07
2010~2011	全国	11.9	3392.96	676	476.68	2499	230.07	3123	306.99	4259	442.11	5351	537.63	102289	1399.47
	河南	8466	318.43	28	25.37	176	21.9	305	35.3	529	47.46	1177	82.78	6208	101.9
2011~2012	全国	13.08	3713.9	698	505.07	2394	234.98	2856	269.25	4282	442.56	5186	567.83	115404	1694.21
	河南	10539	374.02	33	25.89	174	22.08	254	28.59	572	52.8	1242	93.22	8222	151.42
2012~2013	全国	13.99	3911.02	707	533.18	2371	234.96	2649	240.88	4333	451.41	5123	597.85	12.46	1852.74
	河南	12761	421.68	34	28.96	196	25.98	234	24.48	584	59.13	1344	107.18	10326	174.04
2013~2014	全国	14.9	4078.31	718	557.52	2375	231.64	2482	207.94	4535	462.35	5407	628.6	13.35	1990.25
	河南	14244	454.98	35	33.04	196	24.54	218	18.61	627	58.75	1429	110.61	11686	209.42
2014~2015	全国	15.52	4301.91	728	587.91	2442	238.65	2343	189.57	4743	487	5681	674.14	13.93	2125.38
	河南	15337	471.14	37	35.51	208	25.91	215	16.72	693	52.44	1550	111.54	12585	228.25
2015~2016	全国	16.27	4570.42	734	610.9	2585	256.96	2225	183.37	4876	502.93	5859	713.82	14.64	2302.44
	河南	16707	525.68	37	38.65	219	29.25	205	16.89	716	6892	1652	118.14	13824	253.13
2016~2017	全国	17.1	4825.47	742	634.06	2787	279.08	2115	184.14	5085	532.82	5975	756.33	15.42	2437.66
	河南	17718	566.27	37	41.72	242	33.1	190	19.62	758	74.08	1748	129	14743	268.75

注：全国的数据含有民办的其他高等教育机构和特殊教育的数据。2007年的数据不含独立学院。

资料来源：根据历年《中国教育年鉴》和《河南教育年鉴》整理。

表 3-6 2008~2009 学年度至 2017~2018 学年度河南各级各类民办学校规模变化情况

学年度	范围	总规模 学校数（万所，所）	总规模 在校生（万人）	高校 学校数（所）	高校 在校生数（万人）	普通高中 学校数（所）	普通高中 在校生数（万人）	中职学校 学校数（所）	中职学校 在校生数（万人）	普通初中 学校数（所）	普通初中 在校生数（万人）	普通小学 学校数（所）	普通小学 在校生数（万人）	幼儿园 学校数（所）	幼儿园 在园儿童（万人）
2008~2009	全省	5.81	2744.41	84	122.41	908	207.26	1173	171.75	4810	484.2	30214	1036.6	5617	164.52
	民办	6149	239.08	11	20.29	197	22.93	272	27.94	517	42.42	1019	62.83	4117	60.27
2009~2010	全省	5.81	2789.66	99	134.23	868	201.2	1180	187.91	4703	474.25	29420	1052.03	6355	171.65
	民办	7043	270.52	23	23.38	182	21.55	299	35.21	506	42.59	1091	69.9	4913	75.07
2010~2011	全省	6.14	2768.58	107	143.21	825	192.16	1130	189.31	4616	469.4	28603	1070.53	5025	196.67
	民办	8466	318.43	28	25.37	176	21.9	305	35.3	529	47.46	1177	82.78	6208	101.9
2011~2012	全省	6.56	2797.4	117	147.77	792	189.51	961	184.72	4596	467.98	27793	1092.9	10304	199.85
	民办	10539	374.02	33	25.89	174	22.08	254	28.59	572	52.8	1242	93.22	8222	151.42
2012~2013	全省	6.48	2789.96	120	153.63	785	192.63	920	173.87	4551	453.79	27452	1079.21	12912	233.47
	民办	12761	421.68	34	28.96	196	25.98	234	24.48	584	59.13	1344	107.18	10326	174.04
2013~2014	全省	6.12	2505.39	127	160.55	776	189.23	899	147.2	4550	385.05	26086	827.68	14485	266.72
	民办	14244	454.98	35	33.04	196	24.54	218	18.61	627	58.75	1429	110.61	11686	209.42
2014~2015	全省	6.07	2554.48	129	167.04	774	189.55	885	137.58	4566	399.36	25578	814.53	15821	290.35
	民办	15337	471.14	37	35.51	208	25.91	215	16.72	693	52.44	1550	111.54	12585	228.25
2015~2016	全省	5.87	2553.99	129	175.51	770	194.31	875	131.48	4565	404.81	24673	818.02	17481	320.04
	民办	16707	525.68	37	38.65	219	29.25	205	16.89	716	68.92	1652	118.14	13824	253.13
2016~2017	全省	5.72	2601.31	129	187.23	792	199.6	800	128.25	4557	415.83	22822	829.8	18695	340.54
	民办	17718	566.27	37	41.72	242	33.1	190	19.62	758	74.08	1748	129	14743	268.75
2017~2018	全省	5.58	2659.62	134	200.47	813	205.49	789	133.23	4515	429.16	2.04	982.06	2.06	424.93
	民办	19331	618.4	37	45.66	263	36.78	186	23.3	801	80.92	1807	143.96	16183	287.24

资料来源：根据历年《河南省教育统计提要》整理。

2013~2017 年，河南民办高等教育学校数只增加了两所，图书增加了1197.63 万册，教学仪器设备值增加了 99084.78 万元。教职工总数增加了8238 人，其中专任教师增加了 6319 人（见表 3-7）。

表 3-7 2013~2017 年河南民办高校办学基本条件一览

年份	学校数（所）	教职工数（人）	其中专任教师（人）	学校产权占地面积（亩）	图书（万册）	教科研仪器设备值（万元）	学校产权建筑面积（平方米）
2013	35	24003	17977	32185.34	2977.64	179671.70	9067437
2014	37	25989	19725	33806.02	3265.73	207620.21	9515584
2015	37	27404	20672	34227.49	3582.90	240619.06	10050694.67
2016	37	29722	22483	30029.54	3872.73	253007.21	8636368.97
2017	37	32241	24296	31371	4175.27	278756.48	9072180.31

注：1. 连续五年的数据中，河南科技学院新科学院的学校产权占地面积与学校产权建筑面积均未计入。

2. 因将原公办高校的独立学院改为独立设置的民办学校等原因，2016 年数据中，学校产权占地面积一栏中，信阳学院、安阳学院、郑州工商学院等校未计入，南阳职业学院显示为"0"。学院产权建筑面积一栏中，信阳学院、郑州工商学院、郑州澍青高等专科学校等学校未计入。

资料来源：根据历年《河南省教育统计提要》整理。

从数据可以看出河南民办学校投入的信心和发展的决心，同时从教职工队伍的增长情况看，五年间增长数据中，专任教师占了 76.71%。看得出，这样的增长是基于人才培养提升的需要，是良性增长。

2. 内涵提升持续发力

持续不断地增加办学投入，与时俱进地更新办学理念，使河南的民办教育在规模扩张的同时，人才培养质量得到不断提升。

理念与精神。教育作为一种社会事业，有着鲜明的特征。从事这样的事业，必须具有为社会贡献的理念和精神。职业可以讨价还价，为事业是可以献身的。河南民办教育的成功发展，其最深厚的底蕴即是这种理念和精神。黄河科技学院创办之初，胡大白就明确提出了"为国分忧，为民解愁，为社会主义现代化建设服务"的办学宗旨，在创业发展的过程中，形成了"开拓、拼搏、实干、奉献"的精神，凝练出了"厚德、博学、励志、图强"的校训。宗旨、精神、校训成为全体师生员工的共识，积淀成了校风清正、学风端正、团结友善、健康向上的校园文化。郑州升达经贸管理学院办学 25 年来，始终坚持社会主义办学方向不动摇，始终坚持公益性、非营利性办学宗旨不动摇，始终坚持服务地方经济社会发展不动摇，始终坚持应用型人才培养目标定位不动摇。学校将社会主义核心价值观贯穿人才培养全过程，不断深化爱国教育、劳动教育、感恩教育，持续实施秩序礼仪、文明宿舍、学生整洁竞赛，着力强化环境育人、教书育人、服务育人，有追求、懂感恩、知礼仪、爱劳动已经成为学生的明显特征，形成了学生教育、管理、服务的鲜明特色。郑州成功财经学院坚持社会主义办学方向，全面贯彻党的教育方针，遵循高等教育规律，以"勤俭、朴实、自力、更生"为校训，秉承"伦理、创新、品质、绩效"的办学理念，弘扬"爱国爱校、宁静好学、礼让整洁"的办学精神，经过 14 年的发展积淀，明确了有特色、高水平的商科类应用型本科高校的办学定位。郑州市中牟外国语学校初级部高度重视环境育人的理念，着力打造学部班级文化特色。本着不断更新、不断创新、实际有用的学部文化建构理念，在原有文化建构的基础上，又别具创意地开展了形式新颖、美轮美奂的班级文化评比活动。室内布局以年级为单位进行主题的设定，使"爱""绿色家园""读书"三大主题得以淋漓尽致地呈现。晨曦班、小太阳、向阳花、奋飞班……一个个积极向上的班级名片构思巧妙、设计新颖，令人心生暖意，能量倍增。

　　改革与创新。教育的发展应该坚持"守正出新"的思想方法。"守正"就是遵循规律，继承和发扬古今中外教育成功的经验。"出新"就是跳出框框，另辟蹊径，不断创新，办出特色。河南民办教育近 40 年的发展成就，实际上就是不断守正出新的实践。一般情况下，守正容易获得社会的认可和支持，但出新就需要勇气胆识和科学的精神。黄河科技学院在学校管理方面实现了一系列的改革，"大部制"将相关职能部门调整合并，精简了机构，提升了效益。总部位于郑州市的宇华教育集团于 2017 年 2 月 28 日成功在香港联交所挂牌上市后，又于 2017 年 12 月 28 日以总价 14.3 亿元人民币收购 LEI Lie Ying Limited 全部股权。LEI Lie Ying Limited 拥有 70% 湖南猎鹰股权，而湖南猎鹰拥有民办学校湖南涉外经济学院、湖南猎鹰技工学校、湖南涉外经济学院职业技能培训中心及湖南猎鹰物业管理全部权益。郑州澍青医学高等专科学校积极转型发展，建设了"健康服务"人才的培养模式，明确了为河南基层社区和农村医疗机构及相关卫生与健康事业，培养适应于区域经济建设和健康服务业发展的"德术双馨"的高素质技术技能型医学人才的培养目标。郑州贝林斯敦幼儿园以"主动学习"为核心理念指导幼儿培育，通过区角游戏、社会联合游戏等创造性游戏的开展，将主动学习的理念很好地贯穿到一日生活、环境、老师的支持、幼儿的学习当中，为孩子的终身发展奠定科学健康的基础。

方法和措施。好的办学宗旨、理念能够为学校的发展指明方向，而良好的方法措施则是通向目标的正确途径。黄河科技学院坚持"创新引领创业、创业带动就业"的发展理念，创新"以学生为中心"的人才培养模式，建设全链条创新创业载体，整合和集聚国内外创新资源，营造良好的创新创业生态环境，突出创新与创业相结合、教育与产业相结合、理论培养与创业实践相结合，培养了一大批高素质应用型创新人才，获批科技部首批"众创空间"，进入全国首批高校创新创业50强行列。郑州财经学院通过开展"校风学风建设月"、"校风学风提升月"、诚信校园行活动，优化了学生成长成才环境。郑州科技学院改革现行以学院（系）条块分割为特征的管理体制，建立学校科技创新大平台——高新技术应用研究院，实现科研人力资源、物质资源以及信息资源的有效配置和协调使用，提升了学校的整体创新能力。河南大学民生学院不断改进教学方法，积极运用多媒体等现代教学手段，推进实践教学、案例教学，有效提高了教育教学质量。升达经贸管理学院形成了领导重视教学、制度规范教学、经费支持教学、全员服务教学、舆论宣传教学的良好局面，人才培养的中心地位得到凸显。商丘学院2017年度引进高级职称人员130人，其中博士8人。招聘优秀硕士研究生205人。开展"双师型"教师资格评审工作，认定"双师型"教师95人，为学校发展提供了人才保障。郑州电力职业技术学院全面启动了2017年院级精品课程、教学团队、特色专业等教学质量工程的建设工作，共立项10门院级精品课程，6个专业教学团队，6个特色专业。洛阳第二外国语学校开设了社会实践课、家庭教育系列讲座，举办了"践行社会主义核心价值观"专题讲座和"不忘初心、牢记使命"学习党的十九大精神主题班会，举办了毕业班系列活动，通过这些活动培养了师生的社会责任感和感恩情怀。

社会信任度提升。长期以来，民办教育在社会上的美誉度不高，一些部门和考生家长不太信任，少数公办学校的领导和教师甚至不屑提及。这些偏见，使民办学校在招生、培养、师资队伍建设、社会捐赠、合作发展等方面遇到了一系列困难。但是河南的民办教育没有被偏见和歧视淹没，而是不断奋发努力，砥砺前行，在努力扩大规模的同时，练好内功，提升质量。努力的结果是将规模发展到了全国前列，质量也正在获得社会的认可。从招生环节就可以看出河南考生和家长对民办教育信任度的提升。

从 2013 年开始，河南各级各类民办学校的招生数占全省各级各类学校招生数总体上呈上升趋势，2016 年比上一年有所下降，但 2017 年又有明显增长（见表 3-8）。在生源质量上，民办高校的录取分数线不断提高。2017 年黄河科技学院录取的新生全部是第一志愿，文科新生最低分超过省定分数线 45 分，理科超过 56 分。这样的上升和提高，反映了社会、考生和家长对民办学校的信任，从一个侧面说明了河南民办教育质量的稳定和提高。

表 3-8　2013～2017 年全省民办学校招生变化情况

单位：人，%

类别＼年份	2013	2014	2015	2016	2017
全省	7083429	6889857	7032948	6666141	6818546
民办	1757578	1782089	1941952	1718086	1822430
民办占比	24.81	25.87	27.61	25.78	26.73

资料来源：根据历年《河南省教育统计提要》整理。

社会贡献。2017 年，河南民办教育在校生达到 6183998 人，按照教育部公布的 2016 年各级各类学校学生生均公共财政预算教育事业费标准计算，当年河南民办教育投入的教育事业费为 681.05 亿元（因教育部没有公布学前教育经费，这里的学前教育部分参照小学标准）。当年河南省国家财政性教育经费为 1492.24 亿元，民办教育的投入不但大大减轻了政府的财政负担，而且为全省近 620 万名学生提供了读书的机会，为千百万家庭解决了子女上学的问题。

成就与荣誉。河南的民办教育继续在全国形成较大影响。黄河科技学院紧紧围绕申硕、教学评估、示范校建设、创新创业教育改革"四位一体"工作格局，抢抓机遇，锐意进取，保持了学校各项事业发展的好趋势、好态势、好气势。学校荣获首批"全国深化创新创业教育改革示范高校"、"全国大学生创业示范园"、"河南双创基地"和"河南省文明单位"等称号。2017年，国家级科技企业孵化器在孵企业总收入1.28亿元，较2016年增长44.26%，首次年度考核取得B类（良好）成绩，列全省该类别第一名。学生在各类科技创新竞赛中获省区级以上奖励2090项（同比增加302项），学校荣登"2012~2016年全国普通高校竞赛评估结果（本科）TOP300"榜单。获批科研项目334项（同比增加107项），其中国家级2项，省部级50项。发表学术论文941篇，其中中文核心227篇，SCI检索38篇；出版著作223部，其中专著60部；获得科研成果奖69项，其中省级奖励25项，《区域经济研究丛书》荣获河南省发展研究奖一等奖。董事长胡大白被评为"中国当代教育名家"并被授予"世界杰出女大学校长终身荣誉奖"。郑州电力职业技术学院持续开展职业技能鉴定考试，共培训鉴定了3719人次，普通话考试2000余人，英语四级考试541人次。全面实施"双证书"制度，为2000余名毕业生做了职业技能鉴定，帮助他们取得了国家职业资格证书，"双证"获取率为98%。积极开展创业培训，与市、县人社局联合举行创新创业培训10场，超过600人获得创业培训结业证书。郑州科技学院获批和结项省市级教学改革项目15项，其中省级教学改革重点项目1项，一般项目2项，市级教改结项6项，立项6项。郑州工业应用技术学院被河南省教育厅授予"优秀民办学校"荣誉称号，被河南日报社评为"河南十大领军民办高校"，被腾讯·大豫网评为"2017年度品牌实力民办高校"。郑州升达经贸管理学院、商丘工学院、信阳学院、安阳学院、郑州大学西亚斯国际学院、河南师范大学新联学院、中原工学院信息商务学院、河南科技学院新科学院等民办高校和民办其他层次和类别的学校都有不俗的建树。

3. 特色建设活力强劲

特色是一个人、一个单位、一个事物或一种事物区别于其他人、其他单位、其他事物的风格和形式。世界上没有两片完全相同的树叶。特色是由人和事物赖以产生和发展的特定的具体环境因素决定的。真正有特色的教育，是有生命的教育、有活力的教育。贝林斯敦幼儿园以课程园本化实践为依托，探索和研究陈鹤琴的活教育理念以及瑞吉欧的方案教学理论、美国高瞻课程体系，从主动学习游戏环境的创设、师幼互动策略、幼儿发展评价、家长工作坊等方面进行了研究，开创了以"主动学习"为核心理念的游戏特色。负一层的神秘"贝林小镇"，是幼儿园为孩子打造的社会联合游戏中心。设有十几个不同类型的体验馆，每个体验馆代表一种职业，馆内都设有相应的设备、服装、道具，并且流通自己独创的货币——贝林币，孩子们在这里就像是大人在现实世界的生活一样，通过模拟和体验成人的职业和角色，来了解和接触真实的世界，寻找其中的乐趣。黄河科技学院职业技术学院探索中、高、本教育衔接，打通学生进入专、本科职业教育深造渠道。建成了三个专业群的学科架构，以学前教育类专业群为龙头，财经商贸类专业群、艺术工程类专业群为两翼，三个专业群优势互补，植入项目、行业对接，形成合力，打造专业品牌。不少民办学校推进人才培养模式多样化，对具有特殊才能的学生采取特殊的培养方式，建立科学完备的质量评价体系，实施学业水平考试和综合素质评价，将实验教学、研究性学习、社区服务和社会实践纳入综合评价体系之中，促进学生全面而个性的发展。

新时代中国教育的主要矛盾之一，是经济社会发展对人才的多元化、特色化需求与教育体制僵化、培养目标单一之间的矛盾，这样的矛盾，为民办教育的健康发展提供了广阔的空间。经过 30 多年艰苦的创业发展，河南民办教育已经成为教育事业改革发展的重要组成部分，携带坚韧厚重的发展基础、健康昂扬的精神风貌、冷静内敛的个性特点，一步一个脚印走进新时代。

（三）问题及对策

在当代中国民办教育发展过程中，河南的民办教育由萌芽到成长、领跑，实现了量和质的跨越。

进入新时代的河南民办教育，已经拥有了巨大的规模和比较坚实的内涵发展基础，但是整体看来，还没有完全进入良性循环的发展轨道。

1. 发展不平衡，不充分

无论是从数量上还是质量上看，规模大、质量高的民办学校大都在郑州等较大城市，农村和偏远地区基本上没有民办学校。在独立设置的 37 所民办高校中，有 20 所设在郑州，其中 17 所本科院校中，设在郑州以外的只有 6 所，这种地区不平衡带来的直接后果，是一些缺少高等教育的地级市的考生无法和郑州等城市的考生一样享受平等的教育资源。驻马店、平顶山、三门峡、濮阳等市本来公办本科高校就不多，又没有民办学校来补充，高等教育资源就显得十分贫乏。不平衡不充分的发展还表现在学校层次上。

尽管 2017 年河南民办初中和小学的招生出现了出人意料的增长，但招生总数占比依然低于两端：高校和幼儿园。从当前河南民办教育各层次在校生的结构来看，总体上呈葫芦状，中间小，两头大，占最大比例的是民办幼儿教育。而在基础教育阶段，规模都没有达到同层次在校生数的 20%（见表 3-9）。民办中等职业教育规模自 2010 年以来持续减少，由 35.30 万人一路降至 2014 年学的 16.72 万人，五年间减少了 18.58 万人，之后缓慢回升，到 2017 年达到 23.30 万人。从近三年的发展情况看，原来生源一直低迷的民办中等职业教育、普通初中、普通小学等都有了回暖甚至大幅增长的迹象。但就现状来看，这些类别和层次的学校在全省教育大盘子中仍然占比较低，在民办教育体系内也占比不高。

表 3-9　2017 年河南省各层次民办学校在校生数及占比情况

单位：万人，%

层次	全省学校在校生数	民办教育在校生数	民办占比
总计	2659.62	618.40	23.25
高校	200.47	45.66	23.03
高中	205.49	36.78	17.90
中职	133.23	23.30	17.49
初中	429.16	80.92	18.86
小学	982.06	143.96	14.66
幼儿园	424.93	287.24	67.60

资料来源：根据 2017 年《河南省教育统计提要》整理。

2. 没有得到彻底解决的老旧问题

经费问题依然是制约民办教育发展的瓶颈。长期以来，办学经费的短缺使民办学校步履维艰。河南大部分民办学校是以收取学费来支持学校运转的。经费短缺，无法更新教学仪器设备和图书资料，无法请到高素质、高水平的教师，无法改善办公、学习、生活条件，无法开展高质量的活动，这就导致办学声誉下滑，从而生源枯竭，招生困难，经费短缺，一些民办学校就陷入了怪圈，进入恶性循环。这个问题，30多年来一直没有得到很好的解决。政府、社会和考生都知道这个问题，专家、学者、人大代表、政协委员也一直呼吁解决这个问题，但是涉及诸多因素，短期内仍无彻底解决的可能。

《河南省人民政府关于鼓励社会力量兴办教育进一步促进民办教育健康发展的实施意见》在"完善扶持制度"一章中，第一个举措就是强调加大公共财政对民办教育的扶持力度。相信通过健全政府补贴、政府购买服务、助学贷款、基金奖励、捐资激励等制度，会在一定程度上缓解民办学校的暂时困难。要真正解决问题，还要在落实分类管理的同时，理顺经费支持体制，对非营利性的民办学校，要与同层次公办学校一视同仁。对于选择营利性的民办学校，也要采取差别化的扶持政策，给以支持。

师资队伍尚未形成科学的梯次结构。一般情况下，一个学校的师资队伍在年龄上要形成科学的结构，老、中、青的结构比例应该是"枣核型"，即两头小、中间大。当前除黄河科技学院、郑州科技学院、郑州升达经贸管理学院、郑州工业应用技术学院等办学时间较长且在办学实践中十分重视师资队伍建设的学校外，不少学校的师资队伍结构还处在"哑铃"状态，即两头大、中间小，中青年教师十分缺乏。同样的情况也表现在师资队伍的职称、学历结构上。这样的结构容易导致教师队伍的青黄不接，直接影响教学目标的实现。

民办学校师资队伍建设一直是个不易解决的问题，计划经济时代对高校毕业生"统包统分"的机制，导致了教师的"铁饭碗"意识，大家都争着去公办学校。当然，大中专毕业生分配办公室也不会把吃"商品粮"的大学生派遣到民办学校。高校招生"并轨"后，毕业生包分配的制度取消了，但是公办学校良好的社会地位、事业编制、有保障的经济收入和晋职晋级的渠道，仍然对大学毕业生有较大的诱惑。但是市场的门毕竟打开了，有远见的民办学校创办人就及时用感情、事业、待遇等延揽人才，将科学建立师资队伍的设想付诸实施。即便如此，民办学校还是在某种程度上成了公办学校的"师资培训基地"。学校投入资金、设备、时间，将一个刚毕业的大学生培养成讲师、副教授等，一旦有机会，公办学校就会对民办学校的优秀教师伸出"橄榄枝"，使这样的人才选择跳槽。当然，这里面也有多种原因。《河南省人民政府关于鼓励社会力量兴办教育进一步促进民办教育健康发展的实施意见》承诺，民办学校教师在资格认定、职称评定、业务进修、表彰奖励、科研立项、国际交流等方面与公办学校教师享受平等待遇。相信这样的政策如能落实，民办学校师资队伍建设将会出现良好转机。

少数学校办学宗旨不明。教育是崇高的事业，为着这个事业，许多民办教育人在终生奋斗，无私奉献。河南民办教育之所以能走在全国前列，除了大家共有的环境外，主要是这种精神在发挥作用。不可否认，有少数民办学校在办学宗旨上偏离了社会主义方向，更多地注重个人和小团体的利益而忽略了社会效益，这样的指导思想导致这些学校在招生、培养、毕业等环节上偷工减料、粗制滥造，影响了民办教育的社会形象。这种现象仅存于个别学校。随着新《民办教育促进法》的实施，规范管理的力度将不断加大，不规范的办学行为将会受到应有的治理，民办教育将逐步实现又好又快发展。

3. 发展中出现的新问题

发展中出现的新问题主要来自民办教育内部，主要是长期健康发展的战略远见不足，行政化倾向以及科学的评价体系尚未建立。

一是长期健康发展的战略远见不足。党的十八大以来，我国政治经济形势发生了重大变化，民办教育也正在从规模扩张的外延发展转向以人才质量提升为主题的内涵式发展。这样的发展，除了与经济社会发展相适应，认真遵循教育规律外，还要结合自身实际进行现代学校制度建设。国内外形势的变化，我国各项事业的发展，世界科技迅猛发展，使教育面临一系列新的问题。具有远见卓识的民办教育家早已未雨绸缪，及早布局。黄河科技学院的"大部制"改革，宇华教育集团的"走出去"战略，郑州升达经贸管理学院和郑州成功学院的国际化思考，郑州工业应用技术学院的管理体制探索等，都在为未来的发展奠基。但是也有少数学校满足现状。个别学校因为举办者的胸怀、远见、知识所限，发展进入"高原期"后停滞不前，又不愿意引进先进的管理方法和懂得教育的人才，以僵化狭隘的

"小农经济"意识对学校进行落后的管理，导致发展乏力。

二是行政化倾向。任何单位，只要规模不断扩大，管理水平就应该不断提升。一般情况下，民办学校创办人会借鉴公办学校的模式进行层级管理，这样的机制会暂时缓解主要领导的压力，形成稳定的管理架构。但是这样的架构一旦成型，就会逐步走向僵化。在这个架构各个节点上的管理人员必须能够德配其位、才配其位，否则，这些节点就成了学校运行的权力关口，一些品质不纯、境界不高的人一旦有了小权，就会作威作福，成为发展的阻力。中层的"棚架"会导致上情下情无法互通，"梗阻"的结果是管理系统生病，严重时甚至可能导致瘫痪。

三是科学的评价体系尚未建立。随着质量意识的不断提高，各级各类民办学校的办学宗旨、培养目标等渐趋明确，人才培养方案也逐步得到完善。但就整体来看，还没有建立科学完善的教育评价体系。具体到每一所学校，教和学的实践过程是否贴近了教学内容的完成、教育目标的实现；宏观和微观领域的教育活动是否纳入评价范畴；形成性评价是否在评价中起到了重要作用，单一的终结式评价是否得到改革；评价主体是否由单一走向多元；社会评价的参与是否实现，评价对象的意见是否得到重视；评价体系是否全面反映了评价对象的成长活动等，都还没有得到很好的解决。当然，这样的问题，同样存在于公办学校，在某种程度上，评价的缺陷在公办教育领域更为严重。

当然，在课程、专业、学科建设、课堂教学改革、教材体系建设、教育教学改革等方面，民办教育都有较大提升的空间。

解决民办教育在新时代发展中的问题，需要政府、社会和民办教育自身共同努力。

政府的责任，是将民办教育作为教育发展和改革的重要力量来对待，要在规范管理的基础上，根据新《民办教育促进法》和省政府的《关于鼓励社会力量兴办教育进一步促进民办教育健康发展的实施意见》认真履行职责。扎实推进民办学校党的建设，促进民办学校创新体制机制，加大投入，完善扶持制度，创造条件，支持民办学校进行现代学校制度建设，从而不断提高人才培养质量。同时，要在全社会树立民办教育的真实形象，宣传河南民办教育对经济社会发展作出的重要贡献。

　　社会各界要深入了解民办教育，客观全面地评价民办教育，真心实意地支持民办教育健康发展。多年来，河南的广大考生和家长对民办教育的信任度不断提高，不但表现在民办学校招生数量的不断增加方面，也反映在对办民教育的认识和评价方面，这样的社会氛围促进了河南民办教育的发展壮大。虽然如此，还有一些并不真正了解民办教育的人对民办教育有着片面的认识，这也很正常。

　　民办教育自身要明确三个方面的问题。一是发展的保障是党的领导。当代河南民办教育发展的实践证明，没有方向的民办教育必然走入歧途。黄河科技学院"十年找党"，30多年来一直坚持党的领导，终于克服重重困难，走在当代中国民办高校发展的前列。郑州工商学院始终坚持"党组织发挥政治核心作用"，为推动学院各项事业又好又快发展提供了强大的政治保证、思想保证和精神动力。郑州工业应用技术学院不断加强党的组织建设，建立健全了党的纪委、组织、宣传、统战、学工等机构，保证了各项工作的开展。郑州科技学院积极探索民办高校党委发挥政治核心作用和监督保障作用的途径和机制，形成了董事会、校行政、党委领导班子"双向进入，交叉任职"的工作模式，保证了学校的社会主义办学方向和公益性原则。汝州市西雅图香榭世家幼儿园不断强化支部的凝聚力、战斗力和创造力，保证党的路线方针政策得到全面落实。焦作市宇华实验学校不断加强党建与思想政治工作，不断提升党的基层组织建设水平，为推进学校事业健康发展提供了坚实的政治保证。许昌五女店实验学校突出思想建设、组织建设和作风建设三个重点，推动了学校持续、健康、稳定发展。漯河育才学校注重发挥党组织的基层堡垒作用，以校园为阵地，开展思想政治实践活动，成为漯河市优质基础教育资源学校。商水县阳城新世纪学校坚持正确的办学方向，增强党建和思想政治工作的渗透力，中招成绩连续16年位居全县第一。驻马店市天中实验小学筑堡垒、树旗帜、强作用，把党建工作落实到教书育人的过程中，保障了学校特色健康发展。这些学校的成功实践，都贯穿着一条鲜明的主线。民办教育在经济社会发展的大潮中，要想不偏离方向，必须坚持党的领导。

　　二是发展的重要动力是自身的不断改革创新。真正的动力是内生动力。民办学校要正视发展中的困难，真正把自己的发展放在国家发展、社会进步、学生成长的大局中去考虑和谋划，要在全球教育发展的大背景下，结合自身实际选择自己的发展道路。要从简单的规模扩张、数量增加的思维中解放出来，克服行政化、趋公化等倾向，认真解决好为谁培养人、培养什么人、怎么培养人的问题。从学生发展实际出发，为学生的纵向发展构筑台阶，为学生的横向发展搭建平台。理清思路，埋头苦干，凝聚特色，科学发展。

三是发展的必要条件是政府的支持和规范管理。河南民办教育的发展得益于政府的支持，这样的支持，不仅表现在政策优好、资金扶持、人才保障等方面，更重要的是在发展环境的打造上。正是有了各级政府的支持，河南民办教育才能在艰苦困难的发展过程中一路前行，以自己鲜明的特色走在全国民办教育的前列。这样的支持，过去、现在和将来都是民办学校发展的重要动力。各级各类民办学校要主动将自己的发展纳入当地经济社会发展的大格局中，以当地经济社会发展的需要为己任，不但要调整培养目标以适应，还要努力提供智力和人才支持，助推当地经济和社会的发展，从而在这样的发展中实现自己的发展。

"打铁先要自身硬"，习近平总书记经常说的这句话，同样适用于民办教育。长期以来，极少数民办教育工作者抱怨政府支持力度不够、社会对民办教育鄙薄等，这里的问题在于过于强调了客观困难而忽视了自身建设。30多年河南民办教育发展的实践表明，凡是坚持党的领导，严格执行党和国家的法律法规政策，自觉规范发展行为的民办学校，不但发展速度快，而且发展质量高，这些学校甚至一直在领跑全国同类的民办学校。那些疏于管理、不修自身的学校，多数步履维艰，发展缓慢，有的甚至中途夭折。当代民办教育70年的发展历程表明，在大的经济社会环境下，民办教育自身一定要严于律己，规范管理，才能走得稳、走得好、走得快，实现健康发展。

三　2018~2019学年年度报告

2018年，是新的《民办教育促进法》实施的第二年。面对新法带来的一系列解读和变化，面对越来越近的"营""非"选择，河南的民办教育经历了什么样的心路历程？又准备怎样面对新时代发展的变化？

（一）坚守

经过70年的发展，河南民办教育深刻认识到，要想实现健康发展，必须遵循三个基本原则。一是遵循国家第一的原则。教育为人类社会所共有，而在不同的历史阶段上或不同的社会里有不同的性质，这主要是由社会制度决定的，即受经济、政治制度决定的。河南当代民办教育70年，特别是改革开放以后近40年的发展历程表明，任何时候在任何情况下，民办教育都不可能背离国家的发展方向，必须认真执行党的路线、方针、政策，坚持社会主义办学方向，为国分忧。二是服务社会的原则。所有的社会存在都源于社会需求，高质量的社会存在源于为社会提供的高质量的服务。离开了社会需求，社会存在不仅没有意义，而且必然失去存在的价值。三是遵循教育的基本规律。在学校发展上主动与国民经济和社会发展相适应，不断优化，使内部结构比例逐步趋向科学合理。在教育教学上更多考虑与受教育者身心发展水平相适应，坚持以人为本，以学生成长发展为要，运用因材施教、循序渐进等教育原则，在提高办学水平的同时，提高人才培养质量。

1. 坚持党的领导

《河南省人民政府关于鼓励社会力量兴办教育进一步促进民办教育健康发展的实施意见》指出，要切实加强民办学校党的建设。通过各方面的努力，河南民办教育的党建工作逐步走在了全国前列。2018年6月13~15日在珠海举行的全国民办教育党建工作会议上，全国9个典型发言，其中河南2个：黄河科技学院国际学院、晨钟教育集团。它们在工作实践中重视党的建设，健全党的组织，积极贯彻执行党的路线、方针、政策，将党中央和省委的决策贯穿到教书育人的行动中去。把思想政治教育工作纳入学校事业发展规划，把思想政治工作队伍建设纳入学校人才队伍培养规划，全面提升思想政治教育工作水平。切实加强思想政治理论课和思想品德课课程、教材、教师队伍建设，深入推动中国特色社会主义理论体系进教材、进课堂、进头脑，把社会主义核心价值观融入教育教学全过程、教书育人各环节，提高了思想政治教育的针对性、实效性，获得了与会人员的高度评价。

黄河科技学院开展"亮身份树形象比贡献 争做出彩黄科院人"活动，要求党员作为促进学校发展的中流砥柱，必须把身份亮出来，把先锋形象树起来，把贡献比出来，充分发挥先锋模范作用，争做出彩黄科院人。郑州科技学院高度重视统战工作，在统战工作中坚持大团结、大联合的原则，充分结合民办高校特点，创造性运用"微统战"模式，化大为小，化繁为简，化虚为实，结合实际，围绕中心，分层分级分类开展统战工作，推动统战工作做细、做精、做实。郑州工业应用技术学院连续举行"青年马克思主义者培养工程"培训班，号召和引导青年学生以习近平新时代中国特色社会主义思想为指引，勇担新使命，实现新作为，旨在教育青年、引领青年、培育青年、塑造青年、成就青年。信阳学院打造三支队伍，办好四类培训，创建五项品牌，紧紧围绕立德树人根本任务，牢固树立育人为本、德育为先的理念，在思想政治教育方面形成了具有鲜明特色的"三四五"工作模式，取得了显著成效。郑州财经学院"不忘初心，牢记使命"红色教育实践活动培训班走进延安，寻访梁家河、研学杨家岭、参观延安革命纪念馆，重温中国共产党领导人民取得全国革命胜利的光辉历程。洛阳科技职业学院突出制度的激励约束作用，采取集中宣讲与文艺活动相结合、党性教育与理论学习相结合、集中培训与组织生活相结合的方式，着力提高党员整体素质，让规矩"严起来"；突出党员的先锋模范作用，让党员"动"起来；突出党支部的主体作用，让组织生活"活"起来。以大力提升学院党建工作质量、培养高素质技术技能型人才为目标，用高质量党建引领推动高质量发展。

2. 始终坚持正确的办学方向

全面贯彻党的教育方针，坚持社会主义办学方向，坚持立德树人，培育和践行社会主义核心价值观是社会发展对民办教育提出的基本办学要求。河南各级各类民办学校逐步克服短期行为，始终坚持社会主义的办学方向，初步进入了良性循环的轨道。黄河科技学院坚持"为国分忧，为民解愁，为社会主义现代化建设服务"的办学宗旨，创新"以学生为中心"的人才培养模式，营造良好的创新创业生态环境，培养了一大批高素质应用型创新人才。郑州科技学院创新性开展了以"读、观、演、创、做"为内容的五引导工程，引导学生读经典名著，感悟人生真谛；观人生百态，辨是非美丑；演基本技能，练职场真功；创新施教方式，培养创新思维、创业能力；做诚信诚实公民。信阳学院坚持立德树人的根本任务，扎实推进高水平应用型大学这一目标，突出办学特色，以教学保障和资源保障为两翼，持续推进内涵建设和转型发展步伐。学院成立了信阳地方民俗文化研究中心、信阳民歌研究所等科研机构以及汉风国韵社、翰墨书法协会、千千结艺社等社团组织，致力于强化传统文化教育，传承民族精神。组织举办罗山皮影戏展演、信阳市非物质文化遗产作品联展、民俗文化节、民间音乐进课堂、汪家拳传习、民族传统服饰展、历史剧《浣沙纪》展演等各类文化活动，将优秀的传统文化切实融入思政教育实践之中，以优秀的文化精神濡染和塑造青年学子的心灵与人格。郑州财经学院通过开展"校风学风建设月"、"校风学风提升月"、诚信校园行活动，优化了学生成长成才环境。河南大学民生学院不断改进教学方法，积极运用多媒体等现代教学手段，推进实践教学、案例教学，有效提高了教育教学质量。郑州工业应用技术学院扎实开展以"五个一"工程为载体的素质教育，还以"学习雷锋，日行一善"为主要内容，创作了一大批优秀文艺作品，成为倡导师生践行社会主义核心价值观的有效载体。郑州电力职业学院全面启动了院级精品课程、教学团队、特色专业等教学质量工程的建设工作。洛阳第二外国语学校开设了社会实践课、家庭教育系列讲座，举办了"践行社会主义核心价值观"专题讲座和"不忘初心、牢记使命"的主题班会，举办了毕业班系列活动，通过这些活动培养了师生的社会责任感和感恩情怀。

3. 不断提升人才培养质量

学校教育最主要的职能就是培养人，河南民办学校在由规模扩张到内涵提升的转型过程中，紧紧抓住人才培养的中心环节，不断提高教育教学质量。

黄河科技学院以推进创新创业教育引领应用型人才培养模式改革，把创新创业教育融入人才培养全过程，实现通识教育、专业教育与创新创业教育一体化，组建大学生创新创业园，建立创业指导教师队伍，制定并完善相关制度文件，大力促进应用型人才培养质量的提升和创新创业精神的培养。举办文化大讲堂30余场，将传统手偶、诗词等艺术元素引入校园，增强师生对传统文化的认知、认同；依托课堂教学平台，开展中原特色文化专题教学，将中原茶文化、豫剧等传统文化特色融入食品、音乐等专业教学，拉近学生与传统文化的距离，增强学生对中原文化的自信心和自豪感。

郑州科技学院坚持立足地方经济社会发展，通过开设企业订单班、优卓班，共建实验室、模拟实训中心等途径，加强校企合作人才培养基地的建设，不断拓展校企合作领域。引培并举促进双师队伍"新"提升。实施一站一室培养双师"新"途径。在企业建立"教师工作站"，鼓励教师参与企业生产、管理和技术研发，提高教师的双师素质和双能水平。在学校建立"企业名师工作室"，为企业优秀工程技术人员来校参与人才培养提供良好环境。学校成立教师发展中心，构建了岗位胜任、专业发展、团队协作等多层次、多角度的教师培训系统，全方位促进双师双能型教师成长发展。

信阳学院坚持学习国内外高校先进办学理念，加强校企合作与产教融合，通过"走出去"与"请进来"的方式，不断拓宽学术交流广度与深度，进一步深化专业教学及学术科研等方面的合作。不断拓宽办学新思路，先后与中软国际、珠宝街、智游集团、阿里巴巴等建立实习实训基地，为进一步推动应用型人才培养，全面提高人才培养质量搭建渠道。

新乡医学院三全学院成立"AI+VR 医学教育融合创新研究院"。聚焦未来人工智能、大数据、虚拟现实对医学教育的改变，虚拟现实技术和 AI 大数据在医学中的应用与教育教学融合，将成为应用型大学实现弯道超车，在行业领域树立品牌的关键抓手。

洛阳科技职业学院坚持以服务地方经济和社会发展为己任，大力推进产教融合、校企合作，本着"办一个专业、建一个实体、兴一个产业、创一个品牌"的原则，以建设高水平、有特色、示范性高职院校为目标，不断更新办学理念，加强内涵建设，提高人才培养质量，积极探索校企合作的新理念、新思路、新举措，形成了政府与学校合作、学校与企业合作的发展模式。

郑州高新区艾瑞德国际学校更新治学理念，从文化理念与传承、义务教育学校专业标准、教育核心理念等方面展开育人工程；郑州一八联合国际学校从课堂教学改革、课堂理念与模式探索、课堂探索等方面提升课堂理念和学校教育成果；郑州十九中国际部改变传统的授课模式，在互联网背景下寻求新型模式教学；郑中国际学校加强学校内涵发展，本着办"让孩子的未来触手可及"的特色教育，从学校办学理念、校园文化、创办有灵魂的教育、打造现代化国际化新型学校等方面进行了有益探讨。

更新教学方法，提升育人质量，持之以恒的努力，民办学校的毕业生由逐步被社会承认到成为市场的紧缺人才。

2018 年 8 月 2 日，福布斯公布了 2018 年中国"30 位 30 岁以下精英"榜单，黄河科技学院 2008 级建筑工程专业学生、大学科技园孵化企业郑州飞轮威尔实业有限公司 CEO 李威入选。同时，李威也是智能个人移动出行唯一上榜者。

郑州科技学院产教融合探索协同育人"新"路径。掌握地方发展"新"动向。与郑州航空港区、高新区、经开区等产业聚集区实施战略合作，通过校地互动，了解产业动向，强化人才培养与地方发展的结合度，每年来校招聘的地方企业达 400 余家。结合企业用人"新"需求，深入企业调研，确定培养目标。依据企业用人标准，明确知识、能力、素质要求，根据培养目标和规格构建课程体系。最后请行业企业和学校专家进行论证，确保培养目标和规格从企业中来，课程体系符合企业用人需求。融入企业应用"新"技术。与企业共建校内实验实训基地，搭建企业真实场景。通过企业设备进校园、技术进课堂、工程师上讲台等全程融入的方式，共同实施人才培养，两年来，更新课程和开设企业课程累计达 150 余门，毕业生成建制被预订，入职薪资比普通大学生高出 30%。

洛阳科技职业学院以众创空间为依托，结合大学生就业创业需求，成立了"洛克8"众创空间，通过市场化机制、专业化服务和资本化途径，积极构建低成本、便利化、全要素、开放式的创新创业培育孵化平台，着力提升大学生创新创业能力。学院通过开展创新创业论坛、创新创业大赛、创新创业讲座、众创空间大讲堂、科技文化周等丰富多彩的创新创业主题活动，倡导大学生积极参与，培育大学生创新创业情趣，增强大学生创新创业主动性，启发大学生创新创业思路，拓宽大学生创新创业视野，提高大学生创新创业精神，培养能够适应未来市场需求、具备创新创业能力的技术技能型人才，毕业生受到广泛欢迎。

（二）发展变化

改革就是不断创新，就是在原有的基础上打破常规，实现突破，从而不断激发前进的活力，将事业发展推向更高层面，河南的民办教育不论是在数量上还是在质量上都在不断提升。

1. 规模持续扩大

党的十八大以来，河南的民办教育实现了持续发展。从 2012 年到 2018 年，民办幼儿园由 10362 所增长到 17293 所，6 年增加了 6931 所；在园幼儿由 174.04 万人增长到 300.46 万人，增加了 126.42 万人。民办小学由 1344 所增长到 1865 所，增加了 521 所；在校生由 107.18 万人增长到 162.35 万人，增加了 55.17 万人。民办普通初中由 584 所增长到 819 所，增加了 235 所；在校生由 59.13 万人增长到 90.73 万人，增加了 31.60 万人。民办普通高中由 196 所增长到 299 所，增加了 103 所；在校生由 25.98 万人增长到 41.84 万人，增加了 15.86 万人。民办中等职业学校学校数有所减少，由 234 所减少到 170 所，但是在校生却由 24.28 万人增长到 26.54 万人。民办普通高等学校由 34 所增长到 39 所，学校数增幅不大，但是在校生却由 28.98 万人增长到 51.05 万人，增加了 22.07 万人。2018 年，全省民办教育在校生数达到 674.90 万人，占全省各级各类教育在校生总数 2467.67 万人的 27.35%，比上一年的 23.25% 提高了 4.1 个百分点，占比超过了 1/4（参见表 3-10、3-11，图 3-3、3-4）。

表 3-10　2012~2018 年河南省民办学校数变化情况

单位：所

年份	2012	2013	2014	2015	2016	2017	2018
学校数	12761	14244	15337	16707	17718	19277	20539

资料来源：根据历年《河南省教育统计提要》整理。

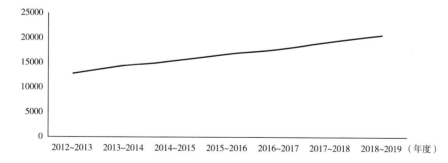

图 3-3　2012 年以来河南民办教育学校数增长曲线

资料来源：根据历年《河南省教育统计提要》整理。

表 3-11　2012~2018 年河南省民办学校在校生增长情况

单位：万人

年份	2012	2013	2014	2015	2016	2017	2018
在校生数	421.68	454.98	471.14	525.68	566.27	617.87	674.90

资料来源：根据历年《河南省教育统计提要》整理。

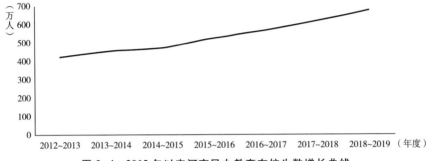

图 3-4　2012 年以来河南民办教育在校生数增长曲线

资料来源：根据历年《河南省教育统计提要》整理。

2. 特色逐步形成

随着市场经济的迅速发展，河南民办教育逐步形成了多样化的办学态势。在发展过程中创造了多种办学模式：有以黄河科技学院为代表的"滚动发展模式"发展起来的在国内有着重大影响的本科院校，有以郑州工业应用技术学院（原郑州华信学院）和河南建业外国语中学等为代表的"企业集团投资模式"，有以信阳学院（原信阳师范学院华锐学院）等为代表的原公办本科院校独立学院转型的本科院校，有以郑州工商学院（原河南理工大学万方科技学院）等为代表的综合教育集团，有以郑州成功财经学院、郑州升达经贸学院等为代表的台胞投资兴办的本科院校，还有以郑州大学西亚斯国际学院等为代表的中外合作办学机构等。

此外，河南民办教育还有以长葛实验中学为代表的股份制模式，以郑州一八联合国际学校为代表的"校企联姻办学模式"，以公办学校为主体、利用名校效应吸引合作伙伴举办民校的"优质教育资源倍增模式"，以郑州陈中教育集团为代表的非学历教育机构的"教育集团发展模式"等。多样化的发展模式为河南民办教育的发展注入了新的活力，使河南的民办教育在竞争与合作中稳步发展。

区域民办教育的共同发展是河南民办教育发展的又一特色品牌优势。随着发展,河南各地涌现一批推进民办教育整体发展的区域典型,呈现独特的区域现象,尤其是以区域性特征为代表的民办教育发展模式,正在成为一种地方文化现象,引起了广泛关注。在河南区域民办教育发展的版图上,逐步形成了以江浙资本的涌入为典型特征的周口模式,以本土资本迅速崛起的商丘模式,以区位优势发展民办高等教育的郑州模式等。

3. 更高的视野与胸怀

在沉下心来向更高层次、更广领域发展的过程中,河南民办教育正在突破原有的藩篱,在中国民办教育的大舞台上扮演着越来越重要的角色。

一是人才培养模式不断创新。新时代对教育目标的实现提出了新的要求,适应这个要求,就要不断创新人才培养模式。黄河科技学院着力抓好人才培养"试验田",探索建立跨院系、跨学科、跨专业交叉培养应用型创新人才的新机制。郑州澍青医学高等专科学校从 2014 年以来实施"基本技能+一技之长"的"特色教育工程",在人才培养上,强调学生在掌握本专业的基本知识、基本技能的基础上,掌握一门适合自己兴趣、体现专业特色,同时又是岗位急需的实用技术,以提高就业竞争力。多数民办学校能够根据当地经济和社会发展需要,紧贴时代需求,认真制定人才培养方案,人才培养模式不断创新。

二是参与重要文件的讨论修订。2017 年底,河南省民办教育协会根据上级要求,就《民办教育促进法实施条例》多次组织河南民办教育研究院和专家学者、民办教育参与者等征求意见。2018 年 4 月 9 日,省民办教育协会又组织部分民办学校举办人在黄河科技学院举行了座谈会,向教育部发展规划司调研组提出了修订的意见和建议。民办教育研究院起草的建议得到了参与调研的教育部发展规划司副司长田福元、政策法规司副司长王大泉、教育部发展规划司民办教育管理处处长顾然、政策法规司法制办副主任翟刚学的重视和肯定。

河南省民办教育协会多次接受省政府、省教育厅的安排,参与地方教育法规的讨论、起草、修改工作,为政府决策提供了行业支持。2018 年以来,河南民办教育研究院执行院长王建庄等多次参与有关报告的起草工作。

河南省民办教育协会会长胡大白多次参加重要文件的讨论并在省政府征求意见座谈会上提出了建设性意见。

三是主动承担全国性的会议。2018 年 3 月 31 日至 4 月 1 日，首届全国民办高校信息技术与学生工作创新研讨会在黄河科技学院召开。9 月 15 日至 9 月 17 日，由亚洲生物氢能联盟（Asia bio-HyLinks）、亚太经济合作先进生物氢能技术研究中心（APEC Research Center for Advanced Biohydrogen Technology，ACABT）主办，河南农业大学、黄河科技学院、生物质能源河南省协同创新中心、河南省农业工程学会承办的第十三届亚洲生物制氢和生物炼制学术会议（The 13th Asian Biohydrogen & Biorefinery Symposium）在黄河科技学院成功举行。10 月 13 日，中国民办高等教育改革发展论坛在信阳举办。中国民办教育协会会长、民进中央原副主席王佐书，省委高校工委专职副书记、省教育厅党组副书记郑邦山，教育部发展规划司民办教育管理处处长顾然以及来自全国 90 多所高校、部分省市教育厅委、研究院所、期刊杂志社等机构的 200 多名专家学者参加论坛。10 月 18 日，全国民办理工高校新工科教育论坛在郑州工业应用技术学院召开。中国高等教育学会副会长、中国民办教育协会高等教育专业委员会理事长季平，省教育厅副厅长尹洪斌出席论坛并讲话。来自全国的专家学者和 22 所民办本科理工院校代表共 70 余人参加论坛，共同探讨新工科发展策略。10 月 30 日，由中国民办教育协会培训教育专业委员会主办、郑州晨钟教育集团承办的 2018 年培训教育机构党建工作现场交流会在郑州晨钟社会组织党建学院举行，来自国内 20 个省份的近百家培训教育机构、200 余名会议代表济济一堂，共同探讨交流培训教育机构党建工作。中国民办教育协会，河南省、郑州市有关组织部门、教育部门负责同志以及当地媒体代表应邀出席会议。11 月 29 日至 12 月 2 日，第十五届全国中小学校园影视教育成果展示活动暨校园影视媒体应用研讨会在黄河科技学院举行，来自全国各省、自治区、直辖市电化教育馆、教育媒体、理事单位的 500 余名全国学校代表齐聚郑州，共话校园影视教育的成果和未来。

国际层面、国家层面的会议密集地在河南召开，在提升河南民办教育发展质量的同时，开阔了河南民办教育的视野，使河南民办教育一步步走向全国，走向世界。

四是持续开展民办教育研究。继 2017 年出版全国第一部第一本省级民办教育蓝皮书后，《河南民办教育发展报告（2018）》于 2018 年 9 月由社会科学文献出版社出版。全书由总报告、学段教育篇、人力资源篇、运营管理篇、专题研究篇、案例篇、综述篇等部分组成，系统反映了河南各级各类民办教育的基本情况。总报告由河南省民办教育协会课题组撰写，统领全书各篇。总报告认为，改革开放 40 年来，河南的民办教育从观望、萌芽到发展壮大，在当代中国社会发展的大背景下，随着中国教育改革发展的大潮，在起步较晚、底子薄弱、经费困难、社会轻视的情况下一步一个脚印，逐步走在了全国前列，实现了跨越式发展。该书 2018 年 11 月 23 日举行发布会，近百名专家学者和蓝皮书研创人员与会。人民网、新浪网和河南几乎所有的媒体进行了报道。连续两年的蓝皮书出版和发布，提升了河南民办教育在国际国内的影响力，促进了河南民办教育的健康发展。

河南省民办教育协会的会刊《河南民办教育》改版后更加贴近民办教育发展实际，坚持及时发布国家政策，传递政府声音，为民办学校师生服务，为民办教育发展服务的宗旨，正在逐步扩大影响。内部学术刊物《民办教育研究》每年刊发省内外具有一定影响的学术论文和研究成果，逐步形成了自己的特色。

2018 年，河南省民办教育协会组织的民办教育研究课题立项达到 869 项，研究成果获得一等奖 50 项，二等奖 70 项。

五是服务地方经济发展的能力不断提升。民办高校大多承担的是应用型高等教育，因此，服务地方经济社会发展不仅是应尽的义务，也是提升人才培养质量的有效途径。黄河科技学院在引领全国、全省民办教育发展的同时，也积极投身当地经济社会发展，主动参加郑州市和中原区、二七区的各项社会活动。郑州科技学院、郑州工业应用技术学院、郑州澍青医学高等专科学校、郑州成功财经学院等高校也都结合自身实际，主动融入当地经济社会发展之中。洛阳科技职业学院下派驻村"第一书记"，帮助贫困群众发展种植、养殖、光伏等产业增收致富。学院培训中心经常性地开展果树栽培、农作物种植、电子商务、裁剪缝纫以及月嫂、家政服务员等职业技能培训，使贫困劳动力提高了综合素质，掌握了实用的职业技能，成为帮助他们脱贫致富的有效途径。

六是社会美誉度持续走高。2018 年 9 月，由中国管理科学研究院中国大学评价课题组完成的《2018 中国民办大学排行榜》发布，黄河科技学院在大学综合实力排行榜中居第一位，在理学、工学、农学、医学 4 个学科门类组合的自然科学排名中，黄河科技学院位列第一。

（三）挑战、机遇和应对建议

（一）影响因素

1. 新《民办教育促进法》的影响

新《民办教育促进法》和地方政府的文件，都在标题部分突出了"鼓励"和"促进"，这是改革开放以来党和政府对民办教育发展的一贯态度，也是经济和社会发展的必然需要，但是细心的人更多地看到了"规范"。这表明，民办教育在规模扩张的过程中还存在着一些与发展不适应的问题。粗放发展的时代已经结束，新时代的民办教育必须以习近平新时代中国特色社会主义思想为指导，端正办学思想，明确办学目的，真正解决为谁培养人、怎么培养人、培养什么人的问题。只有坚持社会主义办学方向，遵循教育规律，不断改革创新，才能真正办成人民满意的教育。

新《民办教育促进法》的主要内容体现在"规范管理"和"分类管理"上，总的目的是促进民办教育健康发展。这对于长期以来坚持正确办学理念，坚持正确育人方向的民办学校，应该是机遇大于挑战，但也要进行一些积极的调适。对于一些粗放发展的民办学校，则需要整理发展思路，在端正办学指导思想的基础上，着重现代学校制度建设，尽快建立完善党的基层组织并认真开展活动，将工作重心转移到提高人才培养质量上来。面对即将到来的"营""非"选择，各个学段民办学校都要有一定的准备。新《民办教育促进法》规定不得设立实施义务教育的营利性学校，现有的民办小学、初中要及早做好实施非营利性教育的准备；学前教育在河南民办教育中占的比例最大，在全省学前教育在校生规模里也占有 2/3 的比例。虽然新《民办教育促进法》没有规定学前教育必须非营利，但是在未来公办民办各 50%、民办园多数要办成普惠园的大盘子里，民办幼儿园也要考虑自己的发展路子；民办中等职业教育总体上发展滞后于其他学段，但是未来发展的空间很大；民办高校发展比较稳定，黄河科技学院等一批院校已经在国内外具有了一定影响，对于未来的选择也初步有了方向，但是发展也不平衡。少数民办高校还处于规模扩张的初级阶段，发展还有很多困难。这些学校要冷静分析自己所处的环境，科学谋划，提前转型，实现弯道超车。只有这样，才能实现良性发展。

2. 观念更新带来的影响

新时代我国社会的主要矛盾发生了深刻变化，这样的变化，一方面表现为社会生产力的快速发展以及我国经济实力、综合国力的大幅跃升和提高；另一方面表现为人民生活水平也发生了显著变化，从"吃不饱"到"吃得好"，不再局限于衣食住行等物质方面的基本需求，而是更加注重精神层面的高级需求。这种需求带来了许多新思想、新观念。新观念、新认识导致教育的多样化和个性化需求，这种需求给传统教育带来了严峻挑战。僵化的教育教学模式、单一的课堂传授方法、陈旧的学校管理体系等都面临着革新。民办学校要充分利用自身观念靠前、体制灵活的优势，下好先手棋，占领制高点，在新的起跑线上进入第一方阵。

3. 教育现代化过程的影响

我国当代的教育，正在打造能够覆盖人们一生的终身学习体系和学习型社会。新中国成立 70 年来，河南的教育事业一步步发展，逐步改变了教育供给严重不足的局面，初步建立了层次完备、结构合理的国民教育体系。

1949 年至 2018 年河南初等、中等、高等教育在校生结构不断发生变化。1949 年 5 月河南省人民政府成立时，全省高等教育在校生只有 800 余人，而小学教育在校生则超过了 160 万人，呈"倒图钉形"；到世纪之交的 1999 年，全省高校在校生达到 18.55 万人，中等教育在校生达到 566.26 万人，形成"金字塔形"；2018 年河南全省高等教育在校生达到 247.81 万人，中等教育在校生为 767.87 万人，小学教育在校生下降到 982.06 万人，形成了"正梯形"结构，大大扩展了学龄人群的受教育机会。随着义务教育阶段的不断延伸，层次的不断扩大和教育体系的完善，这样的结构将逐步趋向"正方形"。在这样的发展过程中政府的投入会越来越大，会使少数民办学校逐渐萎缩。大部分民办学校将更加注重质量提升，在特色教育和个性化教育中获得更好的发展机会。

公办学校改革也将带来一定影响。在一些民办学校照搬公办学校管理模式的同时，不少公办学校都在悄悄地变革，将传统的行政级别、人事编制等因素逐步淡化，引进了具有生机活力的现代学校制度。这样的变化将进一步加大公办学校的优势，优秀的师资、学生和管理人员会更多地选择公办学校。民办教育要及时调整思路，充分发挥自己的优势，进一步深化改革，激发创新动力，保持发展后劲。

4. 技术发展的影响

随着科学技术的进步和社会的发展，新技术正在快速改变社会生活。民办学校已经形成的管理体制和管理模式、运行机制和运行方法等都面临挑战，传统的课堂教学模式既不适应今天的学生，也无法与社会需求对接。这些挑战，都对民办学校提出了新的课题。翻转课堂、网络教育、移动终端等新技术的发展和更新也在不断冲击着传统的校园。民办学校要及时跟进，在向公办学校学习的同时，摈弃其行政化、同质化的弊端，根据发展需要不断改革内部管理体制，避免官僚主义，打破中层棚架，实现良性互动，减少管理摩擦。建立科学管理、全面服务的机制，实现效率最大化。在教育教学方面，尽可能根据自己的实际引进新的理念和方法，及时了解掌握学生的观念、兴趣和认识取向，将新知识、新理念、新技术应用于教育教学之中。改革陈旧的教法，开辟广阔的课堂，优化教学的评价，更新教材的形式和内容，使之更加贴近学生实际。比如，要加快教材改革的步伐，将传统的平面僵化的课本改为立体鲜活的教材；加快评价改革的力度，将单一的终结性评价改为综合的真实性评价；等等。

新技术在带来挑战的同时也带来了新的专业，新专业形成新学科，新学科拓展教育领域。民办学校要及时跟进，不断前行，适应经济社会发展的需要，不断开拓新领域，占领制高点，紧紧抓住发展的主动权。

5. 生源变化的影响

人口出生率和教育政策的变化会影响不同学段的生源。一般情况下，小学教育招生数会影响6年以后初中阶段的生源，初中阶段的招生数会影响3年以后高中阶段的生源，高中阶段的招生数会影响3年以后高等教育阶段的生源。这种人口自然增减的影响是基础影响，但是政策的变化会带来升学率的变化，升学率的变化必然带来生源情况的变化。

表 3-12 2013~2018 年河南基础教育阶段招生数和毕业生数

单位：万人

学段	2013 年		2014 年		2015 年		2016 年		2017 年		2018 年	
	招生数	毕业生数	招生数	毕业生数	招生数	毕业生数	招生数	毕业生数	招生数	毕业生数	招生数	毕业生数
小学	181.06	164.48	159.44	140.81	169.30	140.55	173.16	144.16	172.38	150.31	173.56	160.70
普通初中	137.71	140.34	138.50	114.66	138.23	123.62	144.13	129.50	149.45	132.29	159.86	133.63
普通高中	66.11	63.13	64.49	60.28	67.98	61.05	69.53	63.30	70.97	63.14	72.65	66.08

资料来源：根据历年《河南省教育统计提要》整理。

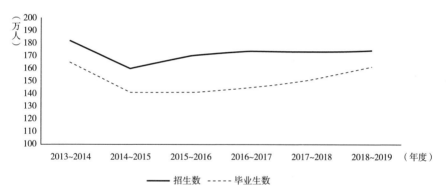

图 3-5 近 6 年河南小学招生数、毕业生数变化曲线

资料来源：根据历年《河南省教育统计提要》整理。

图 3-6 近 6 年河南普通初中招生数、毕业生数变化曲线

资料来源：根据历年《河南省教育统计提要》整理。

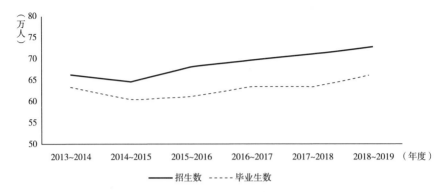

图 3-7 近 6 年河南普通高中招生数、毕业生数变化曲线
资料来源：根据历年《河南省教育统计提要》整理。

2014 年全省小学招生数比上一年减少了 21.62 万人，这会影响 2019～2020 年全省初中教育阶段的招生，同样会影响 2022～2023 年高中阶段教育的生源。但是由于政府推进普及高中阶段的措施，这次由小学招生数减少引起的高中教育阶段生源减少的影响不会太大。同样的情况会波及 2025～2026 年全省高等教育的招生。

在高等教育阶段，生源的构成会有一些变化。2019 年国家要扩大高职招生 100 万人，将会改革完善高职院校考试招生办法，鼓励更多应届高中毕业生和退役军人、下岗职工、农民工等报考，选拔方式将打破单一的考试方法。

河南小学阶段的招生，1996 年达到 239.94 万人，是改革开放 40 年来的峰值。之后逐年减少，到 2014 年探底，为 159.44 万人，之后又开始回升，到 2018 年达到 173.56 万人，回复到了 2000 年的水平。全省初中阶段的生源，2019 年到达低谷，之后会逐年回升，应该在 150 万人左右的水平保持一段时期。

（二）面临的发展机遇

虽然河南的民办教育面临着一些困难和问题，但这些都阻止不了发展的步伐。在坚实的基础之上，在国家"积极鼓励、大力支持、正确引导、依法管理"的方针指导下，河南民办教育依然有着广阔的发展空间。

1. 政策利好

现有民办学校要认真总结发展经验，凝练特色。特色的凝练过程就是发展的过程，特色一旦形成，就是自己生存发展的竞争实力。

2. 新技术带来的教育机遇

新技术带来新产业，新产业形成新学科。教育总要不断地前行，适应经济社会发展的需要。不断开拓新领域，占领制高点，就有了发展的主动权。

3. 经验累积

改革开放以来 40 年的发展，河南民办教育在坚持教育的公益性原则、致力于发展有中国特色的民办教育的理念方面进行了行之有效的实践，积累了丰富的经验。新时代的新环境、新要求更加契合河南民办教育的初心，使之能够实现更有质量的发展。河南越来越好的教育环境和丰富的生源基础，也是其他省份无法比拟的。

民办学校必须更新观念。有远见的学校，要下决心果断地把规模稳定下来，扎实进行内涵建设，一步一个脚印提高人才培养质量。在已经初具规模的学校，不仅要看到明天，还要着眼未来。尚不具备规模的学校，要认真进行战略思考，不要跟在别人后边走一味扩大规模的老路。事实上，现在再像 30 年前那样办学已经走不通了。世易时移，决不能刻舟求剑。要根据时代发展的大局制定自己的发展方略。当然，这要比单纯的扩大规模困难许多，但这是唯一的出路。要存在，要发展，必须办出特色。

（三）发展建议

1. 加强党建和思想政治工作

全面加强民办学校党的政治建设、思想建设、组织建设、作风建设、纪律建设。民办学校必须认真贯彻执行党和国家的教育方针、坚持社会主义办学方向，将社会主义核心价值观教育融入课堂教学和学校的各项工作中，认真解决好"为谁培养人""培养什么人"的问题，真正使我们的学生成人成才。

2. 规范发展，提升质量

要站在经济社会发展的高度调整自己的办学思路。要完善以学校章程为核心的制度体系建设，依法依规办学，依章依制管理。健全财务管理制度，确保资金安全；健全教师管理制度，强化师德师风建设；健全学生管理制度，保障学生合法权益；严格招生制度，遏止违规招生行为；严格收费制度，禁止乱收费；完善内部控制制度、审计监督制度，加强风险防控。真正解决好"怎么培养人"的问题，实现健康发展，良性发展。

3. 构建"学为人师、行为世范"的优质教师队伍

民办学校要依法依规与教师签订合同，按时足额支付工资，足额缴纳社会保险，教育行政部门要加强监管，压实学校法人的主体责任。同时，教育行政部门要做好民办学校师资队伍建设的长远规划，师资培养要有前瞻性，要接地气，要有所作为。民办学校的教师要理直气壮地教书育人，在实现社会事业发展的同时实现自己的提升。

4. 政府扶持，营造良好环境

改革开放 40 年来，河南民办教育取得了长足发展，形成了一批办学规范、特色鲜明、声誉较高的民办学校，涌现一批投身公益、不图回报、为教育事业作出突出贡献的举办者。有关部门要认真总结好经验、好做法，大力宣传先进典型，弘扬他们的奉献精神，树立民办教育良好的社会形象，努力营造全社会共同关心、关注、关爱民办教育的良好氛围。

5. 民办教育自身要严格自律

严格按照《民办教育促进法》及国家和省政府有关政策规定，切实履行规范自身办学行为并建立长效机制。从增强担当意识、责任意识入手，重点加强安全稳定、教育教学、师德师风、资金管理、招生收费等方面工作，使人才培养工作适应时代需求，符合国家要求。进一步加强内涵建设，提升人才培养质量，提升学校发展质量。

6. 凝神聚力，实现又好又快发展

河南的民办教育已经处在由规模扩张到质量提升的转型时期，民办学校要在发挥自己特色的同时，加强沟通交流，团结进取，取长补短，共同进步。要进一步发挥社会组织，特别是河南省民办教育协会的作用，在人才培养、学校发展、制度建设等方面发挥评估评价、协调监督的作用，形成合力，推动河南民办教育高质量发展。

第四章　成因分析与发展对策

第一节　民办教育在全省教育中的比重

一　必要补充

2004 年，河南民办学校达到 3393 所，占全省学校总数 65736 所的 5.16%；在校生 1090967 人，占全省学校在校生总数 26285798 人的 4.15%。到 2010 年，民办学校数达到 8466 所，占全省学校总数 61430 所的 13.78%；在校生 3184280 人，占全省学校在校生总数 27685768 人的 11.50%。在这一时期，全省公办学校数由 62343 所减少到 52964 所，减少了 9379 所，民办学校数由 3393 所增长到 8466 所，增加了 5073 所；公办学校在校生数由 25194831 人减少到 24501488 人，减少了 693343 人，民办学校在校生由 1090967 人增长到 3184280 人，增加了 2093313 人。民办教育规模的扩大，在一定程度上弥补了公办教育的不足，成为公办教育必要的补充。

二　重要组成部分

2019 年，河南民办学校数达到 21429 所，占全省学校总数 53388 所的 40.14%；在校生 7097481 人，占全省学校在校生总数 26770997 人的 34.17%。与 2004 年相比，全省公办学校数由 62343 所减少到 32139 所，减少了 30204 所，民办学校数由 3393 所增长到 21429 所，增加了 18036 所；公办学校在校生数由 25194831 人减少到 19673516 人，减少了 5521315 人，民办学校在校生数由 1090967 人增长到 7097481 人，增加了 6006514 人。民办教育规模的持续扩大，已经成为全省教育事业的重要组成部分。

第二节 发展贡献

一 为经济社会发展输送了大批合格人才

1998 年，全国高等教育适龄青年入学率仅为 3%，在全球 116 个国家和地区中，排名第 100 位，甚至低于许多发展中国家。我国计划到 2000 年使这一比例达到 8%，虽然离 15% 的高等教育大众化阶段还相距甚远，但从当时条件看，任务仍然十分艰巨，仅依靠公办高校是很难办到的。经过 20 年的积极发展，到 2017 年，全国各类高等教育在学总规模达到 3779 万人，高等教育毛入学率达到 45.7%。其中民办普通高等教育在校生达到 628.46 万人，占全国普通高等教育在校生总数 2753.59 万人的 22.82%。高等教育规模的增加，是整个教育系统规模增加的体现。2017 年，全国共有各级各类民办学校 17.76 万所，比上年增加 6668 所，占全国的比重 34.57%，成为我国教育事业的重要组成部分。根据《河南省教育统计提要》提供的数据，2017 年河南共有民办学校 19331 所，占全省学校总数 55779 所的 34.66%；民办学校在校生 618.40 万人，占全省学校在校生数 2659.62 万人的 23.25%，占据了将近 1/4 的规模。到 2018 年，全省民办学校在校生人数 674.90 万人，占比超过 27%，超过了 1/4 的规模。

10 年间，河南各级各类民办学校为社会输送了将近 1000 万名毕业生。

表 4-1 2008~2017 年河南民办学校毕业生数

年份	高等教育	高中教育	中等职业教育	初中教育	小学教育	学前教育	合计
2008	41871	68799	53370	152882	85558	162374	564654
2009	53224	74958	70297	146256	106314	198183	649232
2010	82851	83378	109948	142631	137213	231235	777256
2011	79545	75674	115477	149122	138403	359762	917983

续表

年份	高等教育	高中教育	中等职业教育	初中教育	小学教育	学前教育	合计
2012	82847	81477	108112	157767	163693	514898	1108794
2013	78996	80593	75373	167747	185616	638201	1226526
2014	82272	74654	58556	132552	200203	723483	1271720
2015	91269	76701	51657	202093	207251	803034	143205
2016	102956	87494	47698	221191	219258	871028	1549625
2017	116341	94073	54633	240960	238134	929440	1673581
总计	812172	797801	745121	1713201	1681643	5431638	9882576

资料来源：《河南省教育统计提要》。

二 实现了办学主体的多元化和办学形式的多样化

改变了政府包揽教育的传统格局，初步形成了以政府办学为主、社会各界共同参与的办学体制，在一定程度上满足了社会多样化的教育需求，扩大了学位供给，缓解了学位紧缺状况。更重要的是，在促进教育体制改革的同时，完善了国家的教育体系。

三 促进了投资主体的多元化和资金来源的多样化

吸纳了社会资金投入教育，拓宽了经费来源渠道，弥补了政府教育经费投入的不足。2017 年，河南民办教育在校生 6183998 人，按照教育部公布的 2016 年各级各类学校学生生均公共财政预算教育事业费标准计算，当年河南民办教育投入的教育事业费为 681.05 亿元（因教育部没有公布学前教育经费，这里的学前教育部分参照小学标准）。当年河南省国家财政性教育经费为 1492.24 亿元，民办教育的投入不但大大减轻了政府的财政负担，而且为全省近 620 万名学生提供了读书的机会，为千百万家庭解决了子女上学的问题。

四 深化了教育内部管理体制改革

民办学校的存在和发展，促进了教育成本核算方式和人事制度的变革，逐步形成了同级不同类型学校相互竞争的氛围，使公办学校不断进行改革，促进教育在遵循规律的基础上更加贴近经济和社会发展实际。

五　增加了教育选择机会

提高了教育公平的实现程度。民办教育大发展增加了人民群众选择教育的机会。在办学层次上，民办学校涉及从学前到大学的各级各类教育，学历教育与非学历教育并存。在办学形式上灵活多样，既有全日制又有短期培训，形成了多渠道、多规模、多层次的办学格局，适应了社会各界对不同层次的教育和人才的需求。由于在提高办学质量和办学效益、深化课堂教学改革和实施特色办学等方面做出了大量探索，较好地满足了社会各方面对多样化教育的需求。民办学校的发展壮大，使原本教育资源不足而导致的教育公平难以实现的历史难题得到较好解决。

六　促进了教育的进一步开放

中外文化得到交流与融合。民办学校求生存、求发展的进取精神及其相对公办学校的后发处境，促使民办学校以更加开放的心态吸纳一切有利于自身发展的文化成果，注重引进国外先进的教育资源，注意改革中国学校重知识记忆、轻问题解决，重学习成绩、轻学生素质的传统弊病，通过合理引入国际上新的教育理念改革中国的教育传统，促进了学校文化的中外融合。民办学校在课程开发、国外文凭项目、中外双文凭项目、合作举办学校、联合培养等方面与国外教育机构开展中外合作办学，既有引进来的项目，又有走出去的项目。部分民办学校在教育理念上着眼于培养具有国际视野的未来人才，把优秀的中外文化整合到学校课程中。在外语教学领域，民办学校十分注重引进外国教师，使外语教学更加实用化。一些民办学校还引进了国外的管理模式，对学校管理体制改革进行了新的尝试。

第三节　规模大，品质好

一　处于全国领先地位

河南民办教育在校生的规模，总体上是在全国前列，一开始主要是依托生源大省的优势，在总人数中的占比不高。2017 年，河南民办教育在规模上已经全面领先于多数省份，处于全国领先地位。

（1）在全国民办教育体系中的占比。本年全国民办学校达到 17.76 万所，在校生为 5120.47 万人，河南省的数据是 1.93 万所、617.87 万人。学校数占全国总数的 10.87%，在校生占 12.07%。

（2）在河南省教育的大盘子内。本年全省各级各类学校（机构）5.58 万所，在校生 2659.62 万人。其中，民办学校占 34.59%；民办教育在校生占 23.23%，比上年增加 1.45 个百分点。

（3）占全省总人口的比例。2017 年，河南省年末总人口为 10852.85 万人，民办教育在校生占总人口的 5.69%，比上年增加 0.58 个百分点。

从 2007 年到 2017 年，河南全省学校数和在校生数都呈现缩减的趋势，学校数由 57555 所减至 55779 所，在校生数 2691.69 万人减至 2659.62 万人。最低的 2013 年，全省在校生数仅有 2505.39 万人，比 2017 年减少了 186.30 万人。同期河南的民办教育却逆势增长，学校数由 5162 所猛增至 19227 所，增加了 14065 所；在校生数由 197.03 万人剧增到 617.87 万人，增加了 420.84 万人，每年平均以 42 万人的数量在增长。同期公办教育规模在不断缩减，学校数由 52393 所缩减到 36552 所，10 年减少了 15841 所；在校生数由 2494.66 万人减少到 2041.75 万人，10 年间减少了 452.91 万人，每年平均减少 45.29 万人。

二　质量和社会声誉不断提升

在规模扩张的同时，河南民办教育也一直坚持质量的提升。在基础教育层面，民办学校以其明显区别于公办学校的机制，根据各校的实际情况，以办学形式的多元、培养目标的多元、教育方法的多元办出了各自的特色。开封求实中学、洛阳华夏外国语学校、郑州一八国际联合学校、郑州高新区艾瑞德国际学校、河南少年先锋学校、淮阳一高、郑州贝斯特教育事业机构等许多民办中小学都进行了不少有益的探索，成为省内外知名的品牌。

河南民办教育在国内外的影响力度，首推民办普通高等教育。

黄河科技学院在获得全国第一个民办高等专科教育资格后，又获全国第一个民办本科教育资格。建校 30 多年来，秉承为国分忧、为民解愁、为社会主义现代化建设服务的宗旨，以敢为天下先的创新精神，凭借丰富的国际化办学理念和鲜明的中西方有效结合的办学特色，坚持办对学生最负责任的新型大学，多次获得全国民办高校先进单位、全国高校创新创业50强、全国高校毕业生就业工作50强等称号。2016年在全国民办高校创新创业教育示范学校评选中获得综合奖第一名，被教育部认定为全国首批深化创新创业教育示范高校。其办学经历曾两次被美国弗吉尼亚大学商学院写进教学案例，并多次被《人民日报》、中央电视台、《华盛顿邮报》等中外媒体报道。

2010年，中国校友会网和《21世纪人才报》发布了中国民办大学排行榜，在100强当中，河南省只有三所学校上榜，分别为黄河科技学院、郑州科技学院、郑州华信学院（见表4-2）。可以看出，当时河南民办教育在全国的同行中竞争优势不强。

表4-2 2010中国民办大学排行榜100强河南名单

名次	学校名称	所在省份	总分	办学设施	人才培养	综合声誉
……						
10	黄河科技学院	河南	93.04	90.63	92.93	91.44
……						
40	郑州科技学院	河南	84.88	83.70	85.17	81.49
……						
48	郑州华信学院	河南	76.08	79.41	78.21	64.48
……						

资料来源：中国校友会网。

在2012~2013年的排行榜中，除上述三所院校外，郑州升达经贸管理学院、商丘学院、商丘工学院，还有专科层次的郑州城市职业学院、郑州商贸旅游职业学院、郑州电子信息职业技术学院、郑州经贸职业学院、郑州澍清医学高等专科学校等也进入了100强榜单。

2016年2月，中国科学评价中心、武汉大学中国教育质量评价中心和中国科教评价网联合发布了2016年中国民办本科院校竞争力排行榜，前100强中，河南6所民办高校榜上有名。（见表4-3）

表 4-3　2016 中国民办院校竞争力排行榜 100 强河南名单

名次	学校名称	总得分	所在省市	类型	等级
……					
3	黄河科技学院	86.73	河南	本科民办	5 星
……					
21	郑州工业应用技术学院	70.78	河南	本科民办	4 星
22	郑州升达经贸管理学院	70.44	河南	本科民办	4 星
……					
53	郑州科技学院	65.27	河南	本科民办	3 星
……					
56	商丘学院	65.17	河南	本科民办	3 星
……					
87	郑州成功财经学院	62.16	河南	本科民办	2 星
……					

资料来源：中国科教评价网。

在 2015 年中国民办本科院校科研竞争力排名中，黄河科技学院、郑州升达经贸管理学院、郑州科技学院、郑州成功财经学院分列第 3、30、31、33 位。新乡医学院三全学院、河南大学民生学院、中原工学院信息商务学院等也进入了当年中国独立学院科研竞争力前 100 强榜单。黄河科技学院自 2011 年以来一直位居全国民办学校科研竞争力前三强。

2017 年、2018 年两年武书连中国民办大学排行榜上，黄河科技学院一直位列中国民办大学人才培养质量第一名。在理学、工学、农学、医学 4 个学科门类组合的自然科学中，黄河科技学院排名第一；在教育学学科中，黄河科技学院排名第一。在 100 强榜单中，河南还有 8 所高校上榜，分别为郑州工商学院（23）、郑州升达经贸管理学院（41）、郑州成功财经学院（55）、郑州工业应用技术学院（58）、郑州科技学院（63）、信阳学院（64）、安阳学院（70）、商丘学院（75）。

2017 年，《广州日报》发布全国首个全样本应用大学排行榜，这也是权威媒体作为第三方评估、发布的专业性公益榜单。这个榜单以应用指数、学术指数、声誉指数、二次评估指数 4 个一级指标建构综合指数，科学评价国内 887 所本科高校，而且公办民办高校使用同一评价体系。黄河科技学院位列全国民办高校第一名。2018 年，黄河科技学院蝉联第一。

第四节　发展中的问题

在河南这样一个经济不发达的内陆人口大省，民办教育发展遇到的困难更多一些，特别是在观念上，长期以来中原地区形成的强烈的"正统"观念，使民办教育在"名正言顺"方面付出的努力更多。

一　发展不平衡不充分

这里的不平衡主要包括三个方面：一是整体结构不平衡，二是同一学段的发展不平衡，三是地区发展不平衡。

（一）整体结构不平衡

就 2016 年河南民办教育各学校的规模看，这种不平衡十分明显。

表 4-4　2016 年河南各层次教育基本情况

类别	教育总规模				民办教育								
	学校数（所）	毕业生数（人）	招生数（人）	在校生数（人）	学校数（所）	占比（%）	毕业生数（人）	占比（%）	招生数（人）	占比（%）	在校生数（人）	占比（%）
高等教育	129	486850	606034	1874751	37	28.68	102956	21.15	131592	21.71	417180	22.25
中职教育	800	423714	477911	1282509	190	23.75	47698	11.26	85358	17.86	196205	15.30
普通高中	792	633076	695330	1995960	242	30.56	87494	13.82	125738	18.08	330981	16.58
普通初中	4557	1295021	1441316	4158272	758	16.63	221191	17.08	257814	17.89	740792	17.81
小学	22822	1441616	1731619	9655895	1748	7.66	219258	15.21	200765	11.59	1290041	13.36
学前教育	18695	1556017	1579348	4086838	14743	78.86	871028	55.98	916780	58.05	2687521	65.76

资料来源：《河南省教育统计提要 2016》。

从表 4-4 可以看出，河南民办教育在学前教育阶段占比最高，占据了同一学段全省在园幼儿总规模的近 2/3。小学阶段占比最小，仅为 13.36%。民办高等教育学校数超过了 1/4，毕业生数、招生数和在校生数都超过了 1/5。

从当前河南民办教育各层次在校生的结构来看，总体上呈葫芦状，中间小、两头大，占最大比例的是民办幼儿教育。而在基础教育阶段，规模都没有达到同层次在校生数的 20%。民办中等职业教育规模自 2010 年以来持续减小，由 35.30 万人一路降至 2014 年的 16.72 万人，5 年间减少了 18.58 万人，之后缓慢回升，到 2017 年达到 23.30 万人。从近三年的发展情况看，原来生源一直低迷的民办中等职业教育、普通初中、普通小学等都有了回暖甚至大幅增长的迹象。但就现状来看，这些类别和层次的学校在全省教育大盘子中仍然占比较低，在民办教育体系内也占比不高。

（二）同一学段的发展不平衡

以民办普通高等教育为例，在 37 所民办高等院校中已有 14 所在校生规模超过了 1 万人，7 所超过了 2 万人，其中 2 所已达到 3 万人。而一些发展较慢的学校还没有形成规模效应，有 7 所学校在校生在 3000 人以下，其中有两所还不到 1000 人。从办学基本条件来看，规模较小的学校在师资队伍、占地面积、建筑面积、图书数量和教学科研设备仪器总值等方面都比较薄弱。这些学校应对困难和风险的能力也不够强。

（三）地区发展不平衡

无论是从数量上还是质量上看，规模大、质量高的民办学校大都在郑州等较大城市，农村和偏远地区基本上没有民办学校。在独立设置的 37 所民办高校中，有 20 所设在郑州，其中 17 所本科院校中，设在郑州以外的只有 6 所，这种地区不平衡带来的直接后果，是一些缺少高等教育的地级市的考生无法和郑州等城市的考生一样享受平等的教育资源。驻马店、平顶山、三门峡、濮阳等市本来公办本科高校就不多，又没有民办学校来补充，高等教育资源就显得十分贫乏。

二 经费短缺

经费短缺是长期困扰民办教育发展的主要问题。民办教育迅速发展，使得经费问题一天天凸显出来。目前河南民办教育经费主要来源于学生学费，多数机构走的是一条以学养学的发展道路。生源规模达到一定数量后，教育管理进入资源合理配置阶段的学校尚可维持，但仍然缺少发展经费。一些规模较小的学校，生均管理成本高，教学成本更高，使得学校运行极其困难。

三 发展环境尚需优化

这里指的主要是社会环境。在部分民众和一些机关行业部门当中，对民办教育的认识还有偏颇；考生和家长在选报同批次志愿时，往往在不得已的情况下才选择民办学校；一些议论认为民办教育举办者主要是为了收费赚钱，其管理和教育教学水平都比较低下；等等。这样的环境导致社会对民办教育产生误解。

社会对民办教育的态度也可从经费来源上窥见一斑。

表 4-5　2014 年部分省份民办教育在校生、投入与社会教育捐赠情况

单位：人，万元

地区	排名	在校生	民办学校中举办者投入	社会捐赠
广东	1	5878546	319136.1	108920.7
河南	2	4814147	199297.8	6492.0
四川	3	2532951	130006.8	33562.9
浙江	4	2380734	35855.1	56996.7
湖南	5	2316509	63437.0	14112.8
山东	6	2195331	57610.0	27201.9
安徽	7	2189055	46869.6	14120.7
河北	8	1939284	50262.2	6636.8
江西	9	1868660	26897.0	9377.8
江苏	10	1790148	71190.9	123769.6

资料来源：根据《中国教育统计年鉴 2014》整理。

从表 4-5 可以看出，在 2014 年全国民办教育在校生规模前 10 名的省份中，河南居第二位，但社会捐赠却是最少的。广东是民办教育大省，又是发达地区，举办者投入自然最多，超过 30 亿元，其社会捐赠也突破了 10 亿元，是举办者投入数的 34.13%。捐赠数目和比例最高的是这个排行榜的最后一名江苏，其社会捐赠数是举办者投入数的 1.74 倍，捐赠数超过了排名第一的广东，是排名第二的河南的 19.06 倍。河南省的社会捐赠数仅占举办者投入数的 3.26%。

四　同质化现象比较突出

河南民办教育的同质化表现在具有一定规模的学校在机构设置上的相近或雷同，在人才培养目标、人才培养方案、人才培养方法等方面的相近或雷同。

据对 8 所民办本科院校的抽样调查，一些专业如土木工程、国际经济与贸易、英语、计算机科学与技术、通信工程、物联网工程、电子信息工程、环境设计、旅游管理、机械设计及其自动化、工程造价、会计、日语、人力资源管理等专业重复开设率较高。

据对 7 所民办专科学校的抽样调查，会计、市场营销、物流管理、机电一体化技术、建筑工程与技术、汽车检测与维修、计算机应用技术、计算机网络技术、动漫制作技术、环境艺术设计等专业重复开设率较高。

总体来看，河南民办本专科院校的专业设置呼应了经济社会发展对人才的需求，但同质化现象比较严重。

五　趋公化倾向日益凸显

民办教育与公办教育相比，其优势除了观念新、立意高、视野开阔之外，还在于体制机制的灵活、内部机构的精简和运转的高效。但是随着规模的扩大和时间的推移，被公办学校同化的现象已经出现。据对 8 所民办本科院校的抽样调查，这些学校的内部机构设置不仅近似，而且与公办学校趋同。对 7 所民办专科学校的抽样调查也得到了相似的结果。

属于民办教育自身的问题还有：部分学校发展站位不高，思路不清，个别学校办学目的不纯；现代学校制度尚未建立；民办教育研究需要提升；

协会工作需要加强；等等。

六　师资队伍建设亟须政策支持

在河南的民办教育机构中，黄河科技学院、郑州升达经贸管理学院、郑州科技学院、郑州工业应用技术学院等本科院校经过十几年、几十年的不懈建设，已经初步形成了合理的、梯次的师资队伍。由于体制原因，民办学校没有事业编制，对优秀人才的吸引力不如公办学校。因此，尽管一直努力，还有一些民办学校师资队伍不够优化。这是需要政府、社会、学校共同关心并努力解决的问题。

第五节　面临的挑战

一　新的《民办教育促进法》带来的挑战

新《民办教育促进法》主要从规范规理和分类管理方面实现了突破。

（一）规范管理

新《民办教育促进法》在民办学校规范管理方面做了明确规定，除了再次明确民办教育的公益性属性，民办学校应当遵守法律、法规，贯彻国家的教育方针，保证教育质量，致力于培养社会主义建设事业的各类人才，保证依法办学，保障师生员工的合法权益外，还明确规定民办学校中的中国共产党基层组织，按照中国共产党章程的规定开展党的活动，加强党的建设，并且要求教育行政部门及有关部门依法对民办学校实行督导，建立民办学校信息公示和信用档案制度，促进提高办学质量；组织或者委托社会中介组织评估办学水平和教育质量，并将评估结果向社会公布。

这些规定，以法律的形式对民办教育发展进行了规范要求。这样的规范，符合民办教育发展的实际。河南的民办教育由新中国成立初期的不到1万名在校生发展到2018年的近620万人，增加了600多倍。特别是改革开放40年来，河南的民办教育从跟跑发展到领跑，规模迅速增加，实现了跨越式发展。在这个过程中，粗放的发展方式和极个别学校的逐利行为使民办教育亟须正本清源，加强内涵建设。

（二）分类管理

新《民办教育促进法》打破了长期以来民办教育不准营利的禁区，明确了除义务教育阶段外，可以设立非营利性或营利性民办学校。这样的规定，一方面有利于社会资金进入教育领域，推动民办教育实现更快发展；另一方面也为民办教育的发展引入了竞争机制，不同的体制可以依据不同的优势扬长避短，实现特色发展。在义务教育阶段不得设立营利性的民办学校，这对存量的民办小学和初中都将带来新的挑战。这些学校在过渡期后在收费、人事、教学、财务等方面都面临新的适应。

二 新时代社会主要矛盾带来的挑战

新时代我国社会主要矛盾是人民日益增长的美好生活需要和不平衡不充分的发展之间的矛盾。河南民办教育也存在不平衡不公平的矛盾。与此同时，教育作为社会现象，也有自身的特点，新时代中国教育的主要矛盾之一是，经济社会发展对人才的多元化、特色化需求与教育体制僵化、培养目标单一之间的矛盾，这样的矛盾，为民办教育的健康发展提供了广阔的空间，也为民办教育带来了新的挑战。

三 学龄人口逐渐减少带来的挑战

从 2006 年到 2011 年，一个小学教育周期内，河南省总人口由 9820 万人增加到 10489 万人，增幅达 669 万人，平均每年增加 133.80 万人。同期河南民办学校在校生由 174.85 万人增加到 374.02 万人，增幅达 199.17 万人，平均每年增加 39.83 万人。

这样的增加带来了后边一个小学教育周期民办教育在校生的增加。2012 年河南民办教育在校生为 421.68 万人，到 2017 年增加到 617.87 万人，增幅达 196.19 万人，平均每年增加 39.24 万人，和前一个小学教育周期的增幅基本相同。

不同的是，这一周期河南全省的总人口增量减少，由 2012 年的 10543 万人增长到 2017 年的 10852 万人，增加了 309 万人，平均每年增加 61.8 万人，人口的增幅远远低于前一个周期，这也预示着河南各级民办教育生源的基数将持续减少，而生源的减少将对民办教育的发展带来直接影响。

四　代际传递带来的挑战

改革开放 40 年后，当代河南民办学校第一代创始人已经到了交班退出一线的年龄。实际上，河南各级各类民办学校的二代"掌门人"有些已经走上实际领导岗位，相当一部分已经进入"实习期"。年轻的一代固然有着比前辈更前沿的知识和年龄优势，但是在办学指导思想、发展思路、管理措施等方面不可避免地与父辈有着不同。这样的不同，或者引导学校更健康地发展，或者导致学校衰落，也有的会在维持中前行。

五　思想僵化带来的挑战

一是极少数民办学校站位不高，视野狭小，思路短浅，内部管理体系老化，管理方法陈旧；有些学校目光局促，在招生、培养和毕业生就业过程中不实不足；少数学校目光短浅，没有长期发展的思想准备；少数学校偏重经济效益，忽视了教育的公益性本质；个别机构方向不明，内部管理不科学。这些因素导致河南少数民办教育机构社会效益下滑，恶化了发展环境。

二是少数学校（机构）之间生源的恶性竞争。由于办学经费主要来源于学生学费，规模太小导致运行困难，生均管理成本、教育成本增加，就有了扩大规模的本能冲动。过度追求规模的扩张，迎合招生过程中一些不健康现象，随意对考生承诺，降低录取标准，使学校教育教学进入恶性循环。有的学校患上"生源饥渴症"，把扩大生源作为自身发展的第一要务，人才培养的核心工作得不到重视和落实。如果说在办学初期这种做法还情有可原的话，现在依然故我，势必影响发展。

三是个别学校（机构）之间的"以邻为壑"，互不团结，各吹各的号，各唱各的调，谁也不服谁，缺乏互助抱团意识，离心离德，互相内耗，形不成合力，影响了全省民办教育的共同发展。

六　研究滞后带来的挑战

多年来，河南民办教育的发展取得了显著成就，但是对于民办教育的研究却远远滞后于发展实践。就河南民办教育的发展历程、发展特色、发展措施等进行科学的、有针对性的研究，从而形成具有一定实力的智库，指导并帮助河南民办教育健康发展，需要认真做好这篇文章。

第六节　思考与对策

一　进一步规范管理

加强民办学校党的建设，对于全面贯彻党的教育方针，坚持社会主义办学方向，落实立德树人根本任务具有重要意义。全面加强民办学校党的政治建设、思想建设、组织建设、作风建设、纪律建设，一要强化政治引领，把党的政治建设作为党的根本性建设，坚持以习近平新时代中国特色社会主义教育思想为指导，全面贯彻落实党的教育方针，充分发挥民办学校党委的政治核心作用，确保学校时刻坚持正确的政治方向、正确的育人导向。二要完善民办学校党组织设置，理顺民办学校党组织隶属关系，实现民办学校基层党组织全覆盖。三要加强和改进民办学校思想政治教育工作，把思想政治教育工作纳入学校事业发展规划，把思想政治工作队伍建设纳入学校人才队伍培养规划，加强师德师风建设，不断健全师德师风长效机制，全面提升思想政治教育工作水平。四要深入推进中国特色社会主义理论体系进教材、进课堂、进头脑，把社会主义核心价值观融入教育教学全过程、教书育人各环节，提高思想政治教育的针对性、实效性。

不断完善民办学校教职工代表大会制度，推进民主管理、科学管理。充分发挥民办学校工会、共青团和妇女组织的作用，引导民办学校坚持正确的办学方向，规范发展。鼓励民办学校创新体制机制和育人模式，支持优质民办学校品牌化、集团化发展。逐步健全政府主导、社会参与、办学主体多元、办学形式多样、育人方法多种、充满生机活力的办学体制。促使民办学校规范办学，健康发展，完善民办学校内部管理结构，规范民办学校财务与资产管理，建立风险防范机制和信息公开制度，加强对民办学校的督导评估。充分发挥民办教育的体制机制优势，形成民办教育、公办教育共同发展的格局，努力满足人民群众多样化教育需要。

二 加大对民办教育的投入

由于传统投资推动路径的乏力及国内金融界对贷款的谨慎态度，我国经济在今后一个时期仍面临下行压力。这种压力对民办教育的冲击是显性的。一方面，由于居民实际收入增速放慢，其消费冲动也会保持在谨慎和理智状态，会有更多的家庭选择眼前相对成本较低的教育；另一方面，政府和社会因为收入的限制也会放缓对民办教育的投入。

政府要想方设法逐步加大对民办教育的投入，一是建立合适的体制，让民间资本进入教育领域。发达国家高等教育的发展都验证了这一路径，比如杜克大学、斯坦福大学等都是民间财富被激活的典范。二是完善法人分类登记办法，非营利性全日制民办学校由民政部门登记为民办事业单位，营利性全日制民办学校由工商部门登记为企业法人。三是在土地、建设、师资队伍建设、办学经费、师生权益保护等方面给予民办学校更多的优惠政策。四是积极探索混合所有制办学模式，鼓励国有、集体和非公有资本举办混合制民办教育，建设优质民办学校。五是完善财政扶持制度和财税优惠政策。六是引导社会各界加大对民办教育的支持。民办教育在具备了一定的规模和发展经验后，也应该在法律规定的范围内有效筹措和使用办学经费。

三 民办教育自身要不断完善

民办学校要积极探索科学的管理制度，一方面要正确解决社会关注的家族式办学模式，另一方面要结合实际建立符合河南民办教育特色的现代学校制度。确定现代教育理念，将自身融入全省、全国、全球教育发展的大格局中，立意高远，胸襟开阔，为天下办教育。

完善内部管理体制，根据人才培养需要建立科学、高效的管理服务机构，办出自己的特色，避免同质化。教育并以制度规范管理人员，增强服务意识，摒弃官僚作风，努力抑制行政化倾向，保持民办教育的活力和优势。

多方筹措办学经费，节俭使用，将钱花在最应该花的地方，使师生受益，学校受益，社会受益。

依法保障教师的合法权益，制订优惠政策，引进优秀人才，提供不断学习的机会，促进教师专业发展，保障教师工资待遇，鼓励教师参与学校管理，逐步建立起结构合理、精干高效的梯次教师队伍。

保障受教育者的合法权益，使学生在民办学校能享受到超值的优质教育服务。

建立科学的教育教学评价机制，改以往的终结性评价为真实性评价，使评价结果能更加真实地反映教师的教学和学生的学习结果。

规范办学行为，自觉接受政府的督导、评估，接受学生、家长和社会的监督，克服自身的缺陷，不断完善，不断提高。

四 建立科学的民办教育师资队伍

经过 30 多年的发展，河南的民办教育已经拥有了一支数量可观、能力较强的师资队伍。但是由于没有编制，政策关注度不高、社会认识存在偏见等，一直无法建立科学的梯次教师队伍，近年来更是出现了优秀教师跳槽的现象。往往是一个青年教师在民办学校接受培养，受到锻炼，到具有了一定的职称和教育教学经验之后，即被公办学校挖走。业内将这种现象称为民办学校是公办学校教师的培训基地。虽然戏谑，实属无奈。

政府要进一步落实对民办学校教职工的鼓励政策，民办学校要努力做到事业留人、感情留人、待遇留人。要主动与教师签订劳动合同，为教师购买社会保险和住房公积金，为教师成长提供学习培训机会。教育行政部门在教师权益保护方面要认真履行监管职责，采取积极措施帮助学校解决师资难题。教育是有规律的，构建一支"学为人师，行为世范"的优质民办师资队伍绝非一日之功。同时，民办学校和教育行政部门要做好民办学校师资队伍建设的长远规划，逐步建立一支适应河南教育发展需要的、科学合理的民办学校教师队伍。

五　建立民办教育联席会议制度

要在规范管理的前提下促进河南民办教育健康发展，必须动员社会各方面的力量。鉴于河南民办教育规模大、发展快，在全国具有较大影响，但同时发展不平衡的实际，需要建立由党委、政府分管领导牵头，组织、宣传、人力资源、计划、教育、财政、工商管理、税务、审计、民政等部门参加的民办教育联席会议制度，以及时解决新《民办教育促进法》落实和民办学校发展中出现的新情况、新问题，促进民办教育规范、健康发展。

六　激活市场机制

要进一步发挥社会组织特别是河南省民办教育协会的作用，在党的建设、人才培养、学校发展、制度建设等方面发挥评估评价、协调监督的作用，形成合力，推动河南民办教育高质量发展。要支持河南民办教育研究院开展工作，办好《河南民办教育》（会刊、内部资料）、《民办教育研究》（内部资料）和河南省民办教育协会网站，做好每年的民办教育研究立项、结项、评优表彰等工作；做好全国第一部也是目前全国唯一一部由社会科学文献出版社出版的省级民办教育蓝皮书《河南民办教育发展报告》。利用这些平台培养新人，建立完善研究队伍，形成民办教育智库，为河南民办教育健康发展提供智力支持。

第五章　河南省民办教育协会工作

河南省民办教育协会成立于 1995 年 11 月，是由河南省民政厅批准、河南省教育厅为业务主管单位（2017 年 12 月"脱钩"）的非营利性社会组织。本会主要参加者为河南省内经教育行政部门批准设立的不同层次的民办学校或教育机构、民办教育理论研究人员以及其他愿意为民办教育工作的社会人士。

一　历届任期与领导班子

第一届：1995 年 11 月至 1998 年 12 月

会长：亓国瑞

副会长：胡大白、姚聚川、李文成、刘文魁、王澍青、许抱忠、张甦奇、王广亚

第二届：1999 年 1 月至 2004 年 11 月

会长：胡大白

副会长：刘文魁、王左生、代涛、张甦奇

秘书长：付建堂

副秘书长：张大策、刘静新、侯松彦

第三届：2004 年 11 月 20 日至 2008 年 12 月 16 日

会长：胡大白

副会长：刘文魁、王左生、杨雪梅、代涛、张甦奇、乔鸿钧、朱柏生

秘书长：杨雪梅

副秘书长：张大策、刘静新、侯松彦、涂兴召、赵遂欣、张清献、王磊

第四届：2009 年 3 月 24 日至 2015 年 5 月

协会顾问：王日新、介新、蒋笃运、肖新生、郭俊民

会长：贾连朝

执行会长：胡大白

常务副会长兼秘书长：杨雪梅

副会长：喻新安、刘文魁、王左生、乔鸿钧、李光宇、侯春来、牛钦民、李海燕、王裕清、王淑芳、赵国运、王国平、任晓林

副秘书长：涂兴召、张大策、汤保梅、侯松彦、陈绍海、邵泽河、秦小刚、刘福信、吕雁文、张祥海、王清海、薛成林、谷萃健、段志伟、王磊、艾长存

第五届：2015 年 5 月至现在

顾问：刘文魁　乔鸿钧

会长：胡大白

第一副会长：任锋

常务副会长兼秘书长：杨雪梅

副会长：喻新安、王左生、秦小刚、牛钦民、李光宇、李海燕、王裕清、王国平、任晓林、侯春玲、王新奇、杨光岐（2018 年 4 月更换为徐春华）、杨捷、魏诗文、甘宇祥、李香枝、李文山、施昌海、赵晓金、白帆、孟庆杰、张建平

2018 年 4 月增补王建庄为副会长。

副秘书长：李敏、汤保梅、高苑鑫、涂兴召、孟绍增、贾斌

2017 年 4 月增补王建庄为副秘书长，2018 年 4 月增补宋国华、王洪海为副秘书长。

协会下设民办教育研究院、党建工作工委、高等教育工委、基础教育工委、学前教育工委等分支机构；内设机构有办公室、党建研究室、财务部、维权部、联络部、会刊编辑部。

二　明确宗旨，履行职责

河南省民办教育协会自成立以来，坚持全面贯彻党的教育方针，坚持教育的公益性原则，遵守国家的法律法规，团结热心民办教育事业的力量，以为会员服务、为政府服务、为社会服务为己任，在河南省教育厅的指导

下，研究民办教育规律，推进民办教育创新改革，建立和完善本省民办教育协调和自律机制，维护会员的合法权益，努力发挥在政府和民办学校之间的桥梁、纽带作用，不断提高河南省民办教育的整体竞争力，促进河南省民办教育又好又快发展；严格遵守宪法及有关法律、法规和国家政策，遵循社会道德风尚；认真履行"服务、维权、管理"的工作职责，依据我国国情及河南省省情，制订民办教育行规行约，研究探索民办教育发展自律制度；就民办教育事业的发展现状和趋势，进行广泛、深入的研究与探讨；组织专题论坛，研析国内外民办教育的成功经验和发展动态，指导各类民办教育机构的研究、交流活动，开展民办教育科研成果的评价和推广；积极探索民办教育发展规律，以教育科学思想为指导，开展民办教育的业务培训、信息咨询、技术支持和其他有利于民办教育发展的服务工作；表彰、奖励在教育教学研究、本会活动及民办教育各项工作中取得优异成绩的单位和个人；发挥行业协会作用，担当政府与民办教育领域之间的桥梁，向有关民办教育的决策制定和政策研究部门提供相关信息；调解会员之间、学校与学生之间、会员与其他社会组织之间的民事纠纷，依法维护民办教育机构及其工作者的合法权益；组织会员开展国际交流与合作；协助政府教育行政部门开展各项有利于河南民办教育健康发展的活动，积极推动有关政策措施和地方性法规出台，改善了民办教育的政策环境，有力地推动了河南民办教育的持续健康发展。

三　参与重大教育政策制订

（1）2010～2020 年是国家实施现代化建设"三步走"战略的关键十年。制定并实施《国家中长期教育改革和发展规划纲要》，对于全面提高国民素质，建设人力资源强国，促进教育事业科学发展，满足群众接受良好教育的需求，加快社会主义现代化进程，全面建成惠及十几亿人口的小康社会，具有重大战略意义。

2010 年 2 月 5 日，在中南海第一会议室，时任国务院总理温家宝亲自主持征求意见座谈会，胡大白作为全国民办教育界的代表，应邀参加了会议。在胡大白提出建议时，温家宝 14 次插话与胡大白互动，亲切询问了黄河科技学院和胡大白的情况。胡大白主要提出了三项建议。一是制定明确的民办教育发展目标和措施。建议使民办高校在校生到 2020 年占全国普通高校在校生总数的 30% 以上，而新建高校能够明确 200 所是民办学校。二是尽快出台与《民办教育促进法》和《民办教育促进法实施条例》相配套的有关政策。建议国务院有关部门制定《民办学校人才流动管理条例》，让民办学校的教职工参加事业单位的社会保险，为人才在公办与民办学校之间合理流动和吸引社会人才到民办学校就业创造条件。三是营造民办教育发展的良好环境。建议给民办高校更多的自主权，如在专业设置、招生收费等方面，建议可以在民办高校进行自主招生试点，评价体系也应有别于公办高校。

《国家中长期教育改革和发展规划纲要》公开征求意见期间，协会接受省教育厅和中国民办教育协会委托，认真组织调研，听取会员意见，并及时报送省教育厅和中国民办教育协会。

胡大白提出的几条意见，如重点支持提高民办大学办学水平，清理歧视民办教育的政策，设立专门机构负责民办教育的研究规划等，在《国家中长期教育改革和发展规划纲要》的定本中都有所体现。

（2）共商国是。河南省民办教育协会常务副会长、黄河科技学院校长杨雪梅，河南省民办教育协会副会长、郑州工商学院董事长李光宇，周口科技职业学院董事长李海燕是全国人大代表，他们结合河南民办教育实际和自身的工作与体会，站在全国教育事业的高度，在深入调研和缜密思考的基础上，向全国人民代表大会提交了关于教育公平、体制改革、政策扶持、法律修订、人才培养等民办教育改革和发展方面的议案和建议，引起了广泛反响。杨雪梅校长的建议已被中共中央办公厅内刊采用。

（3）参与《关于进一步促进民办教育发展的若干意见》的讨论。2011 年 2 月 25 日，中国民办教育协会监事会主席、河南省民办教育协会执行会长胡大白参加了中国民办教育协会组织召开的民办教育改革和发展座谈会，参与教育部等国家 11 部门拟联合发布的《关于进一步促进民办教育发展的若干意见（征求意见稿）》的讨论，并提出意见和建议。9 月 14 日，王左生副会长参加中国民办教育协会组织的专题座谈会，征求部分省民办教育协会对征求意见稿的意见和建议，协会在第一时间把征求意见稿发给了部分会员，征求意见。

（4）2012年1月13日，胡大白执行会长参加了时任教育部部长袁贵仁主持的调研会议，并提出了建议。第一，建议教育部支持民办学校参与民办教育改革试点项目，在申请政策上给予民办学校支持和鼓励。第二，建议河南设立民办教育专门管理机构。第三，建议政府尽快解决民办学校作为事业单位性质的教师社会保险问题。同年3月26日，协会向省教育厅汇报关于促进民办教育发展的情况，提出了两条建议：一是希望河南尽快出台"关于进一步促进民办教育发展的若干意见"，二是希望河南设立民办教育专门管理机构。经与贾连朝会长商议，胡大白执行会长又专程向时任教育厅厅长王艳玲和副厅长张健汇报了河南民办教育情况及协会工作，并得到了张健的具体指导。

（5）配合全国人大做好调研工作。2011年8月31日，时任全国人大教科文卫委员会副主任委员石宗源，时任全国人大教科文卫委员会委员、教育部原副部长吴启迪在河南省人大、省教育厅领导的陪同下调研河南民办教育；10月11~14日，郭瑞（时任国务院参事、中国人大制度新闻协会会长、高级记者）、黄尧（时任教育部副总督学、国家教育咨询委员会委员、职业技术教育中心研究所所长）、袁隐（副部级，曾任国务院办公厅秘书三局局长）、蔡克勤（中国地质大学教授、博士生导师，第十一届全国政协委员）等一行8人在河南省人民政府参事室和教育厅领导陪同下就"加快发展民办高等教育"和"积极发展开放大学，促进学习型社会建设"等问题对河南省民办高等教育进行调研。河南省民办教育协会积极参与，认真做好分配任务，针对调研提纲提出意见和建议。

（6）参与《中华人民共和国民办教育促进法实施条例（修订草案）（征求意见稿）》的讨论修订。2017年底，协会一接到上级通知，就多次组织河南民办教育研究院和专家学者、民办教育参与者等征求意见。2018年4月9日，协会又组织部分民办学校举办人在黄河科技学院举行了座谈会，向教育部发展规划司调研组就《民办教育促进法实施条例》提出了修订的意见和建议。民办教育研究院起草的建议得到了参与调研的时任教育部发展规划司副司长田福元、政策法规司副司长王大泉、教育部发展规划司民办教育管理处处长顾然、政策法规司法制办副主任翟刚学的重视和肯定。

多年来，河南省民办教育协会多次接受省政府、省教育厅的安排，参与地方教育法规的讨论、起草、修改工作，为政府决策提供了行业支持。2017年7月，河南民办教育研究院执行院长王建庄等参与了《河南省人民政府关于鼓励社会力量兴办教育进一步促进民办教育健康发展的意见（征求意见稿）》的起草工作。协会胡大白会长多次参加讨论并在省政府征求意见座谈会上提出了建设性意见。

四 服务民办学校

积极反映河南民办学校关注的焦点问题和热切期盼解决的问题。2002年1月19~20日，协会召开年会。大会听取了胡大白会长的工作报告，听取了部分民办学校的发言，并就2002年的工作进行了讨论，形成了"河南省百家民办学校校（院）长倡议书"，向全省的民办学校（机构）发出八条倡议，希望民办教育参与者在新的一年中再接再厉，在党和政府的正确领导下，高举邓小平理论伟大旗帜，按照"三个代表"重要思想的要求，团结进取，练好内功，高质量、创名牌，为河南的民办教育再攀新高作出贡献。会议对民办教育发展的热点、难点问题进行了充分讨论，认为当前河南民办教育存在的困难，主要表现在三个方面：一是生源不足，二是办学经费困难，三是国家规定的政策没有得到完全落实，影响了我省民办教育的发展。与会同志经过充分酝酿讨论，向政府有关部门提出七点建议。一是制定给投资者适当回报的政策，以鼓励民间和社会资本积极投资教育事业。二是根据市场经济的原则，参照外省的做法，允许民办学校自定收费标准，向教育主管部门和物价收费部门备案，并向社会公布。三是民办教育属社会公益事业，按照有关规定，免征税收，并发给行政事业性收费票据。四是民办学校自己征地困难重重，请求政府部门出面帮助民办学校征地，并能享受与公办学校一致的政策待遇。五是民办学校的部分校产可作为贷款抵押，使民办学校具有发展后劲。六是在招生政策上向民办学校倾斜，如允许民办学校适当降分录取；在高校招收对口生方面，结合民办学校培养实用型、应用型人才的特点，把对口生指标多分配给民办学校一些。七是新闻单位要加强对民办教育的宣传，坚持正面宣传为主，对民办学校存在的问题也要批评，但应认真核准事实，遵守宣传纪律，营造良好的舆论环境，以促进河南教育事业的发展。

2011 年 12 月 7 日，胡大白执行会长作为民办教育界唯一代表，参加了时任河南省委书记卢展工主持的教育座谈会。胡会长在座谈会上提出了三项建议：建议省政府及有关部门设立支持民办高等教育改革发展的项目，建议省政府批准省教育厅设立民办教育处，建议政府尽快解决民办高校作为事业单位性质的教师社会保险问题。这些焦点问题充分表达了民办教育工作者的呼声，是大家热切期盼解决的问题，代表了河南省广大民办学校的意见。

协会还汇集多方资源，合力举办大型公益宣传活动，为民办教育的发展营造良好的外部环境。协会定期召开年会，表彰典型学校和办学个人，汇聚全省民办学校代表交流办学经验。从 2006 年起，协会的年会与发展论坛相结合，邀请省内外专家学者做主题报告。多次举办论坛、展览会、研讨会、培训等活动，传递民办教育发展前沿信息，帮助民办学校解决困难。

加强对外交流工作，不断扩大河南民办教育影响。协会成立以来，多次与全国各省市政府机构、教育行政部门和科研院所、民办教育协会、大专院校进行交流互访，不断学习兄弟省市、兄弟协会的成功经验，推动河南民办教育发展，同时扩大了河南民办教育的影响，形成了自己的品牌。

五　提升发展品位

2011 年是协会开展课题立项工作的第二年，4 月下旬发布了 2011 年度课题申报通知，积极鼓励会员单位立项申报，经专家评选，共立项 90 项。8 月，协会民办教育研究所组织专家对 2010 年立项课题进行了结项评审和评奖，共有 40 项课题结项，30 项课题分获一、二、三等奖，并选出 5 篇在《黄河科技大学学报》上发表。发挥引领作用，用科研推动民办学校发展。协会组织专家组对 2012 年立项的 167 项进行评审，结项 157 项。2013 年立项 349 项。同时，协会还请省社科院、省教育厅教科所、省社科联等科研机构负责人为全省民办学校科研工作者做专题报告。协会在设计课题指南时注重民办教育所关注的热点、难点问题，也会设计一些具有前瞻性的课题题目，组织专家评审，对优秀的结项报告评出奖项并给予奖励。这对于提升河南民办学校科研水平和整体实力起到了一定的作用，加快了河南民办学校持续健康发展。

2018 年，协会组织的民办教育研究课题立项达到 869 项，研究成果获得一等奖 50 项，二等奖 70 项。

民办教育研究院组织研创了全国第一部由社会科学文献出版社出版的省级民办教育蓝皮书《河南民办教育发展报告》，在全国引起较大反响。

协会依托黄河科技学院建立的全国唯一一家民办教育博物馆，已接待参观人数超过 3000 人次。

六　协会年度工作报告（选载）

1. 2013 年协会工作报告

第一部分　第四届河南省民办教育协会工作总结

河南省民办教育协会第四届领导班子任期的五年间（2008～2012 年）也是河南省民办教育快速发展的五年：河南省各级各类民办学校由 2008 年的 6149 所上升到 2012 年的 12761 所，涨幅 107.5%，民办学校所占比重由 2008 年的 10.58% 上涨到 2012 年的 19.63%，民办学校在校生人数 2008 年是 239.08 万人，所占比重是 8.71%，但是到了 2012 年民办学校在校生人数是 421.68 万人，所占比重也涨到 15.11%。以上的统计数据充分地说明了河南省民办教育在这五年间有了快速的发展，这与省政府对民办教育的关心支持以及广大民办教育工作者的共同努力是分不开的。

在我省民办教育发展的大潮流下，第四届河南省民办教育协会的领导班子也在省教育厅的直接领导和民政厅的指导下，认真履行职能，积极务实开展工作，为我省民办教育事业的发展添砖加瓦。协会经过了五年的发展和历练，内部组织架构也日益完善，开展活动的能力也日趋成熟，为促进我省民办教育事业持续健康发展和服务会员发挥了积极作用，作出了应有贡献。下面，我就协会五年来的主要工作汇报如下。

（一）接受政府委托做好调研工作，为民办教育扶持政策的出台建言献策。

（1）2010 年协会领导积极为《国家中长期教育改革和发展规划纲要（2010～2020 年）》（以下简称《教育规划纲要》）建言献策，协会接受省教育厅和中国民办教育协会委托，组织《教育规划纲要》征求意见工作。

胡大白执行会长应邀参加了温家宝总理召开的规划纲要座谈会，提出了"清理和纠正对民办学校的歧视政策、建立高水平大学、优化民办教育环境"等建议，这些建议得到了采纳。《教育规划纲要》公开征求意见期间，协会接受省教育厅和中国民办教育协会委托，认真组织调研，听取会员意见，并及时报送省教育厅和中国民办教育协会。同年 8 月 10 日和 9 月 2 日，胡大白执行会长作为民办教育界唯一代表，分别参加了卢展工书记和郭庚茂省长主持的教育座谈会。胡会长在座谈会上提出了明确"民办学校是民办事业单位"，依法保护民办学校、民办学校师生的合法权益；制定"大力支持民办教育"的突破性政策，为民办教育提供良好的发展空间；办好一批各层次的高水平民办学校，着力打造河南民办教育品牌等建议。这些焦点问题充分表达了民办教育工作者的呼声，是大家热切期盼解决的问题，代表了广大民办学校的意见。

（2）2011 年 2 月 25 日，中国民办教育协会监事会主席、我会执行会长胡大白参加了中国民办教育协会组织召开的民办教育改革和发展座谈会，讨论了《民办教育专题规划》及《关于促进民办教育发展的若干意见》草案内容。教育部高度重视这次会议，发展规划司司长谢焕忠、副司长宋德民、民办教育处处长金平一及文件起草小组成员全天出席座谈会，听取与会代表意见和建议。陶西平同志主持会议。中国民办教育协会副会长、监事会副主席、分支机构负责人和特邀专家，部分省、市教育行政部门的负责同志以及各省、市、自治区协会的负责同志 100 余人参加会议。教育部发展规划司司长谢焕忠致辞。副司长宋德民就两个文件起草过程和基本内容做详细介绍与说明。与会人员对此次座谈会极为重视，并在会下认真学习了两个文件（征求意见稿），提出了一些意见和建议。谢焕忠司长总结讲话指出，民办教育的发展空间非常大，社会需求是对民办教育发展最大的推动力；要进一步加大力度，引导社会资金更多地进入教育领域；一定要落实好《教育规划纲要》，大力支持发展民办教育，要乘着落实规划纲要的东风把我们民办教育的事情办实办好。

（3）2012 年 1 月 13 日，胡大白执行会长参加了教育部部长袁贵仁主持的调研会议，并提出了建议：第一，建议教育部支持民办学校参与民办教育改革试点项目，在申请政策上给予民办学校支持和鼓励。第二，建议我省设立民办教育专门管理机构。第三，建议政府尽快解决民办学校作为事业单位性质的教师社会保险问题。同年 3 月 26 日，协会向省教育厅汇报关于促进民办教育发展的情况，提出了两条建议：一是希望我省尽快出台《关于进一步促进民办教育发展的若干意见》；二是希望我省设立民办教育专门管理机构。经与贾会长商议，胡大白执行会长又专程向王艳玲厅长和张健副厅长汇报了我省民办教育情况及协会工作，并得到了张厅长的具体指导。

（二）协会每年定期召开一次会员代表大会，其间承办了一次中国民办教育协会发展大会。

（1）2010 年 4 月 29 日，我会成功召开了四届二次会员代表大会。河南省人民政府徐济超副省长出席会议并做了重要讲话，河南省教育厅副厅长肖新生、刁玉华参加了会议，中国民办教育协会派人参加了大会，云南、江苏等省民办教育协会发来了贺信，河南省人民政府发展研究中心、省社科院、省社科联、河南省教育厅等行政处室负责人，郑州、开封、洛阳等 20 个省辖市（扩权县）教育（体）局主管民办教育的负责人，300 多名会员代表参加了会议。有 23 家中央、省市级新闻媒体采访报道了本次大会。会议隆重热烈，取得了良好的效果。协会于 11 月 7 日至 8 日承办了中国民办教育协会发展大会暨 2010 年年会。大会由陶西平会长致开幕词，宣读了全国人大常委会副委员长陈至立、第十届全国人大常委会副委员长、中国民办教育协会名誉会长许嘉璐发来的贺信，聆听了全国人大常委会副委员长严隽琪同志、全国政协副主席张榕明同志、教育部副部长鲁昕同志的重要讲话，听取并审议了王佐书常务副会长所做的中国民办教育协会 2010 年工作报告，河南省人民政府刘满仓副省长做了专题报告，会议还安排十位代表分别从政府职能、教育行政管理职能和学校自身发展等方面进行了大会交流，并通过了"2010 年中国民办教育发展大会"倡议书。

（2）2011 年 4 月 26 日至 27 日，我会成功召开了四届三次会员代表大会。本次大会由商丘学院承办，侯春来副会长和商丘学院的广大教职员工付出了努力，作出了贡献。河南省教育厅副厅级巡视员刁玉华同志出席了大会并做了讲话，商丘市副市长刘爱田同志出席了大会，中国民办教育协会副会长陈宇在会上做了题为《中国民办教育：机遇和挑战》的报告，我会副秘书长、河南省教育厅高教处副处长张大策、郑州市教育局民办教育管理处处长王海明，还有开封、洛阳等 18 个省辖市（扩权县）教育（体）局主管民办教育的负责人，300 多名会员代表参加了会议。大会审议了协会工作报告，表彰了 102 个办学先进单位和 85 名先进个人，6 名代表做了典型发言，通过了大会倡议书，聆听了贾会长的重要指示。

（3）2012 年 5 月 4 日至 5 日，协会成功召开了四届四次会员代表大会。本次大会由郑州科技学院承办，河南省教育厅厅长王艳玲同志出席了大会并做了讲话，郑州市副市长刘东同志出席了大会并致欢迎词，中国民办教育协会会长王佐书做了讲话，中国民办教育协会副会长季明明和中国民办教育协会高专委常务副理事长李维民分别做了报告。省教育厅、省社科联等省直有关部门，全省各市县教育局的相关负责人和 460 多名会员代表参加了会议。大会审议了协会工作报告，表彰了办学先进单位和先进个人，交流了办学经验，会议期间参观了民办学校，为民办学校间的交流学习提供了良好的平台。

（4）2013 年 5 月 3 日至 4 日，协会成功召开了四届五次会员代表大会。本次大会由郑州升达经贸管理学院承办，河南省教育厅巡视员张健同志出席了大会并致欢迎词，中国民办教育协会会长王佐书做了重要讲话，省教育厅、省社科联等省直有关部门，全省各市县教育局的相关负责人和 400 多名会员代表参加了会议。大会审议了协会工作报告，表彰了办学先进单位和先进个人，交流了办学经验，河南省社会科学院院长、首席研究员喻新安，国家教育学院兼职教授、齐齐哈尔工程学院党委书记、院长曹勇安在会上分别为与会代表做了《中国梦，中原梦》、《民办教育的生存与发展》专题学术报告。

（三）加强与外省协会间的交流合作。为拓宽民办教育发展新思路，学习部分省市民办学校先进的办学理念，寻求省协会间的创新与合作，协会领导每年都会参加在全国不同地市召开的协会协作会及交流会。

2011 年 9 月 15 日，协会派汤保梅副秘书长和民办教育研究所樊继轩副所长参加了在上海召开的第七届全国（部分）省市民办教育协会会议，有 17 个省市民办教育协会的代表参加了会议，会议交流了各省市民办教育的情况，并专题组织对《关于进一步促进民办教育发展的若干意见（征求意见稿）》进行座谈。

2013 年 7 月 15 日至 17 日，协会派代表参加了由湖南省民办教育协会承办的全国第八次省市民办教育协会协作会，来自北京、上海、浙江、福建、山东、山西、湖南、湖北、河北、辽宁、吉林、江苏、重庆、云南等15 个省市的民办教育协会代表参加了会议，共同交流协会工作经验，探讨民办教育发展中的新问题，并探讨协会间的深入合作，共同促进我国民办教育事业健康茁壮地成长。

（四）加强组织建设和自身建设，协会工作规范有序，切实做好会员的服务工作。

（1）在省教育厅和民政厅的领导下，我会本届任期内坚持规范有序地开展各项活动，每年都顺利通过教育厅、民政厅的年检。这标志着我会在组织建设、制度规范、财务和会员管理、协会活动等方面符合国家规范要求。

（2）协会的队伍在不断壮大。2008 年我会会员总数还不足 350 人，到2013 年底我会会员总数已接近 500 人，协会在保证会员质量的前提下不断发展会员，提升会员的综合实力，为会员单位切实地做好服务工作，因此也赢得了会员单位的信任。

（3）分支机构不断完善。协会经过五年的发展和探索，不断团结各级各类民办学校。2010 年 11 月 8 日，协会成立了河南省民办教育协会学前教育工作委员会。2013 年 12 月，协会又经省教育厅、省民政厅审批成立了培训教育工作委员会。截至 2013 年底，协会已下设四个工作委员会，分别是高等教育工作委员、基础教育工作委员会、学前教育工作委员会和培训教育工作委员会，这也标志着协会分支机构已相对完善，各级各类民办学校都能在协会中找到自己的位置，为下一步工作的开展奠定了坚实的基础。

（4）协会不断加强自身内部建设，形成高效的运转机制。协会经过近几年的不断发展，已下设五个办事机构：办公室、维权处、联络处、财务部和民办教育研究所。这样的机构设置为高效有序地开展业务活动奠定了坚实的基础。协会为规范工作人员的自身要求，提高办事效率，还制定了一系列的制度和准则并装订成册以便工作人员学习，并在工作中高标准严格要求自己。

（5）接受省民政厅对协会评估，完善协会内部建设。2013 年 12 月 20 日，协会接受了河南省民间组织管理局评估专家组的评估。专家组对于此次评估工作给予高度肯定，认为协会领导高度重视、材料准备充分翔实，汇报详细明确，使专家组对全省民办教育有了一个全面深刻的认知。协会也通过这次评估工作认真进行了自检自查，为下一步更好地服务会员打下了扎实的基础。

协会构建"四网一刊"宣传服务阵地。经过五年的不断发展，协会已成立了四个网站：河南省民办教育网、河南省民办教育协会网、河南省民办教育协会学前教育工作委员会网、培训教育工作委员会网。协会的内部刊物《河南民办教育》也以每年 6 期的数量定期印发。"四网一刊"的构建也让会员单位拥有了充分展现自身的平台，让社会各界人士充分地了解民办教育的发展，从而对民办教育事业给予更多的关心和支持。

组织会员单位开展丰富多彩的业务活动。协会每年都会不定期地组织会员单位开展不同类型的讲座、展览会、评比表彰等业务活动，例如每年协会会邀请国内资深的专家学者为会员单位做行业发展报告，让会员单位摸准民办教育发展脉搏、认清民办教育发展动向、紧跟民办教育发展潮流。除此之外，协会还会每年组织会员进行"名优民校"评比活动，对优秀的民办院校统一进行表彰，鼓励民办院校更好地发展，发挥协会重要的社团职能作用，推动全省民办教育事业的平稳发展。

（五）协会为全省民办教育的健康有序发展作出了应有贡献。

我省民办教育行业的不断发展离不开健康的竞争环境，为形成这样健康的竞争环境，协会为会员单位制定了良性的竞争机制，例如《民办教育行业职业道德》《争议处理规则》《准入标准》《自律制度》等，协会还会跟地方教育局民管科室密切联系，不定期地进行调研、督查，发现有违规办学的民办学校及时提出整改或取消其办学资格。协会每年都会组织会员单位开展评比表彰活动，对于有特色、办得好的民办学校进行推广学习，加强了民办学校间的交流学习，形成更为团结的大集体。

（六）协会重视民办院校科研工作。

协会自 2009 年开展课题申报工作至今已取到了阶段性成果，协会组织专家组审核立项的课题由 2010 年的 41 项增长到 2013 年的 349 项，申报课题的质量也在逐年提高，这充分说明了我省民办院校越来越重视科研工作。同时，协会还请省社科院、省教育厅教科所、省社科联等科研机构负责人为全省民办学校科研工作者做专题报告。协会在设计课题指南时注重民办教育所关注的热点、难点问题，也会设计一些具有前瞻性的课题题目，组织专家评审，对优秀的结项报告评出奖项并给予奖励，对于提升我省民办学校科研水平和整体实力起到了一定的作用，加快了我省民办院校持续健康地发展。

2. 2016 年工作报告

2016 年，河南省民办教育协会在省教育厅和民政厅的领导下，按照省教育厅总体部署和有关要求，认真学习宣传、贯彻党的十八大和十八届三中、四中、五中、六中全会精神，以邓小平理论、"三个代表"重要思想、科学发展观为指导，深入贯彻习近平总书记系列重要讲话精神，依照协会《章程》和国家有关规定，紧密团结并服务全省民办学校和民办教育工作者，牢固树立和贯彻落实"加强内涵建设，提升教育质量"的理念，推进民办学校依法办学，不断提高教育质量，努力打造优秀品牌，实现我省民办教育更优更强发展的目标。

2016 年度工作总结

一、深入学习贯彻习近平总书记系列重要讲话精神。认真贯彻落实十八大、十八届三中、四中、五中、六中全会精神和国家《教育规划纲要》精神，积极参与中国民办教育协会开展的多种形式的学习活动

在深入贯彻学习国家、省、市等一系列有关教育的文件指示和法律法规的同时，加强民办学校党的建设，推进民办学校依法办学，不断提高教育质量，促进民办教育事业健康发展，是协会长期的重要任务，也是协会一年来的工作重点。

8 月，省协会配合中国民办教育协会高等教育专业委员会组织河南 7 所民办高校参加全国民办高校创新创业先进学校评选表彰活动，黄河科技学院获"创新创业教育示范学院综合奖"，郑州科技学院获"创新创业教育实践实训基地建设奖"，新乡医学院三全学院获"创新创业教育课程建设奖"，郑州升达经贸管理学院获"创新创业教育文化建设奖"，在国内产生一定影响。

9月，协会配合中民协高专委本科工作部做好 2016 年全国民办本科高校创新发展论坛的前期筹备、邀请等工作。

11月，配合中国民办教育协会组织推荐中民协第三届理事会理事单位，我省共推荐 21 家单位。

12月，组织我省民办学校参加 2016 年度中国民办教育发展大会，共参会 650 人，河南省民办学校代表达到 75 人，协会强大的号召力和凝聚力受到了中民协领导的赞扬。

二、成功召开河南省民办教育协会五届二次会员代表大会暨省民办教育发展大会

4月30日，以"特色办学、创新发展"为主题的河南省民办教育协会五届二次会员代表大会暨省民办教育发展大会在黄河迎宾馆隆重举行。河南省教育厅副厅长、党组成员尹洪斌，国家教育咨询委员会委员、中国就业促进会副会长、中国民办教育协会副会长陈宇，新乡市人民政府副市长、党组成员职伟，中国民办教育协会监事会主席、河南省民办教育协会会长、黄河科技学院董事长胡大白等出席会议并做重要讲话。来自郑州、洛阳等 18 个市（县、区）教育局的主管领导、全省各地民办学校、教育机构的负责人员共计 400 余人参加大会。国家教育咨询委员会委员陈宇、中国民办教育协会高等专业委员会常务副理事长李维民应邀做专题报告。会议对宣传我省民办教育、沟通交流信息、提升办学水平等起到了重要作用。

三、积极建言献策，深入开展调查研究，发挥政府与民办学校的桥梁和纽带作用

发挥政府与民办学校的桥梁和纽带作用是协会的重要职能。一年来，协会在参与政策研究、反映民办学校诉求方面发挥了积极的作用。

2月4日，协会五届一次理事会会长会议在黄河科技学院召开。与会人员围绕协会 2016 年工作要点、《中华人民共和国民办教育促进法修正案（草案）（二次审议稿）》进行了热烈的讨论。与会人员还学习了《河南省人民政府关于加快推进民办教育发展的意见》，讨论了协会常务副会长兼秘书长杨雪梅、副会长李光宇、副会长李海燕三位全国人大代表在 2016 年全国人大会上提交的议案或建议的主题。

8月19日，教育部发展规划司委托中国民办教育协会高等教育专业委

员会组织，在教育部召开了"关于中国民办高等教育发展政策建议报告"座谈会。谢焕忠司长、民办教育处韩劲红处长和处里全体人员到会。高专委名誉理事长、河南省民办教育协会会长胡大白、高专委季平理事长、李维民常务副理事长和四个专委会的负责人都参加了会议。代表们在了解调研的背景下，积极反映总结了民办高等教育的贡献和亟须解决的问题，充分表达了民办教育界的心声。这次会议受到了谢司长的高度赞扬。我协会也全程参与了报告的调研与起草。

11 月 15 日，河南省民办教育协会在黄河科技学院召开"学习、宣传、贯彻《民办教育促进法》（新修法）座谈会"。会上，大家对《民办教育促进法》（新修法）进行了热烈的讨论，并在讨论的基础上达成了共识。

协会现有三位十二届全国人大代表，他们都积极提交议案，努力反映会员关注的问题。协会有多位省、市、县级人大代表和政协委员，也都积极参与调研，履行代表职责，尽力反映会员的呼声。

四、组织开展了形式多样的学术研讨、业务交流活动，努力提升服务水平

协助中国民办教育协会高等教育专业委员会本科工作部组织"2016 年全国民办本科高校创新发展研讨会"。2016 年 9 月 19 日，由中国民办教育协会高等教育专业委员会本科工作部主办，山西工商学院承办的"2016 年全国民办本科高校创新发展研讨会"在山西工商学院召开，会议主题是"创新发展思路 提升办学质量"。参会的主要领导有全国人大常委会委员、中国民办教育协会会长王佐书，山西省高校工委副书记张培良，中国民办教育协会监事会主席、河南省民办教育协会会长、黄河科技学院董事长胡大白，中国民办教育协会副会长、高等教育专业委员会理事长季平，中国民办教育协会高等教育专业委员会常务副理事长、西安思源学院院长李维民，中国民办教育协会监事会副主席、山西民办教育协会秘书长张忠泽，中国民办教育协会高等教育专业委员会本科工作部部长、黄河科技学院副院长杨保成，中国民办教育协会高等教育专业委员会本科工作部副部长、山西省民办教育协会会长、山西工商学院董事长院长牛三平，参会的还有全国部分民办高校的董事长、校长、负责人及有关科研院所的专家学者等。李维民主持会议。王佐书会长和季平理事长在会上做重要讲话。黄河科技

学院副院长杨保成、郑州科技学院院长秦小刚、江西科技学院副院长胡剑锋、燕京理工学院院长盛维勇、云南大学滇池学院院长马杰、山西工商学院副院长容和平等分别做了交流发言。

协办第三届全国民办中小学发展战略论坛。4月20日至21日，由《中国教师报》和中国民办教育共同体主办，河南省民办教育协会基础教育工作委员会协办的第6届全国民办中小学发展战略论坛暨民办学校招生策划研讨会在商丘召开。论坛由主题演讲、微型报告、参观学校等环节组成。《中国教师报》总编助理、编辑部主任李炳亭，河南省民办教育协会副会长、基础教育工作委员会副理事长任晓林，河南省民办教育协会副会长王国平，河南民办教育共同体理事长王红顺，开封求实教业集团董事长张建平等出席论坛并做主题演讲。

举办"致敬十年·谁主未来"高峰论坛。9月28日，河南民办教育"致敬十年·谁主未来"高峰论坛暨"中原孔子教育奖"颁奖和祭孔大典在郑州举行。河南省民办教育协会副会长、基础教育工作委员会理事长乔鸿钧，河南省民办教育协会副会长、基础教育工作委员会副理事长任晓林，河南省民办教育协会副会长、基础教育工作委员会副理事长王国平等出席会议。省内数十所民办学校的校长和教师200余人参加了论坛。

协会及各分支机构在大协会的指导下，通过多种方式开展了丰富多彩的学术研讨，提供了务实有效的专业服务，在业内产生了良好的社会反响。

加强业务学习，健全内部机制，提高服务质量。本年度参加了省民政厅和省教育厅组织的全省协会的学习和交流。加强党建工作，成立协会党支部，同时推进全省民办学校党建工作的发展。设立"三门峡办事处"并建立健全相关规章制度。

协会充分利用微信公众平台、QQ群等新媒体媒介做好宣传、联络等工作。在微信公众平台上及时推送最新的民办教育政策、信息，方便全省民办学校学习了解最新资讯。按时出版协会会刊。同时加强在QQ群中的交流沟通，增进各学校之间的互相了解，也增加了线下更多沟通的机会。

协会法律事务服务部面向会员单位做好法制服务工作，开展提供法规政策分析咨询服务项目，建立法律风险防范体系和学校权益保护体系，推进依法办学，依法治校，同时注重保护民办学校的合法权益。为郑州电子信息职业技术学院等民办学校提供了法律咨询服务，有效保证了我省民办学校的健康发展。

省协会发挥引领作用，以科研成果推动民办学校发展。为提升我省民办学校科研水平和整体实力，加快我省民办学校持续健康的发展，2016年，协会继续加强科研引领工作，在设计课题指南时注重民办教育所关注的热点、难点问题，设计一些具有前瞻性的课题题目。2015年结项课题400余项，并评出了奖项。2016年立项课题727项。

五、组织交流活动和外出学习，扩大我省民办教育的开放程度

5月21日，全国民办教育协会第十二次协作会议在广西桂林市召开。河南省民办教育协会汤保梅副秘书长应邀参会。会上，各省民协代表就开展工作过程中的突出问题和解决方案进行了深入阐述和交流。

5月26日至27日，重庆市民办教育协会副会长石美珊一行20余人在河南省民办教育协会相关领导的陪同下对我省四所民办高校进行了为期两天的考察交流活动。在座谈会上，就区域发展优势、学校办学特色、学校内涵建设等方面与我省民办高校交换了意见。

到我省考察交流的还有武汉生物工程学院、安徽新华学院、广西民族大学相思湖学院、厦门南洋职业学院、湖南商学院、大连科技学院、广州华夏职业学院、北京吉利学院等来自全国的部分民办院校。

10月20日，省协会与中国民办教育博物馆共建的中小学生素质教育基地和大学生爱国主义教育基地、与河南大学民生学院共建的学生教育实习基地在黄河科技学院中国民办教育博物馆揭牌成立。河南省民办教育协会副会长、中国（河南）创新发展研究院首席专家喻新安，河南大学民生学院副院长张国梁，河南大学人文学院党总支副书记王斌，中国民办教育博物馆馆长丁富云等同志出席签约揭牌仪式。

2016年，省协会学前工委组织成员单位前往美国进行游学之旅，并举行了分享会，交流心得体会，建言献策，促进行业发展。

六、举办"互联网+民办教育"中小学校长高端论坛暨"智慧校园"项目援建

为推进落实《国家中长期教育改革和发展规划纲要（2010~2020年）》关于教育信息化的总体部署，准确把握新形势下教育信息化的主要任务，

全力推进"三通两平台"建设。按照完善教育信息网络基础设施、建设优质网络课程及其资源、积极吸引企业参与教育信息化建设的相关工作要求，6月19日，河南省民办教育协会特面向全省民办教育学校开展此次"互联网+民办教育"中小学校长高端论坛暨"智慧校园"项目援建的公益活动。此次活动通过发挥河南省民办教育协会的组织优势，结合政府相关部门工作部署，旨在组织教育信息化社会资源，提升我省民办学校办学水平，提高网络资源在民办教育学校的利用水平，逐步缩小区域、城乡数字化差距，大力促进教育公平，让千万孩子同在蓝天下共享优质教育资源，为青少年健康成长服务。

2016年底，协会荣获河南省民政厅首次评选的"全省先进社会组织"荣誉称号，全省3000多个社会组织共有236家获此殊荣。

2017年度工作要点

2017年，协会要进一步增强贯彻落实科学发展观的自觉性和坚定性，乘势而上，凝心聚力，办好一批高水平民办学校。

一、认真学习宣传和贯彻党的十八大和十八届三中、四中、五中、六中全会精神。学习习近平总书记系列重要讲话精神，学习《民办教育促进法》（新修法）及相关配套的法规政策，引导民办学校依法办学，健康发展，不断提高办学质量

进一步深入学习十八大和十八届三中、四中、五中、六中全会精神以及民办教育政策法规，深刻领会《民办教育促进法》（新修法）的含义，开展多形式的学习研讨和交流活动，针对民办教育综合改革，举办多种形式的专题研讨活动。配合中国民办教育协会各项工作，积极建言献策，认真完成教育厅交办的工作。

二、全面推进民办学校内涵建设，提高教育质量，突显办学特色

紧扣主题，引导民办学校内涵发展。2017年，协会将继续围绕"丰富内涵，提高质量，凸显特色"这一主题开展工作，希望全省民办学校下大力气抓学校内涵建设，逐步凸显办学特色。

提升民办学校教育质量，加强信息交流，树立优质典型。大力利用现代信息媒体，采取多种形式进行宣传，通过表彰奖励、经验介绍、媒体宣传、现场会等多种形式，发现、总结、宣传特色鲜明的民办学校。精心选

取部分民办学校的优势课程专业，录播精品课堂，面向全省进行推广交流，促进发展。

以彰显特色为主题，采取多种形式推动民办学校内涵发展，特色办学。认真组织年会，适时组织各类研讨会，并举办各类专项培训和研讨班。根据行业、专业特点，开展培训、研讨、交流和考察活动，制订培训计划，对民办学校负责人、教职工进行培训，邀请专家学者做专题报告，提升教职工水平，促进民办学校教育与教学质量的全面提升。与协会各分支机构合作开展各项活动，科学地整合全省优势资源，适时开展专题学术研讨活动，推动民办学校特色办学。同时，与有关培训机构合作，发挥教育培训产业优势，为地方经济发展积极服务。

根据各级监管单位下发的幼儿园评级标准，推动制订我省民办幼儿园的评定标准，对会员单位中的民办幼儿园开展评估，从而达到提高办学质量、促进民办幼儿园发展的作用。

三、加强科研工作，提高协会科研服务职能

加强研究队伍建设，整合各工委会和研究院、民办学校研究队伍，分层次成立专家团，专项申报高级别民办教育研究课题，以课题组建科研团队，提升我省整体民办教育研究水平。加强研究建设各级各类高水平学校的标准、评估方式，树立高水平民办学校典型。

组织科研交流。组织全省各校科研处负责人进行对口交流，开展项目合作，共同发展。召开高层次的民办教育发展创新论坛，组织省内民办学校就学生管理、师资队伍建设等进行专项交流，组织开展专题学术研讨活动。继续做好协会 2016 年课题结项和 2017 年课题申报工作。组织多种形式的培训，提升民办学校管理水平、科研水平。加强与相关知名科研机构的联系，推荐在优秀杂志刊物上发表展示会员单位优秀论文等科研成果。

开展调查研究，发挥桥梁纽带作用，推动民办教育科学发展。关注民办教育的热点、难点问题，特别是对全局性、基础性、前瞻性问题深入基层进行重点调研，推动河南省民办教育支持政策的贯彻落实。充分发挥桥梁纽带作用，努力反映民办学校及民办教育工作者的建议与诉求。团结省外各地民办教育行业协会，加强与省外各地协会的工作交流与业务协作，组织有关民办学校和教育行政部门负责人代表分批赴省外、境外考察民办

（私立）教育，重点了解省外、境外民办（私立）教育发展状况、创新创业教育成功经验等，积极推广宣传优秀典型经验，充分发挥典型的示范引领作用。

四、加强交流，组织民办学校参观考察，开阔视野

继续深化与中国民办教育协会以及各省（市）民办教育行业组织和科研机构的合作，联合开展交流、考察和科研等活动，组织会员到省内外学习考察民办教育的先进经验，10月份，分批分层次组织各级各类民办学校进行国外、境外交流考察。

五、加强宣传阵地建设，建立更多更好的信息发布渠道

进一步抓好协会网站和会刊建设，及时报道民办教育重要动态、办学经验；逐步运用协会公文传输系统；充分发挥新媒体的宣传作用，增加协会和民办学校知名度，通过组织活动、主动宣传、上传视频等方式不断扩大已建成的"河南省民办教育协会"微信平台的影响力；筹建"河南省民办教育宣教网"，宣传我省民办教育先进典型，充分展示民办学校良好形象；着手组建三级信息联络员队伍（市级、县级、学校），完善信息联络员工作机制，加大沟通力度，不断提高服务水平，适时组织信息联络员培训，并对表现优秀的联络员进行表彰。

加强与各大媒体联络沟通，在社会各类媒体平台上宣传协会和会员单位的办学成绩，提高社会认知度和影响力。逐步积累资料，为制作宣传册与协会宣传片做准备。

六、精心设计并开展公益活动，提高我会社会公信力

根据省民政厅要求，省级协会要适当开展社会公益活动，增加群众基础。我会积极响应号召，2017年要精心设计、开展公益活动。如在民办学校学生中间开展"我为家乡拍照"公益活动，挑选优秀作品进行奖励、展示。推荐评选最美教师或优秀教师，在社会上和民办学校中间进行宣传。在为社会提供服务的同时，加强对学生的道德教育，同时也提高民办学校的社会影响力。与中国民办教育博物馆合作，组织相关公益展示活动。

七、进一步加强协会内部组织建设，完善规章制度和工作机制，提高服务能力、服务水平和服务质量

（1）依照国家和河南省有关法律法规和协会章程，加强协会各项管理

工作。进一步完善制度和加强组织建设，充分发挥协会的组织协调作用，加强协会各项规章制度建设，制订分支机构工作规程，实现协会工作的规范化管理。规范档案管理工作，加强办公场所条件改善和环境美化，时刻准备接受省民政厅的随机抽查。

（2）加强与有关方面的工作联系和信息沟通，发挥好桥梁纽带作用，推动行业自律。协会内设机构和各工委会，要精心设计和组织各项活动。通过有效的活动，充分发挥作用，努力把民办教育协会建设成为行为规范、运作有序、代表性强、公信力高的社会组织。

（3）加强秘书处等内设机构的自身建设，不断提高职工专业能力和服务水平，更好地服务协会会员。

（4）协会法律事务服务部面向会员单位做好法制服务工作，加强会员单位教育法律学习，增强法制观念，继续推进依法办学、依法治校，保护民办学校的合法权益。

（5）积极联系相关单位和社会组织，对接幼儿园、中小学，提供对口服务，如艺术教师、军训、足球等方面的师资、培训资源，与社会资源开展良性沟通。

（6）在有需要或有必要的地区，逐步成立协会的驻地办事处，制订相关规则，促进、带动当地民办教育的发展。同时也整合优势资源，与省内其他优秀民办学校进行沟通、交流。

八、协助中国民办教育协会做好相关工作

2017年，协会还要协助中国民办教育协会及下设各级机构做好相关工作，积极为全国民办教育事业贡献力量，也为省内各级各类民办学校做好协调、沟通、联络工作。

3. 2017年度工作报告

2017年工作汇报

2017年，协会在省教育厅和民政厅的指导下，第五届理事会全体同志坚持以服务为宗旨，认真履行协会职能，努力参与民办教育的建言献策，积极推动合作交流，为促进民办教育持续健康发展、提高民办教育质量，发挥了应有作用。

一、认真贯彻党的十八届五中、六中全会和十九大精神，宣传贯彻《民办教育促进法》（新修法）精神，学习宣传贯彻有关社会组织的各项文件精神

自 2017 年 5 月起，协会深入贯彻十八届六中全会精神，贯彻落实全国和河南省思想政治工作会议精神，推进"两学一做"学习教育常态化、制度化，进一步提升民办学校基层党建工作水平，带领广大党员进一步增强"四个意识"，引领师生员工增强"四个自信"。黄河科技学院、郑州科技学院、河南大学民生学院、信阳学院等高校党组织通过开展"党支部书记培训会"、"两学一做"宣讲会等活动，学习习近平总书记在全国高校思想政治工作会议上的重要讲话精神和在中国政法大学考察时的重要讲话精神，坚持把"从严从实"作为基本要求，在强基固本、对标践行上实现常态化、制度化；坚持问题导向，持续查找不足，在解决问题、提升水平上实现常态化、制度化；坚持把"五查五促"作为重要载体，在转变作风、服务大局上实现常态化、制度化。

2017 年 6 月以后，为迎接党的十九大的召开，全省各民办学校策划组织了喜迎党的十九大的系列活动，利用学校官微、官网、校报、校刊等媒体为迎接党的十九大连续预热。黄河科技学院开展了"喜迎十九大·助力郑州中心城市建设青春励志故事汇""砥砺奋进的 5 年之心中有话对党说"等征文活动，在党的十九大开幕当天，利用微信推出了庆祝党的十九大召开的专号。许多民办学校为迎接党的十九大的召开，还举行了文艺演出活动。

2017 年 10 月 18 日，举世瞩目的中国共产党第十九次全国代表大会隆重开幕。各民办学校第一时间组织学习了习近平同志代表中国共产党第十八届中央委员会向大会所做的报告。

为深入学习贯彻党的十九大精神，切实把广大干部师生的思想和行动统一到党的十九大精神上来，把智慧和力量凝聚到实现党的十九大确定的各项任务上来，切实用习近平新时代中国特色社会主义思想统领民办教育事业和党的建设工作全局，把党的十九大精神转化为推动学校发展的实际成效，我省民办高校积极响应，于 11 月初成立了多个党的十九大精神宣讲团，以"新时代历史性成就与历史性变革""把握新思想，开启新征程"

"解读新党建和《中国共产党党章（修正案）》""建设教育强国的时代号角""全面理解我国社会主要矛盾的新变化"为主题，通过集中授课方式，向党员干部、教职员工生开展宣讲活动。

2018年2月3日，省民办教育协会参加了中国民办教育协会主办的全国民办教育党建工作推进会。2月13日，省协会在黄河科技学院召开了河南省民办教育协会党建工作委员会成立会议。河南省民办教育协会党建工作委员会成立两个月来，在部分民办学院开展了党建工作情况的调查工作，将来会在省高教工委的领导下，更好地指导和服务于民办学校党的建设，提高政治站位，以习近平新时代中国特色社会主义思想统领民办教育事业发展，增强政治意识，切实强化党对民办教育事业的全面领导；坚定政治方向，培养担当民族复兴大任的时代新人，加强政治建设，开创民办学校党建工作新局面，服务政治大局，焕发民办学校党建工作的生机活力。

二、成功召开河南省民办教育协会五届三次会员代表大会暨省民办教育发展大会

2017年5月20日，协会在郑州工业应用技术学院召开以"解读新政 科学发展"为主题的河南省民办教育发展大会暨五届三次会员代表大会。民办教育同仁汇聚一堂，学习研修民办教育新政，促进河南民办教育科学发展。全国人大常委会委员、全国人大科教文卫委员会副主任委员、中国民办教育协会会长王佐书，全国人大常委会委员、全国人大法律委员会副主任委员李连宁，河南省人大常委会副主任蒋笃运，河南省人大教科文卫委员会副主任高莉萍，河南省教育厅巡视员、河南省民办教育协会第一副会长任锋，中国民办教育协会高等教育专业委员会常务副理事长、陕西省民办教育协会副会长李维民，全国知名资深教育专家、浙江大学教育学院教授、浙江大学教育学院民办教育研究中心主任吴华等出席会议。

会上，表彰了2016年度对河南省民办教育创新创业、教学科研的繁荣发展作出贡献的先进单位和个人。并聆听了王佐书、李连宁、吴华、李维民四位专家的报告。

三、积极建言献策，深入开展调查研究，发挥政府与民办学校的桥梁和纽带作用

发挥政府与民办学校的桥梁和纽带作用是协会的重要职能。2017年，

协会深入开展调查研究，积极建言献策。一年来，协会在参与政策研究、反映民办学校诉求方面发挥了积极作用。

（1）召开第五届理事会会长会，传达国家有关政策精神。

2017年4月14日，协会召开会长会，河南省教育厅巡视员、高校工委副书记任锋等民办教育协会领导参加会议。任锋在讲话中指出，河南省民办教育协会成立较早，工作效率高，取得的成果多。协会为河南省教育的发展及经济、文化建设都作出了很大贡献，起到了为政府决策提供依据、制订落实决策具体规则、督促制度落实的作用。政府对协会非常重视，对民办教育协会今后的工作，任锋提出四点要求：严格执行政策规定，依法办学；努力提高教育质量，争创一流；加强协作交流，团结创业；健全机构和制度，强化纪律管理。会上传达了中共中央办公厅印发的《关于社会组织和民办学校党的建设工作》相关精神，民政部、省民政厅有关部门关于规范社团组织发展的部分文件精神；研究学习贯彻《民办教育促进法》（新修法）相关内容；研究了2018年民办教育协会年会召开及协会年度工作报告等事项。会上还一致通过增补王建庄为民办教育协会副秘书长，并担任民办教育研究院执行院长的决定。

（2）我会领导利用职务身份，向各级人大、政府反映呼声。

我会常务副会长杨雪梅，副会长李光宇、李海燕都是全国人大代表。他们结合亲身工作经历与体会，在深入调研和缜密思考的基础上，向"两会"提交了关于教育公平、体制改革、扶持政策、法律修订、人才培养等民办教育改革发展等方面的议案和提案，引起了较大反响，充分反映了我省民办教育界的心声。

省协会推荐专家参与起草河南省政府关于落实《民办教育促进法》（新修法）的实施意见，受到主管部门的高度肯定。胡大白会长应邀参加了河南省人民政府关于《民办教育促进法》（新修法）实施意见定稿的征求意见座谈会。

（3）多次参加教育部、中国民办教育协会高专委组织的《民办教育促进法》（新修法）贯彻落实座谈会和《民办教育促进法实施条例（修订）》座谈会。

2017年7月，省协会副秘书长王建庄教授参加了中国民办教育协会在北京召开的贯彻民办教育新法新政，加强民办学校党建学习交流会，为民办学校以及培训机构加强学习，增强历史使命感和社会责任感，全面贯彻民办教育新法新政精神，加强民办学校党的建设，促进民办教育健康发展建言献策。

2018年4月9日，省协会组织郑州市二七优智实验学校举办人聂华、高新区艾瑞德国际学校举办人孙银峰、孟津县育才实验学校举办人刘群、洛宁明善学校举办人李忠善、开封市顺河区侨星幼儿园举办人吴丽娟、夏邑县育才学校举办人赵军、沁阳永威学校举办人申芳、上蔡中学举办人陈青海等，在黄河科技学院举行了座谈会，向教育部发展规划司调研组就《民办教育促进法实施条例》提出了修订的意见和建议。民办教育研究院起草的建议得到了参与调研的教育部发展规划司副司长田福元、政策法规司副司长王大泉、教育部发展规划司民办教育管理处处长顾然、政策法规司法制办副主任翟刚学的重视和肯定。

四、组织开展形式多样的学术研讨、业务交流，努力提升服务水平

（1）协办第三届全国民办中小学发展战略论坛。

2017年4月20日至21日，由《中国教师报》和中国民办教育共同体主办，河南省民办教育协会基础教育工作委员会协办的第六届全国民办中小学发展战略论坛暨民办学校招生策划研讨会在商丘召开。论坛由主题演讲、微型报告、参观学校等环节组成。《中国教师报》总编助理、编辑部主任李炳亭，河南省民办教育协会副会长、基础教育工作委员会副理事长任晓林，河南省民办教育协会副会长王国平，河南民办教育共同体理事长王红顺，开封求实教业集团董事长张建平等出席论坛并做主题演讲。

（2）基础教育工作委员会举办政策咨询会。

2017年4月23日，就民办教育新法背景下的"营""非"选择、民办中小学如何规避风险，专委会特邀教育部教育发展研究中心王烽、上海教科院科研处方建锋、广东教育发展研究院民办教育研究中心主任耿景海等做了可咨询式报告，为基层民办中小学指点迷津，提供问题解决方案。

（3）开展第10期合作教研，关注学习品质研究。

2017年6月4日，由开封尉氏县民开中学承办的第10期校际合作教研公益活动举行，来自省内外的民办学校代表500余人参加了这一活动。教研

活动围绕"学习品质的培养"这一主题展开研讨，旨在为破解当下课堂教学改革的瓶颈难题提供路径与方法。封丘县实新学校、封丘建勋学校、虞城天元学校、郑州立才实验学校、原阳阳光中学、长垣步步高学校、叶县明阳学校等带来了试卷讲评课、读写说一体课、无师课堂、习题课等新课型。

协会及各分支机构通过多种方式开展了丰富多彩的学术研讨，提供务实有效的专业服务，在业内产生了良好的社会反响。省协会学前工作委员会 2017 年度多次组织专家讲师团走进园区，开展培训交流等活动，促进了学术和业务水平的提升。

五、组织外出学习和交流活动，扩大我省民办教育的开放度

2017 年 5 月后，先后接待三峡大学科技学院、合肥财经职业学院、长沙医学院、湖南涉外经济学院、西南科技大学城建学院、西安培华学院、山东华宇工学院、湖北文理学院理工学院、江西科技学院、广西外国语学院、潍坊科技学院、日本朝阳国际学院，四川省民办教育协会、重庆市民办教育协会等来自国内外的民办（私立）教育机构来访，并组织我省民办学校去陕西、湖南、江苏、上海等地民办学校参观考察。

六、发挥引领作用，以科研成果推动民办学校发展

为提升我省民办学校科研水平和整体实力，加快我省民办学校持续健康发展，协会持续加强科研引领工作，深入研究民办教育动态，关注民办教育新法新政，成立民办教育研究院，搭建"两网两刊"平台，河南省民办教育协会网、河南民办教育研究院网、《河南民办教育》、《民办教育研究》都在信息宣传方面做了一定的工作。

民办教育研究院完成 2017 年民办教育研究综述，对已经出台、落实民办教育促进法新修法的 13 个省市的意见进行了概括分析，两个综述受到专家、同行的高度评价。在设计河南省民办教育协会课题指南时注重热点、难点问题。2016 年协会课题共结项 671 项，并评出一等奖 42 项、二等奖 83 项、三等奖 93 项。

七、编撰《河南民办教育发展报告（2017）》（蓝皮书）和高校创新创业教育系列教材

为更好地总结河南省民办教育发展的成果，我会组织人员编撰《河南

民办教育发展报告（2017）》（蓝皮书），由社会科学文献出版社出版。2017年9月28日举行了"河南民办教育蓝皮书"发布会。全国人大教科文卫委员会副主任委员、中国民办教育协会会长王佐书教授在发布会上做了《永恒的主题，永恒的体系》的报告。省人大常委会教科文卫委员会副主任高莉萍等领导莅临会议。专程参加发布会的社会科学文献出版社副总编辑、皮书研究院院长蔡继辉编审给予了蓝皮书很高的评价，认为关于一个省的民办教育蓝皮书，我们"河南民办教育蓝皮书"是第一本，开创了这个领域的先河。

出席发布会的中国民办教育协会监事会副主席、山西省民办教育协会秘书长张忠泽，浙江大学教育学院民办教育研究中心主任、教育领导与政策研究所所长吴华也都对蓝皮书及王建庄院长做的研创报告给予了充分的肯定和评价，认为蓝皮书的出版将对我省民办教育总结办学成果、提升教育质量、保存文献资料等方面具有重要的意义。2018年"河南民办教育蓝皮书"出版工作正在有序进行。今后每年编纂一本"河南民办教育蓝皮书"。

为适应创新创业教育新形势，协会2017年4月启动创新创业教育系列教材《"互联网+"创新创业指南》和《"互联网+"创新创业概论》的编撰工作，已由河南人民出版社出版。

八、协会会员单位和个人取得了可喜的成绩

2017年9月6日，省民政厅公布2016年度全省性社会组织评估结果，省协会获评4A登记。按照规定，获得3A以上等级的社会组织，将优先接受政府职能转移，优先获得政府购买服务和政府奖励。2017年11月21日至22日，由河南省教育厅主办的河南省教育社会组织发展研究中心成立大会暨2017年全省教育类社会组织业务交流培训会举行，省协会做了典型发言。

2017年11月29日，《中国教育报》刊发当代教育名家推选结果，省协会会长胡大白教授入选。2018年4月8日，省协会会长胡大白教授在第八届世界大学女校长论坛上荣获"大学女校长终身荣誉奖"。

2018年1月，会员单位泌阳县光亚学校、新乡双馨实验小学被认定为第二批全国中小学中华优秀文化艺术传承学校。

这些荣誉和成绩的取得充分体现了我省民办教育在全国的影响力。

九、积极配合中国民办教育协会做好相关工作

2018 年 4 月 9 日至 10 日，省协会与中国民办教育协会培训教育专业委员会共同主办"第七届中国培训教育发展大会"，研讨规范管理下的培训教育发展大计，会议有近千人参会，有 160 多家校外培训机构在教育部领导的见证下承诺严守行业自律公约，依法、诚信、规范办学。中国民办教育协会会长王佐书，中央和国家机关工委协会党建部局长曹博慧，教育部教育政策法规司副司长王大泉，教育部发展规划司副司长田福元，河南省教育厅党组成员、副厅长尹洪斌等领导出席了会议。会议隆重热烈，得到了与会领导和代表的好评。

省协会还配合中国民办教育协会组织推荐了中民协第三届理事会理事单位，组织我省民办学校参加 2017 年度中国民办教育发展大会。

2018 年度工作安排

2018 年，协会要进一步增强贯彻落实习近平新时代中国特色社会主义思想的自觉性和坚定性，乘势而上，凝心聚力，办好一批高水平民办学校，要做好以下几项工作。

一、认真学习贯彻党的十九大精神，深入学习习近平新时代中国特色社会主义思想，学习《民办教育促进法》（新修法）及相关配套的法规政策，引导民办学校依法办学，健康发展，不断提高办学质量

深入学习党的十九大精神和习近平总书记新时代中国特色社会主义思想以及民办教育法律法规政策，加强学习研讨和交流，举办多种形式的专题研讨活动。配合中国民办教育协会各项工作，积极建言献策。

二、切实抓好党建工作，以党建促规范，以党建促管理

切实加强省协会和各专门工作委员会的党建工作，完善省民办教育协会党建工作委员会的工作和运行机制；切实加强民办学校党的建设，完善基层党组织的建设，充分发挥民办学校党组织的政治核心作用；按照《民办教育促进法》（新修法）和学校章程的相关规定和要求，以党建促规范管理、以党建促科学发展；强化思想引领，牢牢把握社会主义办学方向和党对学校意识形态工作的领导权、话语权；加强和改进民办学校思想政治教育工作。

三、团结协作，帮助民办学校加强内涵建设，协助会员单位解决发展中的实际问题

继续围绕"丰富内涵，提高质量，凸显特色"这一主题开展工作，帮助会员单位加强内涵建设，逐步凸显办学特色。以各工作委员会为主体，适时开展专题学术研讨活动，推动民办学校特色办学。

四、加强科研工作，提高协会科研服务职能

依托河南民办教育研究院，加强研究队伍建设，整合各工委会和民办学校研究队伍，专项申报高级别民办教育研究课题，以课题组建科研团队，提升我省民办教育研究整体水平。加强研究建设各级各类高水平学校的标准、评估方式，树立高水平民办学校典型。

组织科研交流。召开高层次的民办教育发展创新论坛，组织省内民办学校就学生管理、师资队伍建设等进行专项交流，组织开展专题学术研讨活动。继续做好协会2017年课题结项和2018课题申报工作。组织多种形式的培训，提升民办学校管理水平、科研水平。

五、开展调查研究，发挥桥梁纽带作用，推动民办教育科学发展

关注民办教育的热点、难点问题，特别是对全局性、基础性、前瞻性问题深入基层进行重点调研，推动河南省民办教育支持政策的贯彻落实。充分发挥桥梁纽带作用，努力反映民办学校及民办教育工作者的建议与诉求。团结省外各地民办教育行业协会，加强与省外各地协会的工作交流与业务协作，组织有关民办学校和教育行政部门负责人代表分批赴省外、境外考察民办（私立）教育，重点了解省外、境外民办（私立）教育发展状况、创新创业教育成功经验等，积极推广宣传优秀典型经验，充分发挥典型的示范引领作用。

六、进一步加强协会内部组织建设，完善规章制度和工作机制，提高服务能力、服务水平和服务质量

（1）按照国家和河南省有关法律法规和协会章程，加强协会各项管理工作。进一步完善制度和加强组织建设，充分发挥协会的组织协调作用，加强协会各项规章制度建设，制订分支机构工作规程，实现协会工作的规范化管理。

（2）加强与有关方面的工作联系和信息沟通，发挥好桥梁纽带作用，

推动行业自律。协会内设机构和各工委会，要精心设计和组织各项活动。通过有效的活动，充分发挥作用，努力把民办教育协会建设成为行为规范、运作有序、代表性强、公信力高的社会组织。

（3）加强宣传阵地建设，为会员单位提供更多更好的信息发布渠道。进一步抓好协会网站和会刊建设，及时报道民办教育重要动态、办学经验；逐步运用协会公文传输系统；充分发挥新媒体的宣传作用，增加协会和民办学校知名度；继续组建信息联络员队伍（市级、县级、学校），完善信息联络员工作机制，加大沟通力度，不断提高服务水平。

（4）加强交流沟通，举办各类专项培训和研讨班。根据行业、专业特点，开展培训、研讨、交流和考察活动，制订培训计划，对民办学校负责人、教职工进行培训，邀请专家学者做专题报告，提升教职工水平，促进民办学校教育与质量的全面提升。同时，与有关培训机构合作，发挥教育培训产业优势，为地方经济发展积极服务。

（5）组织民办学校参观考察，开阔视野，加强交流。继续深化与中国民办教育协会以及各省（区、市）民办教育行业组织和科研机构的合作，联合开展交流、考察和科研等活动，组织会员到省内外学习考察民办教育的先进经验，在适当时机，分批分层次组织民办学校交流考察，争取组织境外、国外考察。

（6）加强秘书处等机构的自身建设，更好地服务会员协会。

七、协助中国民办教育协会做好相关工作

附录　大事记

1949 年

5 月 10 日　河南省人民政府在开封成立，开启了河南教育发展的新篇章。

12 月 23 日　教育部副部长钱俊瑞在第一次全国教育工作会议上的总结报告指出：在目前条件下，我们对中国人办的私立学校除极坏者应予取缔或接管外，一般应采取保护维持、加强领导、逐步改造的方针。

1950 年

6 月 1 日　教育部部长马叙伦在第一次全国高等教育会议上的开幕词指出，我们对私人办的私立高等学校，除办理成绩太坏者外，一律采取积极维持和逐步改造的方针，对于其中成绩优良而经济困难的院系，一定要予以可能的补助。

6 月 6 日　毛泽东主席在中共七届三中全会上讲话指出，有步骤地谨慎地进行旧有学校和旧有社会文化事业的改造工作，争取一切爱国的知识分子为人民服务。

8 月 14 日　教育部公布经政务院第四十二次政务会议批准的《私立高等学校管理暂行办法》规定：私立高等学校（大学、专门学院及专科学校）的方针、任务、学制、课程、教学及行政组织，均须遵照《高等学校暂行规程》及《专科学校暂行规程》办理。私立高等学校的行政权、财政权及财产所有权均应由中国人掌握。私立高等学校校（院）长及副校（院）长由校董会任免，其他主要人员由校（院）长任免，报经大行政区教育部核准转报中央教育部备案。私立高等学校不得以宗教课目为必修科或强迫学生参加宗教仪式与活动。

12 月 29 日 政务院发布《关于处理接受美国津贴的文化教育救济机关及宗教团体的方针的决定》：政府应计划并协助人民使现有接受美国津贴的文化教育救济机关及宗教团体实行完全自办。

上半年，全省私立中等学校 35 所，占全省中等学校总数 131 所的 26.72%；在校生 5584 人，占在校生总人数 35286 人的 15.82%。

下半年，全省私立中等学校 14 所，占全省中等学校总数 153 所的 9.15%，在校生 4636 人，占在校生总人数 71252 人的 6.51%；私立小学 1884 所，占全省小学总数 14282 所的 13.19%；民办幼稚园 2 处，占全省幼稚园总数 15 处的 13.33%。

1951 年

1 月 11 日 教育部发布《关于处理接受美国津贴的教会学校及其他教育机关的指示》，要求在调查登记了解情况的基础上，完成接收的思想准备工作，然后拟定处理方案，有步骤地进行处理，为以后接办其他私立学校提供了基础方案。

3 月 19 日 马叙伦部长在第一次全国中等教育会议上的开幕词指出，对私立中等学校，应该积极扶植，加强领导，有重点地补助和改进各种私立职业学校，并鼓励私人捐资助学。

8 月 10 日 周恩来总理在政务院第 27 次政务会议上讲话指出，民办小学要加以提倡。

本年，校政革新，教会学校不再接收国外经费。经费来源采取收取学费、政府补助的办法。

1952 年

6 月 14 日 毛泽东主席在北京市委的一份报告上批示："如有可能，应全部接管私立中小学。"

7 月 16 日 《师范学校暂行规程（草案）》规定，私人或私人团体不得设立师范学校或任何师资训练机关。

8月30日 教育部发布《关于加强领导私立技术补习教育的指示》，针对当时全国各大、中城市普遍设立的各种性质的私立补习学校出现的问题，提出调查研究、整顿改造、委托培养、提高质量等要求，并就分科、设班、文化程度、课程设置、学习时间、收费等方面提出了具体意见。

9月1日 教育部发出接办私立中小学的指示，决定自1952年下半年至1954年，将全国私立中小学全部由政府接办，改为公立。

10月24日 周恩来总理在政务院第156次政务会议上讲话指出，现在我们国家没有力量把全部小学都包下来，有一部分还要民办。

11月15日 教育部发布《关于整顿和发展民办小学的指示》，提出今后几年发展小学教育的方针，政府应有计划地增设公立小学，同时应允许群众在完全自愿的基础上出钱出力有条件地发展民办小学。

同日 教育部发布接办私立中等学校和小学的计划，提出接办时间、接办顺序、接办步骤、接办后的调整、经费概算等意见。

11月 接办全省私立中学，计划三年内全部接办私立小学。

下半年，全省小学28213所，其中民办232所，私立35所；在校学生1546982人，其中民办4486人，私立1702人。全省中学112所，其中私立5所；全部在校生67309人，其中私立学校5066人。

1953 年

1月24日 习仲勋在大区文委主任会议上的总结报告指出，在群众自愿的条件下，允许民办小学。

上半年，全省私立小学14所，民办小学300所。

9月8日 教育部关于处理私立补习学校的问题给广州市教育局的批复：对那些假借办学名义，欺诈取财，或进行反动宣传的学校，应会同公安机关依法处理。其他学校只要对群众的学习确有帮助，并为群众所支持者，可允许其存在。这些学校靠学费来维持，故对学费的征收，不宜限制过严。

1954 年

6月7日 高等教育部副部长曾昭抡在全国中等专业教育行政会议上的报告披露，全国共有私立中等专业学校47所。

7月22日 教育部、扫除文盲工作委员会《关于城市劳动人民业余文化教育工作的通知》指出，城市劳动人民业余文化教育是群众性的文化学习运动，必须根据群众需要和自愿的原则，采取"政府领导、群众办学"的方针，依靠群众的人力物力进行。因此应当实行"以民教民"，由群众自己聘请业余教师开展教学。

1955 年

4月19日 中共中央批转青年团中央《关于组织高小和初中毕业生从事农业劳动和进行自学的报告》指出，适当地提倡和指导民办和合作社办高小或半日制学校，并指出民间原来就有自办小学的习惯。

6月2日 国务院《关于加强农民业余文化教育的指示》指出，农民业余文化教育，必须坚持"以民教民"的原则。农民业余文化教育的经费，除少数专职人员的开支、业余教师训练费、主要乡干部离职学习的办公杂支以及一定的奖励费外，都应由群众自筹。

本年，河南业余教育贯彻"民学民办"原则，业余小学毕业 1429 人，业余初中毕业 15 人。

1956 年

1月11日 教育部印发《十二年国民教育事业规划纲要（草稿）》，提出在 2 年内完成私营教育事业和企业的社会主义改造。

9月16日 周恩来总理作《关于发展国民经济的第二个五年计划的建议的报告》指出，对于那些真为群众需要、确有条件和群众自愿举办的事业，如民校、师资班、俱乐部、业余剧团等，我们应该给予支持和帮助，并且加强领导。

10月27日 教育部《关于私立、民办学校员工工资改革问题的通知》规定：（一）私立、民办学校教职工增加工资，应从实际出发，研究确定，不要和公立学校强求一致，政府也不能包下来调整工资。增加工资所需经费，应从增加私立、民办（主要是民办）学校的经费来源上筹措解决；对确有困难的，亦可区别情况，酌予不同的补助。（二）教育部门已经接办的私立、民办学校教职工的调整工资问题，应根据公立学校的工资标准，结合各地具体情况和学校的具体条件，研究确定调整方案。

1957 年

10 月 25 日　中共中央公布《1956~1967 年全国农业发展纲要（修正草案）》指出，必须大力提倡群众集体办学，允许私人办学，以便逐步普及小学教育。

本年，全省民办及其他办学中学 1755 所，在校生 153720 人，其中高中 2189 人。

1958 年

2 月 11 日　教育部副部长董纯才在第一届全国人民代表大会第五次会议上的发言指出，一年来，群众办学有巨大发展，1957 年民办小学较 1955 年增加了 80% 以上，民办中学增加了 420 倍以上，既减轻了国家的负担，又满足了群众自己的文化要求。河南省 1956 年只有一个民办中学班，有 50 多个学生。1957 年民办中学大量发展，学生连续达到 12 万多人，占全省中学生总数 48 万多人的 25.40%，1957 年同 1956 年相比，增加了 2000 多倍。

3 月 19 日　陆定一在农业中学问题座谈会上的发言指出，有人提出民办大学，志气很好，一个专区几百万人，为什么不能办？什么人可以办学校，开始国家办，以后民办，中间又动摇了，最后还是民办。

4 月 15 日　陆定一在全国教育工作会议上的讲话指出，不要死板规定只有国家才能办学，只许单轨制，必须强迫和必须免费等等。我们应该这样做：公办民办共举。国家办学，老百姓也可以办。

4 月 21 日　《人民日报》发表社论《大量发展民办农业中学》。

6 月　在江西省省长邵式平的积极提议下，中共江西省委根据毛泽东主席"半工半读"的教育思想，做出了创办共产主义劳动大学的决定。"共大"办学密切结合江西实际，实行省、专、县分级办学，即省办总校，以办大专、本科为主；省属和专属分校办中专，个别专业办大专；县属分校办初技，个别专业办中专。形成了全省高、中、初多层次的农业教育网。

本年，中共中央、国务院在《关于教育工作的指示》中，确定了"两条腿走路"的办学方针和"三结合"、"六并举"的具体原则，指出要办好三类学校，即全日制学校、半工（农）半读学校和业余学校，积极进行学制改革的试验。

民办中学兴起。

红专学校普及，全省业余红专学校达 44972 所，1083.94 万人参加学习。

大队建校，生产队建班，统一学政治、文化，技术分专业进行。

1959 年

3 月　第四次全国教育行政会议召开，在普及教育板块内，代表们对民办教育提出了许多尖锐意见。

4 月　整顿巩固提高各类业余红专学校。

5 月 24 日　中共中央、国务院《关于在农村中继续扫除文盲和巩固发展业余教育的通知》指出，在解决师资问题上，坚决采取"以民教民""能者为师"的办法。同时采取各种切实有效的措施，帮助群众教师进修，做到边教边学边提高。

12 月 11~14 日　河南召开各专、市和重点县文教局工农教育科、股长参加的农村扫盲和业余教育工作会议，总结了入冬以来的农村扫盲运动，讨论、研究了进一步巩固提高扫盲运动和业余教育工作的发展问题。数据显示，全省参加学习的农民群众达到 1258.89 万人。

本年，各专市新办学校及业余教育招生计划：普通高中 400（公立 57167）人，职业高中 300（公立 10750）人；普通初中 137570（公立 150000）人，职业初中 122860 人；小学 1749087 人；幼儿 1146369 人；扫盲教育 3843027 人；业余教育小学 4791204 人，初中 1486120 人，高中 268046 人，中专 176265 人，大学 5479 人。

本年公布的普通教育事业第二个五年计划：全省民办小学学生数 1957 年为 24 万人，1958 年要达到 48 万人，1959 年 77 万人，1960 年 110 万人，1961 年 155 万人。1962 年达到 194 万人，是 1957 年的 808.3%。

1960 年

4 月 10 日　二届全国人大二次会议通过《1956~1967 年全国农业发展

纲要》提出，要大力提倡群众办学、集体办学，在 12 年内基本扫除青壮年文盲。

9 月 20 日　河南省第三次调整教育事业计划，要求厂办大学的招生主要靠内部解决；县办大学要根据实际情况，条件不具备的不要勉强，每专不能超过一校。公立高中比原计划招生减少 1470 人，公立初中比原计划减少 2 万人，民办和其他学校不变。社办高中招生 9600 人，社办初中招生 15 万人。小学计划招生 200 万人，公立学校只招 80 万人。业余高等教育、高中及中专教育、初中教育、初等教育在校生数分别为 5.16 万人、15 万人、221 万人、800 万人。在园幼儿达到 400 万人，公办园仅为 9869 人，社办及其他 3990131 人。

1961 年

博爱、修武共 11 所中学计划保留 3 所，其余改为民办，教师工资吃粮由大队解决。许昌专区计划下放教师 6500 人，吃粮由队解决，工资福利仍由国家供给。

信阳地区高等学校（包括县办大学）5 所 29 班，学生 1002 人，压缩 4 校 23 班，学生 778 人，保留 1 校 6 班，学生 224 人，压缩学生数占原有学生数的 77.64%。

5~9 月　全省压缩处理学生共 6370 人，其中城镇 4593 人、县镇 1488 人、乡村 289 人。中等师范学校共 7552 人，其中城市 1013 人，县镇 5651 人，乡村 888 人。

本年，全省社办中学 219 所，城市和县镇仅有 27 所，乡村 192 所，主要集中在乡村。当年初中阶段实际入学 12178 人，乡村学校达 10606 人。在校生 26388 人，乡村学校达 22211 人。

1962 年

5 月 16 日　国务院文教办主任林枫在全国教育工作会议上讲话指出，关于民办问题，总理有重要指示。中小学、手工艺教育和一般技术教育以公办为主，以民办为辅，允许开馆。幼教保育问题，采取以家庭抚养为主，以民办为辅，公办作为补充。民办包括个人、集体、民办公助三种。

5月25日　中共中央批转《教育部党组关于进一步调整教育事业和精简学校教职工的报告》,该报告在"进一步调整教育事业的意见"部分指出,农村公办学校部分的可以改为民办公助。附表显示,1952年,全国民办初中在校生40万人,小学246.80万人;1953年分别为53.80万人、500万人,1960年分别为42万人、2343万人,1961年分别为20.50万人、1200万人。

9月19日　教育部、商业部、全国供销合作总社《关于解决中小学民办教师和代课教师的副食品和生活日用品供应问题的通知》指出,中、小学民办教师的副食品和生活日用品的供应与当地公办教师一样,和当地脱产干部享受同等待遇。

1963 年

1月21日　教育部《关于农村小学和"私塾"几个问题的意见》指出,我们对"私塾"的方针是,不要轻易取消,也不能放任不管。应该根据国家的教育方针、政策法令和群众实际需要,加以领导和管理,提供适当的教师和教材。

4月4日　河南省教育厅通知:经过一定的批准手续,也允许个人办学。

8月24日　教育部《关于检查、处理私人举办的函授和文化补习学校的通知》披露,根据群众来信揭发,在天津和开封等城市,陆续发现一些不法分子,借口响应政府私人办学的号召,以举办函授学校为名,到处大登招生广告,进行招摇撞骗,影响极坏。

1964 年

1月5日　中共中央、国务院转发《教育部关于中小学教育和职业教育七年(1964~1970)规划要点(初步草案)》。该要点指出,普及小学教育要贯彻群众路线、依靠群众办学。要以公办为主,民办为辅,现有的公办学校一般不要再转为民办。对民办学校要加强领导,有困难的学校,国家要予以必要的补助。

1月14日　河南省教育厅简报:最近各地在进行农村教育调查时,都发现了一些办得较好的民办简易小学。这些学校的课程开设和教学时间比较灵活，教学方法多种多样，对解决不能到全日制小学上学的儿童的学习问题，找到一些办法。

10 月 4~28 日　在 1964 年 10 月举行的河南省教育工作会议的总结提纲里，主要篇幅是教育革命。"针对有的地方提出，完小的初级班可以一律改为民办，我们感到，这个问题应该慎重。"民办学校的办学形式：大队主持生产队联合办学、生产队办学、大队联合办学、私人设馆。民办教师待遇：多数采取记工分的办法，标准是参照壮劳力或大队干部的，由所在生产队负担。也有的大队出 40%，生产队出 30%，学生家庭 30%。

本年，全省有中学 1482 所，其中民办 550 所，在校生初中 70588 人，高中 1476 人。

1966 年

3 月 10 日　中共中央批准《中央统战部关于结束中华职业教育社的请示》。

6 月 3 日　中共中央、国务院发出通知，决定改革高等学校招生考试办法，并决定将 1966 年高等学校招收新生工作推迟半年进行。

1978 年

1 月 7 日　国务院批转《教育部关于加强中小学教师队伍管理工作的意见》。该意见提出要加强对民办教师的管理。民办教师的任用，要本着任人唯贤、德才兼备的原则，经学校、大队提名，公社选择推荐，县教育行政部门审查（包括文化考察）批准，发给任用证书。

1979 年

11 月 15 日《河南省一九七九年度各级各类学校综合统计报表》显示：生产大队办高中 210 所，招生 13900 人，在校生 34100 人，全为二年制。农村小学 33609 所，招生 709.64 万人，在校生 1062.52 万人。五年制小学长期代课教师 11040 人。全省幼儿园 5655 所，幼儿数 472826 人。其中，教育部门办 101 所，幼儿数 20310 人；其他部门办 348 所，幼儿数 41152 人；集体办 5206 所，幼儿数 411364 人。

1980 年

12 月 3 日　中共中央、国务院《关于普及小学教育若干问题的决定》指出，在我们这样一个人口众多、经济不发达的大国，普及小学教育，不可能完全由国家包下来，必须坚持"两条腿走路"的方针，以国家办学为主体，充分调动社队集体、厂矿企业等各方面办学的积极性。还要鼓励群众自筹经费办学。

本年，全省师范专科学校和中等师范学校开始招收民办教师。

江西共产主义劳动大学改制。自 1958 年创办以来，江西共大历时 22 年，曾创下开办 108 所分校的纪录，为国家培养了 22 万余名相当于初技毕业至大专毕业程度不等的建设人才。

1981 年

2 月 28 日　全国人大常委会委员杨秀峰在第五届全国人大常委会第十七次会议上发言指出，民办教师的问题更是一个突出问题。现在全国民办教师占教师总数的 60%，农村则高达 72%。中学教师的全部、小学教师的大部分应当逐步做到是国家职工。民办教师的生活待遇，必须适当改善。

1982 年

3 月 17 日　省计委、财政厅、劳动厅、教育厅下达精简民办教师指标通知，计划内民办教师 499000 人，精简 130400 人，精简 26.1%。

12 月 4 日　全国人大五届五次会议通过的《中华人民共和国宪法》第十九条第四款规定，"国家鼓励集体经济组织、国家企业事业和其他社会力量依照法律规定举办各种教育事业"，第一次以宪法的形式明确了民办教育的合法地位。

1983 年

5 月 6 日　中共中央、国务院《关于加强和改革农村学校教育若干问题的通知》指出，中央和地方要逐年增加教育经费，厂矿、企业单位、农村合作组织都要集资办学，还应鼓励农民在自愿基础上集资办学和私人办学。

本年，开封市兰考县李胜兄弟创办孟角技校，是一所为农村培养实用技术人才的私立技校。

1984 年

1 月 7 日　河南省教育厅关于试行《河南省社会力量办学暂行管理条例》请示省人民政府。

3 月 20 日　河南省人民政府办公厅发文，同意省教育厅拟订的《河南省社会力量办学暂行管理办法》。

5 月 4 日　郑州中华职业大学创办。

5 月 22 日　教育部转发《北京市社会力量办学试行办法》。该办法提出"鼓励、支持党派、团体、个人等社会力量多种渠道、多种形式、多种层次、多种规格办教育事业"。

7 月　郑州树青学院创办。

10 月 30 日　胡大白、杨钟瑶创办"郑州市高等教育自学考试辅导班"。

10 月　郑州医学专科学校、郑州振兴业余文化补习专修学校创办。

1985 年

2 月 6 日　张仲景国医大学在南阳市卧龙岗创办。

4 月 7 日　焦作自修大学创办。

5 月 27 日　《中共中央关于教育体制改革的决定》指出："要充分调动企事业单位和业务部门的积极性，并且鼓励集体、个人和其他社会力量办学。"

12 月　"郑州市高等教育自学考试辅导班"更名为"黄河科技专科学校"。

1986 年

3 月 21 日　国家教委关于旧社会由私人创办的私立学校可否恢复原校名问题的复函明确表示：已改名的私立中学，一般不宜恢复原校名。

4 月 12 日　第六届全国人民代表大会第四次会议通过的《中华人民共和国义务教育法》第九条规定："国家鼓励企业、事业单位和其他社会力量在当地人民政府统一管理下，按照国家规定的基本要求，举办本法规定的各类学校。"

10 月 18 日 国家教委发布《普通中等专业学校设置暂行办法》第四章审批程序：含社会力量办学。

本年，全省选招 1 万名民办教师为公办教师。

1987 年

6 月 12 日 省政府同意，省教委、省劳动人事厅、省计经委联合发文，选招 1 万名民办教师为公办教师。

7 月 8 日 国家教委印发《关于社会力量办学的若干暂行规定》，认为社会力量办学是我国教育事业的组成部分，在开发智力、促进社会主义物质文明和精神文明建设以及改善社会风气等方面，发挥了积极作用。

9 月 30 日 河南省教委发出《关于对社会力量办学进行审核清理的通知》，决定对社会力量办学进行一次认真的审核清理，加强对社会力量办学的领导和管理，使其健康发展。

本年，郑州市经各级教育行政部门登记备案或试办的社会力量举办的学校达 227 所，计 1127 个班，在校学生 56294 人。全省民办公助教职工 355913 人，民办教职工 103719 人。

1988 年

2 月 省教委、农业厅、财政厅联合转发国家教委、农牧渔业部、财政部《乡（镇）农民文化技术学校暂行规定》。

3 月 25 日 国务院总理李鹏在第七届全国人民代表大会第一次会议上的《政府工作报告》提出，提倡和鼓励社会力量集资办学、捐资办学，以加快我国教育事业的发展。

3 月 召开全省社会力量办学工作会议。

5 月 30 日 经省人民政府同意，省教委、省计经委下达全省中师学校招收 5000 名民办教师的指标。

6 月 通报纠正民盟豫北职业大学、河南省秘书专科学校、郑州中牟职业大学乱发证书问题。

11 月 省教委审检批准郑州医学专科学校等 72 所学校（班），停办河南省秘书专科学校等 4 所，待审核批准 20 余所。

12 月　召开全省社会力量办学经验交流会，表彰了郑州、洛阳、开封、新乡、安阳、南阳、平顶山 7 个先进单位和白求恩医科大学等 47 个先进办学单位。

本年，全省民办公助教职工 337860 人，比上年减少 18053 人；民办教职工 116844 人，比上年增加 13125 人。

郑州中原职业大学创办。

1989 年

1 月 13 日　河南省人民政府发布《河南省社会力量办学管理办法》。

5 月 27 日　经中共郑州市直属机关委员会批准，中共黄河科技专科学校临时支部委员会成立，陈德昌为书记。

8 月　黄河科技专科学校更名为郑州黄河科技大学。

12 月　省教委首次评选社会力量办学先进单位，郑州黄河科技大学等单位受到表彰。

1989 年国家教育委员会工作要点：按照《关于社会力量办学几个问题的通知》精神，以北京市为重点，会同市政府对跨省、市设置分校和"办学点"的"学院""大学"进行全面清理、整顿。对民办大学问题进行调查研究，提出管理办法。

本年，全省民办公助教职工 303692 人，比上年减少 34168 人；民办教职工 132497 人，比上年增加 15653 人。

民办教师占中小学教师总数的比重，由 1978 年的 72.1% 减至 1989 年的 49.8%。

民办教师张玉梅、刘凤翔等被评为中学高级教师。

1990 年

10 月 5 日　省教委、省人事厅发出《关于将一九八七年以来省以上表彰的优秀民办教师转为公办教师的通知》，1072 名民办教师转为公办教师。

10 月 22 日　《黄河科技大学学报》创刊，为内部交流资料。

本年，民办公助教职工 288874 人，比上年减少 14818 人；民办教职工 160583 人，比上年增加 28086 人。

中小学民办教师占教师总数的比重为 48.8%，比上年减少一个百分点。中学、小学民办教师在全国的比重均为第一。

1991 年

1 月 15 日　河南省教育委员会印发《河南省民办教师管理暂行办法》。

6 月 12~14 日　全国部分民办高校校长座谈会在郑州召开。会议研究了社会力量办学存在的问题和困难，探讨了解决问题的途径和措施。

本年，批准开封中原摄影学院等 4 所非学历教育班（中心），河南中医学院等 20 所高校开展高教自学辅导工作。

停办新乡成人高校自修辅导学校等 4 所校（站）。

中学计划内民师占比为 18.6%，小学为 58.4%。

1992 年

2 月 4~9 日　全国民办教师工作经验交流会在郑州召开。国家教委副主任邹时炎、人事部副部长程连昌和国家计委、全国教育工会的有关负责同志，河南省副省长于友先、省教委主任徐玉坤出席会议并讲话。

2 月 25 日　省教委印发《河南省乡（镇）村成人教育学校管理暂行办法》。

6 月 15 日　省教委批准中华职业教育社河南省分社建立河南省中牟成人中等专业学校。

6 月 27 日　黄河科技大学召开全体教职工大会，选举产生黄河科技大学第一届工会委员会，齐树德任工会主席。这是新中国成立以来民办高校的第一个工会组织。

10 月 12 日　中国共产党第十四次全国代表大会在北京举行。江泽民代表党的第十三届中央委员会向大会做报告。报告明确指出，要"鼓励多渠道、多形式社会集资办学和民间办学，改变国家包办教育的做法"。民办教育的合法地位得到巩固。

11 月 29 日　黄河科技大学举行 8 周年校庆和新校奠基仪式，全国人大常委会委员熊复，河南省委常委、郑州市委书记张德广等 200 多位领导到会祝贺。

本年，计划内民师总数为 264536 人，普通中学计划内民师所占比重为 15.6%，职业中学为 2.7%，小学为 54.0%。其中农村小学民师比重为 63.4%。

批准建立郑州机械进修学院、省委党校老协社会进修学院、焦作中华职业技术进修专科学校、郑州航海职业进修学院等院校。

1993 年

2 月 3 日　省政府批复郑州市政府，原则同意台胞王广亚先生在郑州筹建升达经贸管理大学。

2 月 13 日　中共中央、国务院印发《中国教育改革和发展纲要》指出，必须充分发挥各级政府、社会各方面和人民群众的办学积极性，坚持以财政拨款为主，多渠道筹措教育经费。改变政府包揽办学的格局，逐步建立以政府办学为主体、社会各界共同办学的体制。国家对社会团体和公民个人依法办学，采取积极鼓励、大力支持、正确引导、加强管理的方针。

3 月 1 日　省教委印发《关于 1993 年中等师范学校招收民办教师工作的通知》。

4 月 10 日　省教委批准成立河南社会科学进修专科学校（社会办学性质）。

5 月 3 日　省教委、省计经委、省人事厅发文，选招 4800 名民办教师为公办教师。

5 月 17 日　全省 25000 余名民办教师参加中等师范学校招生考试，最后录取 8000 人。

5 月 25 日　省教委批准黄河科技大学、郑州医学专科学校等为"河南省社会力量办学改革试点"单位。

5 月　经省教委批准，开封市求实中学建立。

7 月　洛阳市三明实验学校兴办。安阳明诚职业学校成立。

8 月 17 日　国家教委发布《民办高等学校设置暂行规定》。

9 月 22 日　省教委批准试办河南秘协秘书专科学校、河南民协医学专科学校、私立京南学校、私立郑州医科学校 4 校，均为社会力量举办的高等层次非学历教育，限在省内招生。

10 月 13 日　省教委转发国家教委《民办高等学校设置暂行规定》。

10 月 25 日　全国高等学校设置评议委员会第二次会议通过黄河科技大学实施高等学历教育，这是《民办高等学校设置暂行规定》颁布后，全国第一家实施学历教育的民办高等学校。

11 月　位于郑州市航海路的黄河科技大学校园奠基。

本年，计划内民办教师总数 250598 人，比上年减少 13938 人。普通中学计划内民师所占比重为 13.4%，职业中学为 2.0%，小学为 50.8%。其中农村小学民办教师比重为 59.9%。

省教委审批试办 15 所民办（非学历）高等层次的学院（中心、站）：安阳周易学院、中山高等职业学校、河南科技学院、河南经贸学院、郑州仲景国医大学、郑州少林武术学院、商丘医学专科进修学校、洛阳市委党校高教自考辅导站、商丘高等医学教育培训中心、河南省卫生人员高等教育自学考试助学辅导中心、中南科技学院、民盟兴豫职业技术学院、私立商都学院、私立开封美术学院、南阳成人高等教育培训中心。截至年底，社会力量和民间举办的各类高、中、初等层次的学校已达 3121 所，在校生近 30 万人。

1994 年

1 月 20 日　郑州黄河科技大学民办教育理论研究室成立。

2 月 5 日　国家教委批准在原黄河科技大学基础上成立黄河科技学院，明确该院系独立设置的全日制民办高等学院，专科层次。这是《民办高等学校设置暂行规定》颁布后全国第一所民办高等专科学校。

2 月 22 日　国家教委副主任柳斌视察升达经贸管理学院。

3 月 3~16 日　省教委组织省社会力量办学年审复查组对社会力量举办的高等层次学校（中心）进行了实地考察和审查。5 月 26 日公布了审查结果。办学情况和效益优良的学校（中心）33 个，一般的 24 个，限期整顿的 14 个，停办 11 个。

3 月 15 日　省教委印发通知，计划招收民办教师 8000 名。8 月 18 日，共有 35000 名民办教师参加师范院校招生考试，最后录取 1 万名。

4 月 29 日　郑州社会职业专科学校更名为郑州私立西京学校。

5月25日　省教委批复洛阳市教委，同意成立洛阳东方成教培训中心。该中心为社会力量办学性质的高等层次非学历教育的私立学校。

5月30日　郑州医学专科学校更名为郑州树青医学院，郑州业余外语进修学院更名为郑州东方外国语学院。

6月14日　国务院总理李鹏在全国教育工作会议上的报告中提出，鼓励社会力量按照国家法律和政策举办基础教育、职业教育和成人教育。

6月17日　国务院副总理李岚清在全国教育工作会议上的总结讲话专门提出关于民办教育问题，明确提出民办教育是我国社会主义教育事业的组成部分，发展民办教育，是当前教育体制改革的重要内容。国家对这项事业采取积极鼓励、大力支持、正确引导、加强管理的方针。

6月　黄河科技学院建立党总支。

7月8日　省政府批转省教委《关于清退计划外民办教师工作的报告》，要求各地按要求在9月底前完成清退工作。截至年底，全省共清退计划外民办教师112500人。

8月2日　豫协公共关系学院、民办郑州黄河医学院、民办郑州中南医学专科学校建立。三校均为社会力量举办高等非学历教育的学校。

8月9日　省教委批准试办民办郑州东方学院、民办郑州同济医学专科学院、民办郑州炎黄专科学校。三校均为非学历教育性质。

9月16日　省教委转发国家教委通知，明确升达经贸管理学院为郑州大学二级学院。

10月　黄河科技学院举行建校10周年校庆，省委书记李长春发来贺信，称赞黄河科技学院走出了一条独特的民办高校之路。

10月12日　郑州白求恩医科学校更名为民办郑州白求恩医学院。

本年，全省计划内民师240959人，比上年减少9639人。普通中学计划内民师所占比重为11.8%，职业中学为1.6%，小学为48.3%，其中农村小学民师比重为57.3%。当年，光山县农村小学计划内民师占小学教师总数的92.0%，永城县中学计划内民师占中学教师总数的92.0%，分别在全省116个县（市）中占比最高。

驻马店市、周口市、商丘市、淮滨县农村中学已经没有民办教师，驻马店市、周口市、商丘市农村小学已经没有民办教师。

1995 年

3 月 18 日 《中华人民共和国教育法》颁布，规定国家鼓励企业事业组织、社会团体、其他社会组织及公民个人依法举办学校及其他教育机构。任何组织和个人不得以营利为目的举办学校及其他教育机构。

4 月 26 日 省教委、省人事厅、省财政厅联合印发《关于调整中小学民办教师工资待遇问题的通知》，要求适当调整民办教师工资待遇，其增资幅度一般不低于当地公办教师增资幅度的 2/3。

5 月 7 日 黄河科技学院南校区开工奠基。

5 月 省教委对全省社会力量办学基本情况进行综合调查。

5 月 省教委同意停办郑州建筑机械进修学院、洛阳兵工职工高教自学辅导中心、洛阳市教育学院高教自学辅导中心、中信重机公司职工学校高教自学辅导站、中共洛阳市委党校高教自学辅导中心 5 所学校（中心）。

6 月 省教委上报省政府，并请转报国家教委审批，将民办中原工业大学改为民办中原工学院。

9 月 黄河科技学院业余党校开学，首批学员 1923 人。

10 月 31 日至 11 月 3 日 黄河科技学院院长胡大白、副院长杨钟瑶应邀参加联合国教科文组织举办的亚太地区私立高等教育研讨会。胡大白在会上发表讲话。

10 月 省人事厅、省教委联合下发《关于计划内民办教师评聘专业技术职务有关问题的通知》。

10 月 省教委同意灵宝县农民企业家薛敏祥筹建"民办豫西华夏财贸学院"。

11 月 28 日 《河南日报》刊发省委书记李长春、省长马忠臣的署名文章《认真贯彻落实教育法，促进我省的教育改革与发展》，明确指出要改变国家单一投资办学的局面，逐步建立起以政府办学为主、社会各界参与办学的体制，不断增加对教育的投入。

11 月 河南省社会力量办学协会成立，会长亓国瑞。

12 月 23 日 河南省民办高等层次（非学历教育）学校（教育机构）设置评审委员会建立。

12月　省教委、省人事厅、省计委下发通知，全省选招 15000 名民办教师为公办教师。

本年，全省 13.70 万名计划外民办教师被清退。计划内民办教师总数219564 人。普通中学计划内民办教师所占比重为 9.50%，职业中学为1.10%，小学为 44%，其中农村小学为 52.50%。

1996 年

2 月 10 日　省教委主任亓国瑞在 1996 年教育工作会议上讲话提出，要鼓励企事业单位和其他社会力量按照国家法律和政策多渠道多形式办学，要规范各类社会力量办学行为。

2 月 12 日　张世英副省长在全省教育工作会上讲话，肯定了社会力量办学的积极作用，明确了规范社会力量办学工作。

2 月 29 日　省政府批转省教委《关于整顿我省社会力量办学的报告》，安排对全省社会力量办学进行清理整顿。

同日　省教委批复三门峡市教委，同意筹建民办豫西华夏学院。

3~5 月　省教委对登记的 2851 所社会力量举办的各级各类非学历教育学校、机构进行整顿，225 所被撤销，123 所被取消 1996 年招生资格。

4 月 29 日　省教委发出《关于对社会力量办学整顿工作进行检查验收的通知》。

5 月 15 日　《中华人民共和国职业教育法》公布，该法第 21 条规定："国家鼓励事业组织、社会团体、其他社会组织和公民个人按照有关规定举办职业学校、职业培训机构。"

5 月 23 日　省教委召开社会力量办学工作总结会议，南阳、平顶山、郑州三市教委被评为先进单位。

5 月　省教委发文规范了郑州中华职业大学等 86 所学校（中心）的名称，撤销民办郑州炎黄专科学校等 11 所学校，停止郑州私立西京学院等 9所学校（中心）招生并提出警告。

7 月　省教委责成郑州中南理工专修学院立即停止一切招生宣传活动，写出深刻检查，规范招生办班行为，挽回影响。

7 月 10 日　省教委批复同意建立林州科教专修学院、开封新华专修学院、郑州财贸专修学院、河南旅游专修学院。

7月23日 省教委成立河南省社会力量办学管理办公室，主任王佩琼，副主任张大策。

8月 漯河市育才学校招生。

11月 省教委在河南大学举办首期河南省高等层次社会力量办学单位校长（负责人）培训班，组织考察了民办黄河科技学院、郑州升达经贸管理学院等。

11月6日 省教委批复同意举办开封海联经贸专修学院。

12月2日 民办黄河科技学院名誉校长陈德昌逝世。

12月10~11日 河南省社会力量办学协会首届年会在郑州召开。

本年，普通中学计划内民办教师22181人，占中学教师总数的7.20%；职业中学284人，占0.80%；小学164726人，占38.20%，其中农村小学民办教师比重为46.20%。

1997年

5月 中共黄河科技学院党委成立。黄河科技学院成为全国第一个成立党委的民办高校。

6月13日 省教委印发《关于做好我省社会力量办学单位稳定工作的通知》。

6月26日 黄河科技学院召开第一次党员代表大会。选举产生党委、纪委班子。胡大白当选为党委书记，陈勇民当选为纪委书记。

6月 省教委对1996年全省社会力量办学清理整顿中做出停止招生或限制招生的17所学校检查评估后，恢复了河南秘协秘书进修学院、中国统计干部电视函授学院河南辅导分院、郑州京南专修学院、平顶山鲁迅职业专修学院、民盟郑州理工专修学院、周口地质工会高教自学考试辅导中心、郑州西京进修学院、河南高等社会科学进修学校等学校（中心）的招生资格。

7月31日 国务院发布《社会力量办学条例》，提出国家对社会力量办学实行积极鼓励、大力支持、正确引导、加强管理的方针，标志着我国民办教育开始进入依法办学、规范发展阶段。

8月 省教委印发《河南省高等教育学历文凭考试试点工作实施办法（试行）》，并公布郑州中华职业专修学院、洛阳商贸专修学院、郑州科技专修学院、黄河科技学院、郑州仲景国医专修学院、濮阳中西医结合专修学院为高等教育学历文凭考试首批试点学校。

8月11~20日 省教育基金会评选审定产生全省十佳优秀民办教师。

9月 省教委批复同意开封市电大与美国华光基金合作筹建"开封市广播电视大学华光教育中心"。

9月 省教委对开封新华专修学院违反国家社会力量办学有关规定的错误行为进行通报处理，责令其立即停止招生活动，限期整改。

10月 黄河科技学院被中国成人教育协会、民办高教委评为民办高校先进单位。

11月28日 省人事厅、省教委、省财政厅下文，调整增加计划内民办教师工资。

11月 黄河科技学院党委书记胡大白出席省高校党建工作会。

12月8日 省委高校工委书记王日新到黄河科技学院考察。

12月19日 省教委印发《河南省高等教育自学考试社会助学管理暂行办法》。

12月 省教委召开全省社会力量办学工作会议。副省长张世英出席并做重要讲话。

本年，计划内民办教师为162040人，比上年减少28847人。其中普通中学计划内民办教师17032人，占中学教师总数的5.40%；职业中学241人，占0.70%；小学137500人，占31.10%，其中，农村小学民办教师占比为38.30%。

黄河科技学院与加拿大多伦多国际学院结为姊妹学校。

1998 年

1月21日 省教委印发《关于实施社会力量办学条例的意见》。

3月30日 省教委印发通知，对开展社会力量办学检查的对象、内容、标准、方法、步骤及验收中应注意的问题做了明确规定。

4月26日 省政府常务会议决定从1998年起，在每年15000名民转公指标的基础上，每年增加 13000 名指标，确保 2000 年彻底解决民办教师问题。11 月 17 日，人事部、国家发展计划委员会、教育部印发通知，批准了河南的计划指标，并要求此计划指标专项专用，任何单位都不得以任何理由挪作他用。

4 月　省教委批准成立郑州华信专修学院，实施高等非学历教育。

5 月 8 日　省教委批复开封新华专修学院，同意该校的主办单位由原来的新华社河南分社中原文化中心变更为河南摇篮民俗摄影协会。

7 月 27 日　省教委发出通知，对未经省教委批准擅自招生、许诺发大中专毕业证书进行欺骗招生的"郑州珠江装饰学院（校）"依法查处，责成郑州市教委和管城区教委立即取缔该校。

8 月　全国政协副主席叶选平视察郑州升达经贸管理学院，为学院题词"走新路，育新人"。

8 月 4 日　省教委发文公布全省 100 所具备办学资格的社会力量举办的教育机构名单，其中高等层次 80 所，成人中专 11 所，职业中专 9 所。

8 月 5 日　省教委批复同意建立鹤壁职业技术专修学院。

8 月 10 日　省人事厅、省计委、省教委印发通知，年度内安排 2.8 万名民办教师转公。

8 月 19 日，省教委批复商丘市、开封市、新乡市、许昌市、平顶山市、周口地区教委，同意建立商丘立博学校、商丘师专外国语中学、商丘经昌高级中学、永城市光明高级中学、虞城县春来高级中学、通许县杨坤中学、开封清华中学、新乡县新河高级中学、许昌市私立华美高级中学、周口育才中学、鲁山同仁高级中学。

8 月 29 日　《中华人民共和国高等教育法》颁布，规定国家鼓励企业事业组织、社会团体及其他社会组织和公民等社会力量依法举办高等学校，参与和支持高等教育事业的改革和发展。

9 月 9 日　省教委同意九三新乡医学专修学院和河南育才专修学院为高等教育学历文凭考试试点学校。

11 月 6 日　省教委批复郑州医学专修学院，同意该校恢复"民办郑州树青医学院（筹）"校名。

本年，省教委批复郑州市、商丘市教委，同意成立郑州复达自考辅导中心、商丘科技专修学院实施高等教育非学历教育。

黄河科技学院附属中学、河南建业外国语中学、河南少年先锋学校、郑州中学生学习报社附属学校、郑州华夏中学创办。

年底，全省计划内民师 131015 人，比上年减少 31025 人。其中普通中学 12344 人，占比 3.8%；职业中学 130 人，占比 0.3%；小学 111791，占比 24.5%，其中农村小学民师占比 30.7%。

1999 年

1 月 13 日　国务院批转《面向 21 世纪教育振兴行动计划》，明确指出：认真贯彻国务院对于社会力量办学实行"积极鼓励、大力支持、正确引导、加强管理"的方针，今后 3~5 年，基本形成以政府办学为主体、社会各界共同参与、公办学校和民办学校共同发展的办学体制。

3 月 5 日　经国家新闻总署批准，《黄河科技大学学报》公开发行，是全国民办高校中最早创办的公开发行的学术刊物。

5 月 4 日　郑州树青医学院举行建校 15 周年校庆，省九三学社副主委孙心一、社会力量办学协会会长胡大白等出席，副省长张涛、省教委副主任李文成分别委托代表致辞，省人大常委会副主任张世英送来贺词。

6 月 15~18 日　第三次全国教育工作会议召开，朱镕基总理在闭幕会上发表重要讲话，明确提出"鼓励社会力量以各种方式举办高中阶段和高等职业教育，有条件的也可以举办民办普通高等学校"。

7 月 1 日　调整计划内中小学民办教师工资，调整后平均每人月增工资 30 元。

7 月 5 日　省教委公布本年河南省高等教育学历文凭考试试点学校。本年实施高等教育学历文凭考试的试点学校有民办黄河科技学院、郑州中华职业专修学院、郑州中山医学专修学院、郑州白求恩医学专修学院、河南育才专修学院、郑州仲景国医专修学院、郑州黄河医学专修学院、林州科技专修学院、郑州科技专修学院、郑大升达经贸管理学院、洛阳商贸专修学院、郑州树青医学院、濮阳中西医结合专修学院、商丘科技专修学院、九三新乡医学专修学院、郑州中原医学专修学院、河南旅游专修学院、郑州华信专修学院、鹤壁职业技术学院、中原工业学院、开封中原摄影专修学院、开封新华专修学院。

7月6日 省教委批复许昌市、洛阳市、漯河市教委，同意许昌科技专修学院、许昌国际商务专修学院、洛阳经贸专修学院、漯河市医学专修学院4所社会力量举办高等层次教育机构正式建校。

7月12日 省教委同意建立河南省电子信息技术自学考试辅导中心和郑州兴豫高等教育中心。

9月1日 省教委批复三门峡市教委，同意河南省三门峡黄金工业学校与日本国丸信株式会社信男教育学园合作开办"河南黄金信男专修学院"。

9月6日 省教委批复郑州市教委，同意郑州科贸专修学院建校。

10月12日 中共河南省委、河南省人民政府关于贯彻《中共中央、国务院关于深化教育改革全面推进素质教育的决定》的实施意见：深化办学体制改革，积极鼓励和支持社会力量以多种形式办学，逐步形成以政府办学为主体、社会各界共同参与、公办学校和民办学校共同发展的格局。

10月14日 省委书记马忠臣在全省教育工作会议上讲话要求，积极深化办学体制改革，充分调动社会各方面办教育的积极性，努力形成以政府办学为主体，公办教育和民办教育共同发展的格局。

10月14日 副省长陈全国在全省教育工作会议上讲话提出，要按照"积极鼓励、大力支持，正确引导、加强管理"的工作方针，办好、管好民办教育，促使其健康发展。

11月4日 全国人大常委会副委员长许嘉璐到黄河科技学院视察。

11月20日 教育部副部长张保庆到升达经贸管理学院调研。

12月28日 省教委报请省政府审核同意，批准在周口市筹办民办恒大科技大学。

年底，全省中小学计划内民办教师已减少到4.6万人（年度统计为7.04万人，尚未扣除1999年招、转民师人数），占中小学教职工总数的比率由上年的17.3%下降到3.6%。其中中学民师由3.9%下降到1.8%，小学由24.5%下降到12.9%。计划内民师总数中，中专毕业及以上学历的占78.8%，高中毕业及以下学历的占21.2%，40岁及以上的占60.4%，40岁以下的占39.6%

本年，郑州市批准筹建民办初中3所，向省教委申报民办高中4所。

开封市教委建立社会力量办学校长例会制度。

洛阳市教委召开社会力量办学总结表彰大会,洛阳商贸专修学院等22个单位受到表彰。

南阳市教委对上报的29所学校(教育机构)进行评审,批准13所学校。

2000 年

1月26日　副省长陈全国在全省教育工作会议上讲话,强调抓好办学体制改革,重点是积极鼓励,大力支持民办教育事业的发展。

同日　省教委主任王日新在讲话中指出,要大力发展社会力量办学,本年争取新建50所左右各类民办学校,筹备召开民办教育现场会,总结经验,促进民办教育快速发展。

2月　副省长陈全国到郑州树青医学院考察。

3月21日　黄河科技学院升本,开启了新中国民办教育实施本科教育的先河。

4月7日　省教委对全省部分社会力量举办高校党的建设情况进行了调研,撰写了调研报告。

6月8日　河南省教育委员会发布《关于普通高中教育改革和发展的若干意见》提出,各地可以选择少数有条件的公办高中进行国有民办等形式的改制实验,可将现有和新建的普通高中在资产评估的基础上交由适于办学的团体和公民个人承办。

7月10日　焦作市政府下发《关于鼓励社会力量办学的意见》,全市社会力量举办学校及教育机构达48所。

7月20日　省教育厅批准河南省实验中学分校等32所民办普通高中招生,同时批准开封新世纪高中和焦作宏昌学校筹建。

7月　黄河科技学院受教育部、国家民委的委托举办民族预科班。

9月1日　省人事厅、省发展计划委员会、省教育厅印发《关于2000年民办教师转公办教师工作的通知》,明确了民转公的范围、条件、程序、待遇和指标。同时要求各市、县教育行政部门要在当地党委、政府的领导下,积极协调有关部门,切实加强民师后期管理工作。至此,全省计划内民师转正工作完成。

9月8日　省教委决定对85个民师管理工作先进单位、310名民师管理工作者和501名优秀民办教师进行表彰。

9月　胡大白作为全国民办高校党委书记的唯一代表，首次参加全国高校党建工作会议。

10月20日　胡大白荣获"中国十大女杰"称号。

10月25日　郑州大学升达经贸管理学院与日本名古屋产业大学结为姊妹学校。

10月26日　省委组织部、省委高校工委、省教育厅联合转发中央组织部、中共教育部党组《关于印发〈关于加强社会力量举办学校党的建设工作的意见〉的通知》。

11月24日　"中国十大女杰"表彰大会在人民大会堂举行，胡大白在大会上作先进事迹报告。

11月25日　胡大白受到中共中央政治局常委、国家副主席胡锦涛接见。

11月27日　河南省委、省政府在省人民会堂举行座谈会，副省长陈全国代表省委、省政府对胡大白荣获"全国十大女杰"载誉归来表示祝贺和欢迎。

12月　国务院批准胡大白为享受国务院特殊津贴专家。

本年，省教育厅同意28所民办学校实施高等教育学历文凭考试试点工作，19个专业招生8404人。

商丘市修订完善《社会力量办学管理暂行规定》。

浚县制订《关于大力发展民办教育的实施方案》，出台了一系列优惠措施。

郑州中华职业专修学院与内蒙古中华职业教育社商定建立"郑州中华职业专修学院内蒙古分院"。

陈中数理化培训学校创办。

2001 年

1月16日　省教育厅厅长王日新在全省教育工作会议上讲话指出，通过招、转等政策措施，全省有 17 万名计划内民办教师陆续转为公办教师，妥善解决了"民师"这一历史问题。

2 月 24 日　李克强省长与北京大学校长许智宏签订省校合作协议，决定兴办北大附中河南分校。

4 月 7 日　全国人大常委会委员赵地视察黄河科技学院。

4 月 25 日　黄河科技学院承办全国民办高校思想政治教育座谈会。

4 月　省政府同意在郑州华信专修学院的基础上建立郑州华信职业技术学院，实施高职高专学历教育。

5 月 17 日　省教育厅协助全国高校思想政治教育研究会在黄河科技学院召开了民办高校思想政治教育研讨会，就如何在民办高校中加强思想政治工作进行了研讨和交流。

6 月 5 日　郑州科技职业学院挂牌成立。

8 月 6 日　省教育厅召开民办高等教育学历文凭试点学校负责人及教务处长会议，就有关教材变更一事进行研讨，确定调整学历文凭试点医学类 5 个专业的教学计划、64 门教材，非医学类 63 门教材，从 2002 年新学期开始使用。

8 月 20~23 日　省教育厅在郑州召开全省民办学校负责人高级研讨班，聘请有关专家从民办高校管理等 9 个方面进行系统培训。

8 月 30 日　河南省人民政府《关于加快高素质人才培养的实施方案》提出，鼓励社会力量办学。"十五"期间，拟再审批设置 5 所左右独立设置的民办高等职业学校，并鼓励高校设置民办的二级学院，相当于增加高等教育资源 5 亿元。

9 月 28 日　郑州树青医学院申报设置普通高等专科教育。

10 月 12 日《河南省人民政府贯彻国务院关于基础教育改革与发展的决定的实施意见》提出，基础教育以政府办学为主，积极鼓励社会力量办学。义务教育坚持以政府办学为主，社会力量办学为补充；学前教育以政府办园为骨干，积极鼓励社会力量举办幼儿园。大力发展以社区为依托，公办与民办相结合的多种形式的学前教育和儿童早期教育。普通高中教育在继续发展公办学校的同时，积极鼓励社会力量办学。

10 月 16 日　贾连朝副省长在全省基础教育工作会议上讲话，强调鼓励社会力量办学和捐资办学。

10 月 19 日　贾连朝副省长到郑州大学升达经贸管理学院调研。

11 月 2 日　省教育厅在郑州召开全省民办高等教育改革与发展研讨会，参加会议的有普通高校郑州大学等 9 所高校校长，民办高校黄河科技学院等 8 所高校的校长和部分市教委、省直有关厅局、厅直机关的领导等。

11 月 15 日　省教育厅批准设立河南教育国际专修学院、洛阳新艺影艺专修学院、华北石油文化专修学院、焦作创业高等人才培训中心 4 所高等层次（非学历教育）学校。批准郑州航海专修学院为学历文凭考试试点学校。

本年，教育厅向教育部申报设置民办树青医学高等专科学校。

省教育厅组织三个调研组分赴陕西、江苏、浙江、上海等地以及省内就社会力量办学做专题调研。

省教育厅同意 23 所民办学校开展实施高等教育学历文凭考试试点工作。

全省社会力量举办的职业培训机构总数为 1062 所，全年培训各类人员 18.30 万人，结业 15.80 万人。62915 人获得职业资格证书，89320 人实现就业。

郑州市出台《社会力量办学管理若干意见》，命名 10 所社会力量办学示范性学校。

开封市对申请的 22 个单位进行考察，批准新世纪高中等 21 所民办教育机构试办。

洛阳市评出社会力量办学合格单位 118 个，不合格及停办单位 4 个。

平顶山市依法查处了 6 个非法办学单位，清理了 20 个未经批准的办学机构。

安阳市制定《民办小学、初中基本设置标准》。全年审批社会力量办学（班）233 所。

濮阳市制订《关于大力发展全市民办教育的意见》。

许昌市召开社会力量办学工作会议。市政府下发《关于加快社会力量办学改革和发展的意见》，鼓励投资民办教育。

三门峡市出台《关于加快社会力量办学改革和发展的意见》。

南阳市召开社会力量办学工作会议，明确了社会力量办学的发展目标和发展民办教育的优惠政策。

信阳市召开社会力量办学工作会议，市政府出台《关于加快发展社会力量办学的意见》。

禹州市第一私立中学舞蹈队赴京参加中央电视台举办的"全国首届校园春节联欢晚会"。

北京大学附属中学河南分校创办。

2002 年

1 月 19~20 日　河南省社会力量办学协会 2001 年年会在黄河科技学院举行。

2 月 4 日　省教育厅厅长王日新在全省教育工作会议上讲话指出，民办高等教育成为河南高等教育的重要组成部分。

3 月 2 日　中国科学院院士、北京大学常务副校长、中国科协副主席、九三学社中央主席韩启德被郑州科技职业学院聘为首席顾问。此前，北京大学博士生导师、九三学社中央常委金开诚，原河南大学校长李润田，教授孙心一被聘为顾问。

3 月　教育部批准在原郑州树青医学院的基础上建立郑州澍青医学高等专科学校。

4 月 25~27 日　全国民办高校思想政治教育座谈会在黄河科技学院举行。

5 月 10 日　全国人大教科文卫委员会主任朱开轩到黄河科技学院视察。

6 月 6 日　省教育厅公告，要求异地办校、各类分校和"公有民办"办学体制改革试点学校均需由省级教育部门批准。截至 6 月底，经省教育厅批准的各类分校和"公有民办"办学体制改革试点学校共 43 所。

7 月 29 日　黄河科技学院 2000 级工业与民用建筑专业学生曹阳为救落水的 14 岁中学生申龙及其父亲英勇献身。2004 年 6 月 14 日，河南省人民政府批准曹阳为革命烈士。

8 月 8 日　省委组织部同意建立中共澍青医学高等专科学校委员会和纪律检查委员会。

8 月　根据教育部文件精神，省教育厅要求，确定从 2003 年起，每年向社会公告全省民办高等教育机构的招生资格，未经公告的民办高等教育机构不得擅自招生。

8月 省劳动和社会保障厅指导各地对社会力量举办的职业技能培训机构进行了治理整顿,并在全省开展了评先表彰活动,共评出先进单位47个,先进个人56名。

10月 教育部下发《关于进一步规范民办教育机构办学秩序的通知》。省教育厅发出明传电报,在各市进行自查的基础上,组织检查组对民办教育发展较快、办学比较集中的郑州、洛阳、开封、新乡、许昌5市进行抽查。

11月28日 省教育厅、省人事厅、省财政厅下发通知,调整计划内退养民办教师生活补助费,教(工)龄满35年的小学高级(中学一级)退养民办教师生活补助费为420元。

11月 省教育厅对新乡民办教育机构的办学秩序进行检查,在听取市、县教育局自查和检查情况汇报的基础上,抽查了新乡市新谊学校、新乡医学专修学院、长垣县凯杰中学、长垣县保华中学等7所学校,并就检查学校的现状、存在的问题、建议写出了检查报告。

12月28日 《中华人民共和国民办教育促进法》颁布。

本年,郑州市出台《民办高等学校工作会议制度(试行)》和《民办高等学校招生广告(简章)审批制度(试行)》。

开封市对社会力量办学进行年审,市直民办学校63所中有60所合格,2所暂不合格,1所不合格,评出20所优秀学校。

许昌市对全市新申报的13所民办学校进行评估,共有10所学校获准招生,使全市社会力量办学机构增至439所。

周口市投入1.9亿元,新建民办学校19所,其中高中4所,初中、小学各7所,幼儿园1所,本年招生33697人,在校生115453人,形成公办学校和民办学校共同发展的良好格局。

驻马店市建立民办学校董事会审查制度和校长任命制度。

省委组织部批准郑州科技职业学院建立党委和纪检委。

郑州科技职业学院与清华大学联合办学。

郑州市教育局批准在陈中数理化培训学校的基础上建立郑州晨钟(陈中)教育集团,这是河南省会首家民办培训教育集团。

全省社会力量举办的职业技能培训机构 1036 所，全年培训 21.2 万人，结业 19.3 万人。118260 人取得结业证书，74576 人获得职业资格证，116526 人实现就业。

2003 年

1 月 6 日　黄河科技学院被教育部评为全国万人民办高校十大名校。

1 月 18 日　胡大白当选为全国人大代表。

2 月 7 日　共青团中央书记周强到黄河科技学院视察。

5 月 10 日　省教育厅厅长蒋笃运到黄河科技学院等民办学校检查非典防治工作。

6 月 11 日　《河南省人民政府贯彻国务院关于大力推进职业教育改革与发展的决定的实施意见》提出，鼓励和支持民办职业教育的发展。

6 月 19 日　省委书记李克强到黄河科技学院进行调研并帮助解决学院发展的问题。

6 月 20 日　李成玉省长在全省职业教育工作会议上讲话指出，民办教育是我国教育事业的组成部分，要在发展民办职业教育上迈出更大步伐，做到政策上支持、招生上放开、机制上搞活，把社会办学的重点引向中、高等职业教育，形成公办民办学校共同发展的新格局。

同日　贾连朝副省长在全省职业教育工作会议上讲话明确指出，要鼓励和支持民办职业教育发展。

同日　蒋笃运厅长在全省职业教育工作会议上讲话指出，积极推进办学体制创新，加快形成"政府主导，行业参与，企业和社会力量共同参与"的多元化职业教育办学格局。

同日　省教育厅、省政府法制办联合召开《河南省实施〈民办教育促进法〉办法（草案）》论证会。

7 月 21 日、8 月 11 日　中共河南省委常委、郑州市委书记李克两次到黄河科技学院考察调研。

8 月 18 日　省教育厅、省人大教科文卫工委、省人大法制办、省政府法制办、省司法厅、省劳动和社会保障厅联合下发《关于学习宣传贯彻〈民办教育促进法〉的通知》。

8 月，郑州经贸职业学院完成首届招生工作。

9 月 1 日 《中华人民共和国民办教育促进法》实施，标志着我国民办教育的发展进入新的阶段。

9 月 省委高校工委同意郑州科技职业学院建立党委、纪委。12 月 23～25 日，郑州科技职业学院召开第一届党员大会，选举秦小刚为党委书记，杨光堂为纪委书记。

10 月 25 日 李成玉省长在全省农村教育工作会议上讲话指出，要积极推进办学体制改革，大力发展民办教育，明确提出民办教育是我国教育事业的重要组成部分。

11 月 1 日，郑州大学升达经贸管理学院举行建校 10 周年校庆。副省长贾连朝等省市领导到会祝贺。

本年，省教育厅审批试办安阳师范学院人文管理学院、新乡医学院三全学院、中原工学院信息商务学院、信阳师范学院华锐学院、河南大学民生学院、河南职业技术师范学院新科学院、河南师范大学新联学院 7 所独立学院。

郑州市举办首届民办学校校长任职资格培训班。

郑州市教育局邀请全国人大教科文卫委员会专家叶齐炼作《民办教育促进法》贯彻实施专题报告，解读《民办教育促进法》。

安阳市政协、市教育局召开全市社会力量办学座谈会。

鹤壁市出台《关于大力促进民办教育发展的意见》。

许昌市按照《民办学校督导评估标准》，对 69 所民办学校进行督导评估，评出合格以上学校 65 所，限期整顿 3 所，取缔 1 所。

漯河市建立民办教育机构例会制度。组织 5 个督查组，历时 40 天，对全市民办教育机构进行拉网式排查，清理整顿，取缔 68 家不合格机构。

信阳市制定《民办初中设置标准》和《民办教育机构管理办法》。市教育局批复民办高中 5 所，民办初中 2 所，民办培训学校 1 所。

驻马店市积极贯彻市政府《关于大力发展社会力量办学若干问题的意见》，落实社会力量办学政策。

郑州华夏中学被省社会力量办学协会评为"民办教育先进单位"。

延津县光华文武学校在全市选聘教职工。

鄢陵县育才学校团组织被评为许昌市"五四红旗团总支"。

新密市剑桥英语学校 82 名学生参加全国剑桥少儿英语等级考试，通过率为 91%。

河南油田金色摇篮幼儿园 2002 年在深圳创办金色蓓蕾幼稚园，2003 年参加香港、澳门、深圳三地少儿珠心算大赛，囊括幼童组全部金、银、铜奖。

潢川县振华学校被省社会力量办学协会评为"民办教育先进单位"。

2004 年

2 月 27 日　省委书记李克强在全省高等教育工作会议上讲话指出，要深化办学体制改革，大力发展民办教育。民办高校在征地、贷款等各方面要与公办高校享受同等待遇。省长李成玉在本次会议上讲话指出，要进一步放宽政策，鼓励社会力量办学。

3 月 22 日　中共河南省委、河南省人民政府《关于加快高等教育改革与发展的意见》提出，大力发展民办高等教育，使民办高等教育成为高等教育的快速生长点，形成公办教育和民办教育共同发展的新格局。

3 月 26 日　省教育厅厅长蒋笃运在全省教育工作会议上讲话披露，省人大已对《河南省贯彻〈民办教育促进法〉实施办法（草案）》进行了一审，并计划年内进行二审。要求以贯彻落实《民办教育促进法》为重点，大力发展民办教育。今后，全省高等教育规模增量部分主要用于民办高校。要积极探索民办教育的多种实现形式，各级各类教育都可以办民办教育，民办教育的发展也可以有多种形式。

4 月 1 日　《中华人民共和国民办教育促进法实施条例》施行，标志着民办教育进入了依法办学的新时期。

4 月 20 日　郑州澍青医学高等专科学校举行建校 20 周年庆祝活动。

4 月 23 日　李成玉省长到黄河科技学院调研。

4 月　新设置的 10 所高职学校中的 7 所公办学校全部实行公办民助模式。

5 月 25 日　省学位委员会批准黄河科技学院为新增学士学位授予单位。

6 月 11 日　省政府办公厅转发省教育厅、省编办、省发展改革委、省财政厅、省民政厅、省劳动保障厅、省建设厅、省卫生厅、省妇儿工委、省妇联《关于幼儿教育改革与发展的实施意见》指出，积极鼓励和提倡社会各方面力量采取多种形式举办幼儿园。

7～8月　省教育厅审批121所公办中小学举办"国有民办""公办民助"性质的分校，其中高中分校87所。

8月26日　全国妇联副主席陈秀榕视察黄河科技学院。

8月　省委高校工委同意郑州经贸职业学院建立党委和纪委。11月，学院召开党员大会，选举产生党委、纪委班子。朱柏生任党委书记，曹文斌任党委副书记兼纪委书记。

9月14日　省委书记徐光春到郑州大学升达经贸管理学院视察。

9月16日　省委副书记王全书到黄河科技学院调研。

10月26日　省教育厅、省发展改革委、省人事厅、省财政厅、省劳动和社会保障厅、省民政厅、省公安厅、省国土资源厅、省地税厅、中国人民银行郑州中心支行联合下发《关于进一步促进民办高等教育发展的意见》。

11月20日　在10周年年会上，河南省社会力量办学协会更名为河南省民办教育协会。

本年，郑州市对民办教育机构进行年度审查。经评审，市直属民办学校中有117所被确定为合格学校，25所确定为整改学校，9所确定为不合格学校被取消办学资格。

开封市对全市102所社会力量办学机构进行年审。2004年又审批社会力量办学机构36所，验收转正学校11所。

安阳市发布《关于公布社会力量办学年审结果的通知》，公布了17个社会力量办学合格单位，3个社会力量办学整顿单位，2个社会力量办学停办单位。对新申请办学的安阳市凤隆高级中学等5所民办学校（班）进行资格审查和实地考察验收。印发《安阳市教育局关于公布社会力量办学学校名单的通知》，对5所学校予以公布。

开封县举办《民办教育促进法》学习班，成立了民办教育协会，制定了民办教育管理章程，规范了民办教育招生、教师聘任等。

杞县教育局首次与各民办学校签订《目标管理责任书》，建立起以年审、评估为主要监督机制的办学许可证制度，评出优秀民办学校7所，合格学校 34 所，暂不合格学校 3 所。

禹州市出台《禹州市人民政府关于加强民办学校教师管理的意见》，打通公办民办教师的流动渠道。

郾城县加强民办幼儿园管理。对全县民办幼儿园进行重新备案、登记。对不符合办园条件的进行查封，停办整顿。对未经教育主管部门批准设立的 38 处民办幼儿园提出了整顿意见，对一处幼儿园进行了查封停办处理。

安阳市湖滨区举办首届民办教育艺术节。

周口市海燕职业中等专业学校为 2047 名贫困生减免学费共 123.70 万元。

郏县慧星城小学组织少先队员赴北京、上海等地参观学习。

2005 年

1 月 15 日　省教育厅厅长蒋笃运在全省教育工作会议上讲话指出，民办教育成为教育新的增长极。以政府办学为主，多元化投入、多种所有制办学的新格局正在逐步形成。要促进公办教育和民办教育协调发展。对民办教育，一要发展，二要规范，但工作侧重点或者工作重心是要放在发展上。

1 月 13~18 日　教育部专家组对河南理工大学万方科技学院等 8 所独立学院进行教学检查，7 所独立学院获得"较好（最高评价）"结论，在 2006 年的招生计划安排上得到了教育部的倾斜支持。

2 月 4 日　省教育厅转发国家发展和改革委员会、教育部、劳动和社会保障部《关于印发〈民办教育收费管理暂行办法〉的通知》。

6 月 28 日　团中央第一书记周强到黄河科技学院考察。

6 月　省教育厅在深入基层、广泛调查研究的基础上，代表省政府起草了《进一步促进民办教育发展的决定（草案）》。

9 月 1 日　黄河科技学院创办人之一、常务副院长杨钟瑶因病去世。

9 月 14 日　省委书记徐光春到郑州大学升达经贸管理学院调研并发表讲话。

11 月 11 日　教育部副部长吴启迪到黄河科技学院考察。

11 月 12 日　郑州大学升达经贸管理学院举办首次"全国民办高校国贸

与会计专业本科教学展示会"。

本年，民办高等教育招生 3.97 万人，占全省总数的 14.33%。

教育部批准设置河南农业大学华豫学院。

省教育厅审批设置民办安阳高等专修学院和河南金马电脑专修学院。

根据 2004 年对民办学校的年审结果，为全省 5200 所民办学校和民办教育机构核发了新的"办学许可证"。

省教育厅在郑州、洛阳、平顶山、信阳、新乡、开封等省辖市分别举办了民办学校校长任职资格培训班。

指导和审批嵩山少林武术职业学院、郑州澍青医学高等专科学院、郑州交通职业学院 3 所民办高校召开了党员（代表）大会。

指导和成立了嵩山少林武术职业学院、郑州电子信息技术职业学院 2 所民办高校党委，并对党委、纪委主要负责人的人选进行了考察和明确。

郑州市人民政府出台《促进民办教育发展的意见》。

洛阳市 4 次召开民办学校校长座谈会，共商民办教育发展大计。

平顶山市深化民办学校管理体制改革，实行分级审批、分级管理、分级负责制度，将市区民办小学、民办学前教育机构、初等文化、艺术培训机构的审批权限下放给区教育行政部门。

安阳市公布 15 所社会力量办学合格单位，5 所整顿单位，4 所停办单位。

许昌市取缔 4 所违规违纪办学单位。

周口市新建民办学校 67 所，全市民办学校达到 426 所。

驻马店市 4 月成立民办教育协会，市政府 12 月 28 日在平舆县召开全市民办教育发展现场会。

济源市出台《民办教育发展意见》。

郑州科技职业学院、郑州交通职业学院、郑州华信职业学院开展 2 年制、3 年制的人才培养模式和教育内容体系改革试点。

台前县新区实验小学被评为濮阳市"示范学校"。

2006 年

2 月 23 日　省委高校工委、省教育厅《2006 年度工作要点》提出要促进民办教育健康快速发展。

2月27日 省教育厅厅长蒋笃运在全省教育工作会议上讲话要求，要大力发展民办职业教育，大力发展民办教育。

3月1日 省政府批准设置郑州电力职业技术学院。

4月19日 河南省人民政府《贯彻国务院关于大力发展职业教育的决定的实施意见》提出，要大力发展民办职业教育。

4月21日 李成玉省长在全省职业教育工作会议上讲话指出，要把民办职业教育纳入职业教育发展的总体规划，进一步加快民办职业教育发展。

4月 教育部批准设置河南财经学院成功学院。

8月3日 郑州澍青医学高等专科学校创办人、董事长王树青逝世，享年96岁。

9月8日 省政协副主席曹策问、教育厅副厅长訾新建到黄河科技学院考察。

10月1日 焦作市《实施〈民办教育促进法〉办法（试行）》颁布。

11月5日 鹤壁市民办教育促进会成立

12月30日 河南省民办职业教育分会成立。

2007年

2月1日 中共河南省委组织部、中共河南省委高校工委、中共河南省教育厅党组《关于加强民办高校党的建设工作的实施意见》发布。

2月7日 省教育厅厅长蒋笃运在全省教育工作会议上讲话指出，要引导民办教育健康发展。

2月10日 《民办高等学校办学管理若干规定》施行，标志着民办教育的法制建设上了一个新台阶。

3月23日 《中国教育报》发表河南省教育厅副巡视员刁玉华的文章《对河南民办教育发展的几点思考》。

3月28日 分别位于周口、商丘、南阳、许昌等地的12所民办学校组建的河南省江河教育集团在周口成立。

3月 中原工学院与嘉宏控股集团有限公司联合重组中原工学院信息商务学院。

4月7日　第十届全国人大常委会副委员长成思危到黄河科技学院视察。

4月9日　河南财经学院成功学院党委成立。6月21日召开党员大会，选举产生第一届党委班子。

4月10日　河南民办教育工作领导小组成立。

4月20日《河南省高等职业教育"十一五"发展规划》提出：鼓励、引导、支持企事业单位、社会团体及公民个人投资办学，引导民办公助、公办民助、股份制等多种办学体制的健康有序发展。大力发展民办高等职业教育。把发展民办高等职业教育作为全省高等职业教育发展的新的增长点，纳入高等职业教育发展的总体规划。

6月12日《河南省教育事业发展"十一五"规划》提出，积极发展民办教育。"十一五"期间，民办学校在校生占全省在校生的比例达到10%左右，其中民办普通高等教育在校生占普通高等教育在校生的比例达到20%左右。培育出一批质量较高、特色鲜明、社会声誉良好的示范性学校。

6月17日　嵩山少林武术职业学院被确定为"汉语国际推广少林基地"。

6月29日　河南省教育厅《关于进一步规范独立学院管理促进独立学院健康发展的意见》发布，对全省独立学院的规范管理、健康发展等提出了具体要求。

8月29日　商丘科技职业学院党委成立。10月11日召开党员大会，选举党委班子，郑炳钦任书记。

8月30日　河南省人民政府办公厅转发省财政厅、省教育厅制定的《河南省农村义务教育"两免一补"实施方案》，将在本年初被排除在"两免一补"政策之外的民办学校学生重新纳入政策保障范围。

本年，郑州市印发《民办学历、非学历教育招生章程（广告）审核备案工作的意见》。

开封市印发《对民办学校管理的若干规定（试行）》。

洛阳市对民办中职学校教学管理等工作进行检查。

平顶山市取缔非法举办的幼儿园344所。

安阳市审批公布4所民办职业技术中等专业学校。成立安阳市民办教育领导小组。

鹤壁市召开民办教育促进会第一次常务理事会。

濮阳市召开首次民办教育工作会议。九部门联合印发《关于进一步加强民办学校管理的通知》。出台《中共濮阳市教育局党组关于加强民办学校党的建设工作的意见》,选派7名干部兼任民办学校党支部书记。

许昌市批准设置5所民办职业中专。

三门峡市人大教工委召开全市民办教育调研座谈会。

信阳市设立民办初中、高中各4所。

周口市新建民办职业学校3所,民办高中1所。

驻马店市下达整改通知书130份,取缔非法办学机构197个。

邓州市成立社会力量办学管理办公室。

项城市对民办学校教师的聘用、晋级、晋职实行统一管理,与公办学校一视同仁。

2008 年

1月3日　黄河科技学院民办教育研究所获评全国优秀高等教育研究机构。

1月6日　2007年河南省民办教育协会年会暨第二届河南省民办教育发展论坛在黄河科技学院召开。

1月26日　省委组织部部长叶冬松在第十六次全省高校党的建设工作会议上讲话指出,要完善民办高校党建工作,选好配强民办高校党组织负责人,切实加强民办高校党组织领导班子建设,确保民办高校的办学方向和办学质量。

1月27日　副省长孔玉芳在2008年度全省教育工作会议上讲话指出,要积极发展民办教育,把民办教育作为教育事业发展新的增长点和办学机制创新的突破口,采取得力措施,积极鼓励和大力支持民办教育的发展。

同日　省教育厅厅长蒋笃运在2008年度全省教育工作会议上讲话指出,要继续大力支持民办教育发展。

2月9日　《光明日报》理论版刊发省教育厅厅长蒋笃运《河南教育的历史性跨越》指出,办学主体实现了由单一的政府办学向多元化办学的跨越。改革开放30年来,河南的民办教育、社会力量办学和中外合作办学迅速发展，成为河南教育发展新的增长极，成为河南教育体系中的重要组成部分。

2 月 22 日　教育部发布《独立学院设置与管理办法》。

3 月 25 日　省政府批准设置周口科技职业学院。

4 月 9 日　教育部同意在郑州科技职业学院的基础上建立郑州科技学院，在郑州华信职业技术学院的基础上建立华信学院。两校均由专科层次升格为本科层次。

4 月 28 日　省委书记徐光春到黄河科技学院调研，与师生代表座谈并做报告。

同日　省教育厅下发《关于开展民办普通高校评估工作的通知》，就评估的指导思想、步骤和方法、评估结果的处理做出明确规定。

4 月 30 日　省教育厅印发《关于贯彻落实教育部〈独立学院设置与管理办法〉的实施意见》。

5 月 16 日　郑州科技学院举行建校 20 周年庆典暨本科揭牌仪式。

5 月 17 日　中国民办教育协会成立，胡大白当选为中国民办教育协会监事会主席。

5 月 24 日　省政府办公厅印发《关于规范义务教育阶段办学体制改革试验工作的意见》。截至 12 月 15 日，全省经批准进行义务教育阶段改制试验的 141 所学校中，80 所回归公办，占 56.74%；25 所改为民办，占 17.73%；停办 25 所，占 17.73%；另有 11 所性质待定。

6 月 16~20 日　黄河科技学院通过教育部本科教学评估。

11 月　郑州大学升达经贸管理学院举行建校 15 周年庆典。

12 月 5 日　河南省人民政府《关于实施职业教育攻坚计划的决定》指出，促进民办职业教育加快发展。要认真贯彻《中华人民共和国民办教育促进法》及其实施条例，落实支持民办职业教育发展的政策措施。

12 月 6 日　改革开放三十年河南省民办教育颁奖盛典暨商丘科技职业学院附属商丘兴华学校特色办学现场会在商丘科技职业学院举行。

12 月 13 日　信阳师范学院华锐学院承办河南省独立学院协会 2008 年年会。

本年，郑州市整改民办学校（机构）9 所，停办 4 所。

开封市评出暂不合格民办学校（机构）10 所，取缔 3 所。

安阳市审批民办学校（机构）630 个。

新乡市整改 12 所、取缔 20 所民办学校（机构）。

焦作市拨付民办学校扶持资金 110 万元。

许昌市审批民办职业学校 5 所。

商丘市责令 20 所民办教育学校（机构）限期整改，35 所停止招生，34 所取消办学资格。

信阳市设立民办高中 2 所。

周口市新建民办幼儿园 7 所，民办小学 68 所，民办初中 3 所，民办高中 5 所，民办中等职业学校 17 所。

郸城县成立民办教育协会。

驻马店市启动民办教育骨干教师培养对象培训计划，全年培训 460 人。

中牟县成立民办学校领导组。

永城市 36 所民办学校（机构）被责令限期整改。

郑州一八联合国际学校、郑州新奇中学创办。

2009 年

2 月 17 日　省教育厅厅长蒋笃运在 2009 年度全省教育工作会议上讲话指出，河南的民办教育和合作办学得到了前所未有的发展。

3 月 29 日　全国政协副主席陈宗兴到郑州交通职业学院视察指导。

4 月 6 日　全国人大外事委员会主任委员、外交部前部长李肇星莅临商丘科技职业学院作《实践科学发展 促进国家强盛》的报告并受聘出任学院名誉院长。

4 月 16~17 日　由中国民办教育协会中小学专业委员会、河南省民办教育协会、商丘市人民政府主办，中华成功教育研究会、商丘兴华学校协办的全国民办中小学课堂教学改革交流研讨会在商丘科技职业学院举行。

4 月 20 日　省教育厅、省发展改革委、省财政厅、省人力资源社会保障厅联合下发《关于河南省中等职业学校布局调整的实施意见》，鼓励民办中等职业学校在公办或民办中等职业学校之间进行重组，优化民办职业学校布局，整合民办职业教育资源。

5月22日　河南省人民政府、中华人民共和国教育部《关于印发共建国家职业教育改革试验区实施方案的通知》提出，探索建立多元化的职业教育办学体制。鼓励公办职业院校引入适应市场、灵活高效的办学机制，采取公办民助、国有民办、民办公助等多元化办学模式，形成政府主导、充分发挥行业企业作用、社会力量积极参与的多元化办学格局。

6月2日　由郑州大学西亚斯国际学院和美国富特海斯州立大学联合援建的西亚斯—富特海斯希望小学在四川省江油市厚坝镇犀牛村落成。

7月25~27日　郑州澍青医学高等专科学校承办2009年全国康复职业教育研讨会。

10月　黄河科技学院院长胡大白、郑州大学升达经贸管理学院创办人王广亚获评"感动中原60年60人"。

11月1日　中国教育学会会长顾明远考察沁阳市永威学校。

11月10日　全国政协副主席、中华职教社理事长张榕明视察黄河科技学院。

11月19~20日　省教育厅在郑州召开民办高校学生管理服务工作座谈会。

12月　省教育厅对周口海燕职业中专等36所民办学校、北大附中河南分校等181个民办教育先进集体和240名民办教育先进个人进行表彰。

本年，国家汉语国际推广少林武术基地进入实质性建设。

郑州市设立郑州广志职业技术中等专业学校等8所民办学校（机构）。对174名民办学校校长进行了任职资格核准。对民办学校义务教育阶段在校生实行免学杂费政策，市管26所民办中小学24601名在校生免除358.50万元学杂费。

开封市批准设立11所民办学校。

安阳市表彰18所民办学校。

鹤壁市出台《关于印发鹤壁市促进民办教育发展的若干优惠政策的通知》，从投资主体、用地政策、办学条件、资金奖励、师资队伍等方面提出了促进民办教育发展的具体优惠政策。

新乡市审批民办学校（机构）5所。

焦作市累计投入民办学校扶持资金430余万元。

驻马店市新设置民办学校 6 所。全市取缔非法培训班 236 个，整改 113 个。

邓州市出台《关于进一步加强规范民办学校（幼儿园）办学行为的通知》。取缔 6 所不合格民办学校。对 63 所民办学校负责人进行了任职资格和法律知识培训。

永城市取缔不合格民办学校（幼儿园）18 家。

郑州华信学院附属中学创办。

2010 年

2 月 5 日　黄河科技学院董事长胡大白作为全国民办高校的唯一代表，参加了由国务院总理温家宝在中南海主持召开的《国家中长期教育改革和发展规划纲要》征求意见座谈会。她提的多条建议被吸收入《国家中长期教育改革和发展规划纲要（2011~2020 年）》的定稿中。

3 月 12 日　省教育厅召开 2010 年度民办教育工作会议，总结交流各地民办教育发展情况、开展的主要工作、取得的成绩及存在的突出问题，部署 2010 年的民办教育工作。

3 月 25 日　省政府批复建立长垣烹饪职业技术学院。12 月 28 日，省人大常委会党组书记、常务副主任李柏拴，省政协常务副主席王训智为学院揭牌。

4 月 16 日　第十届全国人大常委会副委员长许嘉璐视察郑州大学西亚斯国际学院。

4 月 22 日　郑州科技学院召开首届教职工代表大会。

同日　全国高教工委素质教育委员会全国职业素质等级考试培训基地在郑州科技学院挂牌。

4 月　海基会副董事长孔廉带领海基会文教参访团参访郑州升达经贸学院。

7 月 12 日　中国民办教育发展大会筹备会在黄河科技学院召开。

8 月 18 日　国家自然科学基金委员会公布 2010 年申请项目评审结果，黄河科技学院纳米功能材料研究所杨保成博士主持，王建方、张守仁、赵春梅等参与申报的面上项目"基于新型噻吩功能化的结构导向剂制备介观结构 TiO2 复合材料及光电性能研究"，获批国家自然科学基金立项，资助经费 29 万元。这是河南民办高校首次获准国家自然科学基金项目立项，也标志着黄河科技学院在国家级科研项目上实现了零的突破。

8 月 30 日　省政府下发《关于永城职业学院办学体制改革的批复》，同意商丘市与河南煤业化工集团合作办学。永城职业学院改制后的办学性质为股份制高等职业学校，参照民办管理。

9 月 15 日　省委书记卢展工到长垣烹饪职业技术学院调研。

9 月　省委任命丁松林任黄河科技学院党委书记。

10 月 11 日　胡大白获黄炎培杰出校长奖。

10 月 19 日　省委任命岳修峰任郑州科技学院党委书记。

11 月 7 日　由黄河科技学院承办的中国民办教育发展大会暨全国民办教育协会年会在郑州举行，来自全国各地民办教育界的数百名代表围绕如何推动民办教育发展与创新等进行了深入探讨与交流。全国人大常委会副委员长严隽琪，全国政协副主席张榕明，教育部副部长鲁昕，省领导王菊梅、刘满仓、龚立群等出席会议。

11 月 12 日　黄河科技学院参加全国大学生英语竞赛（NECCS）学生在该赛事总决赛中荣获一等奖 5 项，二等奖 13 项，三等奖 26 项，优秀奖 85 项；同时，学校被授予"优秀组织奖"荣誉称号，取得了该校参加此项赛事以来的最好成绩。全国大学生英语竞赛（NECCS）由高等学校大学外语教学指导委员会和高等学校大学外语教学研究会联合主办，是教育部批准的全国唯一的大学生英语综合能力竞赛活动。

11 月 27 日　中宣部新闻局局长、《党建》杂志主编刘汉俊到黄河科技学院考察。

12 月 11~12 日　由郑州市教育局主办的首届郑州民办幼儿园园长论坛举行。5 位幼教专家和 17 名优秀园长一起探讨民办幼儿园的生存与发展，寻求民办幼儿园专业化、特色化办园之路。

12 月 15 日　全省民办教育机构开始年检。消防、食品卫生、校舍和校园管理等方面不达标的民办学校或民办教育机构停止招生，进行整改；不经审批和备案，不具备办学条件私自办学的"学校""机构"均被叫停。

12 月 17 日　省政府同意北京北大学园教育投资有限公司在郑州市筹建

郑州北大学园职业技术学院，其办学性质为民办。

12月24日 河南省毕业生就业市场民办类分市场在郑州科技学院正式挂牌成立。

12月27日 黄河科技学院交响乐团、合唱团共同携手河南著名指挥家岳辉在黄河科技学院音乐厅将《红楼梦》交响组曲首次推上河南舞台。

本年，郑州市设立100万元的民办教育专项资金。对全市923名民办学校校长进行任职资格培训，对264名民办幼儿园园长进行任职资格培训。完成了全市1489个民办学校（机构）的年检和换发新证工作。建立了民办学校信息查询系统。为市管25所义务教育阶段民办学校符合条件的17251名在校生兑付学杂费250.37万元，为符合条件的11所义务教育阶段民办学校兑付生均公用经费216.87万元。

开封市审查民办学校140余所，取缔7所，规范5所。

安阳市下发《安阳市教育局关于进一步明确民办学校审批管理职能的通知》，市教育局召开民办教育工作会，表彰18所民办学校，3个先进集体，4名先进个人。督促文峰区教育局取缔了违法违规办学的太阳升教育中心。

濮阳市教育局、濮阳市公安局下发《关于清理整顿非法民办学校的紧急通知》，对全市非法举办的民办学校进行了一次全面清理整顿，共取缔非法民办学校580所。

焦作市全市财政累计为民办学校拨付扶持资金590万元。

周口市确定本年为加强民办教育管理年。召开全市民办教育管理工作会议。出台《进一步加强民办教育管理工作的意见》。

邓州市政府下发《关于进一步加快民办教育发展的意见》。

优秀民办教育工作者李灵被评为"感动中国"十大人物、全国劳动模范。

2011 年

2月23日 省委副书记、省政协主席、组织部部长叶冬松在第十九次全省高校党的建设工作会议上指出，持续完善民办高校党建工作。民办高校党的建设是新形势下高校党建工作的新领域，也是当前高校党建工作的薄弱环节。

3月2日　省委高校工委、省教育厅党组发文要求，要深入推进办学体制改革，加强对民办学校的统筹规划、政策引导和监督管理，研究制定支持民办教育发展的政策措施；清理并纠正各类歧视民办教育政策。依法保障民办学校及其学生、教师的合法权益，改善民办教育发展环境。

3月14日至6月30日　郑州大学升达经贸管理学院4个专业的28名学生和1名教师前往我国台湾苗栗育达商业科技大学进行研习交流，开河南省高校成规模整学期赴台研修学习的先河。

3月24日　郑州市教育局公布了民办中等层次学校（机构）2010年度年检结果，其中，合格单位119所，基本合格单位8所，不合格单位11所，停办单位10所，新批学校8所。

3月　通过全国高等学校设置评议委员会评审，商丘科技职业学院升级为民办本科高校，校名为商丘工学院；郑州大学升达经贸管理学院转设为独立设置的民办本科高校郑州升达经贸管理学院；河南农业大学华豫学院转设为独立设置的民办本科高校商丘学院。

4月11日　河南省人民政府办公厅转发《关于创新投融资机制鼓励引导社会资本投入教育领域意见的通知》要求，鼓励社会资本以多种形式发展教育。各地要把积极鼓励引导社会资本投入教育工作纳入教育事业发展规划，统筹安排。坚持教育公益性原则，积极鼓励企事业单位、社会团体、其他社会组织及公民个人利用非财政性资金依法独资、合资、合作办学。支持经济实力雄厚的企业投资兴建一批高起点、高水平的民办学校。

4月25日　教育部副部长鲁昕一行到黄河科技学院考察。

5月24日　教育部同意设立信阳涉外职业技术学院、鹤壁汽车工程职业学院、南阳职业学院、郑州商贸旅游职业学院。郑州布瑞达理工职业学院更名为郑州城市职业学院。

5月26~27日　全国人大常委会副委员长陈至立等到黄河科技学院考察。

5月31日　黄河科技学院董事长胡大白被评为"中国好人"。

同日　省政府印发《关于大力发展学前教育的意见》指出，要鼓励社会力量以多种形式举办幼儿园。

9月6日　郑州市政府出台《关于进一步扶持民办教育发展的若干意

见》规定，市财政设置每年 0.5 亿元民办教育发展专项资金，专门用于支持民办教育发展；对符合投资办学者，每个教学班至少给予 20 万元奖励。

10 月 19 日　洛阳市出台 12 条具体措施，支持民办教育发展。

11 月 13 日　河南省电子学会单片微机专业委员会学术探讨会在郑州科技学院举行。

11 月 15~18 日　副省长徐济超带领省政府办公厅、省教育厅、省财政厅、省人力资源和社会保障厅有关负责同志先后到济源、焦作、安阳、濮阳、鹤壁、新乡 6 市调研职业教育工作。

11 月 18 日　副省长徐济超视察长垣烹饪职业技术学院。

11 月 22 日　郑州市召开民办教育工作会议，总结民办教育发展经验，表彰 2010 年度民办教育先进单位和个人。

12 月 7 日　九三学社郑州大学委员会与郑州科技学院签约"九校合作"项目。

12 月 9 日　省教育厅印发《关于表彰 2011 年度优秀民办学校的决定》，决定授予郑州升达经贸管理学院等 47 所民办学校 2011 年度优秀民办学校称号。

12 月 14~15 日　副省长徐济超带领省政府办公厅、教育厅、财政厅、人力资源和社会保障厅等有关部门负责同志到三门峡、洛阳、漯河 3 市调研职业教育工作。

12 月 18 日　鹤壁汽车工程职教集团成立。

12 月 31 日　河南省财政厅、教育厅印发《河南省财政扶持民办幼儿园发展奖补资金管理暂行办法》，自 2011 年起，省财政设立"扶持民办幼儿园发展奖补资金"，扶持普惠性、低收费民办幼儿园发展。奖补资金的目的是，通过奖补资金引导，促使民办幼儿园提供普惠性服务；促进民办幼儿园自主采取措施，提高办园质量与水平，从而真正实现公办民办并举的学前教育体制，保障适龄儿童接受基本的、有质量的学前教育。

本年，郑州市出台《郑州市人民政府关于进一步扶持民办教育发展的若干意见》。市教育局起草了《民办学校党建工作解决办法》、《民办学校教师参保办法》和《郑州市午托机构管理办法》。

开封市新设民办学校 6 所。

商丘市制订《民办学校年审评估细则》和《商丘市民办高校年度审查实施方案》。

周口市取缔非法办学班点 800 余个。组织 240 名民办学校校长或法人代表参加业务和法制培训。

驻马店市融资 3.6 亿元用于民办学校新建、扩建。

济源市免除全市民办中等职业学校具有全日制正式学籍的所有学生的学费。

鹿邑县整改 25 所、取缔 35 所民办学校。

黄河科技学院音乐学院孙敏教授主持的"河南音乐史"获全国哲学社会科学规划办公室 2011 年度国家社科基金项目艺术学立项资助。这是我省民办高校首次获得国家社会科学基金项目,在全国民办高校中也属首次。

郑州大学西亚斯国际学院与韩国东义大学、印尼雅加达会计学院、美国哥伦比亚科技学院和杰德森大学签署友好合作协议。

郑州华信学院与美国芳邦大学、林顿伍德大学签订合作协议,与荷兰撒克逊应用科技大学建立姊妹院校关系。

河南理工大学万方科技学院在全国数学建模大赛中获得河南省一等奖一项。

新乡医学院三全学院获省大学生"华光"体育武术锦标赛团体冠军。

河南财经学院成功学院在 ERP 沙盘模拟大赛全国总决赛中获得全国二等奖、全省第一名。

商丘工学院召开第一次教职工暨工会会员代表大会。

郑州澍青医学高等专科学校通过高等职业院校人才培养工作评估。

郑州交通职业学院召开首届一次教职工暨工会会员代表大会。

2012 年

2 月 20 日至 3 月 20 日　郑州市对市属民办中小学师生进行健康体检。

3 月 15 日　省学位委员会批准中原工学院信息商务学院为学士学位授予单位。

3 月 23 日　省教育厅厅长王艳玲在 2012 年度全省教育工作会议上讲话指出,要鼓励支持社会力量依法举办多层次、多类型、多形式的民办教育,研究出台促进民办教育发展的政策措施，设立民办教育发展专项资金，加大扶持力度。

4 月 9 日　教育部同意河南财经政法大学成功学院转设为郑州成功财经学院。

4 月 16 日　鹤壁汽车工程职业学院召开第一届党员大会。

4 月 19 日　省学位委员会批准郑州科技学院、河南大学民生学院为学士学位授予单位。

4 月 23 日　省学位委员会批准郑州华信学院为学士学位授予单位。

5 月 2 日　郑州城市职业学院召开第一次党员大会，选举产生第一届党委和纪检委，曹赵灵任党委书记，海克领任纪委书记。

5 月 4 日　省民办教育发展大会暨省民办教育协会四届四次会员代表大会在郑州科技学院召开。副省长徐济超出席会议。

同日　河南省人民政府发布《关于创新体制机制进一步加快职业教育发展的若干意见》提出，加快推进职业教育多元投入机制改革，进一步健全政府主导、行业指导、企业和社会参与的多元办学机制。

5 月 8 日　郭庚茂省长在 2012 年全省职业教育工作电视电话会议上讲话指出，要在进一步加大各级财政投入的同时，多在体制机制创新上做文章，形成政府主导、行业指导、企业和社会共同参与的多元办学机制。

5 月和 9 月　省教育厅分别举办民办中小学举办者和校长培训班、民办幼儿园园长培训班各两期，培训 1000 余人。

5 月　中国民办教育协会回复黄河科技学院，同意共同筹建中国民办教育博物馆。

7 月 19~20 日　全国民办高校党的建设工作座谈会在上海召开。河南省高校工委副书记、省教育厅副厅长张亚伟在会上做了发言，黄河科技学院党委提交了《着力打造民办高校党建工作品牌》的书面交流材料。

9 月 13 日　《河南省高等学校设置"十二五"规划》发布：同等条件下，增设高等学校向民办倾斜，达到条件且有后续资金保障的民办学校优先考虑。计划在"十二五"期间，设置 6 所民办本科高校，8 所独立学院转设；新增 9 所民办高职院校。

9 月 17 日　国务院扶贫办主任范小建莅临信阳涉外职业技术学院调研。

9月 《河南省教育事业发展"十二五"规划》发布，强调大力支持发展民办教育，规范民办教育办学行为。把民办教育作为教育事业发展的重要增长点和教育体制改革的积极力量，促进公民个人、企事业单位、行业组织以多种投入方式独立举办或共同举办民办学校。

9月 河南枫叶国际学校、洛阳国际学校、洛阳华洋国际学校、欧亚国际双语学校、华夏外国语学校招生。

10月15~16日 郑州澍青医学高等专科学校承办河南省首届康复技能大赛。

10月16日 《河南省人民政府关于全面提高高等教育质量的若干意见》发布，指出要加强民办高校内涵建设，规范管理，打造若干所高水平民办高校。

10月18日 全国政协副主席、九三学社中央副主席王志珍莅临郑州电子信息职业技术学院考察。

10月30日 河南省第一所按新机制和新模式举办的独立学院——河南理工大学万方科技学院举行建院10周年庆典。

10月31日 全国人大外事委员会主任委员李肇星莅临商丘工学院做专题报告。

12月6日 2012年度河南省民办教育协会科学研究167项课题立项。

12月14日 省委第七巡视组莅临万方科技学院视察指导工作。

本年，河南民办教育发展基金由上年的150万元大幅度提升到2000万元。

全省新增民办学校2222所，民间资金投资教育达83亿元。

郑州市出台《民办教育发展专项资金使用办法》，设立民办教育专项资金5000万元。印发《郑州市优质教育资源名优民校工程2012年工作方案》，下发《规范我市民办学校审批工作的通知》。建立民办学校党建指导员制度，首次向市管36所民办学校派驻党建指导员。组织300名民办学校校长和360名民办幼儿园园长进行培训。组织118名民办学校校长和150名民办幼儿园园长分别赴上海和西安研修培训。

开封市7所民办学校停办。

洛阳市成立民办教育促进中心，出台《洛阳市关于加快民办教育发展的意见》及实施细则、《洛阳市人民政府关于促进民办非学历教育机构健康发展的意见》、《洛阳市民办非学历教育机构设置与管理办法》、《洛阳市民办教育发展专项资金管理暂行办法》等多项政策。

平顶山市对民办教育成绩突出的 5 个县（市、区）教体局、32 所民办学校、66 名先进个人进行表彰。

周口市清理取缔无证教育培训机构 78 个。

驻马店市协办全省民办高中教育管理现场会。新建民办幼儿园 116 所，改扩建 129 所。出台《驻马店市普惠幼儿园收费管理办法》。

济源市成立民办教育领导小组。

郑州澍青医学高等专科学校、郑州电子信息职业技术学院、郑州城市职业学院、郑州信息工程职业学院党委换届，黄河科技学院、郑州科技学院调整充实党委领导班子。

黄河科技学院杨保成入选教育部新世纪优秀人才支持计划。

以黄河科技学院柴远波为带头人的"河南省物联网底层无线传感网络应用技术创新团队"入选河南省"创新型科技团队"。

2013 年

1 月 5 日　被评为"最美乡村医生·最受关注乡村医生"的郑州澍青医学高等专科学校 2001 届毕业生马云飞在中南海受到国务院总理李克强接见。

1 月 8 日　由省教育厅组织召开的河南省民办高校品牌专业建设座谈会在黄河科技学院召开。这是省教育厅召开的第一次由民办高校董事长、主管校长参加的全省民办高校品牌专业建设座谈会。

2 月 25 日　全省教育工作会议召开，省教育厅发布 2013 年省教育工作重点征求意见稿，鼓励和引导民间机构和资金投入职业教育等。督促各地认真落实义务教育阶段民办学校学生享受与公办学校学生同等的免除学杂费、免费提供教科书、对家庭经济困难寄宿制学生给予生活费补助等政策。

同日，省教育厅厅长王艳玲在全省教育工作会议上讲话指出，要进一步健全政府主导、行业指导、企业和社会参与的多元办学机制，继续选择100 所左右的职业院校推广"公办民助""民办公助""股份制办学"等模式。进一步加大民办教育引导资金，释放办学活力，鼓励和引导民间资金进入教育领域。

3月1日 洛阳科技职业学院设立。

3月 省教育厅召开全省民办教育工作会议。

3月20日 河南省职业教育与成人教育工作会议在郑州召开，提出要积极建立多元投资办学机制。在全省选择100所左右职业院校推广"公办民助""股份制办学""公有民办"等新模式，鼓励和引导民间机构和资金投入公办职业院校，参与内部管理，增强公办职业院校活力。大力发展民办职业教育，在全省选择若干所民办职业院校推广"政府引导、民办公助"新机制，推动民办职业教育在发展中规范，在规范中发展，形成公办、民办、股份制职业教育共同发展的格局。

4月13日 第十届全国人大常委会副委员长许嘉璐在河南省人大常委会副主任蒋笃运、郑州市人大常委会副主任赵武安的陪同下，莅临郑州大学西亚斯国际学院视察。

5月3日 河南省民办教育协会四届五次会员代表大会暨民办教育发展论坛在郑州升达经贸管理学院召开。中国民办教育协会会长王佐书，省民办教育协会会长贾连朝，省教育厅正厅级巡视员、党组成员张健等出席会议。省民办教育协会执行会长、黄河科技学院董事长胡大白做协会工作报告。

5月10日 省学位委员会批准郑州升达经贸管理学院为学士学位授予单位。

5月12日 省教育厅下发《关于拟奖励投资规模较大民办学校的通知》，对近年来投资在1000万元以上的民办幼儿园和投资在3000万元以上的民办中小学、中等职业学校进行奖励。

同日 省教育厅下发《关于加强2013年民办高校品牌专业建设的通知》，对民办高校品牌专业申报条件、资助办法做出具体规定和要求。

5月20日 省政协副主席靳克文到周口科技职业学院调研。

5月20日 省教育厅印发《河南省民办教育发展专项资金使用管理暂行办法》，对专项资金使用原则、适用范围、项目申报、项目受理、项目管理与监督等做出明确规定。

5月30日 《河南省实施〈中华人民共和国义务教育法〉办法》规定，县级以上人民政府根据本行政区域实施义务教育的需要，可以与民办学校签订协议，委托其承担部分义务教育任务。县级人民政府委托民办学校承担义务教育任务的，应当根据接受义务教育学生的数量和实施义务教育的公办学校的生均教育经费标准，拨付相应的教育经费。

5月 省教育厅在黄河科技学院举办民办高校计算机骨干教师培训班。

5月 省教育厅在焦作举办2期民办中小学举办者和校长培训班。

6月1~2日 河南省首届民办高校党建工作论坛在郑州成功财经学院召开。

6月17日 省长谢伏瞻到周口科技职业学院视察，对学院的建设和发展给予高度评价。

7月24日 副省长王艳玲率领省人社厅等部门领导到周口科技职业学院调研。

10月11日 省教育厅下发《关于开展2013年度河南省优秀民办学校民办教育先进单位评选活动的通知》。

10月28日 中国民办教育博物馆在黄河科技学院落成，200多所民办学校提供2000多件藏品。

10月 省教育厅在沁阳永威学校举办2期幼儿园园长培训班。

11月 郑州升达经贸管理学院举办民办高校经济学、金融学骨干教师培训班。

12月12日 全国非营利性民办高等学校联盟成立。签署了《非营利性民办高等学校联盟公约》。黄河科技学院为发起单位之一。

本年，郑州市出台《关于进一步规范民办学校办学行为扶持民办学校健康持续发展的通知》。建立了"例会与紧急会议相结合"的会议制度。对300名民办学校校长和300名民办幼儿园园长进行任职资格培训。按照《郑州市优质教育资源名优民校工程2013年工作方案》，对郑州市首批27所名优民校进行了命名，并各奖励现金6万元。

开封市出台《关于加强民办教育管理的若干意见》，设立民办教育专项资金（每年）1000万元，用于促进民办教育发展。组织部分民办学校董事长、校长赴深圳学习。

洛阳市建立民办学校名师工作室，树立民办学校品牌。对市直、涧西区和偃师市的37所民办学校进行改进提升或校长培训。

新乡市印发《关于开展清理整顿民办教育机构工作的通知》，依法查处培训机构1129所，无证培训机构850所。列入取缔范围的650所，下达整改通知书479份。

焦作市全年财政累计为民办学校拨付扶持资金1000万元。

平顶山市教育局通过全面落实《民办教育促进法》，营造民办教育发展良好环境。支持民办蓝天学校投资2100万元建设综合教学楼。

安阳市职业教育采取多种办学模式，形成政府主导、行业企业发挥作用、社会力量参与的多元化办学格局。滑县职教中心、滑县裳华职业技术学校和内黄县职教中心3所学校实行民办公助办学模式；汤阴县职教中心和林州市职教中心2所学校实行"公办民助"办学模式；安阳幼师、安阳市职教中心和安阳县职业中专3所学校采取BT模式投资建校；河南省制药职工中专和林州市运通职业技术学校2所学校完全由社会力量投资举办。

商丘市105所民办学校被县（区）教育局认定为年度年审优秀单位，67所被责令限期整改，17所被处以停止招生，13所被取消办学资格，停办25所。

周口市出台《周口市人民政府关于促进民办教育健康发展的若干意见》，市政府每年拿出500万元、县政府每年拿出不少于200万元扶持和奖励民办学校发展。

邓州市召开民办教育表彰大会，对2012年度评选出的10所优秀民办学校和20名民办教育先进工作者进行表彰。

舞钢市对民办幼儿教师进行实用操作技能培训。

滑县利用暑期培训300名民办幼儿园园长和骨干教师。

长垣县改革民办学校办学体制，拓宽投资渠道，初步形成民办教育与公办教育同步发展的办学格局。

安阳市北关区教体局对辖区内已备案注册的170家民办教育机构进行了拉网式排查。

黄河科技学院与济源市人民政府合作举办的黄河科技学院应用技术学院首批新生开始报到。

作为联盟发起者之一，黄河科技学院成为中国应用技术大学联盟首批成员单位。

全国"大学生志愿服务西部计划"服务县和高校项目办绩效考核结果公布，黄河科技学院项目办被评为 2012~2013 年度大学生志愿服务西部计划绩效考核优秀项目办。

郑州升达经贸管理学院庆祝建校 20 周年。

郑州科技学院庆祝建校 25 周年。

郑州科技学院爱国主义教育基地在井冈山革命博物馆落户。

郑州华信学院 200 万元奖励科技竞赛获奖者和优秀新生。

河南大学民生学院的女生宿舍 18 号楼 549 寝室 6 个女生郭林芳、张寒露、王丽坤、杨艳芳、张飒、张进瑜当年全部考上研究生，分别被浙江师范大学、河南大学等院校录取。

新乡医学院三全学院建成高水平显微数码互动教学实验室。

在"8·19"安阳公交车杀人案中，刚刚被河南科技学院新科学院外语系录取的 2013 届新生王园园被歹徒刺中四刀，满身是血，身负重伤。在这种情况下，她依然紧紧攥着浸满鲜血的"大学录取通知书"、"入团志愿书"以及"家庭困难大学新生入学资助项目申请表"。她的家人说："园园把大学录取通知书看得比生命都重要！"学院决定免除她大学四年共计 36000 元的学费，在她大学四年跟踪管理，关心她的生活、学习，而且要帮助她完成学业，培养她成为社会的有用之才，让她以实际行动回报社会。

商丘学院学生宋烈金在第四届全国大学生数学竞赛中获一等奖。

郑州枫杨外国语学校创办。

2014 年

1 月 20 日　省教育厅发布《关于规范民办学校（教育机构）办学情况年度检查工作的实施意见》，对民办学校年度检查的范围、内容和检查的实施做了具体安排。

2 月 14 日　由国家汉语推广少林武术基地（嵩山少林武术职业学院）和郑州大学、河南大学、河南师范大学等共同参与的"武林汉韵"特色文化品牌继被列为第八届孔子学院大会优秀办学案例之后，又被评为"河南省涉外涉侨十件大事"之一。

2 月 19 日　省教育厅厅长朱清孟在 2014 年全省教育工作会议上的讲话

中指出，要大力发展民办教育。继续增加省级民办教育发展专项资金额度，通过以奖代补等形式，引导更多民间资金投资发展教育，为民办教育发展创造更加平等、宽松的环境。

3月5日　李克强总理在第十二届全国人民代表大会第二次会议上的《政府工作报告》中指出，要鼓励发展民办学校。

3月13日　中共郑州科技学院委员会组织院党委委员、各总支专职副书记、直属支部书记赴中国革命圣地井冈山，开展为期3天的学习活动。

3月30日　郑州澍青医学高等专科学校举行建校30周年巡礼活动。

4月2日　省委高校工委组织召开民办高校党委书记座谈会。

4月　省教育厅召开全省民办教育工作年度会议。

4月　中国工程院院士刘人怀受聘为黄河科技学院学术委员会主任委员和博士后研发基地首席科学家，张改平受聘为黄河科技学院名誉院长和生命科学学科首席科学家。

5月6日　河南省民办教育协会2014年第一次会长会议在郑州澍青医学高等专科学校举行。

5月15日　郑州华信学院艺术与传媒学院学生李勇举办首次个人书画作品展。

5月16日　教育部批准同意在郑州交通职业学院的基础上建立黄河交通学院，在郑州经贸职业学院的基础上建立郑州财经学院。

5月17~18日　由河南省科学技术厅主办、黄河科技学院与河南省对外科技交流中心承办、郑州航空港经济综合实验区协办的"2014中国（河南）新药研发交流与技术转移对接会"在黄河科技学院南校区举行。

5月22日　教育部高校学生司司长王建国、就业处副处长赵宝永一行到黄河科技学院调研就业工作，并在该校召开河南省高校就业工作座谈会。

5月26日　中国民办教育博物馆在黄河科技学院开馆。全国人大常委会委员、全国人大教科文卫委员会副主任委员、中国民办教育协会会长王佐书等领导出席仪式。当天关于中国民办教育博物馆开馆的搜索量达172万余次。

同日　黄河科技学院举行建校30周年教育成果汇报大会。

同日　第四届世界私立高等教育发展国际论坛在黄河科技学院举行，

全国人大常委会委员、全国人大教科文卫委员会副主任委员、中国民办教育协会会长王佐书，中国教育学会会长、国务院学位委员会委员钟秉林，国家督学、全国人大教科文卫委员会教育室原主任卢干奇，国务院参事、中国发展研究基金会副秘书长汤敏等出席开幕式。王佐书发表讲话，省教育厅副厅长尹洪斌致辞。

5月28日　省政府批准同意在鹤壁市教育资源的基础上建立鹤壁能源化工职业学院，在平顶山宝丰县教育资源的基础上建立平顶山文化艺术职业学院。

5月30日　由河南省民办教育协会主办，郑州澍青医学高等专科学校承办的河南省民办教育发展大会暨会员代表大会在郑州澍青医学高等专科学校召开。

5月31日　郑州大学西亚斯国际学院举办建校15周年校庆。

6月6日　教育部批准郑州华信学院更名为郑州工业应用技术学院。

6月12日　河南省省长谢伏瞻、副省长赵建才到台北育达高职学校看望郑州升达经贸管理学院创办人王广亚。

6月13~16日　2014年CCTV"希望之星"英语风采大赛全国预选赛在北京中信国安第一城举行，西亚斯学院国际教育学院学生高祥人、电子信息工程学院学生裴东方分别夺得冠军和亚军。

6月16日　《河南省人民政府关于实施职业教育攻坚二期工程的意见》发布，强调要大力发展民办职业教育。

6月20日　全国电子信息专业技术资格认证考试中心落户黄河科技学院。黄河科技学院是河南省本科院校中首家也是唯一一家获许可的认证中心。

6月24日　全国人大常委会原副委员长顾秀莲在河南省人大常委会原副主任张德广、吴全智等人的陪同下到黄河科技学院视察。

7月11日　黄河科技学院荣登2014年度全国就业工作50强高校名单。

8月17~23日　黄河科技学院教师李霖作为全国民办学校唯一一位教师，以及乒乓球赛事中河南省唯一一位临场裁判执裁南京青奥会。

9月10日　黄河科技学院杨雪梅教授主持的教学成果"民办高校应用型人才培养模式创新与实践"获国家级教学成果二等奖。

9 月 24 日 河南省人民政府《关于加快发展现代职业教育的意见》指出，要改革职业教育办学体制。

10 月 13 日 河南省人民政府《关于优化城乡基础教育资源配置解决城镇基础教育资源不足问题的意见》提出，要积极发展民办教育，满足人民群众多样化的教育需求。

10 月 22 日 河南省第一所农民大学——洛阳市农民大学在洛阳市经济管理学校举行挂牌仪式。

10 月 27 日 九三学社中央常务副主席邵鸿到郑州科技学院、郑州澍青医学高等专科学校调研。

10 月 31 日至 11 月 1 日 由教育部高教司组织的全国高校教师网络培训"应用型院校教学改革的探索与教育理念的国际视野"专题研修班在郑州科技学院举办。

10 月 省教育厅在商丘市兴华学校举办民办中小学举办者和校长培训班。

10 月 省教育厅在黄河科技学院、郑州升达经贸管理学院分别举办民办高校计算机、市场营销专业课教师培训班。

11 月 13 日 省科技厅批准黄河科技学院科技园孵化器组建河南省科技企业孵化器。

11 月 14～16 日 郑州工业应用技术学院在第十五届"能力风暴杯"中国智能机器人大赛暨 2014 年 WER 世界教育机器人大赛国际邀请赛中获得机器人灭火比赛套装组（大学组）一等奖 2 项、机器人灭火比赛套装组（大学组）二等奖和类人机器人全能赛（大学组）二等奖 3 项。

11 月 省教育厅在郑州大学西亚斯国际学院、信阳师范学院华锐学院分别举办民办高校大学英语、土木工程专业课教师培训班，培训 350 余人。

12 月 6 日 黄河科技学院举办学校发展道路研讨会。中国民办教育协会会长王佐书，中国教育学会会长钟秉林，河南省人大常委会副主任蒋笃运，河南省教育厅副厅长张亚伟，河南省文化厅、河南省社科联、河南省文联及国内著名民办高校的董事长、校长等 50 名国内知名专家参加会议。

12 月 16 日 省教育厅副厅长尹洪斌带队到郑州升达经贸管理学院调研指导工作。

12 月 25 日　省教育厅同意省中医管理局依托河南省正骨医院、河南省正骨研究院建立河南省骨伤医师进修学院，为高等非学历培训机构。

本年，省委高校工委审批成立郑州升达经贸管理学院、郑州财经学院、黄河交通学院党委。起草《关于向民办学校选派党组织负责人的意见》，提出民办高校党组织负责人原则上由上级党组织选派。

继郑州、洛阳之后，开封、周口、驻马店、平顶山、焦作、商丘、济源、滑县、邓州、永城等地积极制定鼓励和促进民办教育发展的文件，设立民办教育专项资金。

郑州市制定《民办学校建校奖补专项资金使用管理办法》，下发《民办示范型学校创建活动实施方案》。

开封市出台《开封市人民政府关于促进民办教育发展的若干意见》和《民办中小学教师管理办法》、《民办教育专项资金管理使用办法》。

洛阳市民办教育协会成立。

焦作市出台《促进民办教育发展办法》。

安阳市总投资 6 亿元的安阳北大附属实验学校奠基。下发《普惠性民办幼儿园管理暂行办法（试行）》，要求发展学前教育必须坚持公益性和普惠性的发展方向，坚持政府主导、社会参与和公办、民办并举的学前教育发展体制。

许昌市对民办教育培训机构进行排查整治，取消办学资格 14 所，限期整改 174 所，并对 72 所无证办学机构下发终止非法办学行政告知书。

周口市对民办学校（教育机构）进行检查、抽查，停办学校 2 所，责令整改 13 所。

驻马店市审批民办学校（幼儿园）50 所，评估认定省级示范幼儿园 4 所。

济源市印发《济源市经营性民办教育培训机构管理暂行办法》。

第二届全国民办本科院校创新发展论坛暨高专委本科工作部成立大会在黄河科技学院举行。国家督学、全国人大教科文卫委员会教育室原主任卢干奇，中国民办教育协会监事会主席、黄河科技学院董事长胡大白，教育部教育发展研究中心副主任韩民等出席大会。

《黄河科技大学学报》获评全国优秀期刊。黄河科技学院 33 项科技成果均达国内领先水平。黄河科技学院在全国三维数字化创新设计大赛（简

称 "3D 大赛"）中获 26 项大奖，其中特等奖 2 项，一等奖 6 项，二等奖 14 项，三等奖 4 项。

郑州科技学院获得第三届全国民办高校党的建设和思想政治工作优秀成果特等奖。

郑州华信学院获第十二届中国大学生广告节 "金牌组织院校" 称号。

信阳师范学院华锐学院常务副院长高云获 "2013 感动中原" 年度教育人物。

郑州财经学院、黄河交通学院分别与西藏那曲地区教体局、山南地区教体局签订对口支援中职教育协议，重点支持两个地区各建设一所高水平的中等职业学校。

郑州澍青医学高等专科学校毕业生秦为民荣获 "河南省最美乡村医生" 称号。

嵩山少林武术职业学院成功承办 "汉语桥—美国高中生夏令营"。

2015 年

1 月 7 日　李克强总理主持召开国务院常务会议，通过对《教育法》《高等教育法》《民办教育促进法》进行一揽子修改的修正案草案，决定提请全国人大常委会审议。明确对民办学校实行分类管理，允许兴办营利性民办学校。

2 月 12 日　教育部发布《2015 年工作要点》：鼓励社会力量兴办教育。出台鼓励社会力量兴办教育的政策文件，召开全国民办教育工作会议。研究制订民办学校分类管理配套政策。推进独立学院规范发展。

3 月 5 日，李克强总理在第十二届全国人民代表大会第三次会议上的《政府工作报告》中指出，要促进民办教育健康发展。

3 月 10 日　省教育厅在郑州召开 2015 年度全省教育法治建设暨民办教育工作会议，对上年全省教育法治工作进行了总结，交流了各地在普法工作中所采取的有效措施及好的做法，对本年全省教育法治工作进行了全面部署。

3 月 11 日　河南省民办教育协会会长会议在黄河科技学院召开。

3 月 12 日　省教育厅下发《关于申报 2015 年民办高校品牌专业建设点

的通知》，对民办高校品牌专业申报条件、资助办法做了具体规定和要求。

3月14日　洛阳市民办教育协会 2015 年第一次理事会在洛阳市第二外国语学校召开。

3月20日　省教育厅下发《关于拟奖励投资规模较大民办学校的通知》，对近两年来投资在 500 万元以上的民办幼儿园和投资在 3000 万元以上的民办中小学、中等职业学校进行奖励。

同日　教育部《关于公布 2014 年度普通高等学校本科专业备案或审批结果的通知》公布，黄河科技学院申请的纳米材料与技术专业获批，该专业可自 2015 年开始招生。黄河科技学院是 2015 年唯一获批该本科专业的高校。

3月26~28日　在"2015'新獬豸杯'第十三届香港国际武术节"上，黄河科技学院夺得金牌 11 枚、银牌 12 枚、铜牌 3 枚和集体项目第一名的好成绩。

3月　省教育厅召开民办教育工作年度会，在总结上年全省民办教育取得成绩和存在问题的基础上，对 2015 年的工作进行了部署。

4月1日　中共中央总书记、国家主席、中央军委主席、中央全面深化改革领导小组组长习近平主持召开了中央全面深化改革领导小组第十一次会议并发表重要讲话，会议就鼓励社会力量兴办教育促进民办教育健康发展等问题进行了研究。

4月8日　河南省校园足球领导小组办公室揭牌仪式在黄河科技学院举行。这标志着全省校园足球推广普及工作进入一个新阶段。在揭牌仪式上，还成立了由教育系统、体育系统 11 位业内专家组成的专家指导委员会。省教育厅副厅长刁玉华为专家们颁发了聘书。

4月26日　九三学社中央科普（实践）教育基地座谈会在郑州科技学院召开，就在河南省建立科普教育基地进行前期调研。全国人大常委会委员、九三学社中央副主席、中国工程院院士丛斌，河南省政协副主席、九三学社河南省委主委张亚忠出席会议并讲话。会议听取了由九三学社社员创办的郑州科技学院、郑州澍青医学高等专科学校、郑州电子信息职业学院、郑州医药进修学院、漯河食品职业学院 5 所民办院校的汇报。

5月21~22日　省人大常委会执法检查组到南阳开展贯彻实施《中华

人民共和国民办教育促进法》执法检查。

5月22日　河南省教育厅公布2014年民办高等学校（教育机构）办学情况年度检查结果，黄河科技学院等27所民办普通高等学校全部合格，56所民办高等层次非学历教育学校44所合格。基本合格学校4所：河南华夏专修学院（原河南方远信息高等专修学院）、河南金辉高等人才培训中心、河南津孚国际专修学院、郑州中原理工专修学院；不合格学校3所：河南秘协秘书进修学院、郑州国际工商专修学院、郑州高等职业专修学院。停办学校5所：河南凯若管理培训中心、洛阳电大培训中心、洛阳市高教自考辅导中心、河南省医药卫生高等教育自学考试南阳辅导站、开封书画函授专修学院。

6月4日　河南省民办教育协会五届一次会员代表大会在郑州召开。全国人大常委会委员、全国人大教科文卫委员会副主任委员、民进中央副主席、中国民办教育协会会长王佐书，省人大常委会原副主任、省民办教育协会第四届理事会会长贾连朝，省政府发展研究中心主任、党委书记王永苏，省教育厅党组成员、副厅长任锋，省民政厅民间组织管理局副局长王明远，中国民办教育协会监事会主席、省民办教育协会第四届理事会执行会长、黄河科技学院董事长胡大白，省民办教育协会第四届理事会副会长、省社科院院长喻新安出席会议。胡大白当选第五届理事会会长，任锋当选第一副会长，杨雪梅当选第五届理事会常务副会长兼秘书长，喻新安等当选副会长。

6月18~19日　省人大常委会副主任、党组副书记蒋笃运带领省人大执法检查组赴郑州市有关市（县、区）调研检查贯彻落实《中华人民共和国民办教育促进法》情况，省教育厅副厅长尹洪斌陪同检查。

7月2日　省人大执法检查组在省人大常委会委员、省人大教科文卫委员会副主任委员、河南省科学院院长郭新和带领下，到信阳对该市《中华人民共和国民办教育促进法》贯彻实施情况进行执法检查。

8月30日　全国政协副主席、九三学社中央主席韩启德听取了郑州科技学院创办人、董事长刘文魁关于郑州科技学院办学情况的汇报，对学院的发展成绩给予肯定。

8月31日至9月1日　省人大教科文卫工作委员会主任詹玉荣带队考

察郑州市民办教育基本情况。省人大教科文卫工作委员会副主任高莉萍等参加考察。

9 月 15 日　孟子学院筹建启动仪式在郑州城市职业学院举行。

9 月 19~20 日　中国国际标准会（CBDF）巡回赛厦门站在厦门市工人体育馆举行，郑州科技学院代表队刘小龙、葛玲获得甲舞总 B 组拉丁舞冠军、21 岁组拉丁舞冠军，李科辰、纪璎洺获得 16 岁拉丁冠军，刘丁博、吴小天获得 14 岁拉丁 A 组冠军，崔坤鹏、李直获得十项全能组总冠军。

9 月 21 日　副省长徐济超到黄河科技学院考察调研高校创新创业工作。省政府副秘书长黄布毅、省科技厅党组书记赵建军、省财政厅副厅长梁太祥、省教育厅副巡视员李金川、省发改委副巡视员李有良等陪同调研。

10 月 10 日　省教育厅下发《关于开展 2015 年度河南省优秀民办学校、民办教育先进单位和先进个人评选活动的通知》，要求评选活动应严格程序，规范操作，层层推荐，严格审核。

10 月 15~16 日　省教育厅在商丘工学院附属兴华学校举办河南省民办中小学校长培训班，对全省 390 名民办学校校长进行了培训。

10 月 20 日　以省政协副主席、民建省委主委龚立群为组长的调研组到黄河科技学院就河南地方高校转型发展的现状、存在的困难和问题进行调研。

10 月 26~27 日　由教育部全国高等学校学生信息咨询与就业指导中心主办的"2015 年大学生就业创业指导服务国际学术研讨会"在北京召开，教育部高校学生司荆德纲副司长出席会议，黄河科技学院院长杨雪梅受邀参会并做主旨演讲。

10 月　省教育厅在沁阳举办了民办幼儿园园长培训班，培训幼儿园园长 400 余名。在商丘举办了民办中小学举办者（董事长或理事长）和校长培训班，500 余人参加了培训。

10~11 月　分别在郑州升达经贸管理学院、黄河科技学院等 4 所民办高校举办了会计学、计算机、机械类、汉语言文学等专业课教师培训班，共培训专业课教师 400 余人。

11 月 30 日　河南省高等学校创新创业教育改革座谈会在黄河科技学院召开。

12月7日 "全国物联网技术应用型专业人才联合培养基地"在黄河科技学院成立，这是教育部在全国范围内建设的六大实训基地之一。

12月8日 省政府出台《关于加快推进民办教育发展的意见》。这是自改革开放以来河南省第一次以省政府名义印发的促进民办教育发展的文件，充分体现了省委省政府对民办教育的重视与支持。

12月12日 "2015首届中国创客领袖大会暨双12中国创客日启动仪式"在郑州举办。黄河科技学院受邀参加，并与中原创客创新创业服务联盟（筹）签署战略合作协议，黄河科技学院院长杨雪梅被委任为联盟副主席。

12月17日 省委任命张德伟同志担任郑州升达经贸管理学院党委书记。

12月25日 黄河科技学院交通学院2013级车辆工程二班团支部被评为全国高校践行社会主义核心价值观"示范团支部"，这也是该校团支部首次获得国家级荣誉称号。

12月29日 黄河科技学院大学科技园孵化企业——郑州飞轮威尔实业有限公司以"我背包里的体感汽车"为主题的新品发布会暨第二轮融资专场说明会在郑州举行。

本年，全省民间投资教育资金达74亿余元，新增民办学校1370所。

郑州市召开2015年民办教育工作会，回顾总结上半年民办教育工作，安排部署下半年工作。对2014年度民办教育十佳单位（民办培训机构、民办幼儿园、民办初中、民办小学、民办高中、民办职业教育学校）、民办教育杰出人物、民办教育优秀教师进行了表彰。会议还对民办学校新年安全检查工作进行了安排部署。

开封市教育局局属48所民办学校年审合格学校42所，自动停办学校3所，不合格学校3所。批准筹建民办开封市智星小学。

洛阳市对全市9个县（市）和部分城市区教育局、民办学校就民办教育发展和民办教育政策扶持以及民办学校办学等方面存在的问题进行详细调研，整理形成《洛阳市民办教育发展调研报告》。

漯河市承办全省民办中小学校足球推进会。

濮阳市人民政府印发《关于促进民办教育发展的若干意见》，鼓励社会资本投入教育，促进民办教育发展。

新乡市出台《午托机构管理暂行办法》，规范民办学校（教育培训机构）办学行为，加强民办学校年度检查工作。起草《新乡市人民政府关于鼓励引导民办教育健康快速发展的意见》，推进民办教育健康快速发展。

驻马店市取消民办学校收费许可证制度和民办幼儿园收费备案制度。全市民办教育新增投资 3.9 亿元。改扩建民办学校、幼儿园 265 所。全市共清理整顿无证办学小学 9 所，无证办园 436 家。对 2 所小学和 21 所幼儿园分别下发整改通知书。全市取缔小学 5 所，幼儿园 360 所。

安阳市出台《普惠性民办幼儿园认定与扶持奖励办法》，认定普惠性民办幼儿园 139 所，使普惠性学前教育资源覆盖面进一步扩大。市政府制定《安阳市促进民办教育发展办法》，对民办教育发展提供政策支持并进行政策规范。

鹤壁市在河南大学举办民办中小学校长高级研修班。

2014 年鹤壁市民办学校（教育机构）办学情况年度审查结果公布。全市 471 所民办学校（教育机构）中，445 所合格，16 所被勒令限期整改，9 所被勒令停办，另有 1 所申请注销办学。

平顶山市出台《民办教育发展专项资金使用管理办法》。

汝州市加强对民办幼儿园的摸底排查和规范整顿工作，共排查出不合格幼儿园 28 所。

三门峡市起草《三门峡市人民政府关于加快民办教育发展的意见》。对全市所有民办学校（办学机构）开展年检，认定 245 家合格，16 家限期整改，取缔 4 家，撤销 10 个高校成人教育校外教学点，17 个校外教学点限期整改。

商丘市政府下发《关于进一步促进民办教育发展的若干意见》，为全市民办教育今后 5 年的科学发展提供政策保障。对市教育体育局审批的民办学校进行年审，全市共有 1040 所民办学校（教育机构）获得 2015 年度继续办学资格，其中幼儿园 649 所，小学 129 所，初中 54 所，高中 7 所，中等职业学校 5 所，高等非学历教育机构 16 个，其他培训机构 180 个。通过年审，77 所学校被责令限期整改，15 所学校被处以停止招生的行政处罚，36 所学校被取消办学资格。

信阳市民办学校在校生共 87631 人，占全市学生的比例为 8.9%。民办学校总资产达到 20.6 亿元。

许昌市召开 2015 年度民办教育工作会议，总结 2014 年全市民办教育工作，部署 2015 年民办教育工作。市长武国定在讲话中强调，抓住关键环节，努力建设全省一流的现代职业教育体系；加大扶持力度，促进民办教育快速健康发展。

周口市下发《关于民办教育标准化学校建设评估工作的通知》。

中牟县成立民办学校管理领导小组。

滑县停办 266 所无证幼儿园。

在 2015 年全国大学生电子设计竞赛中，黄河科技学院获得 2 个全国一等奖，2 个全国二等奖，这也是黄河科技学院首次在此项比赛中获得全国一等奖。黄河科技学院成立华为信息与网络技术学院。成立生态文化研究中心，著名文艺理论家鲁枢元领衔。黄河科技学院荣获"2015 年全国民办高校党建工作优秀论文"一等奖。黄河科技学院女教师赵亚男执裁国际足球赛事。

在中央电化教育馆和中国教育电视协会联合主办的第十一届中国中小学校园影视颁奖典礼上，黄河科技学院附中报送的专题片《夕阳正暖》获金奖，微电影《作业》获银奖。

首部《黄河科技学院年鉴（2015）》正式出版，这是黄河科技学院出版的首部年鉴，全面、系统地反映了黄河科技学院 2014 年度各项事业发展状况。

郑州科技学院期末考试首试无人监考。

郑州科技学院与中联重科开封工业园共建的"农业机械工程技术培训中心"落成。

郑州科技学院学生黄子帆团队研发的"桌面彩色 3D 打印机"获"2015 年全国青少年科技创意"大赛青年组一等奖，黄子帆本人被评为"全国十佳创意之星"。

郑州升达经贸管理学院荣获"全民阅读示范基地"称号。

郑州大学西亚斯国际学院荣获"美中杰出贡献奖"。

新乡医学院三全学院和世界著名公司挪度医疗的合作签约仪式举行，

双方将联袂打造挪度（中国）国际护理培训中心。

黄河交通学院与中国汽车后市场总会河南分会举行共建人才培训基地。

黄河交通学院暑期面向行业企业开展职工培训工作。

新乡医学院三全学院举办第一届大学生城市创业挑战赛。

嵩山少林武术职业学院"武林汉韵"欧洲巡演首场演出获得成功。

2016 年

1月15日　教育部党组书记、部长袁贵仁在全国教育工作会议上指出，要支持和规范民办教育分类发展。

2月25日　省教育厅在郑州召开民办教育工作年度会议，要求各地继续深化办学体制改革，调动社会办学积极性，积极帮助民办学校提高办学水平，加强正确引导，促进全省民办教育持续健康发展。

2月17日　中共河南省委高校工委、河南省教育厅《2016年工作要点》：支持和规范民办教育发展。贯彻落实省政府《关于加快推进民办教育发展的意见》，鼓励各地出台和认真落实促进民办教育发展的政策措施，满足广大人民群众多样化教育需求。开展民办义务教育学校"两免一补"和生均公用经费落实情况专项检查。开展优秀民办学校创建活动。加强民办高校品牌专业建设。加强对民办学校教师和管理者的培训。加大对民办学校违法违规办学行为的查处力度，坚持与各地及学校评先表彰奖励紧密挂钩，引导民办教育规范发展。

2月18日　河南省科技厅批准建设34个省级重点实验室，黄河科技学院的"河南省纳米复合材料与应用重点实验室"位列其中，这是全省民办高校省级重点实验室建设的历史性突破，也是河南民办高校唯一获批的省级重点实验室。

3月5日　李克强总理在第十二届全国人民代表大会第四次会议上的《政府工作报告》明确提出，支持和规范民办教育发展。

3月　省委任命李森为黄河科技学院党委书记。

4月9日　中国（河南）创新发展研究院揭牌仪式暨首届中原创新发展论坛在黄河科技学院举行。

4月18日　中共中央总书记、国家主席、中央军委主席、中央全面深化改革领导小组组长习近平主持召开中央全面深化改革领导小组第二十三次会议并发表重要讲话。会议审议通过了《关于加强民办学校党的建设工作的意见（试行）》《民办学校分类登记实施细则》《营利性民办学校监督管理实施细则》。会议强调，支持和规范民办教育发展，要坚持和加强党对民办学校的领导，设立民办学校要做到党的建设同步谋划、党的组织同步设置、党的工作同步开展，确保民办学校始终坚持社会主义办学方向。要建立营利性和非营利性民办学校分类登记、分类管理制度，提高教育质量。

4月30日　省民办教育协会五届二次会员代表大会暨省民办教育发展大会在郑州举行。河南省教育厅副厅长、党组成员尹洪斌，国家教育咨询委员会委员、中国就业促进会副会长、中国民办教育协会副会长陈宇，中国民办教育协会监事会主席、河南省民办教育协会会长、黄河科技学院董事长胡大白教授，河南省民办教育协会副会长、驻马店市民办教育协会会长孟庆杰，新乡市人民政府副市长、党组成员职伟，新乡医学院校长别荣海教授，河南省政协常委、河南省社科院原院长、河南省民办教育协会副会长喻新安教授，河南省民办教育协会副会长、郑州澍青医学高等专科学校董事长王左生教授，河南省民办教育协会副会长、周口科技职业学院董事长李海燕，河南省民办教育协会副会长、三全学院院长杨捷等出席会议。会议由河南省民办教育协会常务副会长、秘书长杨雪梅主持。

5月18日　全国就业指导中心主任雷朝滋，全国就业指导中心处长方伟、满开杰一行到黄河科技学院考察创业就业工作。

6月16日　省委任命刘新华为郑州科技学院党委书记。

6月　省教育厅在河南师范大学新联学院举办了民办幼儿园园长培训班。

9月　《河南省教育厅关于开展2016年度河南省优秀民办学校、民办教育先进单位和先进个人评选活动的通知》下发。

9月　省教育厅下发《关于进一步依法完善民办学校用人制度的通知》。

10月13日　省教育厅副厅长尹洪斌带领政策法规处、学生资助中心负责同志到郑州工业应用技术学院调研学生资助、专业建设、实验室建设等工作。

10月24日　省教育厅决定对郑州城轨交通中等专业学校等73所优秀

民办学校,郑州市教育局等 55 个民办教育先进单位和程晓林等 206 个民办教育先进个人予以表彰。同时,对获得优秀民办学校称号的学校给予教学设备奖励。

11 月 3 日　省教育厅副厅长尹洪斌一行 4 人到郑州升达经贸管理学院指导工作。

11 月 3~4 日　全省首届民办高校教育教学工作研讨会在郑州升达经贸管理学院举行。

11 月 7 日　全国人大常委会通过《民办教育促进法》修正案。

11 月 15 日　河南省民办教育协会在郑州召开"学习、宣传、贯彻《民办教育促进法》(新修法)座谈会"。河南省民办教育协会会长、副会长及郑州、新乡、洛阳、驻马店、开封等教育局或民办教育协会的负责同志参加了会议。

11 月　省教育厅在商丘市兴华学校举办了民办中小学校长培训班,分别在河大民生学院、郑州科技学院、郑州工业应用技术学院举办了民办高校播音与主持、广播电视编导、新闻学专业骨干教师培训班、机械类专业骨干教师培训班、土木工程专业骨干教师培训班,共培训民办中小学董事长、校长、幼儿园园长 500 余人,民办高校骨干教师 400 余人。

12 月 3 日　河南省政协副主席、民建河南省委主委龚立群等到河南师范大学新联学院考察指导工作。

12 月 29 日　国务院发布《关于鼓励社会力量兴办教育促进民办教育健康发展的若干意见》。

同日　中共中央办公厅下发《关于加强民办学校党的建设工作的意见(试行)》。

12 月 30 日　教育部、人力资源和社会保障部、民政部、中央编办、工商总局五部门联合印发了《民办学校分类登记实施细则》。

同日　教育部、人力资源和社会保障部、工商总局联合印发了《营利性民办学校监督管理实施细则》。

本年,南阳、信阳、汝州、鹿邑相继出台了鼓励民办教育发展的政策。截至 2016 年底,已有 16 个省辖市、5 个直管县(市)政府出台了促进民办教育发展的意见,进一步完善了地方政府促进民办教育发展的政策措施,通过设立民办教育发展专项资金，发挥财政资金的示范引领作用等多种举措，大力促进民办教育发展，以弥补政府对教育投入的不足，满足人民群众多样化的教育需求。社会办学的积极性也得到有效调动，2016 年全省民间投资教育资金达 87.4 亿余元，新增民办学校 863 所。

省教育厅认真落实《关于推荐 2016 年拟奖励投资规模较大民办学校的通知》要求，对近两年来投资在 300 万元以上的民办幼儿园和投资在 2000 万元以上的民办中小学、中等职业学校进行奖励。落实省教育厅《关于申报 2016 年民办高校品牌专业建设点的通知》精神，对民办高校品牌专业申报条件、资助办法做出具体规定和要求。

郑州市贯彻落实国家、省、市关于鼓励民办教育发展的意见，落实民办学校与公办学校同等的法律地位，从资金支持、评优评先、行政审批等方面，支持发展，优化环境。落实民办教育专项资金重在惠民的原则，拨付 195 万元专项资金对 4000 名民办学校教师和 75000 名学生进行体检；落实把民办学校培训工作纳入全市统一教育培训体系精神，对全市民办学校校长进行任职培训，提升民办学校校长整体素质和治校水平。向 14 所市管义务教育阶段民办学校学生拨付公用经费、免费教科书、免费作业本等 2016 年城乡义务教育经费保障机制资金，共计 872.58 万元。

开封市完成 2015 年度民办学校年审工作，并向社会公告了局属 43 所民办学校年审结果。

洛阳市教育局印发《关于加强和规范民办教育管理的通知》《关于开展教育培训机构清理整顿工作的通知》，对全市民办教育培训机构进行摸排清查。

许昌市教育局在襄城县组织召开全市民办教育表彰大会暨第六届民办学校校长论坛。襄城县城关镇实验学校等 20 个优秀民办学校和何伟祥等 41 位先进个人受到表彰。

平顶山市开展以"规范行政审批行为"为主题的行政执法监督检查，规范民办学校办学。贯彻落实省、市政府对民办教育的奖励政策。平顶山一中新区学校等 5 所学校顺利通过省教育厅评审，各获得 20 万元的省财政奖励资金。27 所民办学校（幼儿园）顺利通过市评估验收，分别获得 5 万~20 万元的奖励。

安阳市制定《民办教育发展专项资金使用管理办法（试行）》，开展2016年度民办教育发展奖评定活动。

鹤壁市民办学校（教育机构）办学情况年度审查结果：全市共459所民办学校（教育机构），其中438所合格，勒令限期整改16所，停办5所。

新乡市支持并规范、鼓励民办教育发展，市政府印发《关于支持民办教育发展的意见》；召开全市民办教育工作大会，落实并推动民办教育、培训机构和午托机构管理等工作。

许昌市在鄢陵县外国语小学召开学习、宣传、贯彻《民办教育促进法（新修法）》座谈会。

南阳市政府出台《关于加快推进民办教育发展的实施意见》。

南阳市首家民办民族（寄宿制）学校——南阳聚贤学校成立。

商丘市教体局开展民办学校教职工权益保障大排查。

信阳市人民政府印发《关于加快推进民办教育发展的意见》。

周口市对全市民办初中、高中、中等职业学校采取查、看、听、座谈、总结等方式，逐县（市、区）、逐校、逐项进行了检查，并对各县（市、区）辖区内民办小学、幼儿园进行了抽查。

鹿邑县组织对全县民办学校进行规范整顿。共吊销办学许可3所（中学1所，幼儿园2所），取缔学校6所（中小学3所，幼儿园3所）。对被个人租占的20所原公办学校收回17所，3所移交法纪部门处理。对在民办学校担任董事会成员的教育系统在职职工进行了摸底排查，2人给予行政警告处分，2人移交县纪检会进行处理。

驻马店市对非法办学、无证办园开展了专项治理，清理无证小学12所，整顿无证幼儿园477所，取缔无证幼儿园386所。2016年，34所民办幼儿园被认定为市级示范幼儿园，全市877辆校车无交通安全事故。新审批民办初中1所，小学2所，幼儿园63所。新增民办教育投资6.2亿元，全市民办学校达到889所，教职工23820人，在校生315705人，民办教育总资产69.3亿元。其中，县区政府为民办学校配备在编教师共计4493人。

滑县出台《促进民办教育发展实施意见》。

长垣县贯彻落实《长垣县人民政府关于加快推进民办教育发展的意见》，设立民办教育发展专项资金，县财政每年安排专项资金200万元。

邓州市成立民办教育研究会。

淮滨县教体局就招生工作对两所民办学校负责人进行约谈。

镇平县开展民办学校管理观摩活动。

黄河科技学院学生娄世坤被评为"中国大学生自强之星"。

黄河科技学院成立台湾文化研究中心。

黄河科技学院机械工程学院 9 名学生组成的代表队在第九届"高教杯"全国大学生先进成图技术与产品信息建模创新大赛上荣获机械类团体二等奖，5 项个人一等奖，6 项个人二等奖。

黄河科技学院在全国民办高校创新创业教育示范学校评选中获得综合奖第一名。

黄河科技学院荣膺 2016 年度全国创新创业典型经验高校，荣登首批"全国高校创新创业工作 50 强"榜单。

黄河科技学院 21 项课题获批 2016 年国家级大学生创新创业训练计划项目，每个项目获资助经费 1 万元。

黄河科技学院与美国国际科技大学（ITU）共建"硅谷创新创业基地"。

黄河科技学院入选首批全国社会组织教育培训基地。

黄河科技学院校长杨雪梅主编的"区域经济研究丛书"荣获第六届（2016）河南省发展研究奖一等奖。

郑州升达经贸管理学院荣获 2016 年全国大中专学生志愿者暑期"三下乡"社会实践活动优秀单位和团队。

郑州升达经贸管理学院获全国民办教育"创新创业教育文化建设奖"。

郑州工业应用技术学院与河南大学共建工业循环水处理项目。

郑州科技学院与中联重科开封工业园共建的"农业机械工程技术培训中心"落成。

郑州科技学院与天美国际教育大学生海外实习基地建立。

郑州科技学院与二七纪念馆、中原豫西抗日纪念园等地建立大学生思想政治教育基地。

郑州科技学院彩色 3D 打印机获北京发明创新大赛金奖。

郑州科技学院代表队摘取第三届百度全国高校创新营销大赛全国总决赛桂冠。

郑州科技学院机器人获中国工程机器人大赛一等奖。

郑州大学和郑州科技学院实现深层次合作。

郑州科技学院举行马克思主义学院揭牌仪式。

《郑州财经学院学报》获全国民办高校"优秀学报一等奖"。

郑州工商学院获得"2016中国品牌影响力民办高校"称号。

黄河交通学院定点帮扶贵州毕节市中职教育。

新乡医学院三全学院举办首届手绘解剖图大赛。

新乡医学院三全学院"94·99社会实践团队"赴四川都江堰市开展"5·12汶川特大地震"震后八周年重建调查实践活动。

嵩山少林武术职业学院与美国亚利桑那大学共建武术中心。

郑州市西一中学创办。

2017 年

1月5日　国家卫生计生委能力建设和继续教育中心在黄河科技学院建立"在校生护理实操能力培训基地"。

1月6日　省教育厅副厅长尹洪斌、民办教育管理处处长董玉民、高教处副处长岳德胜等到郑州工商学院、河南师范大学新联学院考察指导工作。

同日　郑州澍青医学高等专科学校康复治疗技术专业被确定为"全国职业院校残疾人康复人才培养改革试点单位",这也是河南唯一一所入选的医学高等学校。

1月10日　国务院印发《国家教育事业发展"十三五"规划》,强调要促进和规范民办教育发展,鼓励社会力量和民间资本以多种方式进入教育领域,提供多样化教育产品和服务。

1月18日　国务院印发《关于鼓励社会力量兴办教育促进民办教育健康发展的若干意见》,对民办教育改革发展做出全面部署。

2月　省教育厅召开全省民办教育工作年度会,要求各地认真学习贯彻新修订的《中华人民共和国民办教育促进法》及相关文件,统一思想,调动社会办学积极性,积极帮助民办学校提高办学水平,加强正确引导,促进全省民办教育持续健康发展。

3月5日　李克强总理在第十二届全国人民代表大会第五次会议上的

《政府工作报告》指出，要支持和规范民办教育发展。

3月6日 黄河科技学院大学生创业园荣获"全国大学生创业示范园"称号，是河南唯一入选高校。

3月10日，郑州市教育局召开2017年民办教育工作会。会议对获得郑州市2015年度民办教育十佳单位及民办教育杰出人物、优秀教师，民办学校校园文化建设先进单位进行表彰。

3~12月 省教育厅举办了不同层次的民办学校（幼儿园）董事长（理事长）、校长、骨干教师专题培训班，培训民办中小学董事长、校长、幼儿园园长近500人，民办高校骨干教师800余人。

4月14~15日 郑州科技学院承办全国高校教学秘书职业能力发展专题研修班，来自全国15所高校的200余位教学秘书和教务员共同开展了职业能力发展专题学习。

4月 省教育厅下发《关于公布2017年民办高校品牌专业建设点名单的通知》，对2017年度资助的民办高校品牌专业予以公布。

4月，河南民办教育研究院成立。

5月12~14日 在第13届中国青少年创造力大赛总决赛中，郑州科技学院黄子帆及其团队研发的"彩色黏土3D打印机"获得金奖，同时受邀前往美国参加第32届美国匹兹堡INPEX国际发明联展。

5月23日，中央全面深化改革领导小组第三十五次会议审议通过，9月24日中共中央办公厅、国务院办公厅印发施行的《关于深化教育体制机制改革的意见》指出，要健全支持和规范民办教育发展的制度，健全财政、土地、登记、收费等方面支持民办学校发展的相关政策，健全监管机制；要以拓宽知识、提升能力和丰富生活为导向，健全促进终身学习的制度体系。

5月 省教育厅下发《关于公布2017年投资规模较大民办学校（促发展项目）名单的通知》，对近两年来投资在300万元以上的民办幼儿园和投资在2000万元以上的民办中小学、中等职业学校进行奖励。

7月4日 省教育厅通报2016年民办高等学校（教育机构）办学情况年度检查结果，黄河科技学院等30所民办高等学校为合格学校。河南科技专修学院等30所民办高等层次非学历教育学校（教育机构）为合格学校，郑州中原理工专修学院等 7 所学校为基本合格学校，河南秘协秘书进修学院、郑州高等职业专修学院、郑州国际工商专修学院、河南科技大学高等教育辅导中心、洛阳职工科技学院培训中心等为不合格学校。停办南阳新闻高等教育辅导学校。未招生学校：平顶山文化艺术学院、鹤壁能源化工职业学院、河南通用航空专修学院。

7 月 26 日　省教育厅发布《关于进一步规范民办学校办学行为促进民办教育健康发展的通知》。

8 月 4 日　省教育厅发布《关于推荐 2018 年拟奖励投资规模较大民办学校的通知》。

8 月 23 日　省政府副秘书长黄布毅到郑州城轨交通中等专业学校、郑州工业应用技术学院调研民办教育工作。

8 月 30~31 日　副省长徐济超在省政府副秘书长黄布毅、省教育厅厅长朱清孟、省教育厅副厅长刁玉华陪同下，前往河南师范大学新联学院、郑州工商学院、郑州城轨交通中等专业学校调研民办教育发展情况。

9 月 1 日　新修订的《中华人民共和国民办教育促进法》实施。

9 月 13 日，郑州市教育局下发《关于开展民办学校新年开学检查的通知》，组成 14 个县区检查组、12 个市管学校检查组，对全市民办学校进行拉网式检查。根据检查情况，对共性问题进行通报，对个别学校存在的安全隐患进行全市曝光，及时下达整改通知书，并适时组织安全检查回头看。

9 月 17~18 日　全省民办教育专题培训班在郑州举办，省教育厅副厅长尹洪斌出席开班仪式并讲话。

9 月 28 日　由社会科学文献出版社、省民办教育协会、黄河科技学院主办的"河南民办教育蓝皮书发布暨内涵发展质量提升研讨会"在黄河科技学院举行。全国人大常委会委员、全国人大教科文卫副主任、中国民办教育协会会长王佐书，中国民办教育协会监事会主席、河南省民办教育协会会长、黄河科技学院董事长胡大白，社会科学文献出版社副总编辑蔡继辉，浙江大学教育研究院院长吴华及相关高校的有关专家学者出席会议。首部"河南民办教育蓝皮书"由社会科学文献出版社出版发行。全书由总报告、综合篇、高等教育篇、职业教育篇、中等教育篇、初等教育篇和学前教育篇等部分组成，系统反映了河南各级各类民办教育的基本情况。本书是以全球教育发展为背景结合中国的教育现状，由省民办教育协会、黄河科技学院组织有关专家和具有丰富实践经验的教育工作者，共同系统研创的河南民办教育的权威报告，填补了国内省级民办教育蓝皮书的空白。

9月　省教育厅下发《关于开展 2017 年度河南省优秀民办学校、民办教育先进单位和先进个人评选活动的通知》。

9月　省教育厅在郑州举办由各民办高校校长、各省辖市分管民办教育的局长、负责民办教育工作的科长近 200 人参加的河南省民办教育专题培训班，邀请教育部政策法规司副司长王大泉就新修订的《中华人民共和国民办教育促进法》有关问题进行专题解读，邀请省党建专家丁素做了《关于新时期如何加强民办学校党的建设》的专题报告。

10 月 26 日　省教育厅发布《关于表彰 2017 年度河南省优秀民办学校民办教育先进单位和先进个人的决定》。对郑州经济技术开发区育人学校等 68 所优秀民办学校、郑州市教育局等 55 个民办教育先进单位和李占国等 210 名民办教育先进个人予以表彰。同时，对获得优秀民办学校称号的学校给予教学设备奖励。

11 月 14 日　黄河科技学院召开中层以上干部会议，传达省委关于黄河科技学院党委书记的任免决定。省委任命贾正国同志为黄河科技学院党委书记。

11 月 16~17 日　由省教育厅主办、信阳学院承办的河南省民办高校教育教学改革与管理座谈会在信阳召开。

11 月 19 日，教育部在武汉召开全国民办高校党建工作推进会。

11 月 29 日　《中国教育报》刊发中国当代教育名家评选结果。2017 年 11 月，中国教育学会、中国高等教育学会、中国职业技术教育学会、中国教育电视台、中国教育报刊社、人民教育出版社 6 家单位第一次联合开展了评选中国当代教育名家活动。经过广泛发动推荐、严格审核遴选、开展专家初评、专家委员会终评四个环节，通过严格审核材料、集体讨论审议，以认真负责的态度，以公平、公正的立场，经过热烈的讨论和反复权衡、精心斟酌，从 400 名入围候选人中选出当代教育名家终评会议的候选人和递补候选人名单，最终推选了 90 位当代教育名家。黄河科技学院创始人、董事长胡大白入选。

12 月 5 日　省教育厅、省财政厅召开说明会，从 2018 年起，河南将按照每生每年不低于 200 元的标准设立奖补资金，支持普惠性民办幼儿园改善办园条件和提高保教质量；鼓励普惠性民办幼儿园积极扩充资源，每新增 1 个标准班按照市辖区不低于 7 万元、县（市）及以下地区不低于 5 万元的标准给予一次性奖补。

12 月 23 日　"民办高校校长沙龙成立大会暨首期沙龙"在黄河科技学院举行。

12 月 28 日　宇华教育集团发布公告，集团以总价 14.3 亿元人民币收购湖南民办教育业务，包括收购 LEI Lie Ying Limited 全部股权。LEI Lie Ying Limited 拥有 70% 湖南猎鹰股权，而湖南猎鹰拥有民办学校湖南涉外经济学院、湖南猎鹰技工学校、湖南涉外经济学院职业技能培训中心及湖南猎鹰物业管理全部权益。

本年，开封市民办教育科（挂行政审批服务科牌子）成立。

洛阳市教育局和市综治办联合召开了校园安全暨民办教育培训机构整治工作会议。

平顶山市开展全市民办学校专项督导检查。

许昌市教育局印发《关于开展许昌市民办学校规范办学专项整治工作的通知》，在全市范围内开展民办学校规范办学专项整治工作。

焦作市教育局开展规范民办学校办学行为专项整治活动。

安阳市建立了由市教育局、法制办、发改委、公安局、民政局、财政局、人社局等局委参加的民办幼儿园管理工作联席会议制度，明确了各成员单位在民办幼儿园管理中的职责分工，出台了《关于进一步加强民办幼儿园管理工作的意见》。

鹤壁市出台《关于进一步推进民办教育健康发展的实施意见》，采取多项措施，加大力度扶持民办教育。财政自 2018 年起每年设立 200 万元民办教育发展专项资金，采取以奖代补方式，支持民办教育发展。奖励所需资金，由市财政和民办学校、幼儿园所在地财政各承担 50%。

平顶山市教育局派出由班子成员带队的 9 个督查组，对全市已办证民办学校的校舍、消防、交通、设施设备、食堂等方面安全管理工作和教师队伍建设工作进行专项督导检查，共排查民办中小学校 109 所，民办幼儿园 291 所，责令相关学校进行整改，

新蔡县教体局制定了《民办中小学年度审查细则》《新蔡县民办幼儿园年度审查细则》。

新野县委县政府下发《关于发展民办教育的若干意见》《关于进一步规范全县民办学校管理的意见》等文件。

鹿邑县出台《关于进一步加强民办学校管理的意见》。

巩义市副市长刘军杰带领市政府办、市教体局相关负责人，到北京师范大学巩义实验学校调研巩义市民办教育发展情况，了解民办学校办学诉求，帮助解决制约民办学校发展难题。

光山县召开民办学前教育工作会。

全省高校首个数据科学与大数据技术专业落户黄河科技学院。

由中国孔子基金会、黄河科技学院等单位主办的中华传统文化传承发展学术研讨会在黄河科技学院举行。同时，黄河科技学院中华文化传承发展研究院揭牌成立。

郑州大学对口支援的郑州科技学院在教学、科研等方面都取得了丰硕成果。

中原烹饪文化发展研究院首届年会在长垣烹饪职业技术学院召开。

2018 年

1 月 2 日　河南省教育厅、河南省发展和改革委员会、河南省财政厅印发《河南省普惠性民办幼儿园认定及管理工作的指导意见》。

1 月 23 日　教育部党组书记、部长陈宝生在全国教育工作会议上的讲话指出，支持和规范社会力量兴办教育。

2 月 2 日　河南省人民政府发布《关于鼓励社会力量兴办教育进一步促进民办教育健康发展的实施意见》。

3 月 9 日　2018 年度全省教育法治建设暨民办教育工作会议在郑州召开。

3 月 31 日至 4 月 1 日　首届全国民办高校信息技术与学生工作创新研

讨会在黄河科技学院召开。

4月8日　黄河科技学院董事长胡大白教授在第八届世界女大学校长论坛上荣获"大学女校长终身荣誉奖"。

4月9日　教育部发展规划司副司长田福元、政策法规司副司长王大泉一行到河南调研民办教育工作，并召开《民办教育促进法实施条例》修订工作专题座谈会听取意见建议。

4月14日　河南省民办教育协会五届四次会员代表大会暨全省民办学校党建工作促进会在黄河科技学院召开。民办教育协会党建工作委员会、党建研究中心成立。

4月19日　省教育厅副厅长尹洪斌带领厅有关处室负责同志到郑州工商学院调研。

4月20日　教育部发布《中华人民共和国民办教育促进法（修订草案）征求意见稿》，随后征询了社会及民办教育界的多方人士意见，并组织和委托组织了多场座谈会和实地调研活动。汇总意见后，几经修改，同时协调了相关部门，最后形成了"送审稿"，报送至司法部审查。

5月29日，许昌市民办教育协会三届四次会员代表大会暨第八届民办学校校长论坛在鄢陵县外国语中学召开。

6月10日，由河南法制报社、汝州市教体局主办，汝州市阳光国际学校承办的民办学校依法办学规范管理研讨会在汝州市阳光国际学校举办。

6月15日　省教育厅副厅长刁玉华到郑州工商学院调研。

6月21日　河南省教育厅公布2017年民办高等学校（教育机构）办学情况年度检查结果：黄河科技学院等28所民办高等学校为合格学校，河南科技专修学院等29所民办高等层次非学历教育学校（教育机构）为合格学校，河南高等社会科学进修学院等10所学校为基本合格学校，河南华夏专修学院、河南秘协秘书进修学院、郑州高等职业专修学院、郑州国际工商专修学院、中原摄影专修学院、洛阳东方成教培训中心、洛阳经贸专修学院、洛阳市西工电大高教辅导中心、河南科技大学高等教育辅导中心为不合格学校。停办学校：洛阳职工科技学院培训中心。未招生学校：平顶山文化艺术学院、鹤壁能源化工职业学院、河南通用航空专修学院。

6月27日 省教育厅副厅长刁玉华到郑州财经学院参加该校与英国斯旺西大学交流合作协议签约仪式。

7月6日 中共中央总书记、国家主席、中央军委主席、中央全面深化改革委员会主任习近平主持召开中央全面深化改革委员会第三次会议并发表重要讲话。会议指出，规范校外培训机构发展，要全面贯彻党的教育方针，坚持立德树人，发展素质教育，以建立健全校外培训机构监管机制为着力点，构建校外培训机构规范有序发展的长效机制。

8月6日 国务院办公厅发布《关于规范校外培训机构发展的意见》，提出依法规范、分类管理、综合施策、协同治理的基本原则。

同日 省教育厅在郑州举办了由各省辖市、直管县（市）教育局局长、分管副局长、民办教育科长和各民办高校举办人、党委书记、院长，以及部分民办中小学、幼儿园代表参加的全省民办教育研修班。副省长霍金花出席研修班开班式，做了《认真贯彻习近平新时代中国特色社会主义教育思想，实现全省民办教育高质量发展》的专题辅导报告。省委高校工委专职副书记、省教育厅党组副书记郑邦山主持开班式。

8月22日，国务院办公厅印发了《关于规范校外培训机构发展的意见》。

8月29日 第十次全国归侨侨眷代表大会在北京人民大会堂开幕。河南省侨联副主席、河南师范大学新联学院理事长李香枝参加大会，并荣获"中国侨界杰出人物提名奖"，系河南省侨界唯一一名获奖者。

9月10日 全国教育大会在北京召开。中共中央总书记、国家主席、中央军委主席习近平出席会议并发表重要讲话，强调要深化办学体制和教育管理改革，充分激发教育事业发展生机活力。

同日 黄河科技学院隆重举行庆祝第34个教师节暨亮身份树形象比贡献、争做出彩黄科院人活动。

9月，由中国管理科学研究院中国大学评价课题组完成的《2018中国民办大学排行榜》发布，黄河科技学院在大学综合实力排行榜中排名第一位，在理学、工学、农学、医学4个学科门类组合的自然科学排名中，黄河科技学院位列第一。

10月13日 中国民办高等教育改革发展论坛在信阳举办。

11月1日 全省校外培训机构整改工作推进会在郑州召开。

11 月 7 日　中共中央、国务院发布《关于学前教育深化改革规范发展的若干意见》，提出到 2020 年，全国学前三年毛入园率达到 85%，普惠性幼儿园覆盖率（公办园和普惠性民办园在园幼儿占比）达到 80%；逐步提高公办园在园幼儿占比，到 2020 年全国原则上达到 50% 的目标。该意见要求遏制过度逐利行为，提出民办园一律不准单独或作为一部分资产打包上市。上市公司不得通过股票市场融资投资营利性幼儿园，不得通过发行股份或支付现金等方式购买营利性幼儿园资产。

11 月 20 日　全国推进校外培训机构整改分片调度会在郑州召开。教育部基础教育司副司长俞伟跃出席会议，山西、内蒙古、山东、河南、湖北、陕西、甘肃等地区教育行政部门分管负责同志及相关处室负责同志参加会议。

11 月 21 日　新乡医学院三全学院首批国际学生到校。该校 2017 年 8 月获批招收国际学生，2018 年首批共招收 60 余名国际学生，分别来自印度、印度尼西亚、巴基斯坦、坦桑尼亚与加纳 5 个国家，本次前来报到的 24 名国际学生均来自巴基斯坦，其余 40 余名国际学生将在 12 月陆续到校，他们将在新乡医学院三全学院进行为期 6 年的临床专业的学习。

11 月 23 日　全国第十三次省级民办教育协会协作会议暨《河南民办教育发展报告（2018）》（河南民办教育蓝皮书）新书发布会在黄河科技学院隆重召开。社会科学文献出版社副总编辑蔡继辉，社会科学文献出版社城市和绿色发展分社副社长王玉霞，天津市民办教育协会会长张代祥等来自北京、上海、甘肃、湖南、云南、山西、江苏、重庆、安徽、湖北、河北、四川、内蒙古等省、自治区、直辖市的民办教育协会领导，河南省社会科学界联合会主席李庚香、办公室主任李新年，河南省教育厅政策法规处、民办教育管理处处长董玉民，郑州市政府办公厅八处副处长胡旭洲，郑州市教育局民办教育管理处副处长苗伟，中国民办教育协会监事会主席、河南省民办教育协会会长、黄河科技学院董事长胡大白，河南省民办教育协会副会长、学前教育工作委员会理事长王国平，黄河科技学院副校长于向东，河南省民办教育协会副会长、河南民办教育研究院首席研究员、执行院长王建庄等出席会议。出席会议的还有蓝皮书的作者 30 多人和多家主流媒体的朋友。河南省民办教育协会会长胡大白致辞，全国人大常委会委员、全国人大教科文卫委员会副主任委员、中国民办教育协会会长王佐书发来贺信。董玉民、李庚香、蔡继辉先后致辞，王建庄发布《河南民办教育发展报告（2018）》。

11月26~28日　由省教育厅举办的河南省民办高校土建类专业课骨干教师培训班在郑州工商学院举行，来自全省26所民办高校的80余名教师参加培训。

12月11日　郑州工商学院建筑工程学院第四学生党支部、郑州科技学院教务处党支部入选首批"全国党建工作样板支部"培育创建单位。

本年，郑州市民办中小学内涵提升交流会举行。

郑州市教育局召开2018年上半年工作总结暨下一步重点工作安排会议，将继续支持和规范社会力量兴办教育，进一步促进民办教育健康发展作为9项重点工作之一。

开封市民办教育特色学校表彰暨观摩研讨活动在市宇华实验学校举行，近百家民办学校董事长和校长（园长）参加了会议。

洛阳市教育局联合市发改委、财政局印发了《洛阳市普惠性民办幼儿园认定及管理工作的指导意见》，对普惠性民办幼儿园从认定条件、认定程序、管理与监督等方面进行了明确和规范。

汝州市召开民办学校规范管理工作会议，市政府教育督导室和职教科相关负责人及全市全日制民办学校、培训机构的负责人，各中心校职教专干参加会议。

息县教体局召开全县民办中小学管理工作会。

郑州科技学院探索开展"导师制"，充分发挥校内教学名师和骨干教师的示范引领作用，助力青年教师专业化成长。

新乡医学院三全学院加入世界医学院校名录。

从2018年春季学期开始，郑州财经学院从建档立卡学生中挑选了100名特别困难学生实施百人助学计划，对入选学生每人每月发放300元的困难补助；另对入选的16名特殊群体学生每人每月发放1000元的特困补助。

郑州西斯达城市森林学校创办。

2019 年

1月3日　由省教育厅主办、黄河科技学院承办的河南高校高端智库联盟揭牌仪式暨首届河南高校智库峰会在郑州举行。

1月8日　郑州商学院发展战略研讨会暨揭牌仪式举行。省人民政府原副省长贾连朝，省人大教科文卫委员会主任委员、省人大常委会教科文卫工委主任朱清孟，省政府副秘书长尹洪斌，省教育厅党组书记、厅长郑邦山，省委高校工委专职委员陈垠亭出席活动，省教育厅有关处室负责同志参加活动。

1月16日　省长陈润儿在河南省第十三届人民代表大会第二次会议上作的《政府工作报告》指出，要做好民办教育分类管理。

同日　郑州西亚斯学院举行揭牌仪式。省人民政府副秘书长尹洪斌，省委高校工委专职委员陈垠亭，省教育厅相关处室、郑州大学负责同志等参加活动。

1月18日　教育部党组书记、部长陈宝生在2019年全国教育工作会议上的讲话指出，办教育单靠财政投入不行，还要把全社会的力量和资源都调动起来。加强公办园主体地位，积极扶持民办园提供普惠性服务，规范民办园发展，多渠道扩大学前教育资源。

1月24日　国务院印发《国家职业教育改革实施方案》提出，支持和规范社会力量兴办职业教育培训，鼓励发展股份制、混合所有制等职业院校和各类职业培训机构。建立公开、透明、规范的民办职业教育准入、审批制度，探索民办职业教育负面清单制度，建立健全退出机制。

1月31日　2019年全省教育工作会议在郑州召开。会议部署，加强与党委组织部门的沟通协调，进一步理顺管理主体，规范隶属关系，加速推动实现党的组织和党的工作全面覆盖。会同省委组织部，做好向民办高校选派党委书记工作，推动选派的民办高校党委书记兼任教育督导专员。会议指出，要支持和规范民办教育发展。深入贯彻落实国家及河南民办教育法律法规和相关政策措施，督促各地落实已出台的促进民办教育发展的文件和奖励扶持资金。完善民办学校内部治理体系，依法依规办学、依章依制管理。

2月12日　宇华教育集团发布公告，已以约2.18亿港元的价格并购泰国斯坦福国际大学（Stamford International University）。

2月23日　中共中央、国务院印发《中国教育现代化2035》提出，要支持和规范社会力量兴办教育。鼓励民办学校按照非营利性和营利性两种组织属性开展现代学校制度改革创新。加快发展普惠性民办幼儿园。

同日　中共中央办公厅、国务院办公厅印发《加快推进教育现代化实施方案（2018~2022年）》提出，完善民办教育分类管理，全面落实《民办教育促进法》，修订《民办教育促进法实施条例》，积极鼓励社会力量依法兴办教育，促进民办教育持续健康发展。

3月5日　李克强总理在十三届全国人大二次会议所做的《政府工作报告》提出，支持企业和社会力量兴办职业教育。无论是公办还是民办幼儿园，只要符合安全标准、收费合理、家长放心，政府都要支持。3月16日发布的《政府工作报告》，共修改充实了83处。关于民办教育，在草案"办好民族教育、特殊教育、继续教育"之后，增补了"依法支持民办教育发展"。

3月27日　教育部办公厅印发《民办教育工作部际联席会议2019年工作要点》指出，民办教育发展已进入改革创新攻坚期、健康规范发展期和质量内涵提升期。民办教育工作部际联席会议坚持和加强党对民办教育工作的全面领导，坚持稳中求进工作总基调，紧紧围绕"五位一体"总体布局和"四个全面"战略布局，坚持底线思维，增强忧患意识，统筹推进稳增长、促改革、调结构、惠民生、防风险、保稳定的各项工作，提高风险防控和化解能力，支持和规范社会力量兴办教育，依法支持民办教育发展，服务经济社会发展和现代化教育强国建设。

4月19日　省委、省政府召开全省教育工作大会，省委书记王国生、省长陈润儿在讲话中指出，要深入贯彻《民办教育促进法》，坚持积极鼓励、大力支持、正确引导、依法管理的方针，落实各项扶持政策，加强引导、监督、管理和服务，实行差别化扶持政策，规范办学秩序，推动民办教育发展再上新台阶。

5月10日　广州日报数据和数字化研究院（GDI智库）发布"2019广州日报应用大学排行榜"，对公办高校民办高校使用同一评价体系，以应用指数、学术指数、声誉指数、二次评估指数 4 个一级指标建构综合指数，科学评价国内 891 所本科院校（非博士培养单位），推出"2019 广州日报应用大学排行榜—TOP800"以及四个子榜单，黄河科技学院在全国 891 所参评本科高校中居第 89 位，连续三年在民办本科高校中排名第一。

5 月 27 日　教育部正式公布 14 所职业学院更名的消息，周口科技职业学院更名为河南科技职业大学。

参考文献

一　法律法规

《中国人民政治协商会议共同纲领》，1949 年 9 月 29 日。

《中华人民共和国宪法》，1982 年 12 月 4 日第五届全国人民代表大会第五次会议通过。

《中华人民共和国义务教育法》，1986 年 4 月 12 日第六届全国人民代表大会第四次会议通过。

《中华人民共和国教育法》，1995 年 3 月 18 日第八届全国人民代表大会第三次会议通过。

《中华人民共和国职业教育法》，1996 年 5 月 15 日第八届全国人民代表大会常务委员会第十九次会议通过。

《中华人民共和国高等教育法》，1998 年 8 月 29 日公布。

《中华人民共和国民办教育促进法》，2002 年 12 月 28 日第九届全国人民代表大会常务委员会第三十一次会议通过。

《中华人民共和国民办教育促进法（修正案）》，2016 年 11 月 7 日。

二　国家政策

政务院《关于救济失业教师与处理学生失学问题的指示》，1950 年 7 月 25 日。

政务院《私立高等学校管理暂行办法》，1950 年 7 月 28 日。

政务院《关于处理接受美国津贴的文化教育救济机关及宗教团体的方针的决定》，1950 年 12 月 29 日。

国务院《关于加强农民业余文化教育的指示》，1955 年 6 月 2 日。

中共中央批转教育部党组《关于进一步调整教育事业和精简学校教职工的报告》，1962 年 5 月 25 日。

中共中央转发教育部党组《关于全国农村半农半读教育会议的报告》，1965 年 7 月 14 日。

国务院批转教育部《关于举办职工、农民高等院校审批程序的暂行规定》，1979 年 9 月 8 日。

中共中央批转湖南省桃江县委《关于发展农村教育事业的情况报告》，1979 年 11 月 6 日。

国务院批转教育部《关于大力发展高等学校函授教育和夜大学工作的意见》，1980 年 9 月 5 日。

中共中央、国务院《关于普及小学教育若干问题的决定》，1980 年 12 月 3 日。

国务院批转教育部《关于高等教育自学考试试行办法》，1981 年 1 月 13 日。

国务院转发教育部《关于增加中小学民办教师补助费的办法》，1981 年 10 月 7 日。

中共中央、国务院《关于加强和改革农村学校教育若干问题的通知》，1983 年 5 月 6 日。

国务院《关于筹措农村学校办学经费的通知》，1984 年 12 月 31 日。

《中共中央关于教育体制改革的决定》，1985 年 5 月 27 日。

国务院批转国家教委《关于加快改革和积极发展普通高等教育的意见》，1993 年 1 月 12 日。

中共中央、国务院《中国教育改革和发展纲要》，1993 年 2 月 13 日。

中共中央《关于建立社会主义市场经济体制若干问题的决定》，1993 年 11 月 14 日。

国务院《关于〈中国教育改革和发展纲要〉的实施意见》，1994 年 7 月 3 日。

国务院《社会力量办学条例》，1997 年 7 月 31 日。

国务院办公厅《关于解决民办教师问题的通知》，1997 年 9 月 7 日。

国务院批转教育部《面向 21 世纪教育振兴行动计划》，1999 年 1 月 13 日。

国务院《关于大力推进职业教育改革与发展的决定》，2002 年 8 月 24 日。

国务院《关于大力发展职业教育的决定》，2005 年 10 月 28 日。

国务院《关于加快发展现代职业教育的决定》，2014 年 6 月 22 日。

中共中央办公厅《关于加强民办学校党的建设工作的意见（试行）》，2016 年 12 月 29 日。

国务院《关于鼓励社会力量兴办教育促进民办教育健康发展的若干意见》，2016 年 12 月 29 日。

国务院《国家教育事业发展"十三五"规划》，2017 年 1 月 10 日。

中共中央办公厅、国务院办公厅《关于深化教育体制机制改革的意见》，2017 年 9 月 24 日。

习近平《中国共产党第十九次全国代表大会报告》，2017 年 10 月 18 日。

中共中央、国务院《关于学前教育深化改革规范发展的若干意见》，2018 年 11 月 7 日。

国务院《国家职业教育改革实施方案》，2019 年 1 月 24 日。

中共中央、国务院《中国教育现代化 2035》，2019 年 2 月 23 日。

中共中央办公厅、国务院办公厅《加快推进教育现代化实施方案（2018～2022 年）》，2019 年 2 月 23 日。

李克强《政府工作报告》，在第十三届全国人民代表大会第二次会议上，2019 年 3 月 5 日。

李克强《政府工作报告》，在第十三届全国人民代表大会第三次会议上，2020 年 5 月 22 日。

三　部委文件

教育部《关于加强领导私立技术补习教育的指示》，1952 年 8 月 30 日。

教育部《关于私立、民办学校员工工资改革问题的通知》，1956 年 10 月 27 日。

教育部、商业部、全国供销合作总社《关于解决中小学民办教师和代课教师的副食品和生活日用品供应问题的通知》，1962 年 9 月 19 日。

教育部转发《北京市社会力量办学试行办法》，1984 年 5 月 22 日。

国家教委《普通中等专业学校设置暂行办法》，1986 年 10 月 18 日。

国家教委《关于社会力量办学的若干暂行规定》，1987 年 7 月 8 日。

国家教委、财政部《社会力量办学财务管理暂行规定》，1987 年 12 月 28 日。

国家教委《社会力量办学教学管理暂行规定》，1988 年 10 月 24 日。

国家教委《全国教育事业 10 年规划和"八五"计划要点》，1992 年 1 月 16 日。

教育部《面向 21 世纪教育振兴行动计划》，1998 年 12 月 24 日。

教育部《关于在民办黄河科技学院基础上建立黄河科技学院的通知》，2000 年 3 月 21 日。

国家中长期教育改革和发展纲要工作小组办公室《国家中长期教育改革和发展纲要（2010~2020 年）》，2010 年 7 月 29 日。

教育部、人力资源和社会保障部、民政部、中央编办、工商总局《关于印发〈民办学校分类登记实施细则〉的通知》，2016 年 12 月 30 日。

教育部、人力资源和社会保障部、工商总局《关于〈营利性民办学校监督管理实施细则〉的通知》，2016 年 12 月 30 日。

教育部《中华人民共和国民办教育促进法实施条例（修订草案）（征求意见稿）》，2018 年 4 月 20 日。

司法部《中华人民共和国民办教育促进法实施条例（修订草案）（送审稿）》，2018 年 8 月 10 日。

四　地方政府和教育行政部门文件

方城县人民政府《转发教育局和县政协教育组〈关于在全县鼓励私人办学的报告〉的通知》，1987 年 7 月 24 日。

河南省教委《关于对社会力量办学进行审核清理的通知》，1987 年 9 月 30 日。

河南省人民政府《河南省社会力量办学管理办法》，1989 年 1 月 13 日。

河南省人民政府《关于大力发展职业技术教育的决定》，1991 年 5 月 17 日。

河南省教委转发国家教委关于印发《民办高等学校设置暂行规定》，1993 年 10 月。

中共河南省委、河南省人民政府《关于〈中国教育改革和发展纲要〉的实施意见》，1994 年 10 月 17 日。

中共郑州市委组织部《同意成立中共黄河科技学院委员会暨纪律检查委员会，同时撤销中共黄河科技学院（黄河科技大学）总支部委员会的批复》，1997 年 5 月 4 日。

河南省教委《关于做好我省社会力量办学单位稳定工作的通知》，1997 年 6 月 13 日。

河南省教委《关于全面开展社会力量办学检查验收工作的通知》，1998 年 3 月 30 日。

河南省教委《关于我省社会力量办学有关问题的紧急通知》，1998 年 6 月 1 日。

中共河南省委、河南省人民政府《关于贯彻〈中共中央、国务院关于深化教育改革全面推进素质教育的决定〉的实施意见》，1999 年 10 月 12 日。

河南省教委《关于对社会力量举办高等教育机构党组织建设情况进行调研的通知》，2000 年 4 月 7 日。

河南省教育厅、河南省人大教科文卫工作委员会、河南省政府法制办、河南省司法厅、河南省劳动和社会保障厅《关于学习宣传和贯彻民办教育促进法的通知》，2003 年 8 月 18 日。

河南省人民政府《贯彻国务院关于进一步加强农村教育工作的决定的实施意见》，2003 年 10 月 22 日。

中共河南省委、河南省人民政府《关于加快高等教育改革与发展的意见》，2004 年 3 月 22 日。

河南省教育厅、河南省发展和改革委员会、河南省人事厅、河南省财政厅、河南省劳动和社会保障厅、河南省民政厅、河南省公安厅、河南省国土资源厅、河南省地税局、中国人民银行郑州中心支行《关于进一步促进民办高等教育发展的意见》，2004 年 10 月 26 日。

河南省教育厅、河南省发展和改革委员会《关于印发河南省教育事业发展十一五规划的通知》，2007 年 6 月 12 日。

中华人民共和国教育部、河南省人民政府《共建国家职业教育改革试验区协议》，2008 年 10 月 17 日。

河南省人民政府《关于实施职业教育攻坚计划的决定》，2008 年 12 月 5 日。

河南省人民政府、中华人民共和国教育部《共建国家职业教育改革试验区实施方案》，2009 年 5 月 22 日。

河南省人民政府办公厅转发省教育厅《关于创新投融资机制鼓励引导社会资本投入教育领域的意见》的通知，2011 年 4 月 11 日。

河南省人民政府《关于大力发展学前教育的意见》，2011 年 5 月 31 日。

河南省人民政府《关于创新体制机制进一步加快职业教育发展的若干意见》，2012 年 5 月 4 日。

河南省人民政府转发省教育厅《河南省职业教育品牌示范院校和特色院校建设管理办法》，2012 年 5 月 4 日。

河南省财政厅、河南省发改委、河南省教育厅、河南省人社厅《关于扩大中等职业教育免学费政策范围，进一步完善国家助学金制度的意见》，2012 年 12 月 14 日。

郑州市教育局《关于进一步规范民办学校办学行为扶持民办学校健康持续发展的通知》，2013 年 4 月 17 日。

开封市人民政府《关于加强民办教育管理的若干意见》，2013 年 8 月 14 日。

周口市人民政府《关于促进民办教育健康快速发展的若干意见》，2013 年 12 月。

河南省人民政府《关于实施职业教育攻坚二期工程的意见》，2014 年 6 月 16 日。

河南省人民政府《关于加快推进民办教育发展的意见》，2015 年 12 月 8 日。

河南省教育厅、河南省发展和改革委员会、河南省财政厅《关于引导部分本科高校向应用型转变的实施意见》，2016 年 7 月 20 日。

河南省教育厅、河南省发展和改革委员会、河南省财政厅《河南省普惠性民办幼儿园认定及管理工作的指导意见》，2018 年 1 月 2 日。

河南省人民政府《关于鼓励社会力量兴办教育进一步促进民办教育健康发展的实施意见》，2018 年 2 月 2 日。

五　报刊文章

《大量发展民办农业中学》，《人民日报》1958 年 4 月 21 日。

《举办半工半读的工人学校》，《人民日报》1958 年 5 月 29 日。

范岱：《建设山区的先锋——鸠山红专大学》，《人民教育》1958 年第 9 期。

李桂芝：《河南遂平卫星人民公社红专大学的调查报告》，《北京师大学报》（社会科学）1959 年第 1 期。

嵇文甫：《从红专大学谈起》，《哲学研究》1958 年第 5 期。

侯振民、王庆余：《建议所有公办小学下放到大队来办》，《人民日报》1968 年 11 月 14 日。

甘肃省革命委员会、兰州市革命委员会联合调查组：《厂办校，两挂钩》，《红旗》1969 年第 2 期。

胡大白：《民办高校更要加强党建和思想政治工作》，《光明日报》2000 年 8 月 2 日。

刘松林：《一九五〇年辅仁大学事件始末》，《党史纵横》2003 年第 6 期。

岳明：《推进新时代民办教育依法办学构建依法治教共同体》，《河南法制报》2018 年 9 月 3 日。

六　著作

周海涛等：《中国教育改革 40 年：民办教育》，科学出版社，2019。

潘懋元：《关于民办高等教育体制的探讨》，载《潘懋元高等教育文集》，新华出版社，1991。

周海涛、钟秉林等：《中国民办教育发展报告（2013）》《中国民办教育发展报告 2014》《中国民办教育发展报告 2015》《中国民办教育发展报告 2016》，北京师范大学出版社。

清华大学国学研究院：《冯友兰教育思想研究》，华东师范大学出版社，2012。

冯友兰：《三松堂全集》，河南人民出版社，2000。

郭秉文：《中国教育制度沿革史》，东南大学出版社，2011。

方芳、钟秉林：《我国民办高等教育财政支持制度研究》，北京师范大学出版社，2016。

胡大白、樊继轩：《民办高校内涵式发展战略研究》，河南人民出版社，2013。

胡大白、杨雪梅、王建庄：《河南民办教育发展报告（2017）》《河南民办教育发展报告（2018）》《河南民办教育发展报告（2019）》，社会科学文献出版社。

胡大白等：《民办高校现代大学制度建设》，社会科学文献出版社，2017。

胡大白：《中国民办教育通史（当代卷）》，社会科学文献出版社，2019。

张玲、戴伟伟：《2015 年全民教育：一个正在实现的目标》，朱鹏译，《全球教育展望》2008 年第 3 期。

陈廷柱：《大学的理想：价值取向及其言说立场与限度》，中国海洋大学出版社，2008。

袁振国、周彬：《中国民办教育政策分析》，中国社会科学出版社，2003。

王刚等：《丰碑——黄河科技学院二十年光辉历程》，中央民族大学出版社，2004。

牛三平：《山西民办高等教育发展报告（1978~2018）》，山西人民出版社，2018。

戚德忠、卢志文、董圣足等：《温州民办教育发展报告（2010~2015）》，科学出版社，2017。

王建庄：《求正归真》，光明日报出版社，2015。

周海涛等：《中国教育改革开放 40 年（民办教育卷）》，北京师范大学出版社，2019。

董圣足等：《民办学校分类管理推进策略研究》，华东师范大学出版社，2020。

孙启林：《战后韩国教育研究》，江西教育出版社，1995。

〔美〕罗伯特·梅逊：《西方当代教育理论》，陆有铨译，文化教育出版社，1984。

〔美〕阿什比：《科技发达时代的大学教育》，滕大春译，人民教育出版社，1983。

《全球教育发展的历史轨迹——国际教育大会 60 年建议书》，赵中建等译，教育科学出版社，2001。

瞿葆奎主编《教育学文集：苏联教育改革》，人民教育出版社，1988。

七 资料汇编

何东昌：《中华人民共和国重要教育文献（1949～1975）》，海南出版社，1998。

何东昌：《中华人民共和国重要教育文献（1976～1990）》，海南出版社，1998。

何东昌：《中华人民共和国重要教育文献（1991～1997）》，海南出版社，1998。

《中国教育年鉴》（1987～2015），人民教育出版社。

《中国教育统计年鉴》（2010～2019），人民教育出版社。

《河南教育年鉴》（1987～2015），大象出版社。

《河南教育统计年鉴》（2009～2017），河南省教育厅。

《河南省教育统计提要》（2004～2020），河南省教育厅。

八 论文报告

潘懋元：《关于民办高等教育持续发展问题的报告》，《黄河科技大学学报》2007 年第 6 期。

胡大白：《河南民办教育研究报告》，载牛苏林主编《2017 年河南社会形势分析与预测》，社会科学文献出版社，2017。

胡大白：《河南民办教育转型分析报告》，载王承哲、牛苏林主编《2018 年河南社会形势分析与预测》，社会科学文献出版社，2018。

胡大白：《河南民办教育的现状与展望》，载王承哲、牛苏林主编《2019 年河南社会形势分析与预测》，社会科学文献出版社，2019。

胡大白：《河南民办教育改革与发展报告》，载王承哲、牛苏林主编《2020 年河南社会形势分析与预测》，社会科学文献出版社，2020。

刘献君：《民办高校发展的战略选择》，《高等工程教育研究》2019 年第 6 期。

邬大光：《论建立有中国特色的现代大学制度》，《中国高等教育》2006 年第 11 期。

张应强：《体制创新与建设高水平民办大学》，《高等教育研究》2002 年第 4 期。

张应强：《高等教育改革与我国民办高校的可持续发展》，《大学教育科学》2006 年第 6 期。

别敦荣：《略论民办机制之于民办院校的意义》，《高等教育研究》2010 年第 4 期。

别敦荣、陈艺波：《我国独立设置的民办高等学校的现实困境与前景展望》，《民办教育研究》2006 年第 4 期。

别敦荣、孟凡：《民办本科院校办学水平评估的导向及内容》，《教育发展研究》2008 年第 12 期。

卢彩晨、邬大光：《中国民办高等教育回顾与前瞻》，《教育发展研究》2007 年第 6 期。

董圣足：《民办教育新政实施的着力点》，《教育发展研究》2017 年第 3 期。

董圣足、黄清云：《我国民办高校董事会制度的重构》，《黄河科技大学学报》2010 年第 4 期。

俞仲文：《支持和规范社会力量兴办职业教育》，《中国职业技术教育》2017 年第 34 期。

徐绪卿：《论我国高水平民办高校建设及其特征》，《浙江树人大学学报》2013 年第 1 期。

王建庄等：《在发展中转型，在转型中发展》，载胡大白、杨雪梅主编《河南民办教育发展报告（2017）》，社会科学文献出版社，2017。

王建庄等：《进入新时代的河南民办教育》，载胡大白主编《河南民办教育发展报告（2018）》，社会科学文献出版社，2018。

王建庄等：《2018~2019 学年河南民办教育发展现状与预测》，载胡大白主编《河南民办教育发展报告（2019）》，社会科学文献出版社，2019。

黄福涛：《国际私立高等院校管理模式研究——历史与比较的视角》，《黄河科技大学学报》1999 年第 3 期。

王幡、刘振敏：《浅析私立大学在日本高等教育发展过程中的作用》，《北京城市学院学报》2010 年第 1 期。

王琳玮、周丽华：《改革开放以来河南民办高等教育发展历程探析》，《北京城市学院学报》2013 年第 5 期。

杨刚要：《民办教育对河南省社会经济发展的贡献研究》，《当代经济》2017 年第 25 期。

陈武元：《中国民办高校如何走出办学水平不高的困境——经费来源结构的视角》，《教育研究》2011 年第 7 期。

付强、王玲：《中国民办高等教育经费政策 40 年：历程、反思与走向》，《济南大学学报》（社会科学版）2019 年第 1 期。

十　硕博论文

徐绪卿：《我国民办高校内部管理体制改革和创新研究》，博士学位论文，华中科技大学，2012。

唐世纲：《大学制度价值研究》，博士学位论文，华中科技大学，2013。

罗舒丹：《现代大学制度视域下我国大学学术委员会改革研究》，硕士学位论文，华中科技大学，2015。

图书在版编目（CIP）数据

当代河南民办教育发展报告／胡大白著． -- 北京：
社会科学文献出版社，2020.12
（当代河南教育发展报告／胡大白主编；2）
ISBN 978-7-5201-7733-7

Ⅰ.①当…　Ⅱ.①胡…　Ⅲ.①社会办学-研究报告-
河南-1949-2019　Ⅳ.①G522.74

中国版本图书馆 CIP 数据核字（2020）第 255679 号

当代河南教育发展报告

当代河南民办教育发展报告

著　　者／胡大白

出 版 人／王利民
组稿编辑／任文武
责任编辑／王玉霞　李艳芳

出　　版／社会科学文献出版社·城市和绿色发展分社（010）59367143
　　　　　地址：北京市北三环中路甲 29 号院华龙大厦　邮编：100029
　　　　　网址：www.ssap.com.cn
发　　行／市场营销中心（010）59367081　59367083
印　　装／三河市龙林印务有限公司

规　　格／开　本：787mm×1092mm　1/16
　　　　　本册印张：26　本册字数：411 千字
版　　次／2020 年 12 月第 1 版　2020 年 12 月第 1 次印刷
书　　号／ISBN 978-7-5201-7733-7
定　　价／498.00 元（全 6 册）

本书如有印装质量问题，请与读者服务中心（010-59367028）联系